中华平民教育促进会
华西实验区档案史料选录

重庆市璧山区档案局 编

傅应明 主编

国家图书馆出版社

图书在版编目（CIP）数据

中华平民教育促进会华西实验区档案史料选录 / 重庆市璧山区档案局编；傅应明主编 . -- 北京：国家图书馆出版社，2019.4

ISBN 978-7-5013-6298-1

Ⅰ . ①中… Ⅱ . ①重… ②傅… Ⅲ . ①农村—实验区—乡村教育—史料—四川 Ⅳ . ① G725

中国版本图书馆 CIP 数据核字（2017）第 287967 号

书　　名　中华平民教育促进会华西实验区档案史料选录
著　　者　重庆市璧山区档案局　编　傅应明　主编
责任编辑　于　浩　王亚宏　梁　盼
封面设计　敬人书籍设计工作室

出　　版　国家图书馆出版社（100034　北京市西城区文津街 7 号）
　　　　　　（原书目文献出版社　北京图书馆出版社）
发　　行　010-66114536　66126153　66151313　66175620
　　　　　　66121706（传真）　66126156（门市部）
E - mail　nlcpress@nlc.cn（邮购）
Website　www.nlcpress.com →投稿中心
经　　销　新华书店
印　　装　河北三河弘翰印务有限公司
版　　次　2019 年 4 月第 1 版　2019 年 4 月第 1 次印刷

开　　本　787×1092（毫米）　1/16
字　　数　603 千字
印　　张　31.25

书　　号　ISBN 978-7-5013-6298-1
定　　价　180.00 元

编 委 会

主　　　任：陈启江

副 主 任：曾　健　刘　静　苟映平（执行）

委　　　员：丁华蓉　王福忠　朱泽江

　　　　　　周　平　罗　杨

主　　　编：傅应明

编　　　辑：丁华蓉　陈　昕　范朝梅

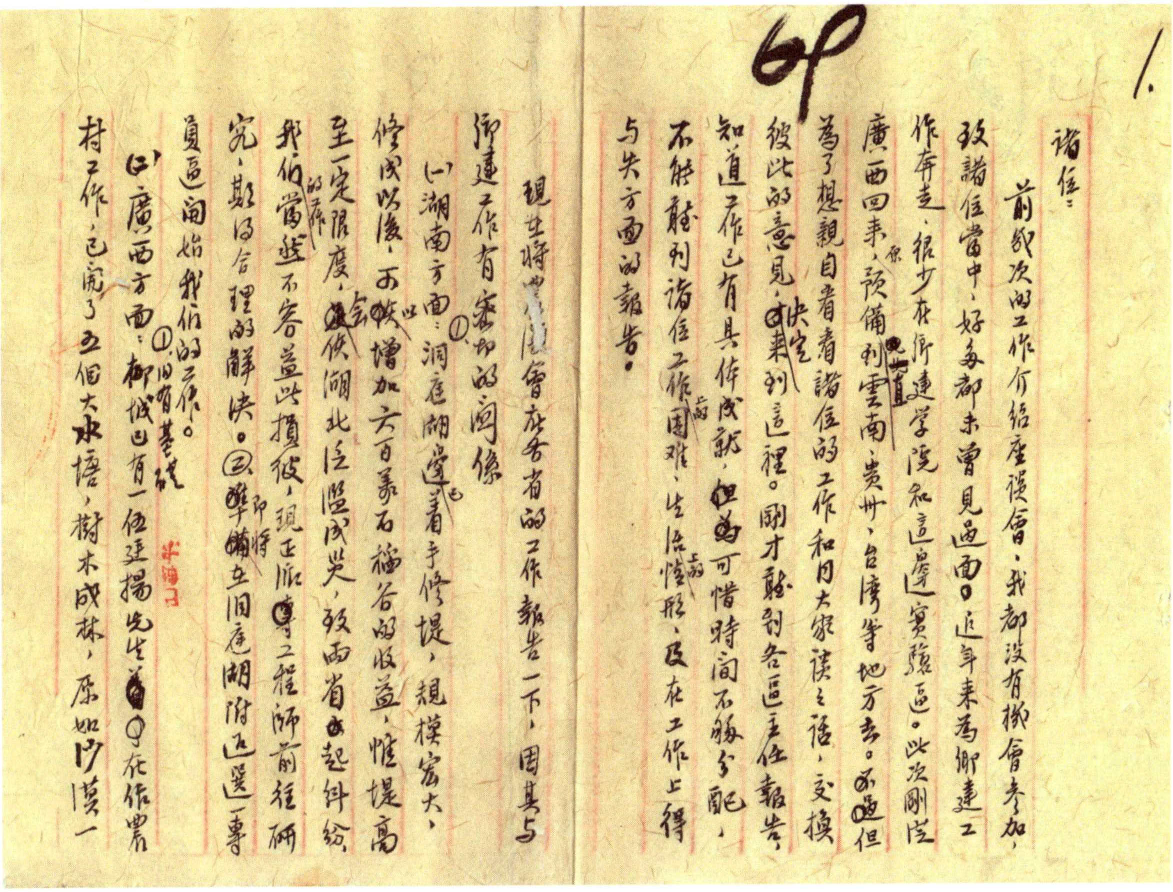

諸位：

前幾次的工作介紹座談會，我都沒有機會參加，致諸位當中，好多都未曾見過面。近年來為鄉建工作奔走，很少在鄉建學院和這裏實驗區。此次剛從廣西回來，原預備到雲南、貴州、台灣等地方去。但為了想親自看看諸位的工作和同大家談談話，交換彼此的意見，決定來到這裡。剛才聽到各區主任報告，知道工作已有具体成就，但可惜時間不夠分配，不能聽到諸位工作方面困難、生活方面情形，及在工作上得与失方面的報告。

現在將會在各省的工作報告一下，因其与鄉建工作有密切的關係

(一)湖南方面：①、洞庭湖邊已着手修堤，規模宏大，修成以後，可以增加六百萬石稻谷的收益，惟堤高至一定限度，會使湖北泛濫成災，致兩省發起糾紛，我們的工作當然不容益此損彼，現正派專工程師前往研究，期得合理的解決。②準備在洞庭湖附近選一專員區開始我們的工作。

(二)廣西方面：①舊有基礎 柳城已有一位廷揚先生在作農村工作，已完了五個大水塘，樹木成林，原如沙漠一

图一　晏阳初在华西实验区工作会议上的讲话（局部）

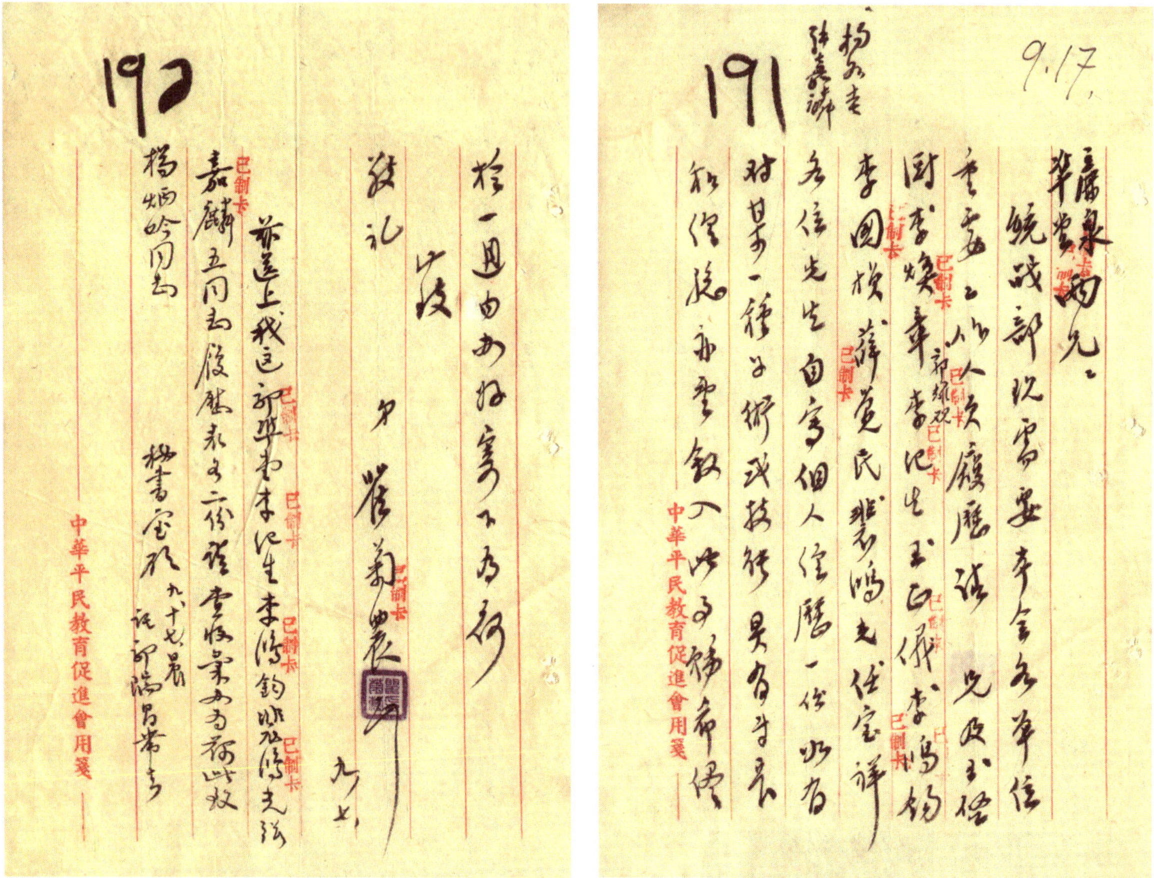

図二　瞿菊农为填报华西实验区重要工作人员履历表事宜致孙廉泉、郭准堂信函

國立重慶大學醫學院用箋

廉泉專員吾兄勛鑒 頃接本市世界日報

經理羅國富兄來函請予轉介黃體昆君（已制卡）

加鄉建學院工作查該員係華西大學畢業

並曾在定縣平教會育才院教育研習所結

業可否量予任使之處用特函請

察核為荷專此順頌

勛綏

弟陳志潛

中華民國　年　十二月　卅一日

院址：重慶小龍坎漢渝路

图三　国立重庆大学医学院陈志潜致孙廉泉信函

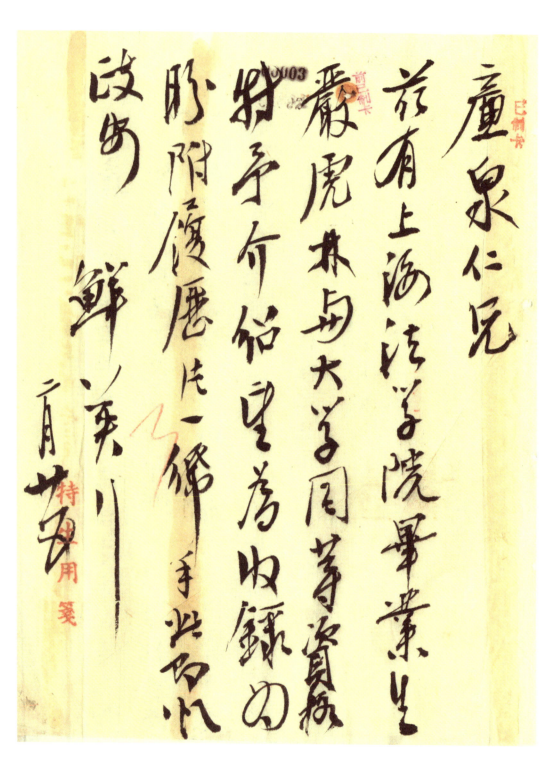

廉泉仁兄

茲有上海法学院畢業生嚴虎森与大学同莘資較特予介紹望為收錄如盻附優屋屄一緘手此布

敬安

鮮英

图四　鲜英致孙廉泉信函

前 言

一

中华平民教育促进会，简称"平教会"，是民国时期开展平民教育和乡村建设的代表性团体。1923 年 8 月在北京正式成立，朱其慧任董事长，陶行知任董事部书记，晏阳初为总干事。1925 年秋，平教会总会从"中华教育改进社"分立出去。1926 年秋，平教会选定河北定县为"华北实验区"，以翟城村为中心，从事平民教育和乡村建设，史称"定县实验"。1937 年抗日战争爆发，"定县实验"被迫停顿。1939 年，晏阳初将平教会总会迁至战时大后方重庆，于巴县歇马场开办中国乡村建设育才院（1945 年改名为"中国乡村建设学院"）。1940 年，设立乡村建设育才院璧山实习区。1946 年，成立平教会"巴（县）璧（山）实验区"，次年更名为平教会"华西实验区"。

二

华西实验区是中国 20 世纪 40 年代乡村建设的典型代表。

华西实验区，全称为中华平民教育促进会、四川省第三行政督察区华西实验区，是以实践晏阳初平民教育和乡村建设思想，开展农村经济、教育、卫生和自治"四大建设"为主要内容，以璧山为中心覆盖重庆周边十县一局，具有典型意义和深远影响的民国乡村建设实验。

民国时期乡村建设运动在 20 世纪 20—30 年代形成了一个高潮，晏阳初、梁漱溟、陶行知、黄炎培等一大批有识之士，投身于建设乡村的浪潮之中。一时间群豪竞起，轰轰烈烈①。而全面抗战爆发后，这些实验纷纷被迫停顿和中断。

事实上，1936 年以后中国的乡村建设实验，在日军占领区不可能继续进行下去。乡村建设运动的领军人物们，也相继来到战时大后方的重庆避难。到 1940 年以后，全国范围内的乡村建设实验，就几乎只剩下晏阳初领导的平教会华西实验区和卢作孚主持的嘉陵江三峡乡村建设运动了②。相较而言，华西实验区覆盖的范围更大，是民国时期四川省第三行政区的范围。在这样大的范围开展乡村建设实验，是整个民国乡村建设运动中绝无仅有的。

三

华西实验区的乡村建设实验，是晏阳初"定县实验"的继承和发展。

"定县实验"以"四大教育"即文艺（文字）教育、生计教育、卫生教育、公民教育为主要内容。文艺（文字）教育，核心在教农民识字，扫除青壮年文盲，增强农民的"知识力"，主要方式是开办农村平民学校。生计教育，则以传授生产技术、推广优良农作物和牲畜为着力点，增强农民的"生产力"，主要方式是组织合作社、改良手工业等。卫生教育，则以建立保健制度、推行节制生育等为主要内容，旨在增强农民的"强健力"。公民教育，即对农民进行经常性的公民训练，以增强"团结力"③。

华西实验区以"四大建设"即农村经济建设、教育建设、卫生建设、自治建设为主要内容。所谓经济建设，就是以完成全面的农业生产合作社之组织、稳定土地使用权、创置合作社之社田等推进合作组织，以推广优良农作物品种、发展家畜之增殖保育与运销、发展乡村特产及乡村工业等增加农业生产。所谓教育建设，就是按照"一社一学之原则"重新划定国民学校学区，通过增加教师、设立示范国民学校以充实国民学校机构、普及基本教育，推行合作保险制度、安定教师生活，推行电化教育以配合农村建设工作。所谓卫生建设，就是普遍设置卫生员并落实"重在预防而不在治疗"的责任，扑灭疟疾、钩虫等主要的地方流行病，解决"人员设置不足之最大困难"以充实县卫生院及乡镇卫生所。所谓自治建设，即建立地方自治人事制度、实行县乡财政划分以确立合理的人事及财政制度，建设和平的武装生产农民集团——与经济生活条件融合为一的民众自卫组织体④。

我们从上面两者不难发现，文艺（文字）教育——教育建设、生计教育——经济建设、卫生教育——卫生建设、公民教育——自治建设，存在承前启后的必然联系。特别值得关注的是，"定县实验"阶段以"教育"为重心，文艺（文字）、生计、卫生、公民均为教育之内容；"华西实验区"阶段以"建设"为要务，经济、教育、卫生、自治则各为建设的一个方面。因此，华西实验区的乡村建设实验不是"定县实验"的简单重复，而是在继承中有发展、有创新。

四

华西实验区于1950年11月宣布解散。虽然时间已经过去了67年，但它的影响从来就没有消逝。

例如，早在华西实验区乡村建设实验进行期间，晏阳初就频繁地向美国各界朋友介绍相关情况⑤。中国农村复兴联合委员会（简称农复会）与华西实验区密切合作，收集有关农村宣传资料、开展乡村指导、提供贷款支持等，而这些尝试和经验，为他们后来具体组织台湾地区20世纪50年代土改奠定了必要的基础⑥。而联合国教科文组织的关注，更是将华西实验区的影响进一步国际化⑦。20世纪50年代后，晏阳初协助菲律宾、泰国、危地马拉、哥伦比亚及加纳等国建立乡村改造促进会，20世纪60年代又在菲律宾创办了国际乡村改造学院，其影响遍及亚非和拉美，至今绵延不绝且历久弥新。

由于历史的原因，华西实验区的档案史料发掘较晚，尚处于起步阶段。这是一个丰富的历史宝藏，是人们全面了解和认知晏阳初及民国时期乡村建设不可或缺的重要方面。需要档案界和学界予以关注和重视，携手并肩加快整理与研究，以期有补于当下及未来的中国乡村建设。

参考文献：

①参见祝彦《20世纪三十年代乡村建设运动述评》（载《学习时报》，2006年7月31日）。祝文称，"在这次运动中，据南京国民政府实业部的统计，先后有团体和机构600多个，在各地设立的实验区有1000余处"。在这众多机构和团体中，"有教育部门即大中专院校，如江苏省立教育学院创办了'无锡实验区'，中央政治大学实际负责指导江宁县政建设实验；有学术团体如山东乡村建设研究院创办了邹平等实验区，中华平民教育促进会创办了定县实验区，中华职业教育社创办了徐公桥实验区，中华教育改进社创办了晓庄学校；有地方实力派政权，如山西省成立村政处，直接指导推行村制改革；有国民政府机关，如行政院农村复兴委员会，负责指导协调全国乡村建设实验"。"由于具有各自特色，所以在乡村建设运动中，逐渐形成了'邹平模式''定县模式''徐公桥模式''无锡模式'等。其中邹平模式注重文化，发扬传统儒教精华，唤醒农民内力；定县模式偏重教育农民文化知识，扫除文盲；无锡实验与徐公桥实验将农业与教育并重，推广农业技术；晓庄学校把教育与农村改造融为一体同时进行；山西省侧重村制改革，建立基层政权；江宁县将县政自治作为实验重点。"

②参见刘重来《被遗忘的民国乡村建设运动——写在〈卢作孚乡村建设研究〉出版之前》（载《中华读书报》，2007年1月31日）。刘文称，"所谓的嘉陵江三峡，是指嘉陵江自北向南的三个峡谷，依次为沥鼻峡、温塘峡、观音峡。当时的峡区，跨嘉陵江两岸50余公里的江北、巴县、璧山、合川4县共48个乡、镇。这里地势险要、交通不便、土地贫瘠、人烟稀少，加上地处四县结合部，属'四不管'之地。因此，这里社会混乱、盗匪横行、农业凋敝、民不聊生。作为峡防团务局，它本是一个维护峡区治安的联防机

构，卢作孚却利用这一机构来组织实施嘉陵江三峡乡村建设实验"。"从 1927 年到 1949 年的 22 年里，他在峡区修筑铁路公路，治理河道河滩，开发矿业，兴建工厂、农场、电站，创办学校、科学院、博物馆、图书馆、医院，规划城区，扩宽街道，绿化环境，建立公园、运动场、俱乐部、报社，开办农村银行等等。尤为突出的是，他在峡区创建了以'中国西部'命名的中国西部科学院和中国西部科学博物馆，修建了四川第一条铁路——北川铁路，兴建了抗战时期大后方最大的现代化纺织厂——大明纺织染厂，建设了川东最大的煤矿——天府煤矿。短短十几年间，就使峡区的工业、农业、交通、文化教育、市政建设取得了举世瞩目的成就。特别是将北碚这个昔日贫穷落后、偏僻闭塞、盗匪横行的小乡场建设成了一座海内外知名、被陶行知誉为'建设新中国的缩影'的美丽城市，成为早期中国西部开发的典范。"

③参见祝彦《晏阳初与定县乡村建设》（载《学习时报》，2006 年 4 月 10 日）。祝文称："1930 年 7 月晏阳初制定了一个定县乡村建设'十年计划'方案，其实施的主要内容及方式贯穿了四大教育与三大方式。文艺教育方面，在定县实验中主要致力于平民文学、艺术教育和农村戏剧；编辑农民喜闻乐见的文学作品以及简单易认的认字教材，并办了《农民报》；建立广播站，成立农民剧团等等。其中特别注重对农民进行科学知识的传授。生计教育方面，在定县实验中主要致力农民生计训练，设立了生计巡回训练学校，培养'表证农家'，起到示范带动的作用；建立合作组织，至 1935 年冬，全县成立合作社达 130 多个；推广优良品种，棉花是定县的主要经济作物，因此主要在全县推广优良棉花种子；改良猪种和鸡种。卫生教育方面，主要致力于保健制度的建立，定县的保健制度分为三级，第一级是保健员，负责村单位的保健卫生工作；第二级是保健所，为区单位卫生机关，负责约 3 万人口的区域；第三级是保健院，为全县卫生之最高机关。公民教育方面，主要致力于国族精神的培养。"

又，参见晏阳初《致 G. 斯沃普（1945 年 5 月 30 日）》（宋恩荣主编《晏阳初全集（第三卷）》，湖南教育出版社，1992 年）："我们制定的推行四大教育的计划是：a. 文艺教育，面向不识字的成年人和未受过学校教育的青年人。b. 生计教育，通过科学的种植和销售改善乡村工业和手工业。c. 卫生教育，提供最基本的医疗和卫生保健。d. 公民教育，培训现代政治民主意识。"

④参见《四川省第三行政区、中华平民教育促进会华西实验区农村建设计划》（璧山区档案馆藏"华西实验区档案"，卷 9-22/P1—30）。

⑤参见《晏阳初全集（第三卷）》（宋恩荣主编，湖南教育出版社，1992 年）。如，《致汤怡静（1946 年 9 月 28 日）》说："我们将要着手组织包括 10 个县 500 万人口的实验区和社会实验室。"汤系平教运动美中委员会纽约办事处执行秘书。《复陈志潜（1946 年

11 月 20 日）》说："我们在璧山和巴县的实验工作很令人鼓舞，这个实验区主要设计之一是在合作的基础上，进行土地改革的调查。"陈系医学博士，当时在美国洛氏基金会驻华医社，信中还说："我非常希望您能会见我们委员会的几位杰出人物，如斯沃普先生、华尔什先生和华尔什夫人（赛珍珠）、伦奇勒先生、最高法官道格拉斯大法官等。他们是平教运动的重要支持者，也是我亲密的朋友。"《致汤怡静（1947 年 1 月 4 日）》说："下面谈谈我们在璧山和巴县的实验中心。得知仅璧山一地就有近 50000 张织机，您一定会很感兴趣。这是一个多年来以布匹著称于世并且在我们的抗日战争中为士兵制作军服作出了卓越贡献的地区。"

⑥参见《狮子乡社会调查工作队琐闻》（璧山区档案馆藏"华西实验区档案"，卷 9–135/P29）称，农复会宣传组将往视察。农复会宣传组工作人员在兰州工作完毕即将来渝，收集有关农村宣传资料，并将赶赴该队视察。又，参见《合作组工作通讯》（璧山区档案馆藏"华西实验区档案"，卷 9–201/P89—101）、《顾鹤皋给孙主任的信》（璧山区档案馆藏"华西实验区档案"，卷 9–254/P104）、《华西实验区总办事处代电》（璧山区档案馆藏"华西实验区档案"，卷 9–95/P14）。

⑦参见《狮子乡社会调查工作队琐闻》（璧山区档案馆藏"华西实验区档案"，卷 9—135/P29）称，四月二十五日联合国文教组代表队来参观。又，参见晏阳初《致 H. 威尔森（1948 年 7 月 30 日）》（宋恩荣主编《晏阳初全集（第三卷）》，湖南教育出版社，1992 年），"如您所知瞿世英博士出席在墨西哥召开的联合国教科文组织大会。他告诉我，我被提名为联合国教科文组织的理事长候选人之一"。

凡　例

一、本书辑录的档案资料全部来自重庆市璧山区档案馆藏"华西实验区档案"全宗，每件档案最后标注案卷号及页码。

二、本书选取华西实验区涉及的重要人士、工作概况、组织人事、合作事业、农村与农业、卫生、教育、社会调查、编辑组、工作人员等10个方面的重要档案史料，共计144件。

三、文中标题，绝大部分采用原档标题，部分根据需要略作改动，少数无标题者，则根据档案内容自拟。一些标题，如，原档标题"晏干事长莅璧召开全区辅导会议"改为"晏（阳初）干事长莅璧（山）召开全区辅导会议"，为方便阅读和理解，一般均将具体内容补出，并以"（　）"标明。

四、档案中的错别字，不妨碍对原档案文献内容的理解的，原则上不做改动，个别俗字、别字等则径行改正，对明显的错别字和漏字进行订正，修改后的字用"［　］"标明，漏字用"〈　〉"标明。

五、档案中残缺、脱落、污损等没有办法辨识的字，则用"□"标出。

六、档案中的数字表示方法，原则上保持原貌，如原文"三千七百三十二"，因不影响阅读和理解，则予以保留；但原文中有时又写作"三七三二"，因影响阅读和理解，则径改为"3732"。

七、档案中的部分统计数字，其各项之和与总数并不相符，为保持档案原貌，不做改动，明显错误的地方，在原文后用"［　］"将正确的数字标示出来。

八、档案中"同左""同右"等，因当时系竖排行文，故"左"即"下"，"右"即"上"或"前"，表中的"""即表示"同前"或"同上"，皆按原样，不做改动。

九、因历史原因，档案中层次序号的用法不尽相同，如不影响阅读和理解，则不做改动；个别影响阅读和理解的，则予以适当调整。

目 录

第五章 农村与农业 / 211

第六章　卫生 / 287

第七章　教育 / 309

第八章　社会调查 / 357

第九章　编辑组 / 389

第十章　工作人员 / 413

第一章

重要人士

晏阳初先生在美谈平教工作

原文载美国援华会《中国消息》第六卷第二期

（一九四七年六月）

李懋译

将理想变为事实！

晏阳初博士，是一个有理想而又有实际计划去实现其理想的人。他现在已到美国了。他此行为的是告诉美国人他消灭文盲的工作的进展情形。

晏氏是平教运动的创始人和领导者，平教会的中美委员会是援华联合会各合作机构之一。据晏氏说，中国文盲原为百分之八十五，经努力廿四年之后，已减少至百分之六十五了，这种进步，得力于美国的捐助不少。这些捐助，有的是直接给晏氏的平教会，有的是通过援华联合会而来的。

晏氏的事迹，许多美国人都知道的，他们一直关怀着晏氏的成就，对其工作很了解而且很感兴趣，他们深知美国的进步，是随着教育的进步而来的。晏氏生于书香之家，后赴美国耶鲁大学研究，第一次世界大战时期，晏氏赴欧负责领导五千华工，他的工作之一，是替他那些远离祖国的文盲同胞写信。他们的处境，使他想到要把约二万五千个中国字，减少至约一千三百个基本的字，由于他的研究，出现了一套可以教学的基本汉字，这套文字他的确拿来教给他的人民。

回国后晏氏去北京号召了一群志同道合的学者，深入农村，替人民成立了小规模的学校，他发现人民都很热心学习。曾参观过晏氏的工作的人，都发现他所教育出来的人，不但能读能写，而且能使他们的村庄清洁，农产增加。

当战争爆发时，识字成为军事及文化的武器了，那时中国乡村建设育才院，就在重庆附近创立了，晏氏自任院长。

现在晏氏正在教育更多的人读书，并努力为人民寻找更多的学习材料，以便他们继续去学习，他展望着继续不断的进步，他相信十年之内，文盲可减少至百分之十。

晏氏说："世界的基本是人民，并非黄金或钢铁，与其说要有一个较好的世界，勿〔毋〕宁说要有一群更好的人民。"

晏氏献身于"改善人民"这一伟大事业，美国各慈善事业中最可贵的纪录就是援助晏氏的这项重要工作，平教会的中美委员会，将得到援华联合会的经常援助。

注：本文辑录自璧山区档案馆藏"华西实验区档案"，卷 9-126/P177。

晏（阳初）院长在海外情形

晏院长系五月底抵美，六、七两月，往来于华盛顿、纽约间，忙于平教会中美委员会之工作。七月底该会举行会议，对今后平教工作有重要商讨与决议。

八月应联合国文化教育科学组织之请，赴巴黎对该组织卅余国代表演讲，并曾与来华出席远东基教会议之各国代表个别谈话。八月底离法返美，途经英伦，得晤其阔别近三十年之幼时教师老姚牧师（Mr. Aldis）。晏先生九岁时从牧师读书，对牧师为平民服务之精神，受深刻影响，见面后告以平教工作进展情形，老牧师极感欣慰。

回美时系乘玛利皇后轮，船中有不少赴美出席联合国大会之各国代表，晏先生曾应邀发表演说，论及平教工作与世界和平问题，各国代表，至为重视，伊拉克代表曾表示其国内正需要晏先生的工作。

上月九日抵美，本月初将在 Maine 大学演讲，该大学曾赠晏先生博士学位。

十一月联合国文教组织在墨西哥开会，政府派晏先生为代表，届时将往出席。

注：本文辑录自璧山区档案馆藏"华西实验区档案"，卷 9-126/P177。

乡村建设工作的展望

——（民国）三十七年十二月二十三日对全体学生讲

晏阳初院长讲　教三黄思明记

今天我想简单地、扼要地报告农复会近来的工作，特别是与本院和实验区有关系的方面。

前次农复会的朋友到院来，虽然不过停留两小时，但是因为看见了这美丽的自然环境和我们这种简朴的乡村生活，都认为本院可以锻炼出能够深入乡村的实干苦干的青年。所以他们很同情我们，很愿意帮助我们。

他们离开本院之后，即飞往成都考察四川水利建设工程。四川水利工程大小共有十一处（属于华西实验区者有二处），若完全修筑成功，可以灌溉农田二十万亩，其功利不可谓不大。但是如果所灌溉的都是地主的田地，每年因灌溉而增收的产物，如果都落在地主手里，则无异"助纣为虐"了。那完全失掉了农复会的本意。因此，农复会为防患于未然，特别要四川省政府订立合同，凡灌溉之处都须创办农业生产合作社，只有直接从事农业生产的农民才得为社员。合作社对于它的社员有几点任务：一、巩固土地所有权：使尽力生产的农民，有长期使用其土地的权利，限制地主撤佃换佃。二、保纳地租：合作社一方面是保佃，一方面也要保租，使地主应得权利，不致遭受损失。三、扶植自耕农：合作社可以向农复会贷款来转给佃农购置土地，如果有地主要出卖土地而佃户又不愿承买时，则由合作社购买，不使土地再向地主集中。总之农业生产合作社之作用在改善今天乡村极不合理的租佃关系。兴修水利以增加生产必须要与改善租佃关系相配合，对农民才有实际利益，才称得上乡村建设。

其次农复会在湖南方面的工作，是帮助湖南省政府修筑洞庭湖堤，我们知道，洞庭湖畔有一千一百万亩的肥沃土地，外人称之为"中国的米库"，可是由于洞庭湖堤太不坚固，常常泛滥成灾（如果没有水灾，那里每年可以增产食米六百万石），并且当地土地所有权亦多操在少数人手里，遂使富饶之区的农民仍在穷困线上挣扎，所以农复会一样地要他们成立农业生产合作社以为交换条件。

在广州方面，农复会的朋友考察结果，准备开拓一块极大而未被利用的荒地。此外在广西亦将展开工作，不过现在还未去考察过。

以上是说农复会准备以四川、湖南、广州、广西作为主要的工作区域，尤其四川是一个中心；而四川又以平教会华西实验区为起点。因此我要跟你们谈谈华西实验区究竟要作些什么？

一、农业方面：1. 改良与推广品种。如推广中农所的改良水稻、小麦、玉米及南瑞苕、美烟等。2. 大量栽种桐树。3. 防治植物的虫害。4. 推销肥料。5. 提倡畜牧，繁殖约克杂交猪。6. 注重兽医，设法防治猪牛病瘟。这些都是建设乡村而必不可少的初步工作，也是最实际、最有利于农民和增产的工作，譬如说，防治牛瘟，说起来好像是一件小的事情，但对于靠牛吃饭的中国农民却是最关紧要的。

二、组织方面：举办机织合作社与农业生产合作社。合作社是乡村经济建设的良好组织，假若光是生产而无组织，仍是不能改善人民的经济生活的。璧山机织合作社，已得农复会的朋友们的欣赏，孙廉泉先生近正准备检讨过去之得失，重新草拟计划，送请农复会核准实施。

三、水利方面：除梁滩河水利工程须迅速完成外，还有铜梁和其他两个地方的水利亦待兴建。

四、教育方面：华西实验区现在已有三千多所国民学校，尚拟兴办一千所。这几千所学校，即是几千个"社学区"内的经济、教育、卫生的中心，也是乡村人民自行推动建设的机关，接受教育的场所。

这四方面的工作，立刻便有一批专家来领导，而且恰好和本院四系相配合：农业方面需要农学系的学生去参加；合作社需要社会系的学生去举办；水利工程需要水利系的学生去兴修；国民教育需要教育系的学生去主持。你们还愁没事做吗？你们还不感到责任重大吗？我实在非常着急，本院这一两百个学生，单是华西实验区都不够分配，何况湖南、广东、广西都在向乡建院要人呢！

他们为什么向乡建院要人？因为乡建院是今天唯一造就乡村建设人才的地方，只有你们这批青年才在向乡村建设的路上走，乡村建设工作也只有我们努力过二三十年。但是我们不会感到孤单，任何政府或团体，除非它不要老百姓，要老百姓就得作这个工作。所以我们这工作虽没有军队或雄厚的财力来作后盾，事实上今天已为国内国外的人士所重视所趋向了！所以乡村建设一定会成功的。

然而要使乡村建设成功，不仅需要一批学识优良的青年，尤其需要一批会作事，不尚空谈的苦干青年，你们应该加紧充实作事的能力，希望先锻炼你自己！

（本稿未经讲者核阅，倘有错误之处，由笔记者负责。）

原载《乡建院刊》，1949 年第二卷第四期

注：本文辑录自璧山区档案馆藏"华西实验区档案"，卷 9-135/P79。

晏阳初在华西实验区工作会议上的讲话

（民国三十八年）

诸位：

前几次的工作介绍座谈会，我都没有机会参加，致诸位当中，好多都未曾见过面。近年来为乡建工作奔走，很少在乡建学院和这边实验区。此次刚从广西回来，原预备一直到云南、贵州、台湾等地方去，但为了想亲自看看诸位的工作和同大家谈谈话，交换彼此的意见，决定来到这里。刚才听到各区主任报告，知道工作已有具体成就，可惜时间不够分配，不能听到诸位工作上的困难、生活上的情形，及在工作上得与失方面的报告。

现在将农复会在各省的工作报告一下，因其与乡建工作有密切的关系。

（一）湖南方面：①洞庭湖边已着手修堤，规模宏大，修成以后可以增加六百万石稻谷的收益，惟堤高至一定限度，会使湖北泛滥成灾，致两省起纠纷，我们的工作当然不容益此损彼，现正派工程师前往研究，期得合理的解决。②即将在洞庭湖附近选一专员区开始我们的工作。

（二）广西方面：①旧有基础：柳城已有一伍廷扬先生在作农村工作，已开了五个大水塘，树木成林。原如沙漠一样的地方，现已逐渐肥沃。②新的工作：我们在那方面给予他们以种子、耕牛、肥料等的帮助很多，现正一面改进农业，一面展开农产加工的工作，已设有小工厂，制造淀粉，这种淀粉饥荒时可以充饥，又可运销上海、南洋等地方。淀粉是用木薯作成，其种系由菲律宾运至。柳城那一带地方土壤很坏，但适宜于栽种木薯，我们现正计划在那方面开发水利，预计灌田七万亩。先从柳州作起，柳州县长×××很能干，他的性格与态度都像农人，已在那里作了九年县长。他规定柳州二百一十二村，每村最低限度要做六件事情，又选最穷的三村为示范村，每村作廿六件事。广西出甘蔗，榨蔗机是用牛拉的，价钱还不贵，全省共需五十架榨蔗机，购买这种机器约需美金九千元，他们地方愿自筹一半，其余请农复会贷给。机器买到，一万亩的甘蔗就可出糖。

　　治安方面：广西全省无土匪，民团的组织严密，训练得也很好，不像广东遍地是匪，连我们想在中山县开辟工作的计划都被打消。官吏廉洁，现正努力土地的限制。那里的田共分三等：上等田，每亩产谷五百斤以上；三百斤以上为二等田；三百斤以下为三等田。头等田每家不得超过五十亩，二等田不得超过七十五亩，三等田不得超过一百亩。有人超过，即强迫卖出。省府职员首先作则，省主席黄旭初尚不足法定亩数，厅处长亦自行登记，省府职员仅有二人超过法定亩数。经调查全省九十九县一市中，已有十八县没任何人超过，全省超过法定额的亩数不过二十万亩，省府估计只需二百一十万美金即可收买，他们希望农复会能贷给他们一百万，其余的由他们自行设法。这种有气魄定法案，有气魄执行的政府，确使人钦佩。

　　现广西有人口二千四百万，耕地可耕者有二千五百万亩，不可耕者有二千四百万亩，地广人稀，亟需加紧农业改进工作。他们希望平教会能派有经验的技术人员去帮助他们，而平教会与广西的关系亦确非泛泛，远在十六年前即已在那边工作过。至今儿童85%都已进学校，失学成人已有50%受过教育。诸位把此地作好，就可以带着经验到那边去帮助他们，要知道此地是储才，不是为三区而三区，将来都要分到别省去工作的。尤其是有历史关系的省份——江西、湖南、广西。

　　（三）此外浙江有六县，江苏省的金陵大学都有我们的工作。浙江省的龙岩，我们已帮助他们完成了土地的改良。不过土地分配后，尚有教育、组织、技术人员、土地利用、农产加工、自治等问题是需要立即解决的。

　　现在再谈我们对于工作的认识与态度。

　　我们这种工作，不是命令别人干的，是要其地方上的人有觉悟能自动地干，能不管有钱无钱，有人无人，打仗不打仗地干。我们只是从旁辅助，以引发其地方力量而已，我们是启发民智，而不是施钱施米可怜别人。这种工作，在今天的中国，只有这四川的第三区规模较大，较有历史。我们应该本着开发民力的目标去作，我们的乡建运动就是一种开发民力的运动。所谓民力，就是人民的智识力、生产力、健康力、组织力，我们的导生传习就是培植人民知识力的，卫生工作就是培植人民健康力的，合作社就是培植生产力与组织力的，这些工作都是固本的工作。所谓"民为邦本，本固邦立"，也即是说"民"就是"本"。我们为了建设新中国，就必须扶植人民，这个观念非常重要，要知道施钱施米是容易的事，开发民力却不是少数政府官员和少数人所能帮办的，必须全人民一致动起来才能作到。眼前我们的经费，用于生产方面的占预算60%，在五百三十万文盲中，希望有成人男女二百万受到识字教育。农复会对于社会教育特别重视，今后将以第三区作实验工作，实施电化教育。我希望今后识字教育能和电化教育扣合起来。

　　我们的工作负的使命既然这么大，当然是非常艰苦的，要知道天下凡是有价值的工作都是非常艰苦的。各位今天算是真的进入大学——乡村了。希望大家能有一个正确的态度，应该以发现问题的学生态度去学，为了学就不必烦闷，不必怨天尤人，不要发现了问题就打退堂鼓。发现了问题就要认识问题，研究问题，进而解决问题。能有这种勇气，自会感到工作味道无穷，然后累积我们的经验，把我们的作法制度化，使今后千万的青年同志有所依循。举例说导生制的由来，也不过是由许多人把做法制度化了罢了（我们的工作不是抄袭欧美，而是把别人的东西经过咀嚼消化而变成自己的东西）。我们现在在短期内增加了几百同志，机构人员骤然扩展，工作与行政机构当然不能马上配合得上，希望大家凭自己的毅力去作。诸位生活上的困难，我当尽全力解决。最近因钞荒不能及时发薪，我非常难过，不过最短期内定有个解决的办法，千万不要怀疑有人贪污，要知道平教会至今犹为国外人所相信，经费能源源而来，最大的特色即为不贪污。我们是"贫贱不移""威武不屈""富贵不要"的人。

　　但同时也须明白，我们接受美援是经济的，不是杀人的美援。凡是赞成我们工作的人都是同志，不论其为何国人，不论为何种帮助，我们都应接受；反是，虽有大量援助我们也不要，因为我们不是任用［何］政党的工具，自己也决非政治性的党派，我们仅是建设好中国再建设好世界的一批人员。有人给我们命名为乡建派，简直是胡说八道。所以我们接受的美援，只是促成苦心孤诣的乡建工作人员的事业，而决没有政治作用的。同志们！来！为了整个世界好，我将动员世界人力、物力来完成我们的使命！

　　最后，我希望下次再回来时，能听到诸位小组的报告。祝你们成功，不是胜利！

　　　　注：本文辑录自璧山区档案馆藏"华西实验区档案"，卷 9-57/P69—74。

晏（阳初）干事长莅璧（山）召开全区辅导会议

（民国）三十七年十二月三十日上午十时，晏干事长偕同孙（则让）主任到了璧山，当即在区本部开全区辅导会议，出席本区各辅导委员及辅导员代表四十余人，首由晏干事长报告工作近况，再由各辅导区主任，分别将该区工作作简短报告，辅导员代表报告乡下同志的生活情形，直到午后一点半始结束。

晏干事长在会议席上，强调说明自己是一个实际工作者，很高兴在实验区和大家一块谈，一块做，可惜现在自己是一个不自由的人，平教会要我做什么，我就做什么，如任我选择的话，我愿在实验区，不愿跑纽约，跑华盛顿，也不愿留在南京，可是为了展开全国平教工作，我不能不去参加农复会，这是前线的工作，和后方工作一样重要。

之后晏先生又简单地把农复会的工作报告了一下，他说：

农复会的工作分四部门：

一、农业增产，具体工作有农田水利、改良农产及畜牧的品种，由钱天鹤负责。

二、社会教育，包括成人教育、电化教育等，由瞿菊农负责。

三、自力启发，帮助一部分正在埋头苦干的乡建工作者，使其所从事的事业，得以成长，这部门由章之汶负责。

四、乡建综合，如平教会今日所作，配合文艺、生计、卫生、自卫，作整套的建设工作，农复会希望平教会能负责这一部门，但人选尚未决定。

末了，勉各位同志加紧工作，冀短期内有成绩表现。

七大问题急待解答

十二月卅日下午三时，晏先生召开辅导员座谈会。除晏、孙二先生，胡本德、谷大夫、王大夫外，到辅导员二十四人。

先是辅导员自由发言，有报告该区工作的，有提出困难问题请求指示的，也有纵谈工作经验的，然后晏、孙二先生有所解答。末了晏先生说希望大家不仅提出问题，还要自己想法解决问题，大家从工作中得来的实际经验是很宝贵的材料，应当整理成有系统的一套，这就是了不起的成绩。最后他提出七个问题，希望大家研究出一套办法，以供参考。这七个问题是：

一、传习处学生毕业后，如果有组织，在社会上可以形成一大力量，以推动乡建工作，如何组织及如何从事乡建工作，请提出具体方案。

二、如何训练民教主任、乡镇保甲长，使成乡建工作的有力干部？

三、如何使合作社真正有益于农民大众？

四、农业推广与教育卫生工作应如何配合？

五、除检阅与展览外，设计一套农民活动的方案。

六、什么是文盲，以什么为标准来测量？

七、如何解决传习处的招生和留生问题？

原载《乡建工作通讯》，1949 年第一卷第一期

注：本文辑录自璧山区档案馆藏"华西实验区档案"，卷 9-117/P36。

晏（阳初）干事长来璧（山）视察

本会晏干事长阳初于（民国三十八年）四月二日自返渝后，即回乡建学院处理院务，并在学院约集瞿代干事长菊农，本区孙兼主任廉泉及新近由蓉抵渝之梁仲华氏等会谈，商讨会［学］院及实验区各方面重要问题。晏干事长等六日莅璧视察。午后召集巴、璧、碚县局长及县局有关科室主管人及本区总办事处各组室负责人举行会议，听取报告；晚赴铜梁视察合作纸厂。七日午十二时至下午二时，对璧山区全体工作同志讲话，在工作认识、工作态度方面指示颇详。讲毕复召集各组室主任举行会议，直至傍晚始返歇马场。闻九日巴县各区工作同志将在巴县土主乡举行扩大座谈会，届时晏干事长暨孙兼主任均将前往主持并指示工作。

我们所做的是固本的工作

晏干事长阳初，（民国三十八年）四月六日莅璧视察，七日对璧山县区全体工作同志讲话，讲词中阐释：乡村建设运动，就是固本的运动。兹就讲词大意申述于后，献给本区工作同志。——编者

民为邦本，本固邦宁。这是一句在中国社会流传了数千年的至理名言，过去由于中国社会历史条件的限制，没有，也不能认真地照着这句话做，但直到中国改为"民国"以后，这句话还只是令人向往的一句空话。

今天，如果大家认为是"人民世纪"，就必须从事这种固本的工作。乡村建设是从经济、政治、教育、卫生各方面，为占全国人口百分之八十以上的乡村农民谋求改善生活的工作，所以乡村建设运动就是固本的运动。

固本的工作，须靠民众自力来完成，外力只能尽引发推动的作用。所以我们必须开发民力，才能建设乡村。

晏先生告诉我们说："我们要开发人民的知识力、生产力、组织力、健康力，使中国

人民成为四力兼备的民族，就能负起新中国建设的伟大任务。"

开发民力不是一句空话，不是一件简单的事。须要有个办法，有条道路。二十年来的乡建运动，就是在探求这个办法，实验这条道路。

农民没有获得知识力的条件，我们提出传习教育的体制，来给予民众受教育的机会。农民的经济力被榨取得不能生活，我们就以建立合作经济体系来灌输科学技术，提高生产，并进而排除不合理的经济榨取。人民没有"民主"的知能，我们要设法在组织教育、组织生产等组织生活中培植之。农民的健康，被因贫困而过着自己戕折体力的生活，我们要有一套可行的保健制度。

晏先生在讲词中说：乡建运动者没有政治色彩，不是什么政治派别。所做的只是固本的工作，任何政治设施，只要它不是把人民做奴隶做工具，而要人民做主人，都不能抛却此种固本的工作。

晏先生最后强调着说：我们要以富贵不要，贫贱不移，威武不屈的精神，来从事这种固本的工作。为民众谋利益者都是我们的友人，反之就是我们的敌人。赞成我们的做法的，都是我们的同志，欢迎他来参加我们的工作。

原载《乡建工作通讯》，1949年第一卷第十二期

注：本文辑录自璧山区档案馆藏"华西实验区档案"，卷9-135/P61。

致中华平教会华西实验区干事长晏阳初的信函

（签呈：民国三十八年三月十二日于巴县人和镇）

窃职等自客岁十二月初考入本会受训，深知平教对国家人民未来之良果为一伟大之革命工作，吾辈正当从事于斯，方不负吾青年之志，时感自豪。毕业后派往第二区人和镇服务民教主任之职，到职迄今二月，见内部人士之不健全，瞩目伤怀，如不急求改进，平教之前途刻有断送之危。职等为平教之小员，为爱护平教期与志愿相符，特将各情条列，陈明钧座，以资参考，为将来本会之改进。

（一）职等到职即依示办理调查，殊表格相差悬殊，屡请本镇魏辅导员奇才径向办事处领取，当以吱唔云："办事处早已用竣，近无费印制，无法领取。"职等调查工作不能推进，而乡长、保甲长、士绅等催求办理在急，无法回覆。调查既未完竣，魏辅导员复追报传习处导生、学员统计表呈报上峰，调查未竣，实无法统计。只见辅导室内墙壁上贴一便条，未加盖图记、私章，上写着"各民教主任照该镇原有（民国）三十六年度调查之户籍册人数，限期填报，如不按期填报者，以撤职办之"。职等认为不甚合理之故，间因现已（民国）三十八年，其中相差两载之久，人口恐有变迁，如此填报，将来失学成人之统计既不准确，何以施教？伊又不布告或书面之令，而乡保甲长等不但不交此户籍册，反以官言讥讽绝之。似此情况，上下两难，无法办理，理应请示钧座裁夺。

（二）职等薪津迄今本度元月份亦未领，讫魏辅导员每人仅发七斗伍升（市量），并不知调振后每人每月应领薪津若干。据魏辅导员在会场上称，每月上峰规定食米糙米壹石玖斗（市量），办公费及其他等一并在内，无论数目之多寡，应按月发给，以维日常生活。日闻魏辅导员将职等领得之现米一部分，私人借与鱼洞镇萧辅导员，属实可查，似此有心拖骗潜逃。每人所领食米七市斗伍升，业早食完不敷。职等处此异地，举目无亲，兼之生活高涨之期，魏辅导员又不负责，终日以嫖赌为业，所有请求解决之困难问题，不为不求解决，且云非辅导员之责，叫职等请示区主任及干事长办理。乡人、士绅茶房、酒店、街头巷角无不议论魏辅导员品行乖张，怨声载道，似此等辅导员，非但对平教无益，如不急行惩办，全体同仁名誉为之扫地也。

（三）职等迄今二月派令迟迟不发，数次申请均吱西唔［东支西吾］，借言因公无暇印制。初时犹信为真，殊后考知本区区主任与辅导员野心甚大，意图随时裁撤，安插亲友，布其爪牙，假平教而营其私人事业之发展。近日已渐形诸事实，工作之去留，无论成绩之良否，确有朝夕之危，使职等惶惶不安，不知作何计也。

（四）平教工作要深入农村人士，熟习地势，方便人地相宜，时间愈久则工作愈易推动，本不宜任意调动，殊魏辅导员近因安插亲友之故，将原有第八保民教主任雷乾华调往，职位空缺，工作尚未展开之。二十七保原第八保保甲长士绅等联名，再三挽留雷主任乾华，并申明调动后工作之困难，结果直意强调，今日双方不能就绪，形成僵局。似此，与平教会工作人事之决定大相违背，如此偏袒用事，时时无故调动，从开新环境，人地生疏两不相宜，则虽原有工作推行顺利之保甲亦将停滞也。职等为爱护团体，翼平教之健全前途之展望，故缕缕直呈钧座严速究办，以利将来推进，如蒙允准，则国家幸甚，平教幸甚，所请是否有当，伏乞示遵！

谨呈
中华平教会华西实验区干事长晏

注：本文辑录自璧山区档案馆藏"华西实验区档案"，卷13-22/P195—197。

晏阳初致本会重庆办事处陈代表函稿

（民国）卅八年三月十四日稿

开泗兄台鉴：

启者，关于四川省第三专员区与中畜所合作、北碚种猪之推广繁殖所需之种猪饲料费及指导育猪工作人员之薪水及旅费等，业经委员会决定办法，其内容已由第一组钱天鹤先生专函奉告，计已邀览，兹为执行此案，将应请吾兄办理之事条列如左：

一、北碚种猪之每月饲料费。自种猪到北碚之日起，至本年六月底止，应由本会负担，此后由当地养猪合作社自行担任。此项应由本会担任之饲料费共需若干，请转商第三专员区孙专员，速即依据实际需要，拟一准确预算，并注明现已由尊处垫用款项若干，尚需本会续拨款项若干。

二、据中畜所程所长函称，拟聘梁君正国赴四川参加种猪饲养之指导及推广工作，其月薪据程所长提议，拟定为金圆叁佰陆拾元。但此项薪额是否与第三专员区职员薪额一般标准相符，弟无法悬揣，请转请孙专员核定，并自本月份起至六月底止，拟一薪水预算。

三、梁君及其眷属四人共计五人，自湖南洪江县至北碚之旅费，应由本会担任。梁君等拟自洪江乘公路车至长沙转铁路至汉口，然后乘轮赴重庆。此项旅费应共需若干，请兄转商孙专员，拟一旅费预算。

以上三项经费估计，请编列一总预算表，用中英文缮写各七份，速寄本会第一组钱天鹤先生转呈本会核定。

又猪舍及职员办公室及宿舍，应由第三专员区供给，不知第三专员区有否照办，请查明见覆。

除将本件分别抄送孙专员及中畜所程所长外，用特函请查照见覆为荷。专此。

顺颂

公绥！

弟晏阳初启

（民国）卅八年三月十四日

批语：

抄转程绍迥。

注：本文辑录自璧山区档案馆藏"华西实验区档案"，卷 9-147/P8—10。

乡村建设与教育

瞿菊农讲　何国英记录

（本文为第四届工作介绍座谈会讲演稿之一，因时间关系，记录稿未经瞿先生改正，如有误，由记者负责。）

一种事业，一种社会运动，决不会没有社会的因素，没有客观的要求，会得到社会注意的。任何，乃至失败的社会运动，也不是一两人想出来的。但是任何社会运动有两点值得注意：就是它是否根据社会历史与社会生活，现在最引人注意的是马克思的理论，马克思理论的构成，一部分是根据历史哲学，一部分是根据生活的分析。从生活分析发现问题，从历史哲学说明这个运动所以成功的必然。不过历史有其共通性，也有其个别性，一种历史哲学，可以相对地解释任何社会问题，但又不能全部解释。所以我想请各位研究一下，是应该拿另一个历史哲学和生活分析的成果，来扣在自己的头上呢？或是应该注意自己的历史哲学和分析自己的生活？我们认为中国的乡村建设运动，不是它本身有多大成功，贵在它是根据我们的历史和生活而来的，是从中国历史和中国的生活需要而来的。之所以有种种不同的作法，是因为各人对历史和生活的分析站的角度不同。不同乃来自相同。其根据中国历史与中国人民的生活同一也。换句话说，基本是相同的。

近来有机会跑了几个与我国差不多的地方，如像南美、近东。再到欧洲、美国去看看，觉得社会运动，消极的有两点：第一，一个地方的建设工作，若不是从当地本身的需要而发生，是不会生根的；第二，一个民族不能消化吸收多种文化，那就永远不能揉合成为自己的文化。例如近东有过沙漠生活的民族，有经商的回教徒，也有欧洲带去的资本文明，他们生活方式不同，社会关系不同，不同的文化同时存在而又各不相关。从这一点看，中国是了不起的，她能将多种文化揉合成整个的，分不清谁是谁的。

中国的乡村建设运动，至少在需要上是从自身发出来的，如梁漱溟先生的乡建理论就是从中国历史文化的研究中得出的结论。河南的乡建工作，从宛西的自卫工作起，也是根据当地人民的生活需要而产生的。同时在技术上，我们用的许多是西洋的科学方法，用它来解决自身的问题，这就是文化的揉合。

积极方面的：大家看得很明显，目前世界上有两个壁垒，一是以美国为代表，一是以苏联为代表。这两个壁垒的力量从哪里来的？我们有没有？让我们来分析一下。构成强大力量的因素有三方面：一是科学技术，二是组织，三是社会理想。这三方面还要有合理的安排，例如德国、日本，她们的科学技术不能算不发达，但因她们团体组织是编组，而不是每一分子自发的参与，不能发挥自己的力量。所以虽然表面上看来她们的力量很强大，但终于失败了。自然她们也有她们的社会理想，正因为出发点的错误，所以才加深了她们失败的因素。

社会理想必须从其历史与生活的需要而来，中国的乡村建设运动，是从中国的历史与现实生活的需要来的，前面已经说过，剩下的问题是如何使人民有组织，能自动地、集体地运用科学的技术，来解除实际的苦痛，改善自身的生活。已往乡建工作的方向，一是准备建设的条件，一是介绍科学技术，引发组织，这方向是对的。

为什么过去和现在的乡建工作都要通过教育？从历史上我们可以看到：知识分子与民众力量配合的时候，就是治平的时候，不配合的时候，就是混乱的时候。如项羽不能用范增而失败，刘邦有张良、萧何而成功。中国的乡村建设，就是希望无数的知识分子去作农民的军师，把科学知识引进乡村，去引发人民的组织力。要使知识、组织成为他们自己的，能为自己所用，能解决自己的问题，这就需要用教育的工夫。从自觉发生自动，从自动发生合作，人民能自动地合作，才能产生力量，但这是非常不容易而且缓慢的，不过它成功了，也就是生根了。

现在谈教育本身的问题。乡村建设运动对教育有其新的看法，这种新的教育思想，在世界教育界上都有他的立场，从教育史上看：教育本来是守旧的作用多，倡新的作用少，但新教育是走的倡新的路而不是保守的路。就教育目标说：旧的传统的目标是个人的成就，在社会已有的格局中取得地位，顺应社会，传递文化。新教育是以教育的过程达到社会建设，个性的发展，文化的创造。就教育过程来看，旧教育是生活的准备，新教育则认为教育就是生活。教育的内容不是一条条死的知识，而是生活需要的经验。就教育对象说：旧教育是以少数人为教育的对象，新教育以全民作对象，认为全民的生活教育，才是教育的本体。成为一套制度的如学校教育，只是教育中的一种训练。过去的教育是储才，新教育是教人作人。从教育方法上看：过去的教育是知识的注入，新教育是活动的辅导，使受教者的知识与生活得到配合。再就教育机构看：旧的教育机构是单轨的学校系统，而学校又是与社会隔绝的。新教育认为整个社会就是学校，新的教育制度是社会的、普遍化的、多元的教育机构，使教育不成为延长社会阶级的东西。就教师来看：过去的好教师是知识传授者，今天的好教师是生活指导者、社会组织者。最后谈到教育政策：在新的认识下，是配合社会建设的教育方案，而不是孤立的教育政策。从这种广义的社会本位的教育看法看来，乡村建设的全部工作，都可以说是教育的工作。也就是说，这些工作，必须通过教育。

乡村建设工作，有了二三〈十〉年的历史，不能说有成就，但是不等于说不应当走这条路，真的尺度是广大人民的需要。为什么我们的工作在国外能引起注意？因为他们作过这种工作，知道其中甘苦，知道有这种需要。

个人二三十年来从事乡建工作的经验，觉得最大的阻碍，不是工作上的困难，而是个人心理因素。我们知识分子，往往把自己看得太高，到乡下去住些时候，就知道我们的知识和我们的文章，没有多大的用处！我们抛掉了升官发财的机会，舍弃舒适的城市生活，来到乡村为农民服务，要取怎样的态度呢？首先就是把自己放在与农民平等的地位，更应该虚心诚恳地向农民学习。千万不要注重形式，把写报告的官僚作风带到乡下去。希望各位不要苟且，不求近功，一点一滴，踏踏实实地干下去！这样的成就才是真实的可靠的。

原载《乡建工作通讯》，1949 年第一卷第十一期

注：本文辑录自璧山区档案馆藏"华西实验区档案"，卷 9-136/P104—105。

（瞿菊农）代干事长来璧（山）召开重要会议

六月三日中午，孙（则让）主任偕同平教会瞿代干事长访农，秘书杨炳吟，会计主任顾润民抵总处，下午四时，召集各组室负责人开会，参与者共十二人。首由瞿代干事长报告本区目前经费状况，继则讨论今后各组事业费使用问题。决定由各组暂拟六、七、八三个月之详细预算，经孙主任核定后即按月动支。四日下午，又召集会议，逐项研究各组所造预算，五日晨瞿代干事长等始离璧返渝。

原载《乡建工作通讯》，1949 年第一卷第十九期

注：本文辑录自璧山区档案馆藏"华西实验区档案"，卷 9-153（2）/P220。

总结

——一九五〇年八月十四日平教会工作座谈会
瞿菊农

这五天的座谈会，是解放以来，本会最重要、最有意义的一次集会。各位同仁从各地回来，共同讨论工作，报告工作，筹划工作，交流经验，互相学习。我们这次座谈会里，从各位的实际工作报告里，知道各位对于工作、对于改造自己，都有进步。不仅如此，各位工作同人在实践中发现我们的缺点，要求纠正；发现我们的错误，要求改进。大家对于本会努力的方向，有进一步的认识，对于为人民服务的信心，更深入、更强大，这是大家求进步的表现。

工作座谈会原是要对于我们的工作作深入的检查，愈深入愈能发觉自己的缺点，愈能进步。根据各工作单位负责同人的报告，以及五组讨论若干重要问题所提出来的意见，现在总结起来报告各位。最后还有一般的几个要点提出来，请大家注意。

解放以来我们同人、同学最早参加的工作是征粮工作。在璧山征粮工作中，我们六位同人、同学牺牲了，这是我们不能忘记的。在未向各位作总结报告之前，提议请大家起立默哀。（默哀三分钟）

第一要提出来的是工作的联系。学术与实践如何结合，学院各系与实验区各组实际工作如何联系等，都是要紧的问题。大家都提出若干好意见来，要教学工作与实际联锁，要实际工作增加力量。学院与实验区工作有一联系的机构是必要的。学院各系及农场等负责人与实验区各相关业务单位负责人共同组织，再分别组织教育、农业、社会、水利与卫生五股的意见，是应该提早切实组织联系的。要联系密切，才能有效地服务农民！

其次是培育人才。本会对于培育有服务能力、服务精神的人才向来注意，亦曾经提出对于建设工作应为有计划的教育的意见。乡村建设学院之开办，即是向这一方面的努力。今后我们要遵照政府的文教政策，顾到国家建设的需要，尤其是在为农民服务方面，在已有的基础上提高一步。现在国家建设工作开展，西南的建设亦需要人员，我们不但要注重质的提高，亦要注重量的扩充。因此，短期的专修科有其必要。我们准备设立若干班农业、水利工程、合作三个专修科，期限拟定一年。教学的办法采用以实际业务单元为教学实习的中心的业务重点制。关于此点，自应向文教部及有关的政府洽商并请求指导，一方面希望有关的同志们拟出详细的计划，进行切实的准备。期望在专修科学习的学生，能切实地有效率地为农民服务。

第三农业方面。我们要以现有的农业工作的设备与经验为基础，对政府繁殖良种的计划有所效力，应以璧山专区为业务重点，商请政府允许成立与巴县梁滩河、璧山杨家祠农业生产指导所工作大体相类的机构五处。即江北、江津、璧山（璧南）及巴县歇马场等地。办理略有成效之大竹、涪陵两处典区工作应加充实，万县工作人员拟暂撤回。

学院农场要切实加强工作。要特别注意扩充为原种繁殖场，供给繁殖推广之用。尤其要配合教学研究实习，并与实验区农业工作密切结合。关于学院农场的整理扩充，请有关同志即进行具体的规划。

第四是合作事业方面，对于社务业务的整理与合作教育应该加强。在新民主主义社会，合作社有其任务。今后应在政府领导之下结合合作事业机构进行工作，依照政府推进合作社办法，顾到实际情况。璧山合作社物品供销处应改组为供销合作总社，合作整染厂亦与之结合。机织合作部分业务需用原料，可商由花纱布公司准备，当可抽出一部款项，商请政府参加类如川东供销总社之工作。合作纸厂是一种农产加工的合作组织，亦应结合供销总社工作。

本会华西实验区为帮助合作事业的发展，有贷款的办法。现有的几种事业，原定贷款数额已全部兑出拨清，有的已到了还款的时候，此后不能亦无款可以拨贷。手续上未完成的，要赶早整理。这几种事业必须达到合作经营企业化，同时加强合作教育，健全合作社务。

为应付现实需要及辅持合作事业，关于业务必要之临时周转金，可定一临时办法。即由本会以人民币两亿元为最高数额，作为必要时之保证金额，各事业可以通过接洽处向银行贷款。

合作事业是重要的，希望我们大家努力，使之更有群众的基础，业务上要使能企业化。

第五是参观学习。我们要加强学习，尤其要注意思想方面的改造，注重与实践联系的学习。材料文件的搜辑是重要的，要分别办理。关于参观我们要就事实的可能，作具体的规划。

第六是文教方面。教育工作在本会是重要工作之一方面，我们应该继续深入检查教育工作的缺点，力求进步。对于教育的科学研究以及教材编辑，要了解文教政策，实际需要，切实检讨过去，适应现实，积极进行。在普及的基础上求提高，是切合实际的原则。对于文化与科学的普及工作，拟在北碚与当地文教事业与科学研究机关团体，在政府领导下，联合推进、共同创造。现正在商洽具体办法中，希望不久实现。

电化教育是实施社会教育的重要方法之一，要有进一步的规划，在制作静片与放映方面加强工作。

第七是会计与行政方面。要大家合作，更求改进。用款希望尽量节约，不可有一点浪费。我们这微小的财力可说是受人民的一种信托，目的是为服务，所以必须慎重而适当地使用。要严密执行预决算。在本会会计方面，特别要注重稽核的任务，应有的手续必得慎密执行。又财产目录的查核编制，必须办好。这些都要求各工作单位努力做好，更要求大家合作协助。

各位的报告与五小组的讨论还提有若干好意见，可以作为我们工作的参考，有的应该即办。然而各位的报告与讨论里，我们尽量体会各位的工作精神，还有几个重点要提出来使我们特别注意。

一、我们知识分子，或多或少都有缺点。我们在实际工作，不但对过去工作作了比较深入的检查，但于自己，更有加强学习、改造自己的认识。我们要坚定为人民服务的思想，防止自由散漫，减少急性病。我们要稳步地、有准备地建立批评与自我批评的制度，加强团结。这样才能逐渐进步，对人民服务工作才能有贡献。

二、我们要检查过去的工作，而且要不断地作深入的检讨。有缺点错误，尽力纠正，尽力学习国家的政策、各项有关的文件，检查自己的能力经验，才能有有计划的配合。

三、我们要认识科学的重要。对这方面的工作要加强，要更实际。要做到理论与实践一致。我们一小部分的科学研究有相当的成果。因为我们所研究的问题是从实际生活里来的，研究的成果要在实际生活里有效力。总之，科学的研究要从群众来，与群众的需要相结合，要依靠群众、信赖群众，才能到群众中去，"请科学下乡"正是如此。

四、我们在服务工作上，要有从头学起、从头做起的精神。深入研讨，虚心学习，切不可以过去少许成绩为满足，除却自高自大的毛病。过去好的经验要保留，但决不可以自满，要反省、要努力，才能逐步提高。

我们五天的集会，在实际工作中取得比较正确的认识，增进相互了解，加强了我们的团结，这是我们学习上的收获。希望每一位同志都能加强学习，在工作上随时随地密切联系。有缺点相互纠正，有长处相互学习，真心诚意地在政府政策指导下服务农民。

本会有近三十年的历史，在各方面不能没有缺憾，不能没有错误。乡村工作在新民主主义之下，应该更积极更努力，希望这微末的部分的力量能完全贡献于全体。同时每一个人进步，团体才能进步。我们要共同走上服务的路，这正是政府有计划地在领导着的路——此外更没有别的路！希望我们团结——努力为人民服务。

注：本文辑录自璧山区档案馆藏"华西实验区档案"，卷9—229/P9—10。

瞿菊农为填报华西实验区重要工作人员履历表事宜致孙廉泉、郭准堂信函

廉泉、准堂两兄：

　　统战部现需要本会各单位重要工作人员履历，请兄及王启澍、李焕章、郭耀观、李纪生、王正仪、李鸿钧、李国桢、薛觉民、裴鸿光、任宝祥、杨各圭、张嘉麟各位先生自寄个人经历一份，如有对某一种学术或技能具有专长和经验，亦望叙入。此事务希尽于一周内办好，寄下为荷。

　　此致

敬礼！

弟瞿菊农顿首

（一九五〇年）九月七日

　　兹送上我这郭准堂、李纪生、李鸿钧、裴鸿光、张嘉麟五同志履历表各二份，望查收汇办为荷。此致杨炳吟同志

秘书室启　（一九五〇年）九月十七日晨

托郭滈昌带去

　　裴鸿光：男性，现年四十四岁，系河南南阳县人。学历：曾在法国里昂大学理学院化学系卒业，得硕士学位，并在法国格城高等造纸专科学校卒业，得工程师学位。经历：曾任河大及铭贤学院化工系教授，西北造纸厂总工程师，陕西省企业公司造纸厂厂长，四川嘉乐纸厂厂长，嘉定国立中央技艺专科学校造纸科主任兼教授，现任铜梁合作纸厂厂长兼总工程师。专长：造纸。

　　张嘉麟：男性，现龄四十一岁，河北省抚宁县人，北平财政商业专门学校毕业，曾任西安华兴公司会计，陕西省公路管理局会计股股长，通远汽车公司会计主任，西安东

华贸易公司会计主任，现任中华平民教育促进会华西实验区会计主任。

李鸿钧：男，现年四十一岁，河北永清县人，北京燕京大学社会学系毕业，曾任北平华北合委会科长，河南合委会总视察，贵州合管处主任秘书，行总湖北分署副处长，社会部计划委员，现任华西实验区合作组副组长。专长：合作。

李纪生：男，现年三十九岁，平原安阳人，北京师大教育系毕业。经历：一九二九年至（一九）三一年，任河南第五师范附属学校教导主任兼高年级级任，颇热衷于教导方法实验工作。（一九）三六年编著之《小学训导的实际》一书（教波社版），大半记取此时期之经验。一九三二年，任河南安阳县立女师教育教员兼附小主任。（一九）三三年任安阳教育局学校教育科主任，兼《彰德日报》及《安阳教育半月刊》编辑。一九三四年，因国民党政府缉捕，逃北京，进修一年。一九三五年，任北京教育短波社编辑，（一九）三六年后兼《小学生短波六日刊》主编，（一九）三九年教育《短波旬刊》在渝被迫停刊后去职。一九四〇年任四川第三区师训班首席导师（后兼教育组长），并主编《政教研究月刊》。（一九）四一年至（一九）四五年任中国民生建设实验院教导副处长兼民生教育人员研究班主任，此时期编著有民生建设单元活动——如稻作活动暨民生文画教材多种。一九四六年至（一九）四八年任私立乡村建设学院讲师兼院刊主编，研习区教育组主任。现任平教会华西实验区编辑组组长，组内工作主要的是编刊农民教育基本教材及补充教材、读物、期刊等。

郭准堂：男，五十八岁，平原温县人，中国大学经济系毕业，曾任河南法专教授，现任华西实验区主任秘书。

注：本文辑录自璧山区档案馆藏"华西实验区档案"，卷9-229/P179—192。

孙则让先生第五次特科演讲

时间：七月七日午前八点至九点半
记录：康廷方

这个工作（李）焕章先生谈了好几次，去年他就关怀了好几次，现在终于实现。有人说李焕章先生这次到江津去是一种冒险，因为以后有离开学院的纯洁学生，去对付复杂的社会，这是大家深切感觉到的。但李先生很有信心，我也很有信心，一件事情不管有多大困难，只要大家努力，一定有相当收获。我们作乡村工作要有勇气与吃苦的精神。我希望各位同学这次下乡能发挥吃苦耐劳的精神。一个工作的成功与失败都是客观条件，但我们主观方面仍要尽最大努力。

其次，我要谈谈处人的态度。因为大家都是初离开学校的学生，所以这个问题特别重要。有人怀疑我们同学出去工作的能力与表现，我认为我们学院的同学是与一般大学生不同的，因为我们学院的同学是受过乡村工作的训练的。我希望大家出去，第一态度要虚心，不要骄傲自满，对任何人都要谦恭和蔼。我们不要只看社会的黑暗面，更要看到它的光明面，如果他们在各方面有错误，我们要技巧地、慢慢地说。

第三，大家这次出去是工作，大家都变成工作员，而不是学生。凡是一个工作都有赏罚，一个工作者如果做错了事情，是不原谅的，这与学生不同，诸位出去后不再是学生了，我也不把大家看作学生了。工作都有纪律，现在的问题不在诸位而在我，譬如大家要辞职、要中途离开，我可以不予批准。在学校我们是师生关系，出去参加工作我们就是一个机关团体。

第四，我们必须认识乡村工作的环境。我们下乡去，在言行方面都要谨慎。就我所知有很多人在意识上、身体上都是小资产阶级的，怕吃苦、出风头、想当领袖，但谈起话来却很前进很革命，因此他常不顾环境到处乱说。我希望诸位同学能注意这一点。在学校与出学校到社会去是完全不同的，我希望各小队的检讨要注意这一点。晏先生说："要化农民，必须农民化。"这不只在形式上穿草鞋、吃农民的饭，这只是农民样，不是农民化。我们必须要懂得农民的意识，他们的想法，他们的心理，谈话与他们有切身关系，这样才是农民化。我们要同流而不合污。

第五，"病从口入"，下乡去饮食都很困难，但只要我们不乱吃东西，是没有什么问题的。希望大家保重身体，不要使人家都说你们是"多愁多病身"。

我拉拉杂杂说了这些，千言万语是在向大家祝福。诸位这次出去，是代表我们学院、代表平教运动，希望大家尊重。出去一定有困难大，我们要能吃苦、能克服困难，希望大家互助互勉。

最后，我想与大家谈广柑问题，这问题我是外行，但我还是把它提出来供大家参考。

第一步，我们与广柑区人士接触后，要进行调查，广柑园属于什么人？地主还是农民？出租还是自营？怎么管理、怎么经营？我们能得一个精确的统计是很有意思的。我们整个的工作有一定进度，每个队、每个人都应有一定的进度，这样才能考核工作，进行检讨。

其次，我希望这次到江津去除了灭虫以外，能完成一个经济的组织。我希望我们弄清楚了广柑园的管理方法后，果园的所有权与使用权以后，能否组织产销合作社。产销的主要工作在运输与储藏，储藏运销不仅是技术上的问题，同时是经济上的问题，如贷款等。这个工作比除虫更重要，当然也更困难。我希望能够在重庆看到这个产销合作社的产品。我觉得这种组织比除虫更重要，有了组织就可以除虫，有了组织就可以解决运销，有了组织就可解决肥料问题。这个工作我一定在经济方面支持。

现在四川广柑在长江以北还没有蛆柑，我希望李先生设防！

注：本文辑录自璧山区档案馆藏"华西实验区档案"，卷9-114/P69—71。

华西实验区工作述要

—— 孙主任廉泉（民国）三十八年二月十一日在工作介绍座谈会讲

诸位：

这次工作介绍座谈会原定为二月七日举行，因本人在渝有事耽搁，所以迟至今天才开始。这次新来本区参加工作的同志，大家都是对今后乡村建设工作具有信念与热忱才来的，在新来的同志里面，有好几位都是我从前的朋友和同事，据我知道他们都是丢掉了地位待遇都较好的职务而来参加本区工作的，这种精神实使我感动，使我兴奋。这次座谈会预定有七天的时间，本区各部门工作都要有详尽的报告，今天我要谈的是本区过去工作的情形及今后工作的做法。

一、先从实验区设立的经过谈起。

实验区的工作，是（民国）三十五年七月我到第三行政区就任专员时，即从事准备工作，经三阅月的筹备到十一月间才正式开始的，实验区是中华平民教育促进会与四川省府合作设立的，暂以第三行政专员区为范围，由我作专员兼实验区主任，我想，实验区要做的工作，就是县乡行政要做的工作，兼任专员职务完全为的便于推动工作。

乡村建设工作以平教会开始得最早，其次要算河南的村治学院，说来已有二十多年的历史了，当时晏先生主持河北定县的实验工作，我和一些朋友在山东邹平办了一个乡村建设研究院，从研究实验中，大家都觉得乡建工作是具有联系性的，具有综合性的，如从扫除文盲的教育工作而注意乡村卫生问题、经济问题、自治问题，因此不知不觉注意到整个的乡村问题的解决，要解决整个的乡村问题，就不能不牵涉到县政的实施，因而觉得有从县单位着手来解决这整个乡村问题的必要。民国二十二年，召开了一次乡建工作者的讨论会，决定展开县单位的乡建实验工作。以后定县、邹平、荷泽、江宁、兰溪、衡阳、新都等实验县的设立，就是在上述要求下促成的。我们今天的实验区包括十县一局，可以说是扩大的县单位的乡建实验工作，目的也在以这一区作推动乡建工作的示范表证的据点。

第三区在四川的行政区划中，就人口与面积来谈，是比较大的。在这样大的区域内，虽然我们过去有些经验，知道些工作的方法与步骤，仍不能不作摸索探究的功夫。当我们研究在何处开始工作的问题时，有朋友提议先从北碚开始，我觉得北碚经卢作孚先生和卢子英局长的经营，地方事业已办得相当有基础，我们不应该从容易作的地方开始，因为这种地方作起来阻力少，不容易发现问题。后来又想在巴县开始，但我又觉得巴县距重庆太近，也很富庶，如从巴县开始，所接触的问题不见得能代表一般乡村问题。我们要作实验工作，不应该找特殊的地方开始，所以结果选了璧山，因为璧山不算富庶，受都市的影响也少，如果在璧山研究出一套办法能作得通，在第三区的其他各县局也可以作得通。在璧山的工作开始后，各方面的朋友多认为璧山太偏僻，不宜为实验区的中心县区，实不知我们选择璧山为中心县区时的用意，特在这里说明。我们在璧山不怕困难，不怕没成绩，因为我们认为困难失败也算是实验结果。

来到璧山之后，对于怎样作法的问题很费考虑。过去我作山东菏泽实验县县长时，可以不顾政府法令改组乡镇组织，裁撤骈枝机关，整个自来一套。当时菏泽城内机关林立，县经费二十一万中用于城内者即在十五万以上。我的办法是紧缩县府组织，裁为三科，取消重叠机关，使人力财力下乡，结果使县经费用在城内者变为四万元，这是一种作法。但是我们在璧山不可能也不必要这样做，就是用这种方法在璧山作好了，别的县也无法仿效。只有发动社会的力量，使其自发自动地从事建设工作。所以我们采取从旁辅导的方法，建立辅导制度，这种作法收效可能很慢，困难也多，但是要想在地方上生根，还是只好如此，因为用了政治力量虽然收效很快，却不能算真正解决了问题。采用辅导办法，在工作进行的时候可能遇到阻碍，这是应有的现象，至于用什么方法来克服、来解决，正是我们需要研究的。

当初觉得全县举办很困难，决定先选四个乡镇来作，就是这四个乡镇也只是注重传习教育这项工作，合作社只组织了几个示范社。因为除了用政治力量之外，教育才是一种启发地方自动建设的力量，引发工夫就是教育工夫。我们在各学区专设民教主任，推动成人教育，用教育力量来引发建设力量。半年之后，大家认为这套办法可行，璧山的地方人士提出三年建设计划方案，在县参议会通过，希望与本区工作配合推行全县建设计划。同时巴县议长、县长，北碚管理局局长也要求在巴县、北碚展开工作。于是本区工作除璧山全县推行外，复扩展至巴县西里及北碚全区。但在这个区域里，也只是开始整套理想中很小的一部分的工作，因为平教会是一个学术团体，只能对问题作探讨，没有经费从事大的建设工作。直到去年美国国会从美国援华款额中指拨十分之一协助乡建工作后，我们才有了进一步推展工作的希望。去年十一月农村复兴联合委员会（以下简称"农复会"）成立，晏先生作了委员。关于农村建设目前全中国只有我们在作，所以农复会五委员首先来本区视察。我们觉得没有什么成绩，但他们还觉得满意，同时在农复会未正式成立之前，曾召集县长、议长开会，凭着我们在巴、璧、碚三地工作的一点成绩，已引起各县自动从事地方建设的意趣，随后各县都厘定了乡村建设自动计划，并自筹一部分经费，用自助以求人助的方法在各县展开工作。这样，原是中华平民教育促进会华西实验区的工作，由于他力引发自力的结果，都变成地方人士自己的工作了。

现在我们的大部分计划都已得到农复会的协助了。既然外有援助，内无阻力，能否有成绩有结果，便单看我们的工作了。今后应如何实现我们的计划，以符合地方人士的期望，实在是不容易的。看起来现在是最顺利的阶段，其实是最困难的阶段。今天各位新到一个地区参加工作，可能比我们刚开始时顺利些。但爱之切责之严，我们应该格外警惕。如果因为工作不努力，或者处理事件太轻心，以致影响整个工作的进行，那是不能原谅的。同时我们的工作是综合性的，是整个社会的改造工作，牵涉的方面很多，比起个别的工程建设不易见效。如果做好了，自可为乡建工作开一条宽坦的大道。失败了，恐怕一般人就要认为乡村建设工作只是挖沟筑堰的工作，并不能解决整个的乡村问题，那样我们就成了三万万五千万生产农民的罪人。

今天我们工作的成败实关系于整个乡村建设的前途。希望新来的朋友都要发大愿，准备吃苦，克服困难，忍受委屈，但不屈服于恶势力，本着本区实验旨趣与工作计划，努力各人应作的工作。

二、其次谈：关于本区的工作重心与工作方式。

我们的工作是综合性的乡建工作，不过全面工作中不能没有重点。重点在什么地方，如何着手？这是需要说明的。照一般人的说法，地方自治要经乡镇保甲这个机构来推动，但是我们发现很多弊病。就好的方面讲，乡镇保甲机构确曾办了些国家委托的事务，作了些消极的工作：如征兵征粮防匪等；积极的建设工作却没人管，没人作，现在实验区的计划在推动工作方面，并非推开了现有乡镇保甲组织，而是将工作动力放在另一重点上。在县政方面有经验的朋友都知道，目前乡镇保甲最感觉沉重的是委托事务。能作到委托事务就算尽了最大的努力，别的建设工作当然谈不到，而且县长及一般人都认为乡镇保甲能办好委托事务就是算称职。要怎样的一种人才能把这些事务办好？大概都得有点豪霸气质才行。但是有这种气质的人确不宜于组织农民，以引发农民的力量来推动乡村建设。因为他们不能使用民主方式，办事很容易武断。就是不武断也不易达到政府要求的任务，也是政府给他的任务太不合理了，以致造成一般的乡镇保甲长对工作不得不应付的局面，所以我们推动建设工作的中心力量，不能完全放在乡镇保甲这个机构上；同时我们也知道地方各种建设工作所以没有推动，是因为一般老百姓不了解。我们作的每一件工作，要想使老百姓亲切地了解，那就只有在教育上作功夫。我们所说的教育并非单指一般的学校教育；同时我们对于学校是另有一番安排的，我们是用教育组织来推动建设工作。概括地说：委托事务由乡镇保甲长办，积极的建设工作用有组织的教育来完成。也就是说推动建设工作的中心力量是教育是学校，乡镇保甲长只站在辅助的地位。

既然我们推动建设工作的中心力量是教育，如何才能达成教育的任务，要答复这个问题，先要知道建设的重心，才知道用什么样的教育才能达成任务。

过去乡村工作者也有人专从事过教育工作，但失败的多，因为他们是为教育而教育，不是为建设而教育。不过以建设为教育内容的作法也各有不同，有的地方以自卫作教育的重心，有的以经济作教育的重心。经过我们研究的结果，认为乡村建设应以经济为重心，经济问题的解决靠有组织的生产，就是生产组织化。今后如何完成组织生产的工作是一切工作的归总，而教育就是完成这种组织的方法和力量。农村经济建设的完成，乡村建设才算获得结果。推广优良品种，修筑堤堰，并不是我们经济建设的重点。完成有组织的乡村经济建设，才是我们的最后目标。

三、前面谈到我们的经济建设最主要的是要达到组织生产的目的。但是用什么方法来达成这个目的呢？我们用的是一套合作组织。在农业方面组织农业生产合作社，工业方面组织各种专营业务生产合作社，也就是用合作社的组织来建立经济建设的体系。

先谈农业生产合作社。

我们乡村的农田是细碎的，零散的。普通农家的耕种面积大概只有十五石田土，在这种情形下，一切进步的现代化的农业生产技术无法接受，我们就用合作社的方式把农民组织起来以补救这个缺陷，这种合作与一般经济合作意义不同就在此。这种合作看似简单，作起来却很难，苏联为完成集体农场组织的艰苦过程就是例证。农业生产合作社是本区经济建设的主体，所以完成农业生产合作社的组织是我们的主要任务，无论教育实施或生产贷款都为了这个目的。

农业生产合作社也叫合作农场。组织的程序，首先是确定合作社的社区，也就是确定学区。要使教育实施与经济建设配合，两者的地区范围就须相同。这"社区""学区"我们把他叫做社学区，这社学区要根据一乡的地形、交通、灌溉体系等各方面来研究划定。过去工作人员希图省事，就根据保甲组织来划定社学区，然后组织合作社，这一来很容易使划定的社学区不成一经济单位，合作社业务经营往往发生困难，所以今后大家应特别注意，千万不能希图省事，以致妨碍工作。

社区的范围，大概有耕地面积二千亩至三千亩，生产农民约二百户，人口约一千人的左右。

社区确定之后就可以开始组社。但是要什么人才有入社的资格呢？只有农业生产者才有资格，也就是说只有自耕农和佃农才有资格。绅粮、地主不能加入，要这样，利害才能一致，业务才能推动，农民才能真正得到利益，关于组社的手续以后再谈。

农业生产合作社的任务是什么呢？最重要的有三项：第一是稳定土地使用权以安定农村。记得（民国）卅四年我在成都托高等法院苏院长调查该院民事诉讼，结果租佃纠纷占全部民事诉讼的四分之一。同年在璧山调查三个月的诉讼案件，发现有百分之六十二是租佃纠纷。大家知道租佃纠纷很容易在乡镇解决，而打官司到法院来竟有这么多，可见租佃纠纷的严重。因为农村的动荡不安，农村经济建设也无从着手。如挖渠筑堰等水利工程，因地主不自己耕作或根本不住在农村，多不愿兴建。佃农的心理是得过且过，无恒产者无恒心，也不愿作长远的打算，甚至有只顾眼前的收益而损害土地的。这些例子很多，不胜枚举。所以农业生产合作社的第一个任务就是稳定土地使用权。方法是：一、禁止撤佃换佃，以合作社有组织的力量来保障佃农，使其免于被撤佃换佃的恐惧。政府虽有保障佃农的法令，因为佃农没有组织，还是不能实行，现在我们可以用合作社的组织来仲裁租佃纠纷，使佃农虽无恒产而可以有恒业，由有恒业而有恒心。二、保租减租，对地主应得的法定地租给予保障，并且还要照命令减租。如佃户有意不缴租，合作社也应该负责，这样才能达到安定农村的目的。

第二，控制土地转移以防土地兼并。据调查各县的税收以契税为大宗，可见土地转移的频繁。同时土地的转移又引起退佃、换佃、加押等问题，佃农受害不浅。现在决定在社学区内的土地买卖，合作社有优先购买权，这叫做创置社田，田归社有，仍让原有佃户耕种，所纳租金，作为社里公有的财富。此外还可以用扶植自耕农的办法，由合作社帮助社员购得田地。这两种作法虽然都是防止土地兼并，但其意义差别很大，后面一种办法容易引起农民的兴趣，容易推行，因为农民对土地取得的欲望很高。但是它的优点也就是它的缺点，农民因爱惜土地，很可能变得自私、保守、固执，许多建设工作如修路、开渠、筑堰，以及农业技术等反而受阻，成为新农业经济的障碍。如创置社田的办法，其缺点就是没有自耕农的优点，农民对社田总不如对自己私有的来得亲切。但其优点较多，假如教育工夫做得好，大家都认为自己是合作社的主人，社员与合作社痛痒相关，合作社就是社员的生命，如此不但合作社可以办好，社员的社会责任感也可养成，并可用社里的公共财富办理地方公共事业、福利事业。如此创置社田后，因土地改良而能增加社员的收入，用社田收入的公共财富举办地方福利事业，自然减少了社员的支出。增加收入、减少支出都是对社员有利的事。同时社员也渐进于社会化的生活。依据近年来农村土地转移的情形，我们知道每一社学区的合作社一年可购置四五十亩，四五年后社田可到二三百亩，这时，地方建设皆可推动，所以我们采取了创置社田的办法。现在就大势看，土地改革势在必行，一般人都注意到这个问题，我们应该趁此提倡合作社，借以促成土地问题的解决。此外还可采收回佃户社田押租作为合作社基金的办法。合作社创置社田，控制土地转移，就可防止地主或资本家向土地投资，而使其转入工业建设之途。

第三，改进落后的农业技术，达成近代化的农业生产。关于这个问题有两派主张，一派认为要采用大农制才能运用机器、改良农业技术，采用小农制经营就无法现代化。一派认为小农制有很多优点，如耕作集约管理周到，土地能尽量利用，农民特别爱护其田园作物等。就中国农村的条件看，仍应保持以家庭为劳动单位的形态，所以还是适宜于小农经营。同时用农业生产合作社的办法，由合作社担负一个农家所不能进行的工作，如土地整理与修建水利等，逐渐引进新的农业技术，推广优长〔良〕品种，举办大规模的农产加工，甚至作有计划的生产。在中国农村复杂的情形下，我想只有这种去小农之短，兼大农之长的农业生产合作社，才能解决这个问题。

至于我们在家畜饲养以及优良品种之繁殖与推广方面，初步工作能做些什么呢？我在这里顺便提一提。

据我们所作农家经济调查的资料看，在本区养猪实是农家之普通副业，猪种的改良值得我们注意，如约克夏种猪与荣昌母猪的第一代杂交仔猪，其生长速度与体重比较，远较普通仔猪为优，应该大量推广。在农作物方面，中农二十四号稻、南瑞苕都是产量特丰的优良品种，也值得推广。要做推广工作，就需要有繁殖场所。我们计划在每一乡镇选一示范社学区，由这个社学区的合作社买五十亩社田作推广繁殖站，或预约几个示范农家组织成一个繁殖站，从事优良品种繁殖工作，并负本乡农业指导与优良品种推广责任。当然还要注意到猪的防疫、病虫害防治等工作。在养猪合作方面，各乡也可以进一步组织合作屠场。

另外，耕牛问题也很严重。记得年前美国朋友亨特及胡本德两先生到璧山三个滩参观，见示范国民学校调查结果，当地农民有牛者仅百分之十，很觉感动，就送了三个滩合作社耕牛一条。这条牛，三个滩农业生产合作社的社员已开会商量了一个很好的办法来处理。目前我们已拟了一个增养耕牛的计划。

关于水利，四川建设厅已决定建修几处大的工程，本区梁滩河工程也在内，然而大工程的利益不普遍，我们要以合作社的力量，来兴修小型的水利，我们到各乡去要注意勘查工作。

这些具体的工作，农复会大多答应协助我们，我们就可以积极推动。

现在再谈乡村工业合作的问题。

目前，我们中国的经济制度，就是一种吃农村的经济制度，我们要建设农村，就应当由提倡农村的工业着手，来改变这种经济制度。从原料的生产到成品的制造，都利用合作组织作立体的发展。如在遂宁，可组织棉农生产合作社，生产的棉花直接供给合作纱厂，使生产者与消费者连接起来，避免中间商人的剥削。璧山组织有机织生产合作社，以后还要成立合作整染厂。一方面追上现代的技术，一方面由于老百姓利用闲暇织布，成本较低，可以与都市的工业竞争。这就是由农村组织生产来控制工业，来建设工业，而不再是由工业来控制乡村，吃掉乡村。同时，分散生产、集中管理，也免去了现代工厂制的一大毛病。又如西泉纸厂，他们收买土产草纸来作原料，而不向当地漕〔槽〕户直接收买纸浆，以致成本过高，不能不停业。这就是因为他们是资本主义式的生产，跟当地人民没有合作的关系，农民拒绝将原料卖给他。如采用合作的方式，组织造纸生产合作社，设置合作纸厂，可以减少三分之一的成本，当然不至于失败了。我们的工业建设的最终目的是要走上社会化的路。在现在的中国，我们不反对私人资本，但是也不提倡。我们合作的组织生产的办法是没有失败的，如果失败，那是管理不当。这就是本区经济建设的方向。希望大家有这个信念，不怕困难，不怕慢，认定目标，向这条路走。

四、最后谈关于教育建设方面。

我们所说的教育，不是一般所谓的教育，内容和作法都与传统的不同。我们把教育作为经济建设的手段，用教育的力量来完成农村经济组织。所以要经济建设能成功，教育是应当特别注意的。已往一般人都不注意乡村里的国民教育。从第三专员区小学教师统计数字来看，一万一千多位小学教师中，在中心校的就有六千多人，在保国民学校的才五千多人。国民教育的经费也集中于城镇。中心校的校舍设备，都还说得过去，保校则可怜得不成样子。而乡村人口占全人口的百分之八十，由此可见百分之八十的人口，所得到的教育远不如百分之二十的人口所享受的教育。再以教师的素质来说，保校也不如中心校，为什么社会人士不注意乡村的教育？原因是士绅地主都住在城镇，政府的一切设施都受着他们的影响，自然忽略了大多数的生产农民，这是目前政治与教育负责者的错误。再以巴县来说，保校六百多所，班级数有七百多班，大都是一校一人，校长、教师、校工的工作，都是这一个人负担，政府置之不问，成了天不管地不留的局面。其他各县的情形也差不多如此。今后我们必须扭转这种教育偏枯的现象，所以实验区以后对地方教育方面的协助，也多在乡村里的国民学校。现在我们有许多大学毕业的朋友，都去担任保校校长，而不去作中心校长，原因在此，这并不是忽视城乡中心国民学校，而是把重心放在社学区国民学校。

现在我们要把国民学校给以重新的安排，以使能负起责任。今后的国民学校应是社会化的学校。其实政府的法令也如此规定。前面我们说的社区也就是国民学校的学区。国民学校分为两部：小学部与民教部，小学部要作到社学区内全部学龄儿童入学，国民学校的详细办法由教育组的负责人与大家报告，这里不多谈。实验区工作开始时只注意成人教育，今后要注意到整个国民教育的建设，把社学区内积极的建设工作放在社学区国民学校身上。

　　乡村建设应注意到乡村领袖的发现与培养，如此建设工作才不致落空。这些领袖应从生产农民中去发现去培养，所以我们推行教育时用组织教育的导生传习办法，在社学区依人民的居住情形设置若干传习处。传习处的设置看起来似乎简单，但作起来也不容易。一处传习处就是成人班的一个小组，从一个小组的农民中去选拔导生，这些导生也就是领袖，他们是将来合作社的干部。所以导生应从生产农民中去选拔训练，将来一切工作才易推动。在生产农民中去选拔和训练导生时困难虽然很多，但必须经过这一段的努力，工作才能生根。

　　传习处的传习内容，一部分是基本教育，有《农民千字课》等教材。此外，就是建设活动的传习。其方法可用巴县的油桐推广活动来作一说明。我们有一套植桐传习的教材，首先是辅导员召集民教部主任商讨研究植桐的办法，然后民教主任回去召集社学区内的导生，传习植桐的办法，导生再回到传习处把植桐的知能传给学生，传习后立即植桐，这是一套教育活动，也即是一套建设活动。由组织的教育达到组织的经济建设。导生传习应如何运用，这是我们应注意研究的。在这种情形下面，整个社学区就是国民学校的施教场所，农业生产合作社的业务活动，就是民教部的主要教材。

　　国民学校最少应设校长一人，民教主任一人，教师二人。这样，在二百户人口中有四位教师、二十来位导生，共同来推动教育与建设活动，以通过教育的方式完成经济建设的任务。

　　此外关于乡村卫生建设以及基层政治建设，另由区内有关组室作详尽报告。

　　五、总结说来，我们要用组织的教育达成组织的生产，此种组织的生产，是以合作方式建立体系，在合作经济的推展中，不但要求生产技术的改进，最重要的是利用这种乡村经济的组织力量，去解决土地问题，去控制工业去发展工业，并进而完成乡村的各项建设，达到改造社会的目的，这就是我们华西实验区乡建工作的内容与作法。（笔记者：何国英、朱泽芗）

　　　　注：本文辑录自璧山区档案馆藏"华西实验区档案"，卷9-5/P95—102。

四川大学校长黄季陆致孙廉泉信函

廉泉吾兄勋鉴：

　　启者，昨闻农村复兴委员会在巴璧设置实验区，需求乡建人才，以资协助。兹有敝校农院毕业学生何绍文、张大成、魏奇才、邹培木、陈忠栋、高西宾等六名，又教育系毕业学生胡孟章、李犹龙、萧颖、杨焕祖等四名，均志愿前来效其绵薄，特函介绍，尚祈惠予录用并希示复为感。

　　此致

公绥！

弟黄季陆再拜

十一月十九日

　　注：本文辑录自璧山区档案馆藏"华西实验区档案"，卷 13-162/P172。

四川省立教育学院柴有恒致孙则让信函

则让专员吾兄勋鉴：

　　奉读十一月六日惠书，敬悉推动乡村建设各情，至深钦佩，敝院社教系、农教系学生承允赐为任用，尤增感铭，当经布告征求去后，兹各生自动前来登记，志愿担任璧山实验区工作者甚夥，特造具志愿各生姓名、经历简表，随函送请察照，敬祈惠赐裁成示复，不胜至感，专此奉达。

　　敬颂

勋绥！

弟柴有恒敬复

十一月十九日

四川省立教育学院志愿担任璧山实验区工作各生简历表

姓名	性别	年龄	籍贯	学历	经历	备考
易佑先	男	26	荣昌	四川省立教育学院社教系毕业	曾任青年军少校政治工作指导员及市立第二中学教员	
陈白莲	女	22	云阳	四川省立教育学院社教系毕业	曾任小学教员及教务主任	
彭降祯	男	28	江津	四川省立教育学院农教系毕业	曾任巴县高农职校教员	
秦朝秀	女	25	鄞都	四川省立教育学院农教系毕业	曾任合川私立瑞山中学教员	
伍承廉	女	21	广安	四川省立教育学院农教系四年级肄业	曾任小学教员	
陈光烈	女	21	江苏东海	四川省立教育学院农教系四年级肄业	曾任中小学音乐教员	
刘孝贞	女	22	江津	四川省立教育学院农教系四年级肄业	曾任小学教员	

姓名	性别	年龄	籍贯	学历	经历	备考
王祖祥	男	26	秀山	四川省立教育学院农教系四年级肄业	曾任小学教务主任，中学教员、训育主任及乡长，中心校民教主任等职	
郎裕民	男	24	鄞都	四川省立教育学院农教系四年级肄业	曾任中学教员、小学教导主任	
何文纲	男	25	云阳	四川省立教育学院农教系修业	曾任小学校长、农推所推广员及中学教员等职	

注：本文辑录自璧山区档案馆藏"华西实验区档案"，卷 13-162/P162—164。

国立重庆大学商学院院长陈豹隐致孙则让信函

则让先生大鉴：

　　大示奉悉，承告贵会工作方针及实施方法綦详，对阁下艰苦奋斗，为社会服务之精神至表钦佩，当即公布原函，以备众览，并鼓励敝院学生参加此项建设工作。半月以来，因各生多半就业，势不能兼任，故登记人数不多，无任歉然。计有工管系毕业生贾继英、李世浮、徐建中，银保系毕业生曾任华、萧树榆，统计专修科毕业生张照寒等六名。近悉蒋梦麟、晏阳初先生来渝，想贵会工作即将展开，必需人才佐理，故先行函报，即希明示如何任用及报到手续，以便转告该生等前来应命。再者，尚有朝阳学院经济系卅七年度毕业生冉隆绪屈身临时性工作，颇为可惜，并此介绍，统希玉复为祷。专此布复。

　　敬颂

政绥！

弟陈豹隐拜启

十二月二日

　　注：本文辑录自璧山区档案馆藏"华西实验区档案"，卷13-162/P126—128。

国立重庆大学医学院陈志潜致孙廉泉信函

廉泉专员吾兄勋鉴：

　　顷接本市《世界日报》经理罗国富兄来函，请予转介黄体昆君参加乡建学院工作，查该员系华西大学毕业，并曾在定县平教会育才院教育研习所结业，可否量予任使之处用，特函请察核为荷。专此。

　　顺颂

勋绥！

弟陈志潜顿首

十二月卅一日

　　注：本文辑录自璧山区档案馆藏"华西实验区档案"，卷13-161/P132。

勉仁文学院赖成镶致孙廉泉信函

廉公专座惠鉴：

久未攀谈，葵慕无已，敬维政躬绥燕，骏业日鸿，定符臆颂。顷闻贵署刻与中央合作金库合作，推进璧山一带实验合作事业，至为钦佩，想正需才臂助。兹有学生粟君华光，合川人，曾在私立金陵大学、中国工合协会合办工合研究所毕业，曾历任主任指导员（其经历详见履历传），对于合作事业极感兴趣且有经验。其人忠诚干练，信堪任用，如合作物品公销处业务辅导两课需人，渠尚能供驱使。兹谨介绍，敬请惠予录用，渠定效驰驱，襄赞伟业，以报知遇也。谨此。

敬叩

勋安。

并颂潭祺子戬。

弟赖成镶再拜谨上
十二月□日

注：本文辑录自璧山区档案馆藏"华西实验区档案"，卷13-161/P106—107。

中央合作金库四川省分库周景伦致孙廉泉信函

廉公专座勋鉴：

　　日前在渝会议毕后，合作物品供销处即遵嘱先行筹备开业。喻经理林炎到渝后，对于运用资金，拟先由双方划拨，刻以库方未奉到总库回示，仅能用贷款方式先期拨付，至今后一切，当本专座指示努力办理，□勿为念是祷。兹□者粟华光兄系金大毕业，曾参加乡建训练工业合作，学历经验均富，为人处世尤为诚朴，粟兄拟参加乡建工作或供销业务，兹特前来叩谒，恳祈赐见指示，予以适当工作，不胜感祷，余由粟君面陈。肃此。

　　敬请
勋安！

后学周景伦拜叩
十二月廿九日

　　　注：本文辑录自璧山区档案馆藏"华西实验区档案"，卷 13-162/P104—105。

常得仁推荐曾庆义等毕业生到华西实验区工作事宜致孙廉泉函

廉泉专员吾兄钧鉴：

兹有农科第一届毕业生曾庆义来函，并附该生及其三同事履历，嘱为吾兄推荐。如蒙录用，即请兄直接通知为感。兹将曾庆义等履历及来函一并附奉，敬许查收。专此。

即颂

大安！

弟常得仁谨启

三月十三日

孙廉泉批语：

此次座谈会曾君等未到，下次定期再奉知。

（孙则让印）三月卅日

注：本文辑录自璧山区档案馆藏"华西实验区档案"，卷 9-169/P48。

鲜英致孙廉泉信函

廉泉仁兄：

　　兹有上海法学院毕业生严虎林，与大学同等资格，特予介绍，望为收录为盼。附履历片一纸。手此。

　　即颂

政安！

鲜英拜

二月廿五日

　　注：本文辑录自璧山区档案馆藏"华西实验区档案"，卷13-7/P3。

陈远林致孙则让信函

北碚中华文化教育馆内交
璧山华西实验区总办事处实验部孙专员钧启
重庆市立思克农业职业学校缄
陈远林

孙专员吾师：

敬肃者：生系于民国卅四年春乡建育才院农业专修科毕业，曾任中学教导主任、中学教员、农职校专科教员数年。近闻平教会华西实验区扩大，响应农复会农业增产工作，生申请参加是农业或合作工作，未悉可否？工作项目及待遇诸况，伏乞下告，手续如何？谨此。

叩请
公安！

农科学生陈远林谨上
（民国）卅七年十一月廿九日

注：本文辑录自璧山区档案馆藏"华西实验区档案"，卷 13-162/P159。

冷熏南致孙廉泉信函

廉泉专员仁兄惠鉴：

　　久违教益，时切返思。比维履祉延祥，式符颂祝。敬启者，顷闻吾兄领导中华平民教育华西区实验工作，搴旗击鼓，发聩振聋，远引高风，无任欣慕。惟在工作展开之初，谅必需才佐理。兹有张琦仲君，巴县人，学粹品端，能力优越，历任省府教、建两厅秘书达十余年，擅长公牍且为人极为忠诚勤慎，而平日对于教育建设事业，尤具服务热忱，用特专函推介。倘蒙惠予延用，必能有以赞襄于平教事业之推广也。如何之处，即祈复示为感。专此。

　　敬颂

勋祺！

弟冷熏南再拜
十一月廿九日

孙廉泉批语：

　　婉拒，俟有机会再延□。

　　本区现在所需要者农、教、医等之大学毕业生，实行到乡间工作，地位不高，待遇无多。张君任教、建两厅秘书处，在社会上颇有地位，不适宜此类工作。

　　　　注：本文辑录自璧山区档案馆藏"华西实验区档案"，卷 13-162/P157。

彭公侯致孙廉泉信函

廉泉师鉴：

前次所介绍之何去非君（即何质彬），完全为工作关系，为生邀请而来。其经历，很早即与生相友好，后入华西中文系读书，同时考入省行为行员，等于半工半读。后以工作调移，故中途辍学，再后由省行转入省田管理为会计主任。此君学习兴趣极浓，工作能力特强，长于写作，为人纯朴忠厚。此次前来，与生同具有为乡村服务之衷愿，以后当切实配合，以加强乡村之建设工作，其思想、言行，生愿负百分之百之保证。生极希吾师能破格任用于大路工作（可为试用或减低其底薪），因大路各方面环境特佳，大可发展，且面积甚宽，几等于四个上塘，六个龙溪，亟需有人协助办理。为工作、为乡建前途，尚祈鉴核，示遵为感。

即请

教祺!

生公侯谨启

附上何君之证件三张，大学肄业证件可设法后补。前次介绍之钟季贤，现已于兼善中学任教，故作罢。

孙廉泉批复：

聘为辅导员兼校长，月薪八十元。十一月六日

注：本文辑录自璧山区档案馆藏"华西实验区档案"，卷13-29/P85—86。

第二章

工作概况

"中华平民教育促进会华西实验区办事处"定名

事由：为适应需要，本处万县已推广至永川、铜梁、荣昌、北碚等县，原有名称已不适合，已改成为华西实验区办事处，特茬具印模，函请查照，并转拟由。

案查本处成立之初，原定在巴县、璧山两县实施各项工作，故定名为中华平民教育促进会实验部巴璧实验区办事处，乃自开始工作以后，即选准第三行政督察专员区所属各县，请求将本处各项业务推广至各该县举办。至本年度间，因先推广至北碚管理局所辖全区展开，各项工作继续拟定计划，在永川、铜梁、荣昌等县举办，各种业务以适应事实之需要而经完成。乡村建设原有巴璧实验区之名称，至此已不适合。现经决定改称为"中华平民教育促进会华西实验区办事处"，除将旧有图记销毁，另照改定名称刊制图记应用，以昭信守外。除已将旧有图记销毁，另照改定名称刊制图记应用，以昭信守外，相应函请，至所有主管及各级人员均无变更，相应检具印模四份函请贵处查照，并转报查照为荷。此致贵府、贵会部查照为荷。

此致巴县县政府、璧山县政府、璧山县参议会、璧山县党部、璧山县青年团团部、四川省农业改进所第三农业推广辅导区、北碚管理局、璧山县农会、璧山县教育会、璧山县商会、璧山县工会

会商中国农民银行璧山分理处

附印模四份

主任孙则让

注：本文辑录自璧山区档案馆藏"华西实验区档案"，卷 9-199/P109。

中华平民教育促进会华西实验区工作总报告

（民国）三十六年八月至三十七年三月
晏昇东编校

目　　录

表　　次

第一章 中华平民教育促进会华西实验区民教工作简史

第一节 璧山四乡实验工作之开端：（青木、城南、来凤、河边）巴璧实验区时代

（民国）三十五年十一月实验区办事处设璧山省立医院内，旋迁青木关图书馆、幼稚园，现又移回璧山仁爱街。办事处秘书为陈滋园。合作社辅导员李国桢。

同年同月二十一日各辅导员分赴各乡成立校董会，产生各保民教主任。辅导员在青木乡负责者为王绍常、赵守忠；在城南乡负责者为田慰农、傅志纯；在来凤乡负责者为邱达夫、彭纯、王秀斋；在河边乡负责者为陶一琴（原为李秀峰）、晏昇东。

（民国）三十六年二月五日至十三日在城南、来凤两乡分别举办民教主任讲习。城南乡讲习会设于璧山南门外文风桥简易乡村师范学校，由田慰农任班主任。参加讲习者有城南、青木、河边三乡之民教主任及乡建院社会、教育两系学生十四人。来凤乡讲习会设于来凤中心校，由王秀斋任班主任，参加讲习者为来凤乡各保民教主任，各国民学校教师与乡建院社教两系实习学生十人。

（民国）三十六年三月至七月，辅导员配合乡建学院实习学生展开各乡民教工作，除青木乡未有实习生参加外，其余三乡均有实习学生参加，兹分乡列名于下：

城南乡：唐载阳、徐伟夫、黄开文（教育系）、阳振业、唐有闻、李丽清、吕斐然（社会系）。

来凤乡：朱昌年、何国英、朱泽芗（教育系）、甘光余、张学华、唐尚忠、萧立、欧阳璋、刘怀钦、荣惠迪（社会系）。

河边乡：甘在华、杨英杰、傅作楣（教育系）、余铁英、王孝伦、黄幼樵、况登隅（社会系）。

四乡共设传习处三百二十六处；动员导生五百四十四人；扫除文盲共计七千一百六十一人。

第二节 璧山全县民教工作之筹备与推行

（民国）三十六年六月六日，璧山县参议会决议通过巴璧实验区代拟之"璧山县地方建设中心工作三年计划大纲"。

同年八月一日，璧山县政府聘请本区同志四人及地方人士二十四人，组织三年计划推行委员会，下暂设教育经济两专门委员会。

同年九月二十五日，分区招考国民学校及中心校民教部主任二百六十人。

同年十月二十一日至三十日在县城集中各民教主任讲习十日。

同年十一月开始划璧山为二百五十四个学区，民教主任各以该校副校长派用。并改划全县的三十五乡镇为五个辅导区，由实验区设五个办事处，各办事处派辅导委员一人或干事一、二人。乡建学院学生参加第五辅导区工作者有邓作新（教育系）、赵德勋（农学系）两人。参加第二区工作者有教育系杨勤谦一人。参加合作事业之实习者有农学系四年级学生谭文渊、许长春、耿道光、李亚卿等四人。

第三节　巴碚实验工作之推广——华西实验区时代

（民国）三十六年八月，平教会实验部主任孙则让先生以实验工作之范围扩大，第三专员区各县纷纷请求举办，尤以北碚巴县请求最力，故于北碚巴县先后成立办事处，并以全专员区十县一局为平教会实验区，更名为"华西实验区"。

北碚管理局共有八个乡镇，于（民国）三十六年八月初旬共划七十三个学区，每学区设民教主任一人，于同年九月开学，共设有四百四十八所传习处。

巴县只开办了西里六乡，即歇马、青木、土主、蔡家、虎溪、兴隆等乡。于（民国）三十六年十一月十日至二十九日在歇马乡大磨滩中心校举办民教主任及农业指导员讲习会共三周，由乡村建设学院教授担任教师，共训练九十人。其中民教主任八十八人，农业指导员二人，俱由六乡甄选而来。

（民国）三十七年元旦，巴县六乡传习处一律开学。

巴县办事处设歇马场，于（民国）三十七年三月移往青木关。

第四节　工作方法及其理想

一、健全国民学校及中心国民学校民教部，普设民教主任，使各乡"除文盲"的工作，有专人负责，根除过去"敷衍了事"之弊。

二、依照地理形势、经济、文化、人口分布的各条件，以中心校及国民学校为中心，划附近一至三保之范围为"学区"，以确定各校民教部之工作区域。此种"学区"不但为一教育推行之单位，抑且为一经济组织的单位，凡本实验区计划中之一切经济建设事业，均以学区为单位，配合民教之推行逐步展开。以期由组织教育达到组织生产。并且此种学区之划分，亦是今后改编保区的准备。

三、普查各学区十五岁至四十五岁之成人，编为"民教班"或称"成人班"，此班即为学区内社会中坚分子之学习团体，此种团体初为一教育组织，限于基本汉字的学习，公民常识的体认，继则根据其生活上不同之需要，发展为一个乃至数个合作社或其他建设性之经济组织。

四、根据居住情形及交通状况在学区内敷设若干传习处，为教建的基点。

五、传习处的导生以本地人为原则，把他培植成地方上的领袖人物，来领导地方人从事建设事业，这事业才容易推动，容易生根，才不会有"人亡政息"之弊。

第二章 社会概况

第一节 璧山方面（共分五个辅导区）

第一辅导区：包括城中镇、城东、城南、城西、城北、狮子、福禄、大兴等乡，共八乡镇。

第二辅导区：包括丹凤、正兴、太和、三教、梓橦［潼］、中兴、鹿鸣等七乡。

第三辅导区：包括丁家、来凤、马嘶、三合、广普、定林、龙凤、健龙等八乡。

第四辅导区：包括接龙、蒲元、青木、六塘、大路、龙溪、河边等七乡。

第五辅导区：包括八塘、七塘、临江、依凤、转龙等五乡。

璧山全县共有三十五乡镇。三百六十一保。三千七百三十二甲。五万二千五百六十七户。人口三十万零八千零二十一（男 165397；女 142624）。见第一表。

一、交通

第一辅导区：成渝公路通过城东、城中、狮子三乡镇。渝广（元）公路通城中、城北二乡镇，交通较便利，其余城南、城西、大兴、福禄等乡均为乡村小路。

第二辅导区：成渝公路沿东山之麓，经来凤驿至丁家坳，绕本区边缘而过，境内虽有璧江、梅溪二河流，但均涓涓之水，无舟楫之利，各乡镇间只有石板路可通行。

第三辅导区：成渝公路直贯马嘶、丁家、来凤三乡，大小溪流，纵横境内，循油溪入江津境，始汇成巨流，流入大江。

第四辅导区：成渝公路经过青木、蒲元两乡，渝广（元）公路经过河边，其余各乡间均是小路。现璧合（川）公路已动工修筑，完成之后，本区所属接龙、六塘等乡之交通可望便利。

第五辅导区：本区如由八塘出嘉陵江仅三十华里。璧合公路如修竣，可由福利署起，通过本区七塘、临江、八塘三乡到转龙乡出嘉陵江接合川公路。

二、经济

第一辅导区：城中镇为县治所在，三日一场，附城三十里以内人民均集中交易，交易中之布纱，每场数额可至六亿元，米粮可至一亿五千万元。其余狮子、福禄、大兴等乡亦均三日一场，而交易额则较小。本区约有宽布机三千台，窄布机六千台，由本区组织机织合作社以扶持之。余如福禄乡年产橘柑约一千担，对农家收益，关系亦大，对于改良品种，储藏运销，本区正设法以合作方式经营之。

第二辅导区：本区大量食米流入重庆市，人民以杂粮充饥。太和、梓橦［潼］、三教、鹿鸣四乡人民能自给自足者，不到百分之十。其余丹凤、中兴、正兴三乡较为富裕。人民除种田外，都靠织布、养猪、作小贩、采矿、伐木为副业。梓橦［潼］、太和两乡，造纸业均发达。西山之煤、铁均富。太和八瓜寺之铁矿曾经宝源公司测勘，认为有开采价值，以交通不便，遂寝其事。平坦地带之居民从事榨油、酿造者颇多。干酒最驰名。抗战期间，曾设荣誉军人垦社一所于太和乡之西山。收容荣军一千人，现已能自耕而食。

第三辅导区：本区土壤肥沃，农村副业以织窄布为主。广普、龙凤、定林、丁家、来凤五乡，几乎家家都有木机。而俱以丁家、来凤两乡为聚散市场。月产约计十五万匹，大部分运销云南、贵州、西康等省。本区以地方丰裕，故在外远行从政经商者甚多。

第四辅导区：本区除青木乡较为繁荣外，其余各乡均为偏僻之地，虽亦三日一场，但交易额甚微。蒲元、河边之布，青木乡之煤，大路乡之纸，尚有提倡价值。

第五辅导区：全区当东西两山之间，为一狭长平原，土质肥沃、物产富饶，居民什九务农。七塘、临江两乡有水堰，水利称便，鱼产亦丰。八塘、临江、七塘三乡人民之主要副业为织布业，共有五百余机台，以织窄布为最多。出品集中于八塘乡，销售往来多鄤都涪陵之客商，每场交易额约一亿元以上。在东西两山之麓均产煤，用土法开采，产量不多，仅转龙吴粟溪之煤，年销外地约在三千吨左右。

三、文化

第一辅导区：本区为全县教育文化之中心。城中镇计有县立中学，简易师范，县立职中及中心国民学校各一所。其余私立学校，如甘棠中学，新民、育成、正义等小学，均在城厢附近。社会教育机关，计县立民众教育馆及县立图书馆各一所。惟经费困难、设备简陋，最遗憾者，则为启发民智之地方性报纸尚未创办。

第二辅导区：本区有中心国民学校九所，保国民学校五十二所。全区共有专科以上毕业学生三十八人，肄业学生二十四人，共六十四人。高中毕业学生二百五十三人，肄业生一百一十五人，共三百六十八人。初中毕业生四百零二人，肄业生二百四十三人，共六百四十五人。总计初中以上学生一千零七十七人，占全人口百分之一点七。全区入学儿童五千零七十七人（男3117；女1960）——内私塾学生多于国民学校学生——占全人口百分之八点二。太和乡有梅江补习学校一所，分中学先修班及职业班，现停办。正兴乡有民教馆一所，顿呈人亡政息之象。此外各乡均有教育会体育会，皆有名无实。

第三辅导区：在抗战期间，有交通大学、九江同文中学、公正会计学校等均迁至丁家乡，现已随复员迁离。仅有地方人士倡办之璧南中学、明善中学各一所。全区共有中心国民学校十一所，保国民学校五十七所。

第四辅导区：共有中心国民学校七所，保国民学校四十五所，共有入学儿童三千六百二十七人（男2126；女1501）。

第五辅导区：七塘乡有县立第二中学一所，现有学生二百余人，学风朴实。全区共有中心国民学校六所，以八塘中心校历史最久，办理较善。保国民学校二十九所，以待遇薄，师资差，办理不善。至一般文化水准，以依凤乡、八塘乡较高。在科举时代，依凤乡人才辈出，民国以来，全县受高等教育者，亦以该乡为最多。

四、各辅导区所辖乡镇保甲户人口统计

第一表

辅导区别	乡镇	保	甲	户	人　　口		
					合计	男	女
总计	35	361	3732	52527〔52567〕	308021	165397	142624
第一辅导区	8	101	1052	15254	79803	42054	37749
第二辅导区	7	76	773	9746	61503	31298	30205
第三辅导区	8	69	737	10581	66993	39171	27822
第四辅导区	7	66	668	9750	55214	28946	26268
第五辅导区	5	49	502	7236	44508	23928	20580

第二表　璧山中心校国民学校及学龄儿童

（民国）卅七年三月

璧山各辅导区	性别	学生与学校 数目	学龄儿童		中心国民学校	保国民学校
			失学	就学		
总计	合计	58352	31331	27021	45	227
	男	30177	14845	15332		
	女	28175	16486	11689		
第一辅导区	合计	11880	5691	6189	12	44
	男	6418	2772	3646		
	女	5462	2919	2543		

璧山各辅导区	性别	学生与学校 数目	学龄儿童		中心国民学校	保国民学校
			失学	就学		
第二辅导区	合计	10411	5334	5077	9	52
	男	5530	2413	3117		
	女	4881	2921	1960		
第三辅导区	合计	15964［17964］	7682	8282［10282］	11	57
	男	8960	3848	5112		
	女	9004	3834	5170		
第四辅导区	合计	7255	3628	3627	7	45
	男	3816	1690	2126		
	女	3439	1938	1501		
第五辅导区	合计	10842	8996	1846	6	29
	男	5453	4122	1331		
	女	5389	4874	515		

第二节　北碚方面

北碚不是一个县的行政单位；也不是县属的乡单位；它是一个管理局，有二十三万五千一百三十四亩的面积，略小于一般的县份。

乡镇有八。嘉陵江横贯东西，把八个乡镇分成南北各四。江南有朝阳镇、澄江镇、龙凤乡、金刚乡。江北有黄桷镇、二岩乡、白庙乡、文星乡。若从地图上看去，宛如一张不完整的梧桐叶，嘉陵江是它的叶茎，几条小河，便是它的叶脉。

一、保124；甲1415；户19226；人口98020（男56266；女41754）。

二、交通：由北碚至合川有轮船，至重庆则舟车均便。至北温泉亦有公路可通。汽车、洋车、马车等均可以畅行无阻。

三、经济：天府煤矿公司的煤，北温泉的风景与特产砚台、挂面、甜茶等。大明厂的大明蓝布与三峡布。兼善农场的广柑、香蕉、油桐，以及嘉陵江的交通，都是北碚的天然富源。

四、政治：管理局局长卢子英氏，从民国十六年莅任以来，从未因上级政治当局的变动，影响他的去留。而卢氏之志亦在做事而不在做官，领导着和他有同样作风的局内外各级干部人员，共同在一个大计划下努力。举凡市政的改进，社会的安定，政令的贯彻，经济、文化、交通的建设，都是管理局和地方人士一点一滴完成的。

五、文化：北碚因为有足够的国立、省立、私立的大学、专科、中学、师范学校，所以管理局没有设立中等以上的学校。全局共有中心国民学校十三所，保国民学校五十六所，私立小学六所，幼稚园三所，平均每一个学区有小学一所。全境学龄儿童九千一百人，已入学的七千八百六十三人，其余的一千二百三十七位学龄儿童，今年可以扫数入学。我们再从北碚管理局（民国）三十六年度全局教育经费 766578788 元约占全局行政费百分之四十来看，我们可以知道他们对教育的重视了（平教会每月补助的一千六百万元还不计算在内）。他们自知北碚的民众教育做得不够，所以在去年暑假，特别邀请中华平民教育促进会华西实验区，在北碚设立办事处，协助办理成人教育。

第三节　巴县方面

一、所辖乡镇六：歇马、兴隆、蔡家、土主、青木、虎溪等六乡（属于巴县西里）。

二、保 143；甲 1585；户 21869。

三、人口 126860（男 66947；女 59913）。

四、交通：西里之东南北为嘉陵江及长江流经之地，腹部有成渝公路及青北公路（青木至北碚）贯穿其间，水陆交通均便。

五、经济：歇马、蔡家、兴隆三乡煤矿极富。草帽业为每家之副业，产量极大，内销涪江、沱江、嘉陵江、岷江流域各县；外销陕西、湖北诸省。

六、文化：每乡除有中心国民学校一所或分校一、二所不等外，其国民学校均达三保两校之要求。青木乡有省立及私立中学各一所，兴隆、蔡家两乡各有私立中学一所。歇马乡有乡村建设学院一所，为西里各乡之最高学府。

学龄儿童总计 13106（男 6678；女 6428）

就学儿童合计 8712（男 4469；女 4243）

失学儿童合计 4394（男 2209；女 2185）

第三章　筹备经过

第一节　璧山方面

一、全县筹备工作。（民国）三十六年十月三十日民教主任讲习会结业。三十一日与县政府商洽辅导区之划分及督学指导员人事之决定，并促请明令公布。十一月三日，在县政府召集扩大辅导会议，实验区有关之辅导委员干事及县政府督学指导员均参加，讨论各辅导区办事处与县政府之行政联系等问题。十一月四日至九日，积极准备各区出发应带之材料，并决定全县各学区之划分及民教主任之人事。十一月十日在璧山办事处举行茶话会，到会人员包括县政府自县长以下有关人员、教育专门委员会全体委员及实验区秘书以下有关人员等二十九人，对行政技术、辅导方法及工作步骤之统一等要案，作更进一步之详细研究。

二、各辅导区之筹备工作。（民国）三十六年十一月十一日，各辅导区之辅导人员纷纷下乡，其筹备步骤如下：

（一）成立区办事处（十一月十一日起各辅导区在指定之各乡成立办事处）。

第一辅导区设璧山县城公园内。第二辅导区设正兴乡。第三辅导区设丁家乡民教馆内。第四辅导区设青木关。第五辅导区设八塘乡中心校左侧观音阁小院内。

（二）划分各乡学区（召集乡镇联席会议或民教工作座谈会划分学区）。

第一辅导区共划学区五十个。第二辅导区共划学区五十四个。第三辅导区共划学区六十二个。第四辅导区共划学区四十六个。第五辅导区共划学区三十五个。共计二百四十七个。

（三）调查失学成人。以学区为单位，利用保民大会讲述调查意义，并由大会决定调查日期，然后由民教主任会同保甲长及乡民代表等，凭户籍册逐户调查十三岁以上至四十五岁以下之失学成人，造具清册，并列榜通知分期入学。

第一辅导区失学成人　20897（男 8359；女 12538）

第二辅导区失学成人　13429（男 6252；女 7177）

第三辅导区失学成人　17781（男 9141；女 8640）

第四辅导区失学成人　16544（男 7667；女 8877）

第五辅导区失学成人　23356（男 11056；女 12300）

五辅导区共计文盲 92007（男 42475；女 49532）参看第四表。

（四）选拔导生。各乡导生之选择标准：一、热忱负责之公正士绅。二、无负担而能刻苦耐劳者。三、品行端庄身体强健曾受相当教育而有教学能力者。经保民大会通过后，聘任之。（参看第三表）

第三表　璧山五辅导区所选拔之导生学历表

辅导区别	初等教育			中等教育			高等教育			其他		
	合计	男	女	合计	男	女	合计	男	女	合计	男	女
总计	566	439	127	974	787	187	27	26	1	720	708	12
第一辅导区	163	124	39	319	525〔252〕	67	14	14		192	185	7
第二辅导区	64	52	12	194	144	50	4	4		91	91	

辅导区别	初等教育			中等教育			高等教育			其他		
	合计	男	女	合计	男	女	合计	男	女	合计	男	女
第三辅导区	94	76	18	170	154	16	4	3	1	101	100	1
第四辅导区	147	102	45	147	118	29	5	5		117	115	2
第五辅导区	98	85	13	144	119	25				219	217	2

五辅导区共有导生 2287 人（男 1960；女 327）。

（五）举办导生讲习。导生程度不一，必须给以短期讲习，增进其对于传习工作之认识与教学之技能。各辅导区因地制宜，因时制宜，有集中训练者亦有分散讲习者，讲习时间最少一日，最次三日，最多一周。

（六）筹置传习处设备。各乡学区均由实验区补助设备三万元，尚不敷甚巨，各传习处之设备暨灯油等费，有由各乡统一派募者，有由各保甲或各传习处自由设法筹集者，亦由导生或士绅捐助者。其所需之黑板，均限于十二月五日以前制齐备用。黑板有用窑烟混以石灰涂于壁上，再敷上盐胆水使之硬化而成者，有利用庙宇门板或匾额而代用者，亦有新制小黑板者。均由各传习处或保甲自行设备，桌凳则由学生自备或导生借用。

（七）举行扩大劝学宣传。在准备开始传习以前，利用各场集期，举行扩大劝学运动，张贴标语漫画，分队讲演，宣传导生传习办法，使民众了解受教育是自己的机会，进而造成舆论制裁，人人以不读书、不识字为可耻。

第四表　璧山学区传习处及失学成人

（民国）三十七年三月

璧山各辅导区	性别	失学成人及学区传习处 数目	失学成人 本期已入传习处者	失学成人 本期未入传习处者	学区	传习处
总计	合计	92007	31822	60186〔60185〕	247	1140
	男	42475	14451	28024		
	女	49532	17371	32162〔32161〕		
第一辅导区	合计	20897	7281	13616	50	313
	男	8359	2268	6091		
	女	12538	5013	7525		

璧山各辅导区	性别	失学成人及学区传习处 数目	失学成人		学区	传习处
			本期已入传习处者	本期未入传习处者		
第二辅导区	合计	13429	4804	8625	54	165
	男	6252	2486	3766		
	女	7177	2318	4859		
第三辅导区	合计	17781	6616	11165	62	205
	男	9141	4120	5021		
	女	8640	2496	6144		
第四辅导区	合计	16544	6221	10323	46	209
	男	7667	1993	5674		
	女	8877	4228	4649		
第五辅导区	合计	23356	6900	16456	35	248
	男	11056	3584	7472		
	女	12300	3316	8984		

第二节　北碚方面之筹备经过

（一）划分学区。北碚八个乡镇共划分为七十三个学区。

（二）专设民教主任。国民学校原分小学、民教两部，但民教部一向等于虚设，没有专人负责。为开展民教工作，特在国民学校里专设民教主任一人。

（三）举行讲习会。在去年八月初，北碚管理局举行了一个不同于往年的国民教师讲习会，所有国民学校的校长、教师、民教主任、乡镇长、保长、副保长、保队附等均参加。讲习的内容，除去每年例行科目以外，即以地方建设、民众教育以及导生制实际问题等为本届的讲习中心。由平教会实验区派员主讲。共计会期十日，最末两日是讨论（前一日分乡讨论，后一日总合讨论）。

（四）文盲调查。讲习会结束后，各乡镇分区调查十五岁以上四十五以下的男女文盲，全局共有文盲二万二千六百四十四人（除已入学的一万一千二百三十六人外，尚有文盲一万一千四百零八人，均限于今年扫数入学）。限据文盲的分布情形，选择适当地点筹备传习处，以学区为单位，编排传习处番号，每学区三五处、八九处不等。

（五）选拔导生。导生就是传习处学生学习的领导者，也是学生生活的指导人，因此导生选拔的标准，不尽在知识水准上追求，主要的是要他有领导才能的本地人。如智识水准既高，又富有领导才能者充任导生，自然最合理想，但万一在当地找不出的话，便从当地民众群中选拔粗通文字、比较聪明、品行端正、无不良嗜好而有领导才能者充任之。共选939人。

（六）设置传习处。多借用住户的客厅或茶馆、学校、祠堂以及其他公共场所，设备中除去课本、黑板、粉笔、各种表册、标牌是由管理局统筹发给以外，其余的桌凳都是由各传习处自行筹借的。全局共开办了四百四十八个传习处。

第三节 巴县六乡之筹备经过

（一）实验工作筹备会议。于（民国）三十六年十月十五日在歇马乡乡公所举行。出席者有巴县县长杨思慈，教育局长陈安国，县府指导员曾麟，教育局视导员陈秉一，华西实验区辅导员喻纯坤、晏昇东暨歇马、青木、土主、蔡家、兴隆、虎溪等六乡乡长，中心学校校长，乡民代表主席等。出席指导者有孙专员兼主任则让，来宾有农民银行主任靳朝班及乡建院梁代院长仲华，暨研习指导部各组负责人白季眉、常得仁、刘桂灼、梁桢、李世材诸先生。在会议中决定以巴县西里六乡（歇马、青木、蔡家、土主、兴隆、虎溪）为实验工作之开办区域。

（二）甄选民教主任及农业指导员。（民国）三十六年十月三十日由县府通令六乡成立甄选委员会分别举行考试，巴县办事处各辅导员与干事分乡监考，第一次共取录六十一人。因名额不足，复于歇马乡继续举行第二、三、四次考试，又取录三十三人，计前后四次共取录民教主任九十人，农业指导员三人，总计九十四人。（讲习时因故开除四人，只九十人）

（三）举办民教主任及农业指导员讲习会。（民国）三十六年十一月十日至二十九日为讲习期间，计时三周。孙专员则让兼班主任，杨思慈县长、陈局长安国均兼副班主任。喻纯坤兼教务，晏昇东兼训导，彭苣北兼总务。实验区辅导委员与乡建院各教授担任讲席。又举行讨论会四次，辩论会一次，业务实习三天。讲习会毕业生成绩最优者计三名（虎溪陈重荣、歇马张代兴、蔡家胡懋煜），辩论会优胜者一名（虎溪朱新民）。

（四）各乡准备时间之订定。（民国）三十六年十二月一日至二十五日为各乡宣导民教时期。专员县长与本处工作人员连袂赴六乡召开民教座谈会，并订实施程序：（1）调查统计；（2）划分学区；（3）设置传习处；（4）选拔导生并施以讲习；（5）定期开学。

（五）巴县六乡共划学区95；传习处412。本期入传习处文盲11739（男6141；女5598）。导生923（男677；女246）。

导生教育程度：初等教育283（男217；女66）。中等教育568（男407；女161）。高等教育6（男5；女1）。其他66（男48；女18）。

第五表　北碚巴县学区传习处及失学成人

（民国）卅七年三月

县局别	性别	失学成人及学区 / 总计	传习处	失学成人		学区	传习处
				本期已入传习处者	本期未入传习处者		
北碚管理局	合计	22654		11246	11408	73	448
	男	10654		5622	5032		
	女	12000		5624	6376		
巴县六乡	合计	29560		11739	17821	95	412
	男	15431		6141	9290		
	女	14129		5598	8531		

第六表　民教主任及农业指导员资历表

（民国）卅七年三月

县局	总计	学历								经历			
		初中	高中	简师	师范	职校	高农	专科	其他	校长	教员	自治人员	其他
璧山全县	249	96	72	50	20			7	4	80	154	4	11
北碚全局	84		22		28		32		2		84		
巴县六乡	90	36	23		13		1	4	3	24	56	4	6

第四章　实施情形

第一节　璧山方面

一、招生开学。各学区根据调查的结果，在保甲长协助之下，挨门按户，劝导适龄文盲入学。因为免费供给书籍的关系，所以入学的人就相当踊跃，但是也有少数年龄较大，自觉难为情而不肯去读书的，也有对不花钱读书发生怀疑，惟恐受骗，托故不肯加入的，但在开学之后，终于因事实的证验，继续入学了。

各辅导区均于三十六年十二月上旬纷纷开学。

全县学区二百四十七个；传习处一千一百四十所。

二、学生及其职业（见下表）。

第七表 璧山县各传习处学生职业分配 *

辅导区别	性别	职业数目	农业			工业				商业	其他
			佃农	自耕农	半自耕农	织布	造纸	掘矿	其他		
总计	合计	31722	11386	5850	3299	4886	369	260	1089	2989	1594[1624]
	男	14451	5782	3169	1304	1623	244	209	415	1189	516
	女	17271	5604	2681	1995	3263	125	51	674	1800	1078
第一辅导区	合计	7281	2407	1176	808	1455			449	711	275
	男	2268	880	444	239	388			101	157	59
	女	5013	1527	732	569	1067			348	554	216
第二辅导区	合计	4804	1755	808	244	1386	24	14		179	394
	男	2486	1241	609	170	239	24	14		108	81
	女	2318	514	199	74	1147				71	313
第三辅导区	合计	6516	2045	1608	325	1581	35	86	237	478	121
	男	4120	1413	1187	167	770	34	75	172	202	100
	女	2396	632	421	158	811	1	11	65	276	21
第四辅导区	合计	6221	2116	1295	1421	117	115	108	276	480	293
	男	1993	680	431	489	24	47	68	59	122	73
	女	4228	1436	864	932	93	68	40	217	358	220
第五辅导区	合计	6900	3063	963	501	347	195	52	127	1141	511
	男	3584	1568	498	239	202	139	52	83	600	203
	女	3316	1495	465	262	145	56		44	541	308

* 根据（民国）三十七年二月各学区民教主任调查统计表报

三、学生及其年龄（参看第八表）。

第八表 璧山县各乡传习处学生年龄分配

辅导区别	性别	年龄数目	15岁以下	15—25岁	25—35岁	35—45岁	45岁以上
总计	合计	31722	3321	14109	9292	4670	330
	男	14451	1753	6257[6267]	4251	2082	98
	女	17271	1568	7842	5041	2588	232
第一辅导区	合计	7281	329	3776	2078	1045	53
	男	2268	123	1264	578	296	7
	女	5013	206	2512	1500	749	46

续表

辅导区别	性别	年龄 数目	15 岁以下	15—25 岁	25—35 岁	35—45 岁	45 岁以上
第二 辅导区	合计	4804	310	1922	1623	796	153
	男	2486	146	1021	867	382	70
	女	2318	164	901	756	414	83
第三 辅导区	合计	6516	1332	2632	1762	790	
	男	4120	851	1576	1160	533	
	女	2396	481	1056	602	257	
第四 辅导区	合计	6221	384	2427	2236	1079	95
	男	1993	112	807	733	325	16
	女	4228	272	1620	1503	754	79
第五 辅导区	合计	6900	966	3352	1593	960	29
	男	3584	521	1599	913	546	5
	女	3316	445	1753	680	414	24

四、传习处公约。为使人民觉悟教育与自己生活关联之重要，进而自觉自动地到传习处起见，尽量采取普遍劝导诱致的方法。但一部分人民思想顽固，对于受教育之重要缺乏认识，经一再劝告仍不愿入学者，即严格执行部颁强迫入学办法，得由该保将顽固学生送到乡公所留读三至五日，至能按期入学为止。或由传习处学生自定公约，处罚灯油及罚以一至五日之义务劳动。

五、辅导工作之实施区。（一）出席各乡民教主任联席会议，明了工作之困难，指示解决的方法。（二）召集导生会议，抽查传习处，辅导与奖掖并施。

六、发动春节慰劳导生大会。指导各乡在春节期中举行慰劳导生大会，并举行总检阅，以显示导生整个传习工作之共同表现。加强导生信念，提倡尊师运动。

七、举行全区民教工作座谈会。召集各乡乡长、乡民代表会主席及全区民教主任等举行民教工作座谈会，检讨过去，策划将来。

八、组织辅导团及辅导小组。指导各乡成立辅导团，由各乡乡长、代表会主席、中心校长及副校长兼民教主任等组织之。并规定各学区组织辅导小组，由保国民学校长、保长、民教部主任等组织之，以保长为召集人。

九、各辅导区辅导员姓名：

第一辅导区辅导员：傅志纯；干事：龙泽光、曾选卿；督学：潘云章。

第二辅导区辅导员：邱达夫（兼）；干事：张静华；督学：杨勤谦。

第三辅导区辅导员：邱达夫；干事：夏俊能；督学：姚梦熊。

第四辅导区辅导员：彭晦初（青木民教馆主任兼）；干事：刘茂材；督学：张雨祥；指导员：李根源。

第五辅导区辅导员：陶一琴；督学：赵德勋、邓作新。

第二节　北碚方面

一、开学。于（民国）三十六年九月一日起至九月底止，八乡镇的传习处，都完全开学了。

二、传习处。四百四十八所。（学区共有七十三；平均每学区有传习处六所；每传习处有学生二十五人。）

三、学生。一万一千二百四十六人（男生五千六百二十二人；女生五千六百二十四人）。

四、上课时间。每个传习处的上课时间并不一致，或早或午或晚，都由学生们自定，但大多数都在晚间。因为他们白天都有工作，所以白天上课是极少数。除星期日照例休息外，每天至少都上课两小时。倘使在晚间七八点钟时，从大街小巷走一遍，便可以随处听到读书、讲书或唱歌的声音。

五、特别传习。有些人自己很想入传习处去读书，他为了他们的工作，无法抽身。比如摊贩、茶房、流动的船夫或家庭里根本走不开的人，为他们想了一种特别补救的办法，就是把课本发给他们，由他们自己去请他邻近识字人或在小学读书的子弟教他们，也有随时向他们生意上的顾主请教的，这叫做"自读"。但每星期，他们必须到传习处去一次，由民教主任或导师考核他们的成绩。

六、灯油问题。凡是在公共场所装有电灯的，自然灯油不成问题，但在乡间一般人的家里，灯油却是个很大的问题。然而他们都能设法解决了。或由仗义的人独自捐助，或由保甲筹募，或由学生自带灯油。总之，困难虽有，他们都能一一克服。

七、文具问题。大部分学生是买不起笔墨纸砚的，此问题差不多是和灯油问题用同样方式解决的。还有一些是由热心的导生捐助的。

八、传习教材。传习处的必修课程都是由中华平民教育促进会编印而免费发给的，有国民传习课本和国民应用文两种。另有珠算音乐是由各传习处导生各自选教的，有的导生不能教唱歌，请附近的小学生去教，大约年轻一点的学生都很喜欢唱歌。另有一种教材是传习画片，也是平教会编印的。那是一种活动教材，随着当地当时的实际需要，配合着行动而施用的。从形式上说，它是一张十六开的画片，图下附有简要的说明，为了老百姓口传和背诵，体裁多采用韵文。这篇简短的说明，便把这张画的主张，给了读者一个概念。在画图的背面附有那一个活动的具体做法，是分条列举的。即或文字程度较低的读者，还没有能力阅读的话，有导生替他们讲解，但至少对这一个活动的概念，很清楚地印到脑子里了，再加上这每幅不同颜色的图画，更帮助了他的理解和记忆。比如在举行选举之前，就先印发以选举为主题的传习画片，使老百姓知道什么是选举？为什么选举？怎样选举？该选哪一类人？不该选哪一类人？如果选中了好人，有什么好处？选中了坏人，地方上会遭什么殃？老百姓会受什么害？这种教育施之于前，选举的行动实践之于后，那种效果之大，是不可想象的。其他如合作社的筹办，农作物病虫害之预防，优良品种之推广，传染病与流行病的预防，地方自卫的训练等等活动，都是用这种教材推行的。

九、留生问题。每个传习处都自己订有公约，凡无故缺席者，必受团体的制裁。此外北碚管理局责成各保甲长以传习处的成绩列为年终考绩之一。因此他们都会想尽方法不使学生缺席，有些保长贴钱使他们的传习处办好。有的在传习处上课时去监督着亲自去点名。当保长不空闲的时候，便由他们的太太代理到传习处去点名。他们把这件事做得非常认真。上课情绪都非常紧张，有的导生领导得法，到下课时学生不肯下课。甚至有好多传习处，把留生问题变成了"挽留导生的问题"。有好几个导生，因事要离开地方，在走的时候，全体学生用种种方法挽留，不让他们走开，弄得导生左右为难。北碚的政令虽然贯彻，但他们从不主张用政治压力去推动教育。虽然其中难免也有为了便利而暗地试用的，但那不是管理局所鼓励的。

十、导生会议。导生会议是农村基层领袖的一种会议，以学区作单位，每星期举行一次，该学区的民教主任是必须出席的。除讨论教学问题外，也按着现实的需要讨论各项建设活动的推行问题。如优良猪种的推广和饲养方法，由农业指导员在会议席上一一传授给导生，再由导生授给学生。若讨论到教学技术问题，民教主任便成了传习的主角。特别是对知识水准较低的导生要多加指导，无形中便成了一种训练，但避免用"训练"这个名词，以免伤及导生的自尊心。

十一、国民教育研究会。这是地方教育建设的中级干部会议，是由乡镇长、国民学校校长、教师和民教主任组成的，以镇乡为单位，每月举行一次，管理局和华西实验区都派员出席的。讨论小学与民教方面行政的、技术的，以及政令的颁布或下情须要上达的种种问题。

十二、劝学运动。在去年最末一次的国民教育研究会席上，曾有三个重要的决议：（一）发动寒假劝学运动。（二）发动春节尊师运动。（三）发动春节正当娱乐组织。这劝学运动，是在寒假期中，由每个学生（包括儿童与成人）至少要劝导一个失学成人，入下期传习处读书。这一个号召的结果，除儿童劝学的成绩较差以外，传习处的成人学生，百分之九十五，都已达到他们的任务。

十三、尊师运动。发动学生集体向导生拜年，并联名缮写大幅红纸贺年片，张贴在导生家庭的大门上，更发动学生轮流给导生服务。在这次号召之下，各地传习处学生，都做得相当热烈，导生们觉得这是自己的一种荣誉，无形中给了他们很大的安慰和鼓励。

十四、正当娱乐组织。春节是农民一年辛劳之余，唯一休闲娱乐的季节，俗例在这半个月当中都要尽情地娱乐，因此便发动传习处学生，把地方上固有的娱乐活动，重新加以组织，更组织若干歌咏队，随娱乐活动游行歌唱，代替旧有的莲花落。这一个号召也起了作用，只因事前准备得不充分，所以还没有能达到预期的效果。

十五、北碚办事处的辅导委员：田慰农、杨芒莆、王秀斋；干事：白汉池。

第三节　巴县方面

（一）开学。除青木乡第一保学区于（民国）三十六年十二月十五日开学外，其余各乡传习处均于同年同月二十五日或（民国）三十七年元旦先后开学。

（二）导生慰劳大会。（民国）三十七年一月十二日在乡建学院大礼堂举行歇马乡慰劳导生大会一次，计到导生（包括研习区六保导生在内）二百余人。凡服务成绩优良者均分别发给奖状，又由研习指导部特赠锦标数幅，会后聚餐，情况至为热闹。

（三）各乡施教进度。青木乡第一保学区施教五十天，其余各乡约四十天，国民传习课本最多教至二十课，至少八课，十至十五课为最多。大都加授珠算、音乐、习字等科。

（四）辅导考核。县府派一指导员，教育局派一视导员，与巴县办事处辅导委员按时共同入乡辅导。经考核结果：以一般表现而论，则歇马乡成绩较佳，惟特殊表现者，则以青木乡较佳，成绩最劣者为兴隆乡。计乡长记大功者一人，记功者一人，记大过者一人。民教主任升迁为中心校民教部主任者三人，撤职者五人，免职者八人，传令嘉奖者五人，农业指导员传令嘉奖者一人。

（五）传习处学生 11739（男 6141；女 5598）。

A. 职业

I. 农业　　1. 佃农 8012（男 4227；女 3785）。2. 自耕农 2468（男 1306；女 1162）。3. 半自耕农 843（男 422；女 421）。

II. 商业 416（男 186；女 230）。

B. 年龄

I. 十五岁以下 2387（男 1279；女 1108）。

II. 十五至二十五岁 3546（男 1889；女 1657）。

III. 二十五至三十五岁 3615（男 1880；女 1735）。

Ⅳ. 三十五至四十五岁 1644（男 828；女 816）。

Ⅴ. 四十五岁以上 547（男 265；女 282）。

（六）巴县办事处辅导委员喻纯坤、晏昇东。干事张龙秋。

第五章　工作人员之特殊事迹可歌可泣者

第一节　璧山方面

一、出钱出力之老导生梁质彬先生——梁先生为七塘乡第三保三甲人，现年五十七岁。曾任旅部军需及征收局局长。民国十八年返乡，被推为璧北中学建校主任委员及该乡代表会主席。此次民教推行至该乡，先生首先倡导，自愿作该保导生，并自捐传习处之灯油及设备等费约三十余万元。其妻高氏吝财反抗，乃改在每晨上课，学生多挑煤食力者，欲图早读以便挑煤，天未晓即往敲门，因此又惊扰夫人好梦，极愤，将先生之皮袄撕破，先生并不因此而动摇其对民教之信心，且当众宣称："即尽卖田产，亦在所不惜，却非把民教办好不可。"此种精神感召了当地其他的有名士绅，皆出而为导生。先生有国学素养，教诲得法，巧譬妙喻，意趣横生，学生百余人，均能了悟。

二、秀才作导生——幸子清为临江乡第二保人，系前清秀才，现年五十八岁，学识渊博，数十年来，桃李满门。对民教极热心，除自己作导生外，且奔走乡里，广为宣传，对晏先生之平教理论，引证古人教养兼施之例。拟态状物，绘影绘声，遇人辄抒其所见。凡经先生劝导者，莫不为之感动，相率而入传习处。

三、老主席作导生——刘崇高先生转龙乡第三保人，现年六十五岁，但来往各地皆步行，现任该乡乡民代表会主席。家富，收租千石，又开煤厂，收益颇丰。民国十年，合川北碚间，盗匪如林，先生曾任峡防司令，所杀无算，从此行旅称便，治安无虞，皆先生之力也。除为乡人排难解纷外，并尽力劝学，在煤炭厂内设一传习处，自任导生，一切灯油设备，悉由己捐。其教学颇有耐心而得法，逐字逐句讲授，非将每个学生教懂不止。

四、夫作学生妇作师——临江乡第五保有黄根银者，粗识字，以磨面粉为业，其妻王成秀，系一初中肄业生，此次办理民教，彼夫妇甚为热心，妻作导生，夫作学生，首先入传习处读书，招致学生不少。其妻温柔敦厚，教学有方。彼夫妇自捐全部灯油费约六十万元，并购买笔墨字本作奖励学生之用。乡人誉为民教工作之"难夫难妻"。

五、学习优异之弃妇——八塘乡四保第二传习处学生罗董氏，年四十，其夫罗宗射，现任重庆大学教授。因董氏为文盲，罗君遂另娶。妻愤甚，更喜得入传习处，有读书机会，争先报名，努力学习，受教三月，成绩优异，举一反三，能讲能写。

六、中学生假期作导生——璧南中学男女学生寒假返乡，应请参加本保本甲之民教工作，担任义务导生，甚有自捐笔墨纸张，供给学生应用，又加授简易数学及音乐。

七、兄妹齐作导生——丁家乡十四保薛甲长汉忠以家宅作为传习处，并令其子成忠，女成玉（均中学毕业）担任导生，克尽其职，始终不懈。

八、解纷主席作导生——来凤乡调解委员会主席王泽惠君，自该乡开始民教工作以来，即充任导生，迄今未懈。

九、传教士作导生——丁家乡第十一保传习处导生系由杨师母（许珩）担任，以传教精神挨户督催学生入传习处，每日自写红格多张分赠各学生填习。

十、太和乡老师范生作导生——袁君华先生于民初毕业于后期师范，苦学生也。返县后在教育界服务二十余年，桃李满门，仍两袖清风。现年五十四岁，任该乡中心学校校长，兼财产保管委员会主任委员及调解会主席，一乡之望人也。热心民教，亲任导生，以其住宅正厅作传习处，自捐灯油，学生入学者争先恐后，户限为穿，以致室满不能容。学生笔墨纸张亦由先生捐赠，学生字体之工整，虽读小学六年无以过之。除授传习课本外，加授珠算、习字、时事、故事。先生喜小饮，学生遂醵资沽酒，课毕酒食杂陈，欢然围坐，且谈且饮。

十一、乡长热心民教者——（一）狮子乡长陈士佩，福禄乡长伍尧阶二人，亲赴各学区宣导督饬，使工作顺利推行。（二）广普乡长廖宗良为推行民教，每日特派乡村警察下乡按户督催成人文盲入学。

十二、保长热心平教者——（一）八塘乡四保保长甘泽辉，十一保保长刘顺之，在风雪中，犹能遍查各传习处，数日不懈，以致该两保之学生，自开学迄今，均能按时入学，整整齐齐，无一缺席者，随时抽考，亦能读能讲。（二）城西乡第十二保保长垫款培修传习处房屋，购置校具，使全保五传习处均能整齐划一，并训练司号一人，每届上课时间，集合号令一发，学生即纷集传〈习〉处上课，其整齐迅速，值得称道。

十三、民教主任之热心者——（一）城西乡第七保民教主任彭登高，福禄乡民教主任唐心明，工作均努力，传习处学生成绩最佳，开会时女生亦可发言，尤为惊人。（二）刘伦系临江乡第五保国民学校副校长兼民教主任，现年二十五岁，高中毕业。自任民教主任以来，芒鞋奔走田间，孜孜无宁处，以致该学区成绩卓著，本期经乡人推选、报请县府提升为该乡中心学校校长，以示奖励。（三）甘秉清系临江第一学区之民教主任，去岁暑假毕业于立信高中，仪表文雅，刻苦自励，办理民教工作外，还从事犁田挑粪。该学区集中训练导生三日，一切费用，由伊垫付，此种出钱出力、任劳任怨之精神，在民教主任中，实不可多得。

十四、士绅捐款作灯油——三合乡何晏如先生，慨捐六十万元，作为本保各传〈习〉处灯油之费。

第二节　北碚方面

一、挑煤炭的导生——白庙乡有一挑煤炭的导生冯炳富，每晚不单在劳碌之余去教书，还要把他的血汗钱拿来帮助那比他更穷的学生买纸笔，感动得那些学生掉泪！

二、拉车的导生——有一导生白天拉车，夜间到传习处作导生，他极热心，亦觉得作导生很神气，他向学生讲书也喜欢用新名词。他讲"年年防天干"，是为"提高水准"。讲解的意义虽错，但他的这种勇气，值得佩服。

三、新娘作导生——文星乡第三学区万家湾传习处导生万传芳，曾以结婚去职，临去时，学生挽留，甚至落泪。最近万传芳回来了，学生们又推代表去请她作导生，她竟不愿度蜜月，又答应了再作导生。

四、兄妹作导生——二岩乡第二学区六传习处义务教师为谌邦极及其妹谌淑君两人，任教以来，无论晴雨，兄妹都按时到传习处，学生甚为感激。又因为保上筹募的灯油费一时收不到，于是由他们兄妹出钱垫支。

五、伉俪导生——澄江镇第一学区第八传习处的导生是罗楚之夫妇二人充任，教学极为认真，每晚总是先到传习处等候学生，如有久候不到的学生，罗太太便亲自登门相请，所以这个传习处的学生都不好意思缺席。

六、师范校实习学生出钱出力——朝阳镇第一学区第九传习处义务教师为北碚师范实习同学担任，服务极热心，并捐款绘制图表布置传习处环境。

七、蒋老太太领导儿媳去读书——文星乡第一学区第四传习处，有一天，有一位蒋老太太领着她的儿子和媳妇来请求报名读书，她自己已年逾六旬，也请求准予发书听课。

八、读书才两月已会写书信——金刚乡第一学区第一传习处，有一位本不识字陈允中，在传习处读了两个月书，现在已能写简单的信，兹录其原稿如下："治华同学：开学以来，已有两个多月了，不知你身体好否？传习处每日来的同学很是整齐，请你再到传习处读书，现在我们的先生很高兴的教导我们，你看快乐不快乐，明日一定到传习处，你该不失信吧！再见。"

九、传习处学生自己编壁报——朝阳镇第三学区第八保设有三个传习处。学生学习情绪很浓厚，进步最快。两个月学习，已能读能写。该保第三传习处已能编壁报，张贴该传习处门前。

十、回娘家吃酒一样可读书——龙凤乡第二学区民教主任在民教工作检讨会上提出在一个学生的请假期内如何指导读书的方法。他说："一个二十多岁的女生向我请六天假回到娘家吃喜酒,当时我准了她,但是我规定她一定要到吃喜酒的那个地方所设立的传习处去读书,她承认了。当她回来的时候,我去考察她,确实是读了书的。这样,她虽请了假,却没有浪费时光。"

十一、民教主任深入乡村解除人民痛苦——黄桷镇第三学区,多属山地,农民生活甚苦。民教主任黄泽辉为改善农民生活,随时走访农家观察他们的生活,并劝导他们到传习处读书,向他们介绍南瑞苕、广柑及培植油桐方法,现在该学区农家都已改良了他们的作物品种,失学民众也都到了传习处,从此这死寂的乡村,也就活跃起来了。

十二、乡镇保甲长热心民教者:

(一)镇长捐钱印教材干事任导生——朝阳镇第四学区第一传习处导生为镇公所干事,该处学生对珠算很感兴趣,现已学"七归除法"了,珠算教材由李镇长捐纸油印。

(二)保长出力又出钱——澄江镇第一学区第四保保长刘利普,第六保保长王济川,每夜巡回视导各传习处,遇有导生缺席时,则代理上课,传习处学生无力购买纸笔,则自动捐助,并向地方人劝募。

(三)舍小我而全大我——朝阳镇第十保保长王绍槐,本经营茶社以维生计,每日营业情况以下午六时至九时较佳,但自该保筹设传习处,苦无适当地点之时,王保长乃将茶社及住宅一部让出,作传习处地址,并自兼传习处导生,开学迄今,从无缺席。

(四)刘保长送妻读书示范——黄桷镇第一保长刘秉权,五甲甲长董必良,他们两位在传习处开学时,首先把自己的妻子送到传习处去读书示范,然后又挨户去劝民众入学,民众都受了感召而齐入传习处读书识字。

(五)保长要女作导生——黄桷镇第八保保长袁治安,他不但挨门逐户地苦劝民众入学,并且还要他的女儿到传习处担任导生。

第六章 璧山机织生产合作社事业

(民国)卅五年十二月至卅六年十二月

第一节 璧山织布业概况

一、据织布业公会之统计,全县有铁轮织布机一万一千台,木制窄布机三万台。能运用铁机之熟练技术工人约一万人。

二、木机织布为乡村妇女之主要副业,且纯系利用农闲劳力,每年工作期,约为五个月。全年可产窄布(长四丈八尺,宽一尺二寸)四十五万匹,约值一千零三十五亿元。

三、铁机织布,部分为农家副业;部分为小手工业作坊。仅在农忙期间停工四个月，全年平均可开工八个月。每年产原白布（长四十码，宽三十二或三十六英寸）四万二千匹，值三百三十六亿。产各色花布（长三十码，宽三十二英寸）八万四千匹，值四百二十亿。又每年产线呢（长三十码，宽三十二英寸）六万七千二百匹，值四百三十六亿八千万元。三种共计一千一百九十二亿八千万元。

璧山木机与铁机所织之布全年共值国币二千二百二十七亿八千万元。

四、抗战八年期间，此辈织户大都仰赖于军政部被服厂及花纱布局之发纱收布，靠工资收入为生。抗战结束，上列厂局停止收布，各织户亦相继被迫停业。

第二节　平教会实验区推进机织合作事业之经过

一、（民国）三十五年十二月中旬完成璧山五乡之经济调查。发现城南、河边两乡为璧山铁机发达区域；来凤、丁家为木机发达区域。（青木乡均不发达）且农民所有织机大部停业，亟须予以救济。遂于同年同月下旬派员至城南乡考察。

二、确定组社原则：

（一）采副业经营方式，社员分别在家庭织布。供给原料，推销成品，则由单位联合经营，以加强合作组织之力量。

（二）凡自有铁机且能自织者为基本社员，其有机台而无人能自织者，须人口多，亟须副业救济，且其全家劳力足以辅助织布工作者（如浆纱、倒线）始可为社员，每一社员之机台至多以两台为限。

（三）社员之出品由合作社规定统一标准与生产品类，以完成产品之标准化与计划化，并提高其品质以应市场需要。

（四）合作事业之推行与民众教育之推行相配合，故发展合作社之区域，必须是推行民教已卓著成效者。

三、（民国）三十六年一月十日在城南乡组织玉皇庙及蓝家湾两合作社，同年二月由本会拨给贷款基金五千四百万元，购纱十九件，除每一社员贷予棉纱五并外，并由两社成立一联合办事处，将所余棉纱供其周转，于同年二月二十八日核放，三月十日，各社便有出品应市。（宝阁牌商标之原白布与漂白布，长四十码，宽三十六英寸）

第三节　璧山机织生产合作事业之扩展

一、（民国）三十六年四月中旬拟具推广计划，由孙则让先生与何北衡先生将该计划函转四联渝分处，旋由四联渝分处交农民银行拟具贷助方案，（民国）三十六年七月该方案经四联总处批准。决定贷予原料贷款十亿元，抵押贷款十二亿元。仍按本区所定原则贷出。

二、（民国）三十六年十月二十三日由本区辅导正式成立璧山机织生产合作社县联合社。

第四节 机织生产合作社贷款之效果

一、民教工作之能推行于璧山全县，实系合作事业配合推行之功。

二、由于机织合作事业之发展，使社员及其家属有三千零六十人得到职业，并有固定之收益以改善其生活。

（第九表）三、统计数字：璧山全县共组十六社（其中有三社未开业）。

登记社员九百一十一人　贷款社员四百三十九人

实有机台一千零八十九台　贷款机台五百七十六台

共认社股 116300000 元　已缴社股 33700000 元。

贷款金额 938613000 元　受惠农民 3060 人

生产数量 32225 匹

（以上数字系自（民国）三十六年三月份至十二月十日之统计。）

第五节 本区对于机织生产合作社之辅导情形

一、各保校民教部主任负责辅导各单位合作社。

二、本区设置经济辅导人员会同县府合作指导室对各社随时加以指导。

三、明年度之辅导计划：

（一）拟分璧山为五个指导分区，设置合作指导人员。

（二）由本区会同农民银行荐派县联社会计一人，以增强对县联合社业务之监督。

（三）拟配合农行璧山分理处及县联合指导室组织一合作训练委员会，以灌输社员合作知识，提高一般社员对合作事业之认识与信念，并培养合作实务人才。

四、（民国）三十六年十月二十一日调训城南八社，河边四社，青木一社之理事主席，为期十日。同时调训十三社会计，为期十五日。

五、农民银行及璧山合作指导室与本区从事合作社年终考绩，动员督导人员八人，赴河边等三乡费时二周，计考核金鼓滩等十三社，社员四百三十九人。

六、合作辅导委员李国桢、干事陈思舜。

注：本文辑录自璧山区档案馆藏"华西实验区档案"，卷 9-68/P107—148。

中华平民教育促进会工作简述

目　次

一、本会沿革

本会创立于公元一九二三年八月廿六日，会址原设北京，一九二七年移于河北省定县，抗日军兴，本会移设长沙，于一九三九年移于四川巴县歇马场。

行政组织：本会设董事会，下设干事长一人主持全会会务，组织系统如下：

工作旨趣：本会鉴于中国社会的基础在广大的乡村，国家最大的富源是广大乡村的农民，这占全国人口绝大多数的农民，能够发挥力量自动起来改造，自动起来建设，中国才能获得自由与独立。根据这种认识与信念，遂发起平民教育运动，用教育的方法，深入民间为农民服务，引发农民蕴藏的无限力量，以达成农民生活的改造与乡村建设。

二、本会工作演进

（一）识字教育——乡村建设

本会的初期工作，因见到中国绝大多数的农民没有取得最低限度的教育机会，不能得到最低限度的教育工具，最初着力于识字教育，使失学青年与成人，在最经济、最简单的方法下认识最基本需要的中国文字。彼时在各地设立平民学校，选择与农民生活关系最密切的基本字，用改进农民生活教育的内容，编成平民千字课，为平民学校教材。

从本会各地办理识字教育，在广大农村工作经验里，深感在农村办理教育，不能不顾到农民生活上各方面的基本需要，必须与农民生活各方面都有适宜的教育，而又顾到整个农村的建设工作，才不致落空。本会乃根据实地经验，通盘研究计划，以识字教育开端，以农村建设为目标，教育与建设连锁进行。教育必须生活化、建设化，然后农村教育与农村建设才具有基础。

当时以文艺教育、生计教育、卫生教育、公民教育为实施农村教育的四大要项，使人人都有知识力、生产力、健康力、团结力，为创造新中国的新民。

以上四项教育实施的方式有三种，也可以说是介绍与农民的三种途径。一是学校式，二是社会式，三是家庭式。学校式的实施，其对象是受教育的个人，侧重文字知识的系统介绍，在一定的时限当中，施以系统的教学。社会式的实施，其对象为团体的共同教学，注重表证及其他如电影幻灯、图片模型等直观与直感的教育方法，并注重各方面社会活动的教育性，使农民自动参加活动当中，取得社会的教育。家庭式的教育，其对象为各个家庭，一方面使家庭社会化，一方面使每一家庭中男女老幼都能得相当的教育。这三种方式是要顾到全社会各方面的分子，人人都有受到教育的机会，以逐渐实现农村整个生活建设。但从事农村服务，须具有适宜条件与实施方法，才能切实有效。故本会开始即特别注重研究实验，兹将本会现阶段各项工作简述如下：

甲、乡村建设学院

本会为培育乡村建设实地工作人才，于一九四〇年组织董事会，创设"中国乡村建设育才院"，设乡村教育、农村经济两系，附设乡村教育、农业、社会、水利四专修科。至一九四五年八月，因本院人才设备渐具规模，乃扩充为独立学院，改名"乡村建设学院"，现设乡村教育、社会、农学、农田水利四系（正在筹备增设乡村卫生系）。本学期共有学生 331 人，以往历届已毕业学生二百五十八人，多半已实地参与农村服务工作。本院在学习方面，理论与实践并重，除一般课程研习外，特别注重实习。关于学生生活方面，本院早已废除一般学校之训管制度。学生生活之辅导，由各系教员组设"学生生活辅导委员会"，学生自身组织"四自会"，分自强、自习、自给、自治四组。学校与学生打成一片，从事有计划之生活活动。此外设有图书馆，共有图书三万四千零十七册；设有农场，从事动植物品种繁殖改良，作学生实习场所；并设有卫生室及娱乐室；其他如测量、理化等仪器均有相当设备。本院经费方面，系国内外赞助、本院工作者所捐募，学生只缴极少数学费，设有奖学金多名，以奖助优良贫寒学生。

乙、华西实验区

中华平民教育促进会于一九四六年七月商得四川省政府同意，在四川省第三行政区辖区内开始综合性的乡村建设实验工作，是年十一月华西实验区成立于璧山县。工作区域有璧山县的四个乡镇，此后工作区域逐渐扩大，一九四七年八月，有璧山、巴县和北碚的五十个乡镇。一九四九年二月起，有上述三县（局）的101乡镇，璧山和北碚已全境展开工作。四月以后，在江北、合川、铜梁、綦江四县的一部分乡镇开始工作。十月起，又加上江津的十六个乡镇。据十一月的统计，工作区包括八县（局）的160乡镇。

在一九四九年二月以前，实验区经费全系中华平民教育促进会自筹（在国内外募捐而来），为数有限，故工作只能比较着重在成人教育方面，经济建设工作只在选出少数乡镇进行而不能普遍。二月起，平教会得到中国农村复兴委员会经费的帮助，实验区才普遍展开经济建设实验工作。十一月二十日，农复会帮助亦即停止。今后工作势不得不大为紧缩。

工作目标和原则　华西实验区的工作目标，是在探寻一套方法，以开发广大生产农民的生产力、知识力、健强力和组织力，要使他们能自觉地、自动地改善其全部生活。工作的基本原则有下述四点：

1. 实验的。我们着重方法和技术的实验，根据平教会及国内其他乡村建设团体二十多年的经验，实验区先拟定初步计划，而在实际工作中不断加以检讨和修改。

2. 辅导的。我们认为，乡村建设惟有农民自己的力量才能完成，因此实验区在工作中是居于辅导的地位。

3. 教育的。我们认为，要开发和培养农民自觉自发的力量，舍教育方法无他途，因此一切工作都由教育入手。

4. 着重组织的。组织是建设的必要条件。实验区的工作重心，在于完成农民的教育组织和经济合作组织，由教育组织来推动和完成最重要的经济合作组织。

实验区的组织系统和工作人员

组织系统：

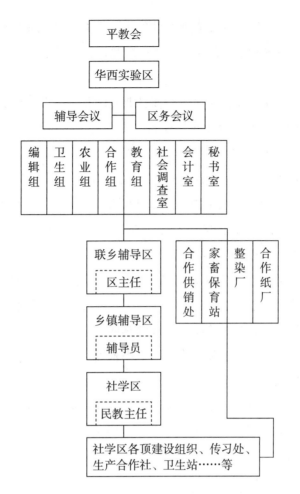

工作人员：本区十一月的统计，共聘有工作人员 472 人，另有负责社学区工作的民教主任 1400 名，系由各县（局）政府所委任，而由实验区负责其全部薪金。在本区所聘请的工作人员中，绝大多数（百分之七十以上）为新从各大学和专科学校毕业的青年。这不仅是因为这类青年具有较高的服务热忱和克服困难的勇气与知能，比较适于从事乡建工作；同时也是因为本会想要改变一般知识青年与人民脱节的不良风气，想为社会培养新的人才，让知识青年有机会深入农村，向农民学习，为农民服务。

实验区与地方政府的关系 实验区是一学术性的工作团体，专为农民服务的团体。在一些工作上，曾要求与地方政府配合工作。如教育工作，实验区负责成人教育，但凡是成人教育展开的地方，地方政府必须充实该地的小学教育。此外，在减租工作上，实验区曾动员全部在乡工作人员，协助乡镇保甲人员推行，并负责农民生产的组织。

经济建设工作 实验区经济建设实验工作的主要目标在完成农村中农业和工业生产的合作组织。

1.农业生产合作社。我们认为：农业生产没有组织，生产农民（佃农、半自耕农和自耕农）的权益就缺乏有力保障；农业经营的细碎性的缺点就无法补救；近代化的生产技术就难被接受；农田水利工程就难于兴建。因此，实验区把农业生产合作社的组织看做最主要的工作之一。

组社步骤如次：（1）划定社学区（合作社业务区及国民学校教学区之合称）——社学区的范围，必须包括有耕地二千至三千亩，生产农民约二百户，人口约一千五百人。每一社学区应组成一农业生产合作社。（2）根据社会调查，确知这一社学区内的生产农民，对他们进行教育工作。（3）组社——只有生产农民才有社员资格。

根据本区十一月的统计，全区内已正式组成的农产生产合作社共 699 社，社员共65137。农业生产合作社已经做到的工作有下列各项：

（1）减租工作的协助进行。今年减租四分之一，各合作社尽力协助推行，成绩颇佳。

（2）推广优良作物品种。本区农业组在全区内已设置了二十四个农业推广繁殖站，每繁殖站由特约的表证农家（合作社社员）十余户组成。他们在本区农业工作人员指导下，先繁殖优良作物，收获后推广给合作社的其他社员，已繁殖和推广的作物品种有中农四号稻、中农三十四号、胜利籼、南瑞苕、小米桐、小麦（中农二十八号、六二号和中大二四一九号）及秋播菜种等。

（3）推广优良家畜品种，增加耕牛和猪。本区设立家畜保育站，养有优良种猪（约克斜）四十余头，具有条件的合作社可获得此种猪种。本区贷款给各合作社增加耕牛，各社共已购得耕牛 173 头，又有 40 头在运送途中。本区贷款各合作社购买荣昌母猪，已共购得 1195 头，又仔猪 2933 头。

（4）农产加工。成绩较佳的一部分合作社，已举办农产加工，如磨粉、酿造等业，本区此项贷款共贷出 13980 元（银元）。

（5）家畜病疫防治。本区农业组和家畜保育站指导及协助各合作社防治牛瘟猪瘟，计牛瘟预防注射共注射牛 13106 头，猪瘟丹毒预防注射共注射猪 3047 头。

（6）修建小型水利工程。本区农业组水利工程队根据各合作社的申请，已勘测小型工程七十八处，即可协助其兴工。

以上各项工作，本区另有详细报告，现在附带述及农业方面的其他工作。在农业生产合作社尚未组成的一些地区，本区曾完成治蝗和防治柑蛆两项工作。

治蝗：今年夏末，璧山铜梁两县交界地区发现蝗患，本区农业组动员本区在乡工作人员和农民二万二千八百余人，短期内予以扑灭，总计捕蝗 109635 两，减少灾害面积约 1425 市亩。

防治柑蛆：江津县綦河流域，为四川甜橙（广柑）最主要产区，但果实蝇在该区为害日甚，今年为害程度最高者达百分之九十左右。本区农业组特征求乡村建设学院学生一百二十人，组成甜橙果实蝇防治队，在綦河流域中游一带工作三个月，估计可减少甜橙损失的40%。如明年能继续防治，此一虫害不难扑灭。

2.乡村工业的合作组织。散漫的乡村工业如有合作组织，便可以引进新式技术和改进旧的技术，并使产品标准化，又可以避免中间商人的剥削。本区已经组成的有：

（1）机织生产合作社及合作整染厂。璧山为手工织布业的重要生产区（北碚亦有少数生产者），本区已组成机织生产合作社86社，社员共7641人（直接生产者方得为社员）。为了使合作社社员不致因缺乏纱而停止生产，本区已贷纱173件零17并，并贷周转纱432件。为了使社员的生产品不受中间商的剥削，本区特组成"合作社物品供销处"，代各合作社推销成品。为了使合作社员的产品标准化和能够与工厂出品竞争，本区已设立合作整染厂，不久即可开工。

（2）造纸生产合作社及合作纸厂。铜梁县西泉一带手工造纸业相当发达，惟出品多为迷信用纸。为减少农民无味消耗，倡导改良产品，改制书报文化用纸。本区发动当地漕［槽］户组织造纸合作社，计已组二社，社员共九十六人，由漕［槽］户制造纸浆，供给合作纸厂造纸原料。并购置新式造纸机器，产品力求改良。合作纸厂的成品出售后，即以合理的计算法将利得分给漕［槽］户。本区希望造纸合作社与纸厂将来能进一步发展为一个机构。此项工作，本区已贷款银元25698元，现有机器如全部开工，可月产文化用纸二千令。

3.特种合作社。在巴县歇马场组有运输合作社一社，社员三十四人（本为力夫），在璧山丁家乡组有烟叶生产合作社一社，本区对此两社共已贷款3050元（银元）。

教育建设工作　本区教育建设实验工作的特点如次：

1.专重农民成人教育，凡十五岁以上的农民，都是我们教育的对象。

2.教育是建设（特别是经济建设）的手段，建设是教育的内容，因此我们的教育内容有四大类：文字的学习、合作与农业、卫生、公民常识。因此我们把"传、习、用"看做一个不可割裂的历程，学与用、知与实践是合一的，因此我们有一套教材，便有一种活动，有一种建设活动便有一套教材。

3.教育组织。每一社学区内组织五至十个传习处，每一传习处有学生约二十人。每处聘请导生二或三人（导生：识字的农民、在乡知识分子或小学高年级学生）。传习处教学时间：四个月为一期（农忙停开），每日教学二小时。教学辅导：导生受民教主任的辅导，民教主任受辅导员的辅导。即习、即传、即用。

4.传习教材。基本的农民读本、辅助的和专业的应用文读本、民众歌曲、连环画、传习报、平民读物等。

上述各点，亦即本区农民教育工作的实际情况。据十一月的统计，本期受传习教育的人数已达十万人以上（前后共办四期），他们中主要的一部分便是农业生产合作社和机织生产合作社的社员。除了识字教育外，他们同时也传习了合作农业和卫生的常识与技能。各种合作社在组成前，先由传习处推行教育工作，组成之后社员训练便是教育的主要项目。导生的选拔和训练困难较多（主要因为导生没有薪金），但事实使我们相信，这是解决成人教育师资问题的最好办法之一。

本区在成人教育之外，亦尽力协助国民学校的儿童教育。曾在人力物力方面，帮助了二十八个国民学校，使他们成为示范国民学校，使他们能逐渐成为社学区建设的指挥所。在本区计划中，国民学校应是社学区建设工作的指挥所（见附图）。

社学区教育与其他建设工作关系图

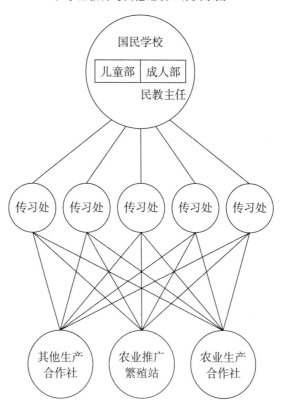

卫生工作　本区卫生工作因经费关系，今年四月才开始，已进行的有下述各项工作：

1. 卫生教育。举办农村妇女卫生训练班——由各社学区选送妇女一名入班受训，受训期六周。训练内容主要有简易治疗急救术、妇婴卫生、营养常识、育婴技术、家庭护理、家庭环境卫生、家事、合作常识等。已在璧山和北碚两地各办一班，结业生共六十二名。结业生每人发药箱一只，为农民服务。

2. 防疫工作。1. 种痘——免费种痘，共计96135人。2. 沙眼之防治——与联合国文教组织合作办理，检查人数为6864人。

3. 学校卫生。检查学生健康和纠正缺点。此项工作正在璧山县四个学校内进行。

4. 乡村妇婴卫生。在北碚已成立生育指导所，璧山成立妇婴保健所，派有助产士分住北碚黄桷镇、澄江镇、二岩乡，巴县歇马场，璧山城北乡、狮子乡，负责推动乡村妇婴卫生工作。

5. 流行病实验所。专重乡村中普通流行的地方病（如钩虫病、疟疾、伤寒、痢疾等）之研究与防治，正进行之工作有：

（1）肠胃寄生虫病之诊断与调查——曾对璧山、北碚两地农民 365 人作精详的寄生虫卵检查。

（2）疟疾的研究和防治——受本所血液涂片检查的病人共 838 人。本所为防治疟疾，曾发出"百乐君"二十余万粒，受惠农民计有四万余人。

（3）伤寒与痢疾之诊断和研究——曾为 48 人作伤寒杆菌的血液培养，为五十二人作痢疾杆菌的大便培养。又曾对若干食堂餐馆作食具的细菌研究七十六次，发现此等食具有百分之五十以上曾受人类粪便的污染，为伤寒痢疾等病的重要传染途径。

社会研究与调查 为了明白农村的真实情况，以作为各项工作设计的根据，本区特成立社会调查室，专负责研究与调查工作。在本区已开始工作的 160 乡中，有 144 乡镇已完成初步的户口及经济调查。其中北碚的黄桷镇、璧山的狮子乡并指定为示范调查乡，曾由专学社会学的工作人员二十人组成调查队，作较详密的调查。在户口、经济之外，对两乡的卫生情况、妇女生育情况亦作详细调查。

这些调查资料，本区正请专人整理中。

丙、研究部

本会为从事乡村建设各种问题之研究，以供工作实施的参考，设置研究部。目前侧重乡村教育及乡村建设应用材料的编制，所需工具，方法技术的研究与准备等项工作。关于材料方面，已往曾编成农民识字教材及平民读物多种，最近曾编成《国民通用词表》《基本字和常用字综合研究》《农民读本》《应用文》及各种《传习连环画》等。

三、经费来源

本会经费来源，系由国内外及各地华侨热心赞助本会工作者所捐助。乡村建设学院及研究部全部经费开支及华西实验区一九四九年一月份以前，所用经费均由本会捐款基金内支付。自一九四九年二月份起，华西实验区经费由中国农村复兴联合委员会拨助，该会拨助实验区之款分两种：一为农村经济贷款，其他为办理教育卫生等项工作之补助（贷款方面于将来收回后，即由本会自行保管，用作乡村建设工作基金）。现在农村复兴委员会四川工作已于一九四九年十一月中旬撤销，对华西实验区经费补助亦于同时停止，华西实验区以后经费开支，仍由本会自筹。

注：本文辑录自璧山区档案馆藏"华西实验区档案"，卷9-261/P60—74。

中华平民教育促进会华西实验区
（民国）三十八年七月份工作报告

一、机织生产合作社

本区自举办机织生产合作社底纱（织布原料）贷放以来，辅导人员大都集中精力于各社业务上之指导、监督和贷放事务之处理，故新社组设较少，兹将七月份组社情形列表如次：

（民国）三十八年七月底机织生产合作社概况表

机别	社数			社员人数			机台数		
	小计	原有	本月新增	小计	原有	本月新增	小计	原有	本月新增
铁机	42	39	3	3293	3186	107	4473	4231	242
木机	44	43	1	4348	4248	100	4685	4570	115
合计	86	82	4	7641	7434	207	9158	8801	357

本区机织生产合作社申请贷纱（底纱）仍继续加紧核办，兹将七月份贷放纱量统计如次：

（民国）三十八年七月底机织生产合作社贷纱统计表

机别	请贷机台数			每一机台贷纱量	贷出纱量			备考
	小计	前贷	本月新增		小计	前贷	本月新贷	
铁机	1528	982	546	新社铁机每台三并 旧社铁机每台二并	100件另37并	66件另5并	34件另32并	棉纱每件40并

续表

机别	请贷机台数			每一机台贷纱量	贷出纱量			备考
	小计	前贷	本月新增		小计	前贷	本月新贷	
木机	2437	1978	459	新旧社木机均贷一并	60 件另37 并	49 件另18 并	11 件另19 并	棉纱每件 40 并
合计	3965	2960	1005		161 件另34 并	115 件另32 并	46 件另11 并	

合作社物品供销处办理机织生产合作社贷纱换布业务，对于生产刺激甚大，各社社员深得周转灵活之便，参加交换甚为踊跃，兹将七月份贷纱换布数量统计如次：

（民国）三十八年七月底贷出周转纱与收换布匹统计表

机别	换出周转纱			收回布匹				备考
	小计	原贷出数	本月新贷出数	种类	小计	原收数	本月新收数	
铁机	309 件 26 并 9 支	166 件 23 并 16 支	143 件 2 并 13 支	二八原白宽布	9365	5126	4239	每匹贷换卅支机纱 27 支
铁机	50 件 37 并 15 支	————	50 件 37 并 15 支	二四原白宽布	3135	————	3135	每匹贷换卅支机纱 13 支
木机	65 件 33 并 16 支 4 排	39 件 38 并 10 支 4 排	25 件 35 并 6 支	四八原白窄布	12542	7612	4930	每匹贷换卅支机纱 4 支 2 排
合计	426 件 18 并另 4 排	206 件 22 并 6 支 4 排	219 件 35 并 14 支	宽布窄布	12500 12542	5126 7612	7374 4930	

合作社物品供销处为开辟销路，维持再生产起见，特将换入各种布匹分别整理包装并加盖标记、唛头运往重庆、宜宾等地推销，其售价均采成本制冀，能建立市场信誉，兹将七月份集中运销布匹数量及各社产量及其自行销售数量表列于后：

（民国）三十八年七月机织生产合作社产销概况表

机别	社有机台数	全月产量		供销处集中运销量			各社自行销售量			备考
		布类	匹数	布类	匹数	出售地点	布类	匹数	出售地点	
铁机	2460	二八宽布	24560	二八宽布	8450	重庆	二八宽布	13670	重庆	
铁机	2013	二四宽布	37600	二四宽布	2560	重庆	二四宽布	32842	重庆	
木机	9158	四八窄布	174002	四八窄布	9786	重庆宜宾	四八窄布	126700	重庆及川黔各地	
合计	13631		236162		20796			173212		

二、农业生产合作社

本月份巴璧碚三县局农业生产合作社组织工作情形如下：

1. 巴县方面——本区域内新设辅导区仍多集中力量办理传习教育及社学区之划分，工作进行较为迟缓，本月份内仅增加十社。

2. 璧山方面——本区域内组社工作各辅导区均甚积极，进展较速，本月份内计增组37社。

3. 北碚方面——本区域内合作社几近饱和状态，本月份未增组新社，侧重已成立各社之指导工作。

农业合作社统计表

七月份

县别	社数			社员数		
	原有	新增	小计	原有	新增	小计
璧山	62	37	99	5932	5286	11218
巴县	83	10	93	9561	1243	10804
北碚	79	——	79	5635	——	5635
合计	224	47	271	21128	6529	27657

三、小型水利

各区申请之小型水利工程已由水利工程人员分为两队，于七月二十五日出发前往巴一区实地勘查土主、西永、虎溪、青木、凤凰等五乡，共勘查 39 处，合经济条件可整修之旧塘 10 处、堰 2 处、防洪工程 1 处、引水灌溉沟 1 处。可为农村工业用之二十五瓦小型水力发电 1 处，即可贷款兴工。

四、耕牛贷款

本区耕牛普遍缺乏，为实际增加耕牛，经派员先行会同北碚合作社代表，前往贵州之西北部购买，本月份大部时间为耕牛市场、耕牛价格及物价等调查，现将贵州之桐梓、松坎、遵义等地附近各市场均已调查完竣，亦已开始购买，惟在黔北一带购牛须以食盐调换，因交通困难，农民银行拨运食盐较费时日，致不能迅速购齐，现仅购得九十六头，正陆续购买，本区复计划再派人于涪陵江津边区及川北一带耕牛集散场所购买，以期早日完成原定计划。

五、猪种贷款

1. 母猪贷款：荣昌纯种母猪之推广，经由本区派员会同合作社代表前往荣昌采购，现因非产猪旺月，复须选择优良纯种，又为避免同时采购刺激猪价上涨，本月仅购买 412 头，已分贷北碚各社社员饲养，占各农业社原申请之 3920 头之十分之一强，现仍在继续购买中，一月后即届产猪旺月，当可大量采购，完成原定计划。

2. 荣昌种猪贷款：荣昌种猪原订购买 48 头，经前往荣昌购买时，该地因养猪习惯，公猪出生二十日内即行去势，购公猪者均须预先定购，是以未曾购到，现已分别于养猪农民定购 48 头。

六、成人教育

1. 各辅导区传习教育工作——璧山区所属各传习处已于上月开学，除照常进行基本教育传习外，并配合牛瘟防疫工作之传习，现牛瘟血清注射进行极为顺利。

2. 分发农民读本——传习处基本教材《农民读本》已印就 30 万册，根据各辅导区需要，本月已发出 25 万册，正继续分发中。

3. 全区民教主任学历统计——本区六县一局共 144 乡镇，划分为 1350 个社学区，设民教主任 1350 人，统计结果如下：

华西实验区民教主任学历统计表

（民国）38 年 7 月 6 日

学历	总计	璧山	巴县	北碚	江北	合川	綦江	铜梁	备注
总计	1350	280	580	114	116	98	101	61	
初中	319	105	148	——	19	24	15	8	
高中	412	75	189		55	34	43	16	
师范	205	38	69	29	22	14	20	13	
职校	132	26	54		14	15	9	14	
高农	182	4	97	65	2	3	3	8	
师训班	38	21	7	——	——	3	7	——	
专科以上学校	62	11	16	20	4	5	4	2	

七、教材

1. 基本传习教材

（1）增印农民读本——第一版 30 万册早已印就，复增印第二版计 30 万册，内容除改绘插图数幅并附印教学说明外，同第一版。

（2）汇编并校印初集传习连环画——初集计七种，各印单幅 15000 份，折本 30000 份，另编印教学说明一种，本月 20 号全部付印，预计八月十日全部印出。

（3）修订民众应用文——修订初稿并增编报告纪录等件已全部改好，下月份可付印。

2. 补充传习教材

（1）校印关于甜橙传习教材——此项教材供本区江津甜橙果实蝇防治队用，计《黄家甜橙出了名》《怎样防虫柑》《组织产销合作社》三种，各印四万五千份，月底全部印好。

（2）审订乡建补充教材并绘插图——此种补充教材原拟名为补充读本，后以多系乡建治业补充教材合订本性质，故改名为《乡村建设补充教材全书》，十六课，以农业方面常识为主，已开始绘插图，拟于下月份付印。

（3）开始搜集乡建补充教材参考资料，并开始编导生教学参考用品。

（4）协助卫生组绘妇女卫生训练班连环画教材，本月绘有《生娃儿》一种。

八、农业

1. 农业推广繁殖站（详见附件一）

（1）璧山一至六辅导区及巴县一、二辅导区已成立农业推广繁殖站九处，表证农家共计 98 户，耕地面积 2414 市亩。

（2）各站繁殖水稻良种，中农四号、中农三十四号及胜利籼原种共计 2112 石，栽培面积 423 亩，估计今年收种 2115 石，明年可供推广稻田 42300 亩。

（3）各站繁殖南瑞苕种共计 719 斤，栽培面积 29 亩，估计今年收种 58000 斤，明年可供推广 2320 亩。

（4）繁殖小米桐子 2583 斤，播种苗圃 245 亩，估计明年育成桐苗 258000 株，可供推广植桐面积 8600 亩。

（5）各站推广稻种共计 29415 石，栽培面积 5883 亩，今年产量估计 29415 石。

（6）各站推广南瑞苕种 4993 斤，栽培面积 201 亩，今年产量估计 29415 石。

（7）各站推广小米桐苗 22500 株，栽培面积 750 亩。

（8）璧四区马坊、广普、三合推广美烟苗 877900 株，栽培面积 585 亩，估计产烟 200 担。

2. 江津甜橙果实蝇防治工作情形

（1）在歇马场乡建学院举行了甜橙果实蝇防治训练，参加受训之辅导员 26 名，队员 109 人。

（2）七月十六日全体出发至渝转往江津工作地点。

（3）全体组织共分四区队十六分队，分驻真武、顺江、仁沱、清泊、高歇、崇兴、和平、马鬃、贾嗣、广兴、杜市、五福、先峰、永丰、高牙等十六乡镇，分别辅导蛆橙防治工作。

3. 竹蝗防治工作

（1）铜璧交界乡镇竹蝗防治工作自六月二十五日开始，七月十五日结束，按照捕蝗奖纱办法，发动农民组织治蝗队，捕蝗二至四两奖纱一排，共分二期或三期办理。

（2）璧山之福禄、梓潼、河边、大路、依凤、八塘六乡及铜梁之西泉、虎峰、大庙、天赐、太平五乡，共计十一乡镇，动员民工 21835 人，捕蝗 108288 两共合 6768 斤。

（3）目前竹蝗多已五龄，捕捉甚感困难，各乡已经捕减竹蝗数量平均约占百分之八十以上，虽未全部肃清，今年决难成灾，现正监视成虫集中产卵区域，准备冬季翻土掘卵。

（4）全数捕蝗总数 108288 两，平均竹蝗三龄，每两 130 只，约共捕蝗 14077440 只，减少竹、稻及玉米等作物受害面积 1400 亩，增加农民收益折合银币 11200 元。

4. 水稻生长概况调查

（1）各区推广之水稻良种均已由穗中农所派员会同出发，各乡实地调查水稻生长概况，记载播种期、抽穗期及生长情形。

（2）各区推广稻田定期举行去杂除劣，以保稻种纯洁。

九、合作纸厂

1. 产量及成本计算——本月份共计制出印书纸 741 令，成本费每令（包括原料、人工制造管理等支出）为 660 元，较诸市售中央道林纸（大公报十六日载价 45 磅，每令之道林纸为九元）每令价低二元四角，可谓极为低廉，现即以此成本价格不加利润供给本区印制农民读本及各项教材之用，对本区教育工作帮助甚大。

2. 储备原料——厂内现存勾边纸浆（即印刷纸浆料）17000 斤，迷信纸浆与纸花料 15000 斤（用作本色报纸），共计 32000 斤，厂内月需 45000 斤，尚不足一月之用，故刻下需赶购纸浆 15000 斤，以备在下月份收谷农忙之需。查本厂储购迷信纸纸浆制成印书纸及报纸，化无用为有用，匪特增加农村副业之生产力，并可减少农民迷信上之无味消耗，对农村经济亦不无裨益。

3. 安装新造纸机——本厂曾商定与乡村工业示范处合作，由该处拨贷全套新纸机一部，并商妥一切安装及补充费均由实验区贷款完成。该项目工作现已呈准核贷银元四千元作为安装费用，该机共重约三十吨，已全部在渝顺昌机厂装箱完毕，即运厂安装。另外在厂内已将新砌纸机加起，正装天轴及地脚中，新纸机产量为每日约三十令，并且为双烘缸者，将来可制双面光之各种纸张。以俟新纸机装妥开工，则本厂制造成本更将减低。

十、卫生工作

本区卫生工作正依照原定计划积极进行，兹将本月份中心工作简述如下：

1. 举办乡村妇女卫生训练班

本区为推行乡村卫生，特举办乡村妇女卫生训练班，以推广妇婴卫生教育，改良家庭卫生。乡村妇女卫生训练班，于七月廿三日开学，共有学员 24 人，均系由各辅导区选送者，训练期间为六个星期，受训期满即配发简易治疗药箱、急救术、产科常识、传染病浅说、家庭护理、育婴技术、个人卫生、家庭环境卫生、应用文、合作、园艺、传习教育、唱歌等件，并附设托儿所，将全体学员编组，配合各科理论，予以实习活动，以练习其技术与养成卫生习惯。

2. 妇婴卫生

妇婴卫生工作暂以璧山县城区及三个滩为工作区域，在城区设一妇婴保健所，以便于孕妇产前后之检查与治疗，并派公共卫生护士实施孕妇产前产后家庭访视及育婴指导，本月份计产前检查 25 人，接生 7 人，产后检查 3 人，产前家庭访视 8 次，产后家庭访视 21 次，育婴指导 7 人。

附件一：

华西实验区各辅导区推广繁殖站工作简报总表

各站现况

站址	辅导区	负责人	表证农家	耕地面积	备注
城北乡	璧一区	陶存	十户	253亩	
狮子乡	璧一区	王德伟	九户	200亩	原负责人陶力中调丁家乡
大兴乡	璧二区	王廷杰	十三户	239亩	
来凤乡	璧三区	高西宾	九户	265亩	原负责人何其镜调北碚种猪站
丁家乡	璧四区	谭力中	二十一户	525亩	原负责人黎方敔调北碚种猪站
河边乡	璧五区	张远定	十户	267亩	
依凤乡	璧六区	李棚	十户	250亩	
土主乡	巴一区	贾厚友	六户	240亩	
歇马乡	巴二区	王成灌	十户	175亩	

以上九站共有表证农家98户，耕地面积2414亩。

繁殖良种

站址	水稻				南瑞苕				小米桐			
	繁殖稻种（石）	栽培面积（亩）	收种估计（石）	可供推广（亩）	繁殖苕种（斤）	栽培估计（亩）	收种估计（斤）	可供推广（亩）	繁殖桐种（斤）	栽培面积（亩）	估计青苗（株）	可供推广（亩）
城北乡	3.60	72	360	7200	104	4	8000	320	200	2	24000	800
狮子乡	0.72	15	75	1500	220	9	18000	720	200	2	24000	800
大兴乡	0.85	17	85	1700	115	5	10000	400	205	2	24000	800
来凤乡	1.80	36	180	3600	130	5	10000	400	148	1.5	18000	600
丁家乡	0.05	1	5	100	50	2	4000	160	200	2	24000	800
河边乡	0.60	12	60	1200	20	1	2000	80	440	4	48000	1600
依凤乡	4.00	80	400	8000	——	——	——	——	400	4	48000	1600
土主乡	8.40	168	840	6800	——	——	——	——	450	4	24000	800
歇马乡	1.10	22	110	2200	80	3	6000	240	340	3	24000	800
合计	21.12	423	2115	42300 [32300]	719	29	58000	2320	2583	24.5	258000	8600

推广良种

站名	水稻			南瑞苕			小米桐	
	推广稻种（石）	栽培面积（亩）	产量估计（石）	推广苕种（斤）	栽培面积（亩）	产量估计（担）	推广桐苗（株）	植桐面积（亩）
城北乡	28.30	566	2830	346	14	280	8500	283
狮子乡	2.16	43	216	84	3	60	——	——
大兴乡	15.00	300	1500	50	2	40	——	——
来凤乡	55.05	1101	5505	100	4	80	——	——
丁家乡	67.55	1351	6755	800	32	640	美烟 877900	美烟 585
河边乡	37.50	750	3750	1200	48	960	6000	200
依凤乡	26.00	520	2600	——	——	——	8000	267
土主乡	17.35	347	1735	445	18	360	——	——
歇马乡	45.24	905	4525	1968	80	1600	——	——
共计	294.15	5883	29415 ［29416］	4993	201	4020	22500 美烟 877500	750 美烟 585

注：本文辑录自璧山区档案馆藏"华西实验区档案"，卷9-54（1）/P4—15。

中华平民教育促进会华西实验区
（民国三十八年）八月份工作报告

一、机织生产合作社

本月份对各社指导工作偏重于业务之发动及社务之整理，故未组设新社。全区机织生产社现况仍保持上月纪录，列表如次：

（民国）三十八年八月底机织生产合作社概况表

机别	社数			社员人数			机台数		
	小计	原有	本月新增	小计	原有	本月新增	小计	原有	本月新增
铁机		42			3293			4473	
木机		44			4348			4685	
合计		86			7641			9158	

本月份有 12 社申请贷纱（底纱）仍继续核放，兹就八月份贷放纱量连前统计表列如次：

（民国）三十八年八月底机织生产合作社贷纱统计表

机别	请贷机台数			每一机台贷纱量	贷出纱数			备考
	小计	前贷	本月新贷		小计	前贷	本月新贷	
铁机	1604	1528	76	新社铁机每台 3 并 旧社铁机每台 2 并	105 件 另 29 并	100 件 另 37 并	4 件 另 32 并	棉纱每件 40 并
木机	2523	2437	86	新旧社木机每台均贷 1 并	63 件 另 3 并	60 件 另 37 并	2 件 另 6 并	
合计	4127	3965	162		168 件 另 32 并	161 件 另 34 并	6 件 另 38 并	

本月份合作社物品供销处仍继续办理贷纱换布业务，兹就八月份贷纱换布数量连前统计表列如次：

（民国）三十八年八月底贷出周转纱与收换布匹数量统计表

机别	换出周转纱			收回布匹				备考
	小计	原贷出数	新贷出数	种类	小计	原有数	本月新收数	
铁机	484件1并18支	309件26并9支	174件15并9支	二八原白宽布	14532	9365	5167	每匹贷换（廿）支机纱27支
铁机	96件另8并	50件37并15支	45件10并5支	二四原白宽布	5920	3135	2785	每匹贷换（廿）支机纱13支
木机	95件32并3支4排	65件33并16支4排	29件38并7支	四八原白窄布	17868	12542	5326	每匹贷换（廿）支机纱4支5排
合计	676件2并1支4排	426件18并另4排	249件24并1支		（宽布）20452（窄布）17868	（宽布）12500（窄布）12542	（宽布）7952（窄布）5326	

本月份合作社物品供销处及各机织合作社仍继续办理运销业务，兹就八月份运销数量连前统计表列如次：

（民国）三十八年八月底机织生产合作社产销数量统计表

机别	社员机台数	全月产量		供销处集中运销			各地自行销售量		
		布类	匹数	布类	匹数	出售地点	布类	匹数	出售地点
铁机	2460	二八宽布	23170	二八宽布	4965	重庆	二八宽布	18205	重庆
铁机	2013	二四宽布	29540	二四宽布	3312	重庆	二四宽布	24375	重庆
木机	4685	四八窄布	70275	四八窄布	7645	重庆宜宾	四八窄布	63420	川黔各地
合计	9158		（宽布）52710（窄布）70275		（宽布）8277（窄布）7645			（宽布）42580（窄布）63420	

本区为供应联勤总部第四补给区司令部西南区冬服筹制委员会所需军布，已与该区订立合约（见附件一），承织二八宽布八万六千匹，订于两个月内完成。此次承织之布匹每棉纱一包，掉换棉布二十八匹半，共需棉纱三千余包。农民以两个月剩余劳力换得之盈余，估计棉纱五百包，合银元二十万元，而承织此次军布之机台仅为本区机织合作社全部机台之半数，由此可证明农村力量之伟大。为争取时间起见，除指导各机织合作社办理承织手续外，并积极发动散漫织户设立军布生产小组，共赴事功。惟承织此项布匹，至少需周转纱一千二三百包，其余半数机台尚需生产一种布匹，以应民间之需。农复会核定之机织合作社贷款余数切盼即日拨来，以应事机。

二、农业生产合作社

本月份北碚、巴县各社正在加强组织，切实推进工作，本月份未增加新社。璧山本月新增 68 社，铜梁、西泉组成造纸合作社 1 社。兹将各县局社数及社员人数列表如左：

农业生产合作社统计表

县别	社数			社员		
	原有	新增	小计	原有	新增	小计
璧山	99	68	167	11218	6530	17748
巴县	93		93	10804		10804
北碚	79		79	5635		5635
铜梁		1	1		47	47

三、小型水利

1. 小型水利贷款　本月份经核定巴一区土主、凤凰、虎溪、青木四乡塘堰水利贷款计十三处，共合食米 420.74 石，合银元约 3000 元，正由合作社办理申请手续中。

2. 小型水利勘查进行情形　水利工程队于上月二十五日分两队前往巴县第一辅导区所辖之土主、虎溪、凤凰、青木等乡实地踏勘小型水利工程。经勘查，结果内有十三处合于兴修条件，当由合作社贷款兴修。该队于完成巴一区之塘堰勘查后，复分为一、二两分队，于本月十二日出发。第一分队经璧山县梅花沿岸之三合、马坊、倒石滩、太和、梓潼、福禄等处实地勘查，已于十五日完成 110 华里之初步勘查工作。第二分队则为勘测璧河沿岸各乡镇之小型水利工程。

四、耕牛贷款及牛瘟防治

1. 采购耕牛 八月中曾派员至涪陵一带购牛，北碚已派人至川北一带采购，已拨周转金 1440 元。并另制定"耕牛分区采购办法"，由各区派人会同合作社代表分批分期分地购买，并可预借购牛款一部，将来计算成本，由合作社办理申借手续。

2. 牛瘟防治 在璧山之兽疫防治督导团于上月二十四日至本月十七日分赴中兴、来凤、鹿鸣、龙凤、正兴、丁家、马坊、定林、健龙、三合等乡工作，计注射水牛 2405 头，黄牛 304 头，合计 2709 头，现在璧山五区之接龙乡工作中。又本区北碚家畜保育站兽疫防治团于上月二十日至本月十五日，分赴北碚所辖之朝阳、澄江、金刚、黄桷、土主、二岩、龙凤、白庙、文星等乡注射牛只 893 头，现在青木乡工作。

五、猪种贷款

本区养猪贷款分为荣昌母猪及种猪与仔猪三项，贷放情形如左：

1. 荣昌母猪

甲、北碚 北碚上月份购到荣昌母猪 412 头，本月份购到 222 头，共计 634 头。购猪款原核定 2000 元，已用 1159.90 元，另加运费计算平均猪价，分贷各社饲养。

乙、璧山 本月份已陆续运回两批计 159 头，分配于一区十六个合作社，大致尚称良好，仅有少数因天热受病者。

丙、巴县 巴县一区已采购运到二百头，分贷各社饲养，其余正在陆续购运中。

2. 种猪 已照上月计划定购荣昌种猪 48 头，于九月份始能运到。

3. 仔猪 各区在陆续申请中，本月份已核准者计璧山二区五个合作社准贷 811 头，六区六个合作社准贷 89 头。

以上养猪贷款中，荣昌母猪贷款北碚核定为 2000 元，璧山各区及巴一、二区核定为 3800 元，共计 5800 元拟贷。全数采购完竣运齐，另加旅运费计算成本平均猪价后，再由合作社补办贷款手续。至仔猪贷款，每猪按 3 元核贷，本月份计核定贷款为 2200 元。

六、合作纸厂

一切照原定计划进行中，该厂为增加产量，最近与乡村工业示范处订立合作合约，安装新机器一部。

七、成人教育

1. 传习教育之调查研究 本月份由教育组为主，组织一访问团自璧山出发至实验区各辅导区访问，作传习教育之调查研究访问要点为：

甲、基本教育传习科目之教材教法及反映之调查研究。

乙、传习处教育与建设活动配合情形的考查。

丙、导生训练之考查。

丁、辅导机构与传习组织配合情形之考查。

2. 乡村教育之改进与充实　本区为求充实改进各保国民学校，决定在九月一日召开璧山各辅导区及巴县一、二辅导区所属示范国民学校工作座谈会，讨论如何充实设备，提高教师素质，充实经费等问题。

八、教材

1. 基本传习教材之编印

甲、完成民众应用文之修订工作并付印。

乙、修正付印"张林为啥瞎了眼"传习画稿。

2. 补充传习教材

甲、编绘农地减租及防治牛瘟传习教材——计编绘《实行农地减租》《地主不减租怎么办》《快给耕牛打预防针》三种。

乙、整理已编故事画稿，备摄制幻灯静片——已整理好"左明义参加机织合作社"一种。

3. 编印《办理合作社应用规章（一）》丛书。内容为农业生产合作社组社及贷款业务主要规定。

九、农业

1. 江津甜橙果实蝇防治工作展开——江津甜橙果实蝇防治队于上月到达指定地点后，即召集地方人士举行果农会议，同时进行果园位置调查及农家访问与甜橙防蛆等宣传工作。果农已普遍认识蛆柑防治之重要，自动订立防蛆公约，组成防蛆委员会，加强防蛆工作。本月十三日举行扩大会议，出席各区分队长及领队共三十余人，对防蛆各项问题讨论甚详。会议期中并举行防蛆资料展览，搜集各乡镇调查测绘之图表、标本等陈列以供观摩。

2. 蔬菜良种繁殖与推广——本区委托中国农民银行江津园艺推广示范场繁殖之优良蔬菜种仔，已交来甘蓝五斤、花椰菜四斤、洋葱五斤，本组已通知各繁殖站领取并转发各表证农家及繁殖站附近之农业合作社社员栽培，计表证农家每家配发菜种，每种五钱至一两，农业社社员每家配发菜种，每种一钱至二钱，本组并编有《甘蓝、花椰菜栽培浅说》及《洋葱栽培浅说》二种作栽培参考，今秋繁殖 92 亩，加倍收种可得二十八斤，明年可供推广 184 亩。

3. 水稻良种去劣除杂——本年各繁殖站表证农家繁殖之"中农四号""中农三十四号"水稻良种，一般生长情况均佳，农友对之亦颇具好感，为谋保持纯度以备明年推广，特派专人分赴各繁殖站协同繁殖站负责人监督。各表证农家去劣除杂，现已有一、二推广繁殖站工作完毕，约略统计中农四号等品种，一般纯度均在百分之九十六以上，其他各站去杂除劣工作则正进行，俟以后汇齐报告。此外并通知各站举行推广种与当地种之优劣比较，以测推广成绩。

4. 各农业合作机关补助费支付统计

合作机关	原核准补助费（美元）	已领补助费（美元）	未领补助费（美元）	备注
中农所北碚场	5600	5600		
川农所合川场	1600	1600		
乡建院农场	1600	1600		
璧山县农推所	300	300		
巴县农推所	300	300		
北碚农推所	300	300		
合川农推所	300		300	该所未领之三百美元拟移作本区繁殖站之用
共计	10000	9700		

5. 调查巴县十一辅导区旱灾——巴十一区旱灾严重，秋收无望，请贷洋芋、荞麦购种费，以资补救，本区当即派员前往调查，兹经调查结果该区罹灾甚为普遍，其中以石庙等乡为最严重，水田受灾为百分之四十，旱田受灾为百分之八十，罹灾总面积约 10400 市亩。若栽种荞麦，以购种困难不易实现，且以灾区尚适洋芋栽培，当以购种洋芋为宜。该区请贷洋芋购种费 2400 元，已由合作组贷予，即可购种 80000 斤分配各受灾农家栽种。

十、卫生工作

本区卫生方面工作正在依照既定计划积极进行中，兹将本月份中心工作略述如下：

1. 乡村妇女卫生训练班

本区在璧山举办之乡村妇女卫生训练班于七月二十三日开学，现全部训练课程即将讲习完毕，定于九月一日结业。结业后每学员发给保健箱一个，共备廿四只，为各保民众作简易治疗工作。

2. 妇婴卫生工作统计

甲、产前检查人数　46人

乙、接生人数　5人

丙、产前护理次数　25人

丁、育婴指导　5人

戊、产前家庭访视　5人

3. 环境卫生工作统计——本月份用DDT为城区各旅栈杀灭臭虫共计840床。

4. 疟疾预防——本区各县疟疾流行，在巴县、璧山、北碚、江津选定地区，先以二万人实验，限期根绝，疟菌用特效药白药菌二十四万粒作此项实验。

注：本文辑录自璧山区档案馆藏"华西实验区档案"，卷9-54（1）/P16—26。

参观中华平民教育促进会华西实验区纪要

中江县县长　彭心明

一、**参观要旨**——用学习的态度参观研究，比较分析，作县政改进之参考。

二、**参观区域**——璧山、北碚、青木关。

三、**参观团组织**——四川省第十二行政区专员、县长、议长、党部书记长、税捐处处长、专署科长、视察县府科长、主任、《涪声报》记者共三十九人。由李专员任团长，其他参与人员为团员，另分"总务""交际"两组。

四、**参观时间**——（民国）三十七年五月十七日起至二十二日止，往返共六日。

五、**参观要项**

甲、在璧山

（一）成人教育的实验（五月十七日孙专员廉泉在茶会席上讲）

1. 成人教育的新理论——成人教育首在帮助人民改善生活，"以乡村建设为教育内容，以教育活动完成乡村建设，即传即习即实用，做到即组即训即建设"。

2. 划分保学区——打破现有保之界限，根据自然形势、历史关系、经济条件重划保学区。保的辐射以儿童就学方便为主，一保或二保及一个半保均可作为一个保学区。每区人口约 150 户至 200 户，使保不仅成为政治细胞，且为经济细胞，即学校能构成该学区之建设中心。

3. 设立民教部主任——每一保国民学校及乡镇中心国民学校均依照法令设民教部主任一人，专负成人教育推动及与乡镇保长联络之责。

4. 调查统计——民教部主任将各学区十五岁至四十五岁之成人澈底调查统计，编为成人班，使成为一组织体，并按其住址、生活及需要，分别编为若干组，施以基本教育或专业教育之训练。

5. 选择导生——选择各级学校高年级学生及保内曾受教育优秀男女成人充任。导生加以讲习，使其担任基本教育及专业训练传习工作（中等学校及师范学生担任导生最好）。

6. 设立传习站——中心国民学校设传习总站，保设传习站，以民教部主任为站长。

更就保甲之编制，每甲或二甲设一基本教育传习处。璧山已有保学区247个，传习处1140个，导生22900个，学生36381人。

（二）机织合作运动

1. 织布为璧山人民主要副业，已成立城南、青木、河边三乡机织合作社共十三社——划一出品，统一商标，采分散生产，集中管理政策，并向银行贷款，建立民主经济体系，引发人民参加各项合作组织，发展联营事业，奠定计划经济之基础。

2. 调查组织——由保学区调查织户，利用成人班宣传登记社员（雇人织布之工厂不准参加），实施合作教育。

3. 生产标准化——商标决定以后，社员所出之布，即由社照标准严格检查合格后，贴商标，统一运销。再进一步买整染机，每一机器日可整染2000匹，即可取消土布名义，推销各地，免去居间商人剥削。

4. 办理贷款及抵押——向农行贷款，统购棉纱贷给社员，社员再以布掉纱。因销路不畅一时不能出售者，可向主库作短期抵押。去年贷款二十亿，本年贷款700亿。

乙、在北碚

（一）北碚轮廓

1. 行政——北碚管理局之组织与一等县府相同。

2. 地势——面积239134亩，呈不规行［则］的四方形，有缙云、鸡公诸山，嘉陵江贯其境，境内山多田少，主要产煤。

3. 人口——共辖八乡镇124保，人口96668人，加流动人口25000人，共121668人。

4. 财政——因地脊民贫，大宗收入为市场管理费及赠与收入。田赋仅一百七十余两，较之合川田赋仅占其百分之一，公学租占其二百分之一。

（二）北泉公园——北泉距北碚七里许，背山面江，风景清幽，有温泉足资沐浴，道路、亭、池、花、草、树木无不精心设计，引人入胜。参观团十七日下午到达，大雨滂沱沐浴后，夜坐"数帆楼"听泉声、望远山，北碚市电灯如昼，恍如大海孤舟，令人流连不忍入眠。

（三）天府煤矿——天府煤矿为四川规模最大之煤矿，矿工八千人，每日产煤一千六百吨，自建铁路十八公里，电机两部，共750启罗瓦特。矿内有"抽风""排水"机器，均用电力发动，运输用火车，起煤卸煤则用绞车，一切均机械化。附设洗炼厂、翻沙厂、机器厂、医院、学校……由龚副矿长熙和冒雨领导参观，历半日之久。该厂机器厂已能自造机关车（即火车头），尤为难能可贵。按民国二十四年，余随沈之万先生曾往参观，彼时该公司尚系租借民房办公，今则大厦林立，进步已不可以道里计矣。

（四）社会部北碚儿童福利实验区

1. 事业部门

（1）托儿所——收三岁至六岁之儿童，经常保有 100 名。工作特点：（1）实验家庭化的机关教养。（2）特别指导及增进儿童的营养。

（2）儿童福利所——分"保健""康乐""学艺""指导"四股，有儿童诊所、沐浴室、理发室、豆浆室、儿童会堂及运动游戏场等。

（3）自谋生活儿童福利站——以卖报及擦皮鞋儿童为对象，有名额二十名，施以职业指导生活训练，俾成为社会健全的生产公民。

（4）金钢〔刚〕乡儿童福利站——以乡村儿童保健为主，有诊疗、康乐、图书三室。

2. 实验方法

（1）实验目的——a. 倡导儿童福利事业。b. 研究"善教""善养""善保""善种""善生"之五善政策及方法。

（2）两个原则——a. 机关家庭化，儿童称先生为"妈妈"及"娘娘"，替小孩"做生"，衣服鞋子由教师自己做。b. 儿童自发精神的鼓励。c. 低能者不予压制，天才者毋使骄傲。

（五）文星乡的建设

1. 市政——该乡在群山之中，为运煤力夫聚集之所，十年前为三家村，现房舍栉比，马路宽大平直，已完全都市化。

2. 乡公所——西式楼房一所，内部设备完善，有牛皮沙发，桌凳坚固美观，均系士绅捐赠。

3. 学校——该乡中心国民学校为新建四合院。教室光线空气均佳，课桌系双人桌，每人有靠椅一张，高低合式，全部油漆。学生十二班，教师均系师范毕业。

（六）朝阳第三中心国民学校的苦干精神

1. 校舍——该校在天生桥袁家坝，（民国）三十三年由朝阳第十八、十九、二十等三保居民利用义务劳动折运古寨、古墓废石修成。可容 300 人之西式礼堂一幢，教室六间及办公室、图书室等。仅用法币二千万，坚固适用。以三保人而完成此大规模建筑，实为各处所罕见。

2. 设备——校具新制，系双人桌单人椅，并加油漆。有《儿童文库》二套。

3. 教师及学生——全校六班，有男女生 216 名，教师十一人，均系国立重庆女师毕业（按朝阳、文星各中心国民学校每一学校由一个师范学校之毕业生包办，使之互相竞争）。

（七）伟大的民众会堂

1. 北碚的民众会堂，系市区实施社会教育场所，（民国）三十五年冬募捐二亿元建成。"美丽""壮观""坚固""适用"，各种条件兼备。有千五百人之席次，规模宏大，在川中各县允为有数之建筑也。

2. 内容设备尤为富丽堂皇，可演电影、话剧及开会。新自美国购来最新式之电影机一部，日内开演。据谈此项影机，中国仅有两部，一在上海，一在北碚。

（八）导生传习的活动

1. 朝阳镇公所，导生传习到男女生六十人，导生为学校教员，利用"幻灯"施教，教材为爱国故事，学者甚有兴趣。如以之推行于乡村，其效果当更大。

2. 朝阳第一中心学校传习处，到学生两组约七十人，导生为女师学生。第一次试用"灯笼连环图画"，将教材制成连环图画，装木匣用油灯照之，全堂均可看到，此系胡本德博士最近创造，为解决乡村灯油困难之有效办法。

3. 商业场传习处及天生桥传习处，均采用普遍教学方法，受教男女成人均能了解。

（九）科学事业的研究

1. 中国西部科学院——民国十九年成立，内设"理化""地质""生物""农林"四研究所。

2. 中国西部博物馆——民国三十三年十二月成立，内分"工矿""农林""地理""地质""生物"及"医药卫生"六种，所制标本已超十万七千号，并有地理地质生物解剖，各种模型甚为珍贵（按科学院与博物馆为姊妹机关，馆长李乐元任职已达十八年）。

（十）北碚图书馆

1. 该馆在北碚公园山上三层红楼一幢。藏书上十万卷，正在分类编号，尚有五万册未整理藏书，吾之富为全川之冠。

2. 馆长张从吾任职二十载，须发皆白，领导全体职员十余人埋头研究，管理认真，一切有条不紊。所有桌椅大小合式，坚固耐用，颇足取法。

（十一）北碚的市政

1. 下水道——长 3902 公尺，地下太平池 3 个。

2. 马路工程——市区公路十三条，共长 2560 公尺，市郊公路 4000 公尺，最窄二丈七尺，最宽六丈六尺，平直坚固。

3. 公共建筑——有医院、米市、肉市、商业场、码头二个，新式厕所四个，体育场一个。

4. 填沟防洪——利用义务劳动填沟四万七千立方尺，已修成街道四条，另开一山洞，沟通市区内外，真所谓"移山填海"。

5. 北碚公园——利用小山精心设计，亭台楼阁、奇花异草应有尽有。并养有老虎、马、熊、猴各一只。管理尤佳，游人爱惜花木已成习惯，无攀摘者。

6. 街市整洁——处处整齐清洁，秩序井然，无喧闹之声。烟毒已澈底禁绝。

（十二）自来水及水力发电

1. 北碚自来水厂——每日供给水量 220 吨，澄江水厂每日供给 140 吨，初用瓦筒，现已改用铁管。

2. 水力发电——利用高坑岩水力发电 350 启罗瓦特，供给北碚黄桷市区住户、机关、学校、工厂之用。

（十三）北碚农业经济

1. 自耕农合作农场

（1）朝阳镇第十八保试办自耕农合作农场。由农林部派陈显钦负责指导，（民国）三十三年组织合作社，由农行贷款。已依照土地法征收土地 1482 亩，已分年还清佃农七十一家，完全变成自耕农。模范农民李治全原目不识丁，因受民教洗礼，已能写算，现任合作社财务管理。

（2）试验成果：（一）实行耕者有其田，发展生产事业促进农村团结。（二）社员家庭清洁进步。（三）社员讲究信用。（四）推广良品种约克西猪与隆昌白猪杂交种已试验成立，每年可长三百斤，增加收益甚大。

2. 中央农业实验所北碚试验场

该所对于稻麦优良品种推广、果小改良、菜蔬改良均有长足发展。

3. 平教会实验区民立成三十四个农场，其他"兼善农场"大规模试种西瓜及香蕉已著成效。

4. 四川省丝业公司蚕种自造厂。该厂在黄角［桷］镇滨江上坝，规模甚大，有冷藏设备。春蚕收集交种有一化二化，经过冷藏及其他科学手续，即为优良品种。

（十四）北碚卫生事业

1. 卫生院，在市区内，专办卫生行政及门诊。

2. 北碚医院，洋房一幢，在部［碚］郊外山上。有病床五十张，有医师及职员三十人。设有儿光一部，去年又添二万美金的设备，现正添建病房，一切设备相当完善，可动大手术。

（十五）其他参观事业

1. 大明纺织整染工厂，由梳花纺纱织布整染，一律用电动机工作，日出蓝布四百匹。2. 国立女师附中。3. 省立北碚师范，兼善中学，朝阳镇第一、二中心国民学校，图书馆，阅览室均规模宏大，未能详述。

（十六）北碚未来之大建设

1. 修大水电厂，将横江石梁修拦江大坝，可发三万至七万匹马力之电力，供给北碚附近工业之用。同时改进农业，美化北碚，使成为中国"田纳西河""东方瑞士""东方丹麦"。

2. 新修碚渝铁路，使北碚成为陪都之住宅区、文化区。

3. 建大水泥厂，第一、二峡均为石灰石，可设大水泥厂，供西南建设之用。

4. 修炼油厂，用煤提汽油。

5. 建大图书馆、大博物馆，使成为西南文化策源地。

丙、北碚兼筹公寓座谈会

（一）胡本德博士由丹麦说到北碚

1. 求实际地澈底解决中国农村问题。丹麦在八十年前，丹麦是最穷的国家，土地由地主掌握，佃农多系文盲。有大教育家格惟龙提倡民众学校，以生活作教材，注意精神训练，师生如父子。提倡合作，实行耕者有其田。我前年到丹麦参观一农家，他有宽率的道路，有花园，有钢琴，有池，有花有树，有机器，养牛四十头，均系合作所有。此人加入六种合作社，他说十几岁外出只有一双手，现在已成大富翁。要解决中国穷愚的问题，丹麦是个好榜样。

2. 北碚可以学丹麦

（1）领导人物——卢氏兄弟本百折不回的精神为人民服务。（2）路线正确——天下事不怕失败就怕错，北碚二十年来进步太大，能应付民众需要者即是好政治，即可成功。世界伟大事业均由一二人或少数人作起，由小而大，万不可虎头蛇尾。

3. 中国急待解决的问题

（1）改良农业——注意灌溉、改良品种、科学肥料等问题，以增加生产。水利问题解决后，能放冬水种麦子，即可增加三分之一的收益。（2）要农业工业化——美国百年前农民占百分之八十，现仅占百分之十九，一切科学化、机械化，产业发达，家给人足。中国要富强非建立轻重工业不可，一家人最低限度只要有人一半作工，一半耕田，生活才可以改善。（3）普及教育——北碚利用导生传习制，二年内可以扫除文盲。教育内容即是生活，能改善人民经济生活，教育即有内容易普及。按胡氏，美国人，在华四十年，现任联合国文教组织代表。

（二）卢局长子英谈北碚建设成功的因素

1. 领导人物久于其任。自民国十二年卢作孚先生成立江巴璧峡防团务局，（民国）二十五年改为实验区，（民国）三十一年改为管理局，二十余年领导人物始终不变。如秘书赵仲舒已任职二十七年，乡镇长任职多在十年以上，绝无五日京兆，见异思迁之心。

2. 人事协调行动一致。北碚各级干部经过卢作孚选拔训练，志同道合，思想一致，故能发挥高度服务精神，牺牲现在，争取将来（北碚人事组织甚为健全，上自局长科秘，下至乡镇保甲人员、旅馆茶房均纳入组织，成为有机体。如身之使臂，臂之使指，指挥灵活，命令贯彻）。

3. 吸收外来人力财力。北碚因交通便利，环境优异，社会安定，在抗战初期中央各机关学校及其他事业机关纷纷迁入。专家学者群集北碚达三千人。管理局利用此种机会，利用外来人力财力及科学方法，迎头赶上，推进地方建设，充实事业内容。各方又以北碚各项建设确有成绩表现，亦乐于帮助。中央复员以后，除一部分事业留碚继续办理外，其他教育及事业机关又行迁入补空，地方因得外力帮助日益繁荣。

4. 地方自治税捐涓滴归公。北碚山多田少，地脊民贫，地方财力远不如邻近各县，事业推动一方面靠各方捐款及赠与收入，一方行［面］将地方自治税捐彻底整理，严查隐漏涓滴归公，故各乡镇教育建设得以逐年推进。

5. 北碚建设的口号——"教育第一""建设第一"。各方组合建设阵线，以教育手段发展建设，以解决人民生活，帮助建设。卢局长很坚定地说，用人如将兵，工作如打仗，要一年当十年努力。

（三）卢作孚先生铭言——教育应改造环境，天天研究布置环境，我之喜欢北碚胜于自己所主办的事业。也正因为他是一个优良的教育环境，许多人员在这里经营它，布置它。与其说帮助北碚的老百姓，毋宁说是帮助各学校的学生。我们要建设国家，就从立脚处起，立脚在什么地方，就从什么地方建设起。在农村从农村建设起，在工厂从工厂建设起，在小学就要从小学建设起，就要从小学生的生活秩序及其他一切环境建设起（见卢作孚如何彻底□□教育）。

（四）李专员泽民的结论——参观北碚之后，一面兴奋，一面惭愧。努力多表现多，努力少表现少，努力无表现，各县努力均嫌不够，回去应努力建设。

丁、参观后的感想

（一）领袖得人——华西实验区之行在于学习。璧山、青木关为予旧游之地，北碚亦不陌生，卢局长子英系予十四年前之旧友。民国二十四年、二十八年、三十四年及此次之行已四到北碚观光。在十四年的岁月中，北碚在作孚、子英两先生主持领导之下，一切事业猛进突飞，日新月异，而岁不同。三日之游未能穷其全豹，本团同人到此花园都市已惊异不置。探讨其成功之要素，除卢局长所说"久于其任""人事协调""外力帮助""经济公开"及其他"天时""地利"种种条件外，而领袖得人（二卢先生有远大的眼光、雄深的魄力、进取的精神、爱人如己之襟怀），有组织，有计划，精神贯彻，百折不回，使二十年前蕉荷遍地之嘉尔峡区，变成"东方瑞士""西南乐土"，岂非事在人为，有志竟成，"天助自助者"今益信之。

（二）造成风气——北碚是建设是为多数人的福利，适合大众要求。卢作孚先生说："建设要从立脚处起，立脚在什么地方，就从什么地方建设起"，又说"我欢喜北碚胜于自己所主办的事业"。子英局长更以极大之决心和信心，提出"组合建设阵线""教育第一""建设第一"之口号。地方税捐一切公开，不使少数人发财，积极发展公营事业，改善人民生活，增进社会福利，独断专行，劳怨不计。在专家指导之下，天天求进步，时时图改良，十年二十年如一日，已得人民的信仰。养成建设的风气，建设则为是，反对建设则为非，决无阻挠破坏、"议论多成功少""进一步退两步"之现象。"责专任久""舆论一致"，故能计日成功。

（三）重视基本教育——北碚对国民教育推进非常努力，除学龄儿童普遍入学外，其民教部划分学区，设传习处，推行导生制，亦深入农村。其失学成人（十五岁至四十五岁之男女）完成补习教育者达百分之六十，故能以教育为动力推行政令，发展建设，改良人民经济生活者，盖得力于教育之功能为多。

（四）由北碚看中江——本县面积2458平方公里，人口八十万。现有"安定的环境，协调的人事，丰富的财力"。除交通不便及矿产缺乏外，其他条件均优于北碚。如能学习北碚建设的精神和方法，急起直追，在本府已定"开辟交通""兴修水利""发展水力""充实教育""推进卫生"五大目标之下，群策群力，信任专家，造成建设风气，加以继续不断之努力，迎头赶上，五年小成，十年大成，中江现代化指日可待。"小干小成，大干大成"，临渊羡鱼，不如归而结网，愿与县人共勉之。

注：本文辑录自璧山区档案馆藏"华西实验区档案"，卷9-84/P31—39。

华西实验区工作答客问

客问：实验区推行合作的目标是什么？

答：本区推行合作的目标是想借合作方式来达成改造社会经济目的。运用组织生产的方法来改进生产技术，补救乡村分散、零碎、落后生产方式的缺点；用组织生产的力量去解决农业生产中的土地问题，同时辅导发展乡村工业，最后之目标在建立合作经济的经济建设体系。

客问：实验区推行合作采取何种方式？

答：本区推行合作是采取引发、辅导，使合作组织得能普遍均衡发展。

客问：实验区推行的是些什么合作社？

答：本区推行之合作，多偏重在以生产为主的专营业务合作社。属于农业生产方面，组织有农业生产合作社，凡有特产或有特种乡村工业之地区，其业务不适于农业生产合作社经营而应单独经营为宜时，则组织特种专营业务合作社，这种合作社之范围包括很广，其业务活动完全根据当地需要及其业务性质而定。

客问：实验区辅导之合作社都是些什么人来参加？

答：本区辅导之合作社各参加入社之社员，除注意法定之社员资格外，更特别注意的是入社者必须是生产农民。如农业生产合作社之社员必须是直接从事耕作之自耕农、佃农或半自耕农，而地主或不能从事耕作之分子则限制其不准入社。参加特种专营业务合作社之社员必须是直接从事各该项生产之产户，而老板或捎客则限制其不准其入社。像这样凡社学区内每一个生产农户均得为合作社社员。合作社一方面是生产民众的经济合作社团，一方面是乡村基层经济建设的核心。

客问：实验区预计农业生产合作社组织若干？

答：预计每一个社学区组织一个农业生产合作社，现本区工作辖区共有一千三百五十个社学区，预计共组织一千三百五十个农业生产合作社。

客问：农业生产合作社截至目前（（民国）卅八年十月底）已组织有多少社？社员有多少人？

答：现已组织并经完成登记之农业生产合作社为 699 社，社员已达 65137 人。

客问：农业生产合作社之业务内容是什么？

答：凡属于农业生产及与农业生产有直接关系之业务，农业生产合作社均可经营。现在各农业生产合作社其业务内容约可分为下列数项：1. 土地改良业务——包括有小型水利、稳定土地使用权、创置社田等。2. 农业改进业务——包括有良种推广、农具及耕作方法之改良、病虫害之防治及农产品之仓储运销等。3. 农产加工业务——包括有磨粉、碾米、酿造、榨油等。4. 耕畜及家畜之饲养业务——包括有补充耕牛、养猪、养鸡及家畜保育、优良品种之繁殖与推广等。

客问：农业生产合作社用什么方法来稳定土地使用权？

答：用统佃分租办法来稳定土地使用。其办法是凡属合作社业务区域内之土地的业主出租时，农业生产合作社即以合作社名义向业主立约统佃后□分租于社员耕种，并由合作社负责保障业主之法定地租，但一方面要依法保障佃户社员，绝不使有非法撤佃情事发生。像这样业佃双方之感情既可调协，土地使用权亦藉此得以稳定，佃户社员从此可得安心耕作。同时在生产方面亦必因此而得增加。

客问：农业生产合作社"创置社田"的理想是什么？

答：农业生产合作社由办理统佃分租，渐进而达控制耕地转移，凡合作社业务区域内之土地，如有地主出售时，合作社即由社员共同出资或由贷款机关借款承买，买妥后仍分配各社员耕作，以其地租分年偿还贷借资金地价，还清后社员即按法定租额向合作社交租，作为合作社的公有资金，俟社有土地至相当成数时，合作社对社员耕地分配从新加以整理重划，每一耕作单位以社员家庭之耕作劳力为标准，再进一步即可将社区内之土地疆界打破而实行社田共营，合作社之社员及其家属均实施集体耕作，共同分配，而形成为大型之集体农场，以达农业组织化、现代化与科学化之目标，此为农业生产合作社办理创置社田业务之最后理想。

客问： 现在各农业生产合作社已做了些什么业务？

答： 现在各农业合作社对土地改良业务，在本年度为普遍推行农地减租，现有的已在试行统佃分租业务，小型水利各地亦正在请求派员查勘，已查勘之处亦正设法兴工建修。对于良种推广业务，为中农四号水稻，中农二十八、六十二、四八三号小麦，南瑞苕等良种之推广颇见成效。对病虫害之防治，在本年度运用组织力量实施治蝗，亦颇著功效。其他如补充耕牛、推广荣昌母猪及各项农产加工等业务均有举办，不过以各农业合作社均系在本年度新组织成立，以时间关系各种业务虽均有推行，但未能普遍展开。

客问： 实验区对所辅导之合作社有什么协助？

答： 本区对各合作社之协助可分为下列两项：1. 经济上之协助：此种协助用贷款方式来达成。2. 技术上之协助：此种协助用辅导教育方式来达成。

客问： 实验区现在对合作社有什么贷款？各种贷款之标准如何？

答： 本区现在举办之贷款有下列数种：1. 土地贷款：按合作社计划需要资金八成贷放。2. 水利贷款：按合作社计划需要资金五成贷放。3. 耕牛贷款：每社贷放暂以五头至十头为限，合作社自筹三成，本区贷给七成。4. 养猪贷款：小母猪每社按十头贷放、仔猪以需要增加肥料而无力购买仔猪之社员为贷款对象，其头数视需要而定。5. 农产加工贷款：按合作社计划之实需数字之七成贷放。6. 其他生产贷款：除上列各项贷款外，其他有关生产事宜，如为购买肥料、农产品运销等业务亦可按照合作社需款数额按七成贷给。

客问： 各项贷款之期限、利率如何？

答： 本处贷款期限最短者为四个月、八个月，最长者为十年，普通多为一年至三年，其期限之长短完全视贷款用途及合作社还款周转力量而定。贷款利率完全为月息八厘。

客问： 现在合作社贷款正贷出若干款额？

答： 各种贷款截至十月底止计，耕牛贷款已贷放 18302 元，母猪贷款已贷放 3800 元，仔猪贷款已贷放 10145 元，良种贷款已贷放 9700 元，农产加工贷款已贷放 13980 元，特种业务合作社贷款已贷放 21050 元，农业社联合业务贷款已贷放 4200 元，造纸贷款25699 元 8 角 9 分，水力贷款 3000 元。

客问： 特种专营合作社都是些什么合作社？

答： 特种专营合作社一种是属于乡村工业性质的，如璧山、北碚的织布工业组织机织生产合作社；铜梁的造纸工业组织造纸生产合作社。一种是属于农业特产品，如江津之甜橙组织甜橙产销合作社等。另有一种是不属于农工业性质的经济事业，而需要以合作方式来经营的，如同歇马场的运输合作社等，除此另外尚有合作纸厂等组织。

客问： 现在特种专营社有若干社？都是些什么业务？

答： 现在机织合作社有 86 社，业务是织布与运销。美烟合作社有 3 社，业务是美种烟叶之产销。运输合作社 1 社，办理客货运输业务。造纸合作社 2 社，办理供给造纸原料、生产纸张共同运输业务。

客问： 机织社社员有若干？机台有多少？

答： 现在社员共 7641 人。机台计铁机 4473 台、木机 4685 台。

客问： 实验区对机织合作社有什么协助？

答： 在经济方面为供给社员原料，每一台铁机贷给棉纱三并，木机一台贷给棉纱一并，同时还有生活用品纱之配借，每一机台一并。在技术方面，我们专聘有技术人员，专门指导其有关技术上之改进，并检查其成品，使其标准化；在教育方面，我们训练其职员有经营业务的能力，训练社员认识合作。

客问： 机织社的产品由谁负责推销？

答： 机织社的产品本来应由合作社本身来负责推销，但在合作社力量薄弱无法办理时，现由本区设立合作社物品供销处来负责办理，合作织成之布匹即可送交供销处，同时还可以换取原料，供销处将收集之产品来共同办理运销。

客问： 供销处与实验区是什么关系？

答： 在目前可说是实验区的一个附属业务机构，在合作社组织健全，有经营力量时即可转移到联合社来继续办理上项业务。

客问： 实验区现在已贷出棉纱若干？

答： 截至目前十月底止已贷出底纱 179 件 33 并，社员生活用品纱配贷 35 件 26 并。

客问： 合作纸厂是怎样组织的？

答： 合作纸厂是实验区与农复会乡村工业示范处合办的，资金是由实验区与工业示范处各贷给一部分。

客问：合作纸厂与铜梁造纸合作社是什么关系？

答：合作纸厂就是将来铜梁造纸合作社联合社之前身，由合作社逐渐加入资本，将实验区与工业示范处的贷款还清后，即可改组为当地造纸合作社的联合社，而成了地方的事业组织。

客问：铜梁造纸社做些什么业务？

答：目前造纸社着重在制造打浆的业务，将打好的浆送交合作纸厂来造纸，造纸的前半段是手工业打浆，由合作社来负其任务；后半段是机器造纸，由合作纸厂来完成。用这种手工业与机器两相配合来发展当地的造纸工业，可说非常发生效果。

客问：实验区辅导之合作社目前有无联合社？

答：机织社在璧山、北碚各有一个联合社，其他各种合作社尚均无联合社组织。但农业社现在一乡或一镇里组织有联合办事处，来负责统办各该乡镇农业社的联合业务。

客问：农业合作社联合办事处是做些什么业务？

答：凡农业社社员所需要的业务，联合办事处都可以来做，在目前各联合办事处所做的业务，多半是办理供给、消费、运销及农产加工等业务。

客问：关于耕牛贷款是贷款？贷实？

答：为求确实作到增加地方耕牛计划，关于耕牛贷款完全采取贷实办法。从各地将耕牛买来后以实物分贷各合作社饲养使用。

客问：耕牛到何地去买？由谁负责来买？

答：耕牛的采买地点是从贵州的遵义、桐梓，四川的涪陵、南川、达县、江津等地分别选购。采买人是由本区及各辅导区派员，并由合作社选派代表三方面共同负责办理。

客问：实验区推广之优良母猪是由何地买来？

答：系由荣昌选购。因为荣昌猪非但在国内有名，在世界可说亦颇占地位。采买的方法也是由本处派员并会同合作社代表赴荣昌采购后，用汽车分运各地，配贷给各农业社社员饲养推广。

客问：实验区关于农田水利办理如何？

答：本处对水利灌溉异常重视，在本处特设有水利工程队来负责推动，现经水利队勘查测量认为有经济价值，可以兴修的塘堰工程计有95处，现各处均正在办理贷款申请，并计划实施动工兴建中。

客问：为什么乡村建设工作要通过教育？

答：我们的乡村建设工作，就是要知识分子去作农民的军师，去配合农民的力量，把科学知识引进乡村，开发农民的知识力，把农业新技能引进乡村，改进农民的生产力。把卫生知识引进乡村，增进农民的健康力。把组织力引进乡村，使农民自动地与团体合作。要使这些知能成为农民自己的，去建设自己的乡村，只有通过教育才能启发民智、民力，才能引发自觉、自动的力量。

客问：用什么教育才能推进建设？

答：简要地说，我们所需要的教育是即传、即习、即用的导生传习教育，其特点：（一）它主要的目的是着重在"用"，教的人是为"用"而"传"，学的人是为"用"而"习"，传了就习，习了就用，传、习、用合一的教育，是最好的生活教育。（二）它的方法：会的教人、不会的跟人学，学会了就传、就用。而且学的人不只为自己学，学会了就传给别人，人传我、我传人，互教共学，就是导生传习的好方法。（三）教的是导生、学的是学生，人人都是学生，人人都是导生，这就是说明用到老、学到老的生活教育。

客问：什么叫"社学区"？

答：社学区就是乡村社会最基层的组织区，这个组织区也就是本区的工作的单位，建设工作奠定的基石，各种工作的建设都是以这个单位组织为起点的，然后普遍推广到乡区县以及全实验区。所谓"社学区"，"社"是合作社业务区域，"学"是国民学校施教区域之简称。

客问：社学区是怎样划分的？

答：社学区划分的标准是：1. 户口180至200户。2. 人口约一千人。3. 耕地面积二千亩至三千亩。

客问：传习教育的内容是些什么？

答：传习教育的内容不仅是文字符号的传习，现代生活的知能，合作业务的推进，怎样做人，怎样做事，一切建设的内容都是教育的内容。根据传习教育的教材与实际活动可分为三类：一、基本教材类：有农民读本、民众应用文、音乐、算术等教材。二、继续教材类：配合实际建设活动各种连环画书、传习报、平民读物等。三、实际建设活动类：参与各种合作社、农地减租、猪牛瘟疫防治、改良品种等工作。

客问：一个失学成人要进多少时间的传习处？

答：按需要说，"活到老，学到老，一生一世学不了"，这就说明一个人学习是没有时限的。但是我们要教育普遍推行，又不能不划分一段落，所以暂划分以四个目的传习时间为一期，期满以后举行测验，能通过这测验的成人就算入传习处告一段落。

客问：怎样选拔农民领袖作导生？

答：选拔农民领袖作导生，可分标准与方法两方面来说：

一、选拔标准：1. 最好是本乡本土的人，在语言上、生活上较有深刻的了解。2. 富有学习兴趣的人，才能学而不厌、诲人不倦。3. 是生产农民，才能切实指导大众生活的、为大众谋福利。

二、选拔方法：1. 由民教主任商同保甲人员，聘请导生。2. 由地方团体聘请，如传习处董事会的组织等都可。3. 由学生自己公请或公选。因为导生既是学生群中的领袖，最理想的是由学生中公选或公请，既民主，又能领导大多数学生共同学习。4. 由农业生产合作社理监事兼任导生。在合作社组成后选举理监事时，就应当把作导生的才能列为理事监事条件之一，这样可收建设合一之效。

客问：怎样训练导生？

答：导生在各乡村选拔，来源复杂、素质不同，应该有严格的训练才能胜任愉快。可是因为他们在乡村中的地位不同，聘请似觉不易，一谈到训练二字，他们很难乐意接受。所以导生训练各区都采用座谈会方式举行之。召开座谈会，由民教主任主持，其内容包括传习教育之认识、传习处教材、教法、教学设备、如何引起学生学习兴趣与要求、对学生的态度等问题之讨论与解说。

客问：怎样寻觅传习处地址？

答：传习处的地址多由民教主任会同保甲长、导生共同决定适中而交通方便的处所，不一定须完善的房屋，可以在露天，可以在树下、林间、山坡、寺庙、祠堂，处处都可应用。一个社学区可有五个传习处，传习处究竟设在那里最好，让学生商量决定。总之，传习处设置，要以学生方便为前提，最好导生能把教育送上门去。

客问：传习处的设备应怎样筹划？

答：一个传习处的设备说来是很简单的，一张黑板、几张小板凳就成了，这种设备费是由传习处所在保甲人员自筹。教材、图表等由实验区统发。

客问：传习处怎样去招生？

答：招生的事由民教主任同保甲人员共同办理。第一步由民教主任作社学区户口经济调查，了解该区失学成人分布状况。第二步有计划地、分期劝导失学成人入学。传习工作就是招生广告，只要传习处办得好，学生自然很踊跃地来上学。

客问：怎样奖励优良导生？

答：导生在传习处服务，工作成绩优良者，其奖励办法有五：一、运用优良导生奖金以奖励之。二、在报刊或公众集会予以宣扬，以示鼓励。三、函请乡民代表订定导生优待办法，如导生子弟入学免费等。四、各辅导区订定导生优待办法，如符合社员资格者，得优先加入合作社。五、工作热心、成绩优异者，可报请县府或总处予以嘉奖。

客问：怎样指导传习处的结业生的生活？

答：传习教育的组织，它是有永久性的、有群体性的、经常建设活动组织，所以在传习处的学生是由引发学习而到自学，结业后由自学而到继续不断学习，整个社学区建设工作仍要他们共同推动。我们对于传习处结业生的指导可分二类：一、文字方面：有传习卡片、挂图、读物、连环画书等、传习报、播音机等。二、建设活动方面：他们仍是农业生产合作社的社员，指导选择优良品种等活动。这样的传习教育才有生命、有活力，建设工作才能生长繁荣。

客问：开办示范国民学校的用意安在？

答：本区为顾及乡村儿童教育普及问题，根绝新文盲，并在乡村国民教育上作教材教法以及生活指导方面有所改进起见，特在各县国民学校中开办示范国民学校卅一所，以作其他国民学校改进之模范。

客问：示范国民学校性质如何？

答：示范国民学校与普通保校性质不同之点：一、有实验性：改进教学方法，如何发动全区学龄儿童入学，改善儿童生活指导，以及研究辅导民教与建设活动推进。二、有领导性：示范国民学校要能领导其他社学区及保校。三、有创造性：示范国民学校在经费及行政组织方面与普通保校同，但是，要能以最经济原则去增加设备，某项活动的设计，与乡土教材的补充。四、有整理性：该区某国民学校办理不善，即移该校整理、改进，整理完善后交由县府委派优良师资接办。

客问：怎样考核民教工作成绩？

答：成绩考核可分两面：

（一）行政的考核——对民教主任的：1.订定考核与惩奖的标准——如表册的运用与工作报告等。2.制定考核的办法——如传习的进度、工作推动的引发与指导等成绩的表现。

（二）学业的考察——对学生的：基本教育的成绩考察：1.以教育内容分：文字的考察、常识的考察。2.以考察办法分：a.平时的考察——单元的学习与学月测验等，b.完期的考察——学期测验。

（三）建设活动的成绩考察——依单元学习，随时举行成绩测验，并视察其成绩表现。

我们所用的考核办法，应尽量简化，不要繁琐，随时利用时机抽查和机动的观察为考核的普遍方式。

注：本文辑录自璧山区档案馆藏"华西实验区档案"，卷 9—57/P1—21。

第三章

组织人事

中华平民教育促进会华西实验区人事管理纲要

一、本区人事管理依照下列七项办理：（一）人材征求；（二）人员聘派；（三）待遇标准；（四）到职注册；（五）服务准则；（六）人事考核；（七）职务解除。

二、人材征求：征求人材之方式及程序规定如下：

（一）征求方式：凡本区所需要之人材，以敦请、访问、介绍、志愿、公开征求、及训练部（乡建院）移送等方式罗政之。

（二）一般征求程序：凡访问、介绍、志愿之应征人员，须具备详细履历，及志愿书函，连同学资历证明文件，函送本区总办事处，经审查合格及区主任核定后，由秘书室函复，说明名义待遇及工作范围，并询明是否接受，愿来者，必须于某日前到区，其不合格人员，婉言函达，并退还其证件，至公开征求人员，则将规定资格及工作待遇，登报或公告征求，凡报名应征者，须验明其学资历证件，并加以测验，以定用舍。

（三）特殊征求程序：凡本区所需之特殊人材及学者专家，须用特别方式敦请者，得变更一般征求程序。以往参加乡建工作之老同志，其性行能力，为区主任或平教会干事长所素知者，亦得变更一般程序，平教会训练部（乡村建设学院）毕业学生，经双方协议，移送本区参加工作者，可免除一般程序。

三、人员聘派：本区工作人员之聘派，须依据本区组织大纲之规定分别聘派。

（一）辅导委员由区主任商同平教会干事长，以平教会名义聘请之。

（二）主任秘书、组长，由区主任商同平教会干事长，以本区名义聘任之。其余人员由区主任决定聘任。

（三）书记由本区派用。

（四）凡平教会或乡村建设学院，已聘人员，调兼本区工作者，经平教会干事长通知区主任后，本区应以公函邀请，说明工作及名义。

（五）本区卫生机构之医师、护士、助产士等，由本区卫生主管人，商同区主任聘任之。

（六）示范保校校长，由本区推荐县（局）政府委派。

（七）民教主任及保健生，由本区会同县（局）政府遴选，以县（局）政府名义委派。

（八）导生，由民教主任商同辅导员遴选，以县（局）办事处名义聘任。

四、本区工作人员之待遇暂用底薪制，分为甲乙丙三等，每等分为十级，每级规定底薪二十元，计丙等由二十元至二百元，乙等由二百二十元至四百元，甲等由四百二十元至六百元。

（一）支甲等薪者，为区主任，及主任秘书。

（二）支乙等薪者，为辅导委员、秘书、县（局）主任、辅导区主任、组长、股主任、专任干事。

（三）支丙等薪者，为干事辅导员、书记。

（四）专家及特种技术人员之薪额，临时洽定。

（五）民教主任之待遇，比照小学教员。

（六）保健生酌给津贴。

（七）导生为无给职。

前项人员支薪等级，由区主任就各该员之学历能力及所任职务分别核定，并按法定倍数计算，必要时得以实物替代。

五、到职注册：凡已接受聘派人员，必须依照规定时间，来本区总办事处报到，其程序如下：

（一）到职人须向本区秘书室领取报到书，填就后仍送秘书室，第一联存秘书室，以备查考，第二联送总务股，以为规定薪额及起薪日期之根据，第三联及第四联一并送交主管组室，请其指定工作及地址，填入该二联内，将第三联存于本组室，第四联送还秘书室，通报全区工作人员知照（或刊载工作通讯），如系县（局）区乡镇工作人员，除通知其主管人外，并须分别函达有关行政机关，以资联络。（报到书格式另定之）

（二）到职人员，须填写登记表二份至四份（在总办事处工作人员，填二份，在县（局）办事处工作人员填三份，在辅导区以下工作人员填四份），各粘相片，分别存于人事股、主管组室、县（局）办事处、辅导区办事处，用作活页册籍。（登记表格式另定之）

（三）凡经管财物人员，必须有适当保证人，或由介绍人负责。（保证书格式另定之）

六、服务准则：本区工作人员须遵守下列各项：

（一）工作人员须有乡村建设运动者之精神，不畏难，不虚伪，不腐化，不营私，毅然决然，以改革社会为己任。

（二）工作人员态度，应诚恳和蔼，笃实朴素，不假借任何势力，以教育家的风度，深入民间，农化己身以化农人。

（三）工作人员有达成规定任务的责任。

（四）工作人员有服从主管人之指导，及遵守本区一切规定的义务。

（五）工作人员必须依照规定时间工作，非经请假不得离开岗位（请假规则另定之）。

（六）工作人员对于本人工作，及本区整个业务，须随时检讨，并得批评建议。

（七）本区各部分工作人员，得分别订定自治规约，互相遵守。

（八）本区为学术团体，工作人员之生活，在学养方面，力求进步。

七、人事考核：兹将考核事项，与奖惩办法及考核时间，分述如下：

（一）考核事项，分考勤与考绩两项，所有请假旷职，及工作情惰，属于前者，品行、学识、能力、及服务精神，工作成绩，属于后者。考核时，以分数计算，考勤及品行各占二十分。工作成绩占三十分。学识、能力及服务精神，各占十分。共为一百分。凡总成绩在六十分以上者，为及格，不奖不惩。在七十分以上者，发给一次奖金（此项奖金数目以本人半月所得薪津为度，必要时得增减之），在八十分以上者，晋一级，在九十分以上者除晋一级外，并得优先升补。在五十分以上不及六十分者，以书面警告。不满五十分者，解聘或免职，均于年考行之。

（二）主任秘书、秘书、组长、副组长、县（局）办事处主任、辅导区主任、专门干事、视导人员，由区主任考核定分，必要时得饬考核委员会搜集资料。股主任、干事、辅导员、书记及其他人员，经各主管人供给资料，由考核委员会考核定分，呈由区主任作最后决定。（不兼实际职务之辅导委员，不在考核之列）前项考核委员会，以总办事处之主任秘书、组长、秘书及区主任指定辅导委员三人为委员，并以主任秘书为主任委员。

（三）考核期间，分年考、季考、月考三种，月考每月一次，由主管人考核，以为年考之资料。季考每半年一次，由主管人就平时考查所得贡献，区主任以为调整工作之依据。年考于年终举行，分别奖惩。

八、职务解除，本区工作人员解职办法如下：

（一）解除原因有五：（1）调兼人员归还原职者；（2）有期聘约期满而不续聘者；（3）无期聘约经双方同意解聘者；（4）因考核成绩太劣，或有违反本区服务规则之重大过失，受解聘处分者；（5）派用人员辞职或免职者。

（二）解除手续有四：（1）本区所有工作人员，无论为何原因解除职务，均须由区主任以书面通知秘书室，分别填送解职通知者〔书〕，其第一联存秘书室备查。第二联送主管单位，请其接收一切未了事务。第三联送总务股，请其收回一切应交还物件，并清算薪水，及经手账款。第四联送达本人，请其办理上列手续。（通知书格式另定之）（2）将工作人员之解职原因及时日，通报全区，或刊载工作通讯。（3）解职人员于到职时，如交有保证者，须于三个月后无问题时再为发还。（4）解职人员须将上列手续办清后，

由本区发给离职证明书，方准离区，但本区经办人员，亦须迅速洽办，不得丝毫留难。（调职人员亦同）

九、本纲要自公布之日施行。

注：本文辑录自璧山区档案馆藏"华西实验区档案"，卷 9-130/P110—113。

华西实验区各县区主任姓名

巴一区喻纯坤

巴二区王秀斋

巴三区胡英鉴

巴四区李灿东

巴五区蒋融

巴六区王宗耀

巴七区朱晋桓

巴八区朱镜清

巴十一区苏彦翘

巴十二区闫毅敏

北碚办事处田慰农

綦一区程岳

綦二区陈锡周

合一区马醒尘

合二区杨东侯

江一区张炽夫

江二区晏昇东

璧一区傅志纯

璧二区陶一琴

璧三区魏西河

璧四区邱达夫

璧五区张的山

璧六区何子清

铜一区康兴璧

注：本文辑录自璧山区档案馆藏"华西实验区档案"，卷 9–106/P100。

华西实验区总办事处聘任组室负责人通知稿

（民国）卅七年十月一日（平实秘字第 228 号）

兹聘（王正仪）同志兼本区卫生组研究室主任，底薪（暂不兼薪）元，照本区规定按月支给，特此通知，并检送聘书一件，即希查收。此致王正仪同志

附聘书一件

主任孙则让

（民国）卅七年十月一日（平实秘字第 229 号）

兹聘（王启澍）同志兼本区辅导委员兼教育组组长，底薪（暂不兼薪）元，照本区规定按月支给，特此通知，并检送聘书一件，即希查收。此致王启澍同志

附聘书一件

主任孙则让

（民国）卅七年十月一日（平实秘字第 230 号）

兹聘（李纪生）同志兼本区辅导委员兼编辑组组长，底薪（暂不兼薪）元照本区规定按月支给，特此通知，并检送聘书一件，即希查收。此致李纪生同志

附聘书一件

主任孙则让

（民国）卅七年十月一日（平实秘字第 231 号）

兹聘（姜宝俭）同志为本区辅导委员，底薪叁佰四十元，照本区规定按月支给，特此通知，并检送聘书一件，即希查收，此致姜宝俭同志

附聘书一件

主任孙则让

注：本文辑录自璧山区档案馆藏"华西实验区档案"，卷 13-29/P58、P60、P62、P64。

华西实验区任命李纪生等的通知

一、编辑组设正副组长，请李纪生、杨芒莆两委员分任。

二、干事张绮和、穆义清、刘平之派在编辑组工作。

孙则让

十二月七日

1.农学组负责人未确定前，其业务仍由经济组负责。

2.区本部设立调查统计室，暂由调查统计干事余启德负责。

让

十二月五日

本组干事穆义清先生业于十二月十六日到职，即希查照登记为荷。此致秘书组。

中华平民教育会华西实验区区本部编辑组启

十二月十六日

聘胡英鉴为辅导委员，王诏汉、齐晏平为辅导员（每月支一百元），陈士君为干事，月薪一百廿元，胡、王、齐、王［陈］均自十一月廿日起薪。

孙则让

十一月廿九日

注：本文辑录自璧山区档案馆藏"华西实验区档案"，卷13-29/P100—103。

第四章

合作事业

合作运动之本质

本文系摘自中华书局出版，尹树生编《世界合作运动史》中之序文，其论合作运动，颇有见地，故摘录刊载，以供参考。——编者

合作运动目前在中国已由萌芽时期进向发展时期，乃现实的事实。推动这种运动的力，不待说，是中国经济中，尤其是农村经济中客观情势的要求。这同一的力，不但产生了中国的合作运动而且还决定了它的发展方向及其界限。

合作这个名词，其含义非常广泛，因而内容也极庞杂。在业务形式上，它包括着消费、生产、运销利用、信用及其他等等部门；在社会机能上，有的人把它作为一种主义，以为由此可以实现一个新的合作社会；有的人把它视为一种政策，只用以修正资本主义的流通过程。消费合作的学者指示我们，合作的目的在废除利润，实现公正价格，未来的社会应属于消费者。生产合作的学者告诉我们，合作可以使无产者自身成为企业家，将来的社会应为从事生产的人们之所有。纵然把学者们对合作之过高以及过低甚至互相抵触的评价，暂时丢开，看一看各国合作的现实情形，也是多种多样，因地因时而异。例如英国是消费合作的大本营，而法国便是生产合作的根据地，但在德国，则农业合作特别发展。同样是消费合作，在法国便以小市民为基础，在比利时却以劳动者为对象。虽在同一国家，对同一合作事业的原则亦往往不同，例如德国的信用合作，便有许尔志与雷发巽两种方式的对立。至于苏联的合作运动，其作用与他国之不同，更不待言。所以，若抽象地谈合作，则概念漠然，不得要领。盲目地办合作，其效果稀微，徒劳无功。就把合作喻为一个药橱吧，在利用之先，必须检查一下它所储有药材的性质效能，然后能对症下药方克奏效。对于合作，我们当前的任务，实须下一番拣选的工夫。然后它才能在中国这样社会中发挥其最大的效能。

各国的合作运动虽具有许多差异点，但也有其相互的共同点。若把苏联除外，则世界任何国家的合作运动，其本质都是资本主义社会中被压迫者经济的自救运动。这个定义，含有两个要点。第一，合作运动都是资本主义社会的产物。关于这一点，只要考察

一下近世合作运动史，何以只能溯及产业革命以后的时代，足够证明了。英国的消费合作，其与资本主义的关系是不消说的；法国的生产合作，大家都知道那是资本主义的生产方法确立后，手工业者最后的挣扎；德国的农业合作，也是资本主义渗透农村波及农业，旧有的农村经济被破坏后才发生的。至于印度、中国，或则在单一资本主义国家的榨取中，或则在国际资本主义的掠夺中，殖民地或半殖民地中的合作运动，如其在民族性中求根源，毋宁在被资本主义吮吸的经济现况中求其原因，或更为明显。第二，合作运动是一种经济的自救运动。在思想方面，最初的合作倡导者，大多是目击资本主义的流弊，想有以改造或改良的社会运动家，例如欧文、拉萨尔、雷发巽，其立足点虽不同，——或为空想社会主义者，或为集产社会主义者，或为宗教信奉者，要之，都是以废除经济榨取，使被压迫者自救为目的。再就实际运动之发展看，最初发生的英国的消费合作，继之而起的法国的生产合作，是都市中的劳动者及手工业者反抗资本家的自救运动。而后在德国发生的农业合作是农民从资本主义的压迫中求解放的自救运动。世界市场完成，帝国主义发展后，合作才成为被压迫民族之经济的自救运动，因各国国情之不同，时代之不同，合作运动的主体，或为阶级的，或为集体的，或为民族的，但，这都不妨其具有经济自救之共同本质。

原载《乡建工作通讯》，1949 年第一卷第十五期

注：本文辑录自璧山区档案馆藏"华西实验区档案"，卷 9-135/P51—52。

合作行政讲义

第一讲　我国固有的合作制度

一、合作的起源

a. 由于人类天性

b. 基于人类生存欲望的满足与社会之进步

二、固有的合作制度

甲、以井田制度为例：我国古代的井田制度就是原始的合作形式，以此制度是以一块地划分为九区，每区约百亩，共计九百亩，授之八家，每家百亩以之耕种，收获全归自己享用，其余百亩则由八家合作耕种，收获作为八家的赋税，从此制度看来可知，八家所以能享受百亩之收益，实基于合作耕种之结果。

乙、以义仓制度为例：义仓始于隋文帝时，由富者之义捐或特别捐课征集米谷设仓，储存由政府派员管理，俟发生荒歉时，散发贫民用资振济，从义仓性质看来，虽仓有振灾恤贫之救济意义，但以经济上之强者扶助经济上的弱者，达到共生共存的目的，却是合作的最高理想。

丙、以社仓制度为例：社仓始于宋代朱子实，与现代的合作社更相类似。我们知道合作社是一种人民自动的结合，社仓正复相同，社仓组织乃是由人民依其财富之多寡自动地凑集，米谷设仓储存用，备荒歉时贷放，管理人员亦如合作社，然依据民主原则自治精神，由大家共同选举权与合作原则通相吻合。

我国固有合作制度既如上述可知，合作组织本不是由近代发生，原来古代就有的，不过古代的合作制度只有一种初级之合作形式，具有合作性质，不若现在的合作社是一种有具体的方法、有确定的目标、有伟大的理想及科学的组织罢了。

第二讲　合作行政的功用

合作行政的功用可分八点说明于后：

一、计划——合作行政机关必须拟定发展合作事业的计划，此种计划以一年或若干年为期，在空间方面拟定何处，宜着重何种业务，在时间方面拟定何时，推广到何种程度。有了计划才可以与其他事业切取联系逐步推进。

二、登记——登记由合作行政机关主办，其效用有二：

（1）合作社办理得好坏，可用登记制度裁制之，使合作事业纳入正轨。

（2）有了登记才能知道全国及各省县有多少合作社，何种合作社多，何种合作社少，以作二期革起计划之根据。

三、视察——视察的作用在于明了实际情形，分析观察，比较研究，考核成绩，建议改进方案。

四、稽核——合作行政机关要稽核合作社账目及财政状况是否健全，确实如有不当者即予纠正之。

五、指导——合作行政机关对于未组织合作社的地方，要指导人民组织之，对于已组织之合作社如发生缺点或纠纷，要设法指导补救改良。

六、推进——推进与指导不同，指导重在实际上之组织与改进，而推进则重在创造合作环境，制造合作空气，培养合作力量，使之对合作者不再反对或不敢反对，此种推进工作，要靠合作、教育和宣传及联络得法。

七、调整——在使社与社间的冲突以及重复的地方可以得到调和，并且使各地各种合作社事业步调能够一致。

八、法规——要做上面种种工作，当然要订定办法，使全国人民有所遵循，而合作组织才有法律依据与保障。

第三讲　合作行政机构之系统

我国合作行政自民国廿三年《合作社法》颁布以后，在政府的组织内设有主管合作的部门，这部门便是合作行政机构，在中央为合作事业管理局，现属社会部，在省为合作事〈业〉管理处，组织规程早经公布，各省情形不一，在县为合作指导室，属县政职掌事项如后：

（1）关于县合作事业之计划推进事项

（2）关于县合作组织之登记监督事项

（3）关于县合作社务之指导考核事项

（4）关于县合作社职员社员之训练事项

（5）关于县合作事业之调查统计事项

（6）关于县合作金融之筹划及指导监督事项

（7）关于有关合作机关团体联系事项

（8）其他有关合作事项

第四讲　指导组社与登记

一、发起筹备——筹备事项如左

1. 确定业务区域及勘觅合作社址；

2. 确定中心业务；

3. 起草社章及各种办事细则；

4. 征求社员；

5. 拟具开创立会议事日程；

6. 决定创立会日期地点并发出通知给各社员；

7. 布置创立会的会场和开会用具等。

二、召开成立会——应办事项

1. 由主席或指定人报告筹备经过；

2. 社员填入社愿书；

3. 逐条通过社章而成立社章；

4. 讨论业务计划或决定具体方针，授权理事会照决定方针拟具计划办理；

5. 收集社股；

6. 选举理监事及评议员等；

7. 临时动议。

三、办理登记

甲、登记的意义：我国《民法》规定"法人非经主管官署登记不得成立"，合作社是一种法人，根据《合作〈社〉法》第九条之规定，亦应向所在地主管机关为成立登记，经呈准登记后才能取得法人资格，在法律上可以为权利主体，得从事法律行为并享受权利担任义务。

乙、登记之种类：

1. 成立登记——就是合作社设立时可为之登记。

a. 登记事项：

〈一〉名称；

〈二〉业务；

〈三〉责任（如保证合作社须证明社员保证金额倍数）；

〈四〉理监事之姓名、性别、年龄、籍贯、职务、住所；

〈五〉社股金额及缴纳办法；

〈六〉各社员认购之社股及已缴纳金额；

〈七〉关于社员资格及入社、退社、除名之规定；

〈八〉关于社务执行及职员任免之规定；

〈九〉关于盈余、处分之规定；

〈十〉关于公积金及公益金之规定；

〈十一〉社址；

〈十二〉立有解散事由时其事由。

b. 登记所用之书表：

〈一〉成立声［申］请书（一份）；

〈二〉章程（二份）；

〈三〉创立会决议录（一份）；

〈四〉社员名册（一份）；

〈五〉业务计划（一份）。

2. 变更登记——在成立登记后其已登记事项有变更时所为之登记。

3. 合并登记——合作社的合并指二以上的合作社由二以上的法人人格合并为一个法人人格而言合并之结果。

a. 参加合并中的社仍继续存在，而其他各社则归消灭。

b. 参加合并的各社均归消灭，另成立新的合作社。

4. 解散登记——即合作社关于解散事项所为之登记。

解散登记的原因：

（1）章程所定解散之事由发生；

（2）社会大会之解散决议（须全体社员四分之三出席，出席社员三分之二以上之同意）；

（3）社员不满七人；

（4）破产；

（5）解散之命令；

（6）与其他合作社合并（应有全体社员四分之三，由出席社员三分之二以上之同意）。

5.清算登记——关于合作社清算事项所需之登记方法：

（1）清算人产生后即填具清算就任报告书，呈报主管机关备案，然后开始清算。

（2）清算终了即应造具终了报告书，连同资产负债表及财产目录、清偿债务计划书或财产分配案，呈报主管机关备案，并将债务债权依法公告（期限不得少于十五日），届满后应将收付情形编具报告书，并缴还成立登记证，报请主管机关清算登记。

四、开始业务——经营业务之原则

1.要符合合作的原则；

2.要切合目前的需要；

3.要适合大家的利益；

4.要有相当的人力与财力；

5.要有详密的计划；

6.要适合经济的经营；

7.办事要绝对公开才能取信于社员。

五、年终结算

合作社于业务年度终了时，应编具业务报告书、资产负债表、损益计算书、财产目录及盈余分配案等，呈报主管机关以作一次总结算，借以检讨过去，策划将来。

注：本文辑录自璧山区档案馆藏"华西实验区档案"，卷9-170/P11—14。

合作概论大纲

一、合作之意义

二、合作社之意义：《合作社法》第一条"本法所称合作社谓依平等原则，在互助组织之基础上，以共同经营方法谋社员经济上之利益与生活之改善，而其社员人数及资本总额均可变动之固体"。

三、合作之原则

1.以人为标准；

2.以平等为原则；

3.以互助为基础；

4.以自治为制度；

5.以民主为作风；

6.以共同经营为方法：

甲、共同管理社务；

乙、共同参加业务。

四、合作社与公司商店之区别

1.目的：合作社是以营业而不营利为目的。公司系以营利为目的。

2.股票：合作社股票不能自由转让，公司股票则可。

3.资本：合作社资本总额可以自由变动，公司则否。

4.表决权：合作社一人一票，公司论股投票。

5.盈余分配：合作社按交易额分配盈余，公司按资本额分配盈余。

6.社务管理：合作社职员除少数技术员之外，依法全应就社员中选任之，公司则多向外聘请职员。

五、合作社之种类

1.依组织型态为标准分：

甲、县各类合作社；

子、县合作联合社

丑、乡（镇）合作社

寅、保合作社

乙、专营业务合作社

2. 依责任为标准分：

甲、有限责任：有限责任谓社员以其股额为限负其责任。

乙、保证责任：谓社员以其所认股额及保证金额为限负其责任。

丙、无限责任：谓合作社财产不足清偿债务时由社员连带负其责任。

3. 依业务为标准分：

甲、生产合作社：凡经营种植采集加工等生产事业之全部或一部者均称"生产合作社"。

乙、供给合作社：凡单纯由合作社购置生产上之需要，物品售卖于社员，供给社员生产上之需要者称"供给合作社"。

丙、运销合作社：单纯经营社员产品之联合推销者，不论其是否附带办理食储运输加工等业务，均称"运销合作社"。

丁、利用合作社：凡单纯置办生产上需要之公共设备，但社员使用之合作社称"利用合作社"。

戊、劳动合作社：凡以共同或各别所有劳动工具，单纯提供劳力，以承揽方式共同从事劳作之合作社称"劳动合作社"。

己、运输合作社：凡置办运输设备，专门从事运送物品或旅客而不经营物品销售之合作社称"运输合作社"。

庚、消费合作社：凡购进物品售于社员，供其生活上需要之合作社称"消费合作社"。

辛、公用合作社：凡单纯置办生活上需要之公共设备，供社员使用之合作社称"公用合作社"。

壬、信用合作社：凡经营金融事业贷放资金于社员，并收受社员存款业务之合作社称"信用合作社"。

癸、保险合作社：凡依《保险法》及《保险案法》经营相互保险事业之合作社称"保险合作社"。

六、合作运动小史

1. 世界合作运动之演进。

2. 我国合作运动前史。

注：本文辑录自璧山区档案馆藏"华西实验区档案"，卷 9-170/P15—16。

华西实验区组社须知与民国
三十七年度组社注意事项

组社须知

本区经济建设工作，拟于最近期内普遍开展，且以运用合作方式为实施各项经建工作之手段。因此，凡较具基础之乡村手工业及农业特产品之能大量集中、运输出口者，则拟组织专营合作社，以经营之。如以织布为主要业务之机织合作社及桐油运销合作社，均拟大量推广，其余有关农业生产技术之改良，农田水利之设施，以及农民日常经济生活之可采取合作方法共谋改善者，则以组织兼营性之农业生产合作社经营之，惟各种合作社之业务，惟实不同，组社地区亦复至。为辽阔工作开展之初，似宜有共通之认识与一致之步调，特草拟组社须知，以供同仁之参考。

甲、组社前之调查工作

组社之前，宜有一慎密之调查，使对于拟组织之合作社，其社员之成分如何及其业务发展之可能性，有一明确之了解，此种工作，因合作社业务性质之不同，亦宜分别举行。兹将机织合作社、桐油合作社及农业生产合作社之组社调查工作分别说明之。

（一）机织生产合作社

1. 机织合作社采副业经营方式，织布工作由社员于其家庭内分别行之。且系以运用农闲剩余劳力为主。

2. 凡农民自有铁轮机或木制机并有织布技能，而其织布过程中之全部辅助劳动（例如：浆纱、经纱、络纱、倒线等），均能由其家属担任者，始得为社员。

3. 每一社员贷款之机台，以一台为限，其余机台，可向联合社请求，以纱换布或向金融机关办理储押，但其机台超过五个以上且系雇人代织者，均不得为社员。

4. 社员之出品由合作社规定统一标准与生产品种类，以完成产品之标准化与生产计划，故关于原料之供给与成品之推销均宜由联合□□经营之□参加之□□须对联合业务具有认识与热忱。

5. 基于以上各点，机织合作社组社之先应按本区所订机台调查表（表式另附），逐一详细调查并特别注意，社员之织布技能及其对合作组织之认识。

（二）桐油运销合作社

1. 桐油运销合作社以自有桐树之农民为调查之对象。

2. 油桐之调查除按本区所定油桐调查表（表式另附）逐一详查外，并应特别注意全乡产量之确实，估计以为本年度推进业务之张本。

3. 桐油运销采收买制，由合作社先行付给社员，所交桐粒之全部价款，抑采委托制，俟桐油运出销售后，始付给价款。何者最为农民所接受，宜详细查明。因各种制度所需之资金不同，组社之前即宜预为之备。

4. 分区集中压榨，可能担任榨油工作之榨房生产量及集中时之运输费用宜详为估计。

（三）农业生产合作社

1. 农业生产合作社以佃农及自耕农为社员，主要对象并以新划学区为业务区域。

2. 每一学区应按本区所订农家经济调查表（表式另附）逐一详查，并应特别注意土地分配、水利设施诸问题。

3. 无适当专营业务可资发展之区域，以农业合作社为经济组织主体，应注意其较为易办且急需举办之工作为中心工作，尽先着手进行。

乙、组社前之训练工作

调查工作完竣之后，各乡辅导人员应会同各区负责人审定社员资格，凡合于本区组社原则者均得参加合作社为社员，并宜分别予以训练。

1. 与本区传习教育配合，按业务性质分别设立特种传习处。

2. 除文盲社员应受普通传习处之识字教育外，一般社员均宜受与其参加合作社有关之特种教育。

3. 特种传习处之教材，除以各种合作社之模范章程为主要教材外，另由本区绘制传习片为补充教材。

4. 训练至一相当时间后，由受训之社员选举筹备委员，筹备成立合作社。

丙、合作社之组成

1. 合作社之筹备及成立手续，参考《合作手册》第一篇——《合作社之组织与登记》

第一章第五节《合作社的组织程序》。

2.合作社举行成立会时，本区各乡辅导员应出席指导，并应对职员之选举加以注意，无使为少数人所操纵，并参看《合作社组织与登记》第一章第四节《合作社的组织体系》。

3.专营合作社之业务区域，倘因事实之需要，不必受现有行政区域之限制，于成立之时，即宜视其业务范围及其发展之可能性，予以适宜之决定。

4.合作社举行成立会后，应于一个月内，造具应列各种书表，经由各区办事处转送本处，转函县政府办理成立登记。

A.成立登记申请书二份

B.创立会决议录二份

C.社章四份

D.社员名册三份

E.业务计划三份

登记所用书表格式参看《合作社组织与登记》第二章《合作社的登记》。

华西实验区（民国）三十七年度组社注意事项

一、本年度新组各社之业务范围分机织专营社及农业生产合作社两种。

二、组社区域：机织社以窄布为主，于本区璧山一、二、三辅导区内等区组织四社，每社以社员五十人，每人以贷款一机台为限；农业生产合作社以办理储押业务为主，于本区璧山四、五两辅导区，每区组织二社，每社以社员一百人为限，各该辅导区内，应组社之乡保由各区主任决定之。

三、组社期限：自九月一日起至十五日止，分五区同时进行，由本区经济组会同各区主任共商进行。

四、组社步骤：

1.组社调查：组织机织合作社区域应举办机台调查；组织农业生产合作社区域应举办农家经济调查，限一周内完成。（上项机台调查表及农家经济调查表由本区统筹印制备用。）

2.筹备与讲习：调查完成后，合于社员资格之农民，应即登记入社并送出，筹备会召集人举行筹备会议，并由各区辅导人员分社，举行社章之讲习二三次，使社员于入社之前，即对合作事业有一正确之认识。

3.召开创立会：经讲习并完成筹备工作后，应即定期召开创立会，由本区会同县府合作指导室派员出席指导。

五、社员资格除按社章之规定外，机织合作社社员须自有机台及织布技能，并以副业经营方式者为主；农业合作社社员以自耕农及佃农为限。各区如另有特殊规定，亦可调查时注意及之。

六、协助登记：召开创立会后，由各区辅导员协助各社办理登记，文件于一周时呈报本处转送璧山县政府备案，其应用书表分左列各种：

1. 成立登记申请书二份；

2. 创立会决议录二份；

3. 社章四份；

4. 社员名册三份；

5. 业务计划三份。

注：本文辑录自璧山区档案馆藏"华西实验区档案"，卷 9-60/P95—99。

中华平民教育促进会华西实验区
（民国）三十七年度合作事业推进计划

本实验区为发展农村经济，改善农民生活，特就区内农家副业及农家工业之较具基础者，配合成人教育，运用合作组织方式，将从事各种特产品生产事业之农民逐渐纳入于合作组织中，使散漫之生产方式一变而为有计划有组织之生产团体，并予以资金之协助及技术改进之指导，以完成产品之标准化与计划化，特拟具推进计划如左：

甲、机织生产合作社

璧山为纺织事业最发达区域，本实验区曾于（民国）三十六年度拨给基金于璧山县属之城南乡试办机织生产合作社，复承中国农民银行之协助核准贷款二十二亿于河边、城南各乡，先后组织铁轮机织社十二社，于来凤乡组成窄布社四社，均采副业经营方式，生产工作分散于社员家庭内行之并以社员家属自行提供全部劳力为主，推行以来，颇著成效，盖此种经营方法不特可省却大工业组织之庞大管理费用，以减轻成本，更可借合作组织力量以从事共同运销加工并建立统一完密之检查制度，以完成产品之标准化，提高出品品质。本年度内仍请农行予以资金之协助以从事旧社之充实、新社之增组及促进县联合社之健全发展。兹拟就社务部分之推展计划及需要贷款数额如后：

（一）社务之推进

1. 充实旧社：铁轮机织社已于（民国）三十六年度完成城南乡八社，河边乡四社，共十二社。开工铁轮织布机五百台，本年度内拟于每社增加新社员二十人，增开织机三十台，使过去未能入社之农民均有入社机会并于一至三月份完成之，计共新增社员二百四十人，增开铁机三百六十台。

2. 增组新社：

（1）铁轮机社拟于本年度内就铁轮机发达区域之城东、城西、城北、城中、狮子五乡镇经济调查已完成并富于确实性及民众教育之推行已著着成效者，各选定四适当业务区域组织四社，于一至五月份完成之，每月增组新社四社，五个月共二十社，增开织机壹千台。每社仍以开工织机五十台，每一社员之织机仍以不超过二台为原则。

（2）木机织布为璧山妇女之主要副业，十四岁以上之青年女子均有从事牵梳倒筒织布之熟练技能且纯利用社员家属农闲剩余劳力，而不需雇用工人，其出产品畅销云贵川边等地，有其特定市场。璧山有此种织机达三万台以上，颇可大量推广，因此本年度内除来凤乡所试办之四社仍继续予以充实外，并拟于木机最多之丁家、来凤、中兴、大兴、正兴、丹凤、狮子等乡镇，完成经济调查配合民教实施，于一月份起选择适当业务区域，每月组织合作社四社，全年完成48社，每社以织机壹百台，每一社员以开工织机壹台为原则。

（3）健全县联合社：机织社之县联合机构已于上年度成立并统办运销业务，接受社员社之委托代销各社出品。本年度内拟设置动力整染厂，以从事生产品之整染加工，使能与舶来品竞争于市场，并成立原料供应部，以统筹各社原料之供给。

（二）需要贷款额

1. 单位社原料贷款：

（1）旧社所需贷款除原已核定之十亿原料贷款仍请续贷外，本年度内于旧有十二社中增加织机三百六十台，每台仍按贷原料纱五并，暂以市价国币叁拾万元计，共应需棉纱壹千八百并，合国币伍亿肆仟万元正。

（2）增组新社所需之原料贷款分铁轮机与木机两种：a. 铁轮机社本年拟新组织二十社，每社以开工织机五十台为原则，二十社共织机壹千台，每台牵梳一次以八匹布计，需经纱四并半，再准备可供周转五日之纬纱须纱二并半，即每台机需原料纱七并，除社员自备原料纱二并外，仍按每台机贷原料纱五并，每并暂以市价国币叁拾万元计，每台机需国币壹佰伍拾万元，壹千台织机共需国币壹拾伍亿元。b. 木机本年度内拟新组织48社，每社以开工织机壹佰台为原则，每机牵梳一次以十匹布计，需经纱壹并半，再准备五日以上之纬纱亦需一并半，即每台机需原料纱五并，除社员自备壹并外，拟每台木织机贷原料纱二并，每并暂以国币叁拾万元计，每台机需国币六十万元，每月组织四百台需原料贷款二亿四千万元，全年共需原料贷款额弍拾捌亿捌仟万元。以上共需新增原料贷款总额国币肆拾玖亿弍仟万元。

2. 联合社贷款额：

（1）储押贷款：单位社产品之推销系委托县联合社共同办理，但产品不能一次全部出售，为求业务上之周转灵活，每月至少须以产品三分之一办理储押。本年度内一月份铁轮机之生产量除上年度所开织机五百台外，旧社四社加以充实增开铁机壹百二十台，新增组四社增开铁机二百台，本月份共可开铁机八百二十台，每台平均按出产宽三十六英寸、长四十码之原白布十二匹，八百二十台织机共可出产九千八百四十匹，以三分之一办理储押贷款约为三千六百匹，每匹按现布市价四十万元计，共值国币壹拾肆亿肆仟万元，按五赈折扣抵押亦需国币柒亿二千万元，以后二至四月份新旧社每月共增开铁机三百二十台，增产原白布三千八百四十匹，仍按以三分之一办理储押贷款须增贷国币约二亿五千万元，惟此项贷款其偿还期限至长不过三个月，如产品之推销较顺利时，其抵押数额不致如是之多，抵押期间亦不至必须三个月，故除原已核定之十二亿元仍请续贷外，另增国币壹拾亿元，共计二十二亿元，即足资周转。

木机于本年度一月份内，除原有两社开织机四百台外，一月份新增四社增开木机四百台，共为八百台。每台每日产长二十八尺宽一尺五寸之窄布一匹，月产布三十匹，八百台木机共可产布二万四千匹，每匹按现在市价国币九万元计，共值国币二十一亿六千万元，仍以三分之一办理储押贷款，约合国币柒亿元，按五赈折扣抵押需国币叁亿伍仟万元。以后每月增产壹万二千匹，以三分之一约四千匹办理储押，须增贷壹亿八千万元，三个月周转一次，需储押贷款国币壹拾伍亿元。

以上铁木织机除（民国）三十六年核定抵押贷款十二亿元，到期收回，继续转放外，计共需新增储押贷款二十五亿元，共为三十七亿元。

（2）原料供应贷款：为划一各社出品标准，提高产品品质，单位社之出品由县联合社统一办理加工运销，但联社接受社员委托代销成品之初宜先储备原料以抵偿社员托售成品价款之一部分，以免社员将成品交联合社后即无原料从事再生产致有停工之虞，盖产品集中之后，尚须加工整理，此时当无法办理储押，亦不能运市场求售，故请核贷联社原料供应贷款壹拾亿元，使能准备各社一月所需原料之三分之一（约棉纱壹百大件），以供周转。此项贷款除仍由本区及璧山县政府负承还保证之责外，必要时并由本区荐派联社原料供应部经理，农行派驻部稽核以利监督而策贷款之安全。

（3）加工设备贷款：本年度一月份即可开铁机八百二十台，可产长四十码、宽三十六英寸之原白布约壹万匹，以后每月可增产三千余匹。木机布一月份可出产二八窄布二万四千匹，以后每月可增产壹万二千匹。如此大量生产，亟宜自有现代化之整染设备，使产品经科学方法整理之后，堪与舶来品抗衡，因此以设置动力整染厂一所，以达成生产加工运销一元化之理想目的，需设备资金及周转资金约国币壹拾亿元，关于设厂计划于联合社办理此项贷款计划中，另行详细拟订。

乙、造纸生产合作社

本区铜梁永川素以造纸著称，手工造纸为农家之主要副业，拟加以组织并充裕其资金，改进其技术，使其成品能适应社会需要。

（一）组社原则

1. 就永川铜梁产纸区域组织造纸生产合作社，凡具有造纸技能并自有纸槽之农民均得加入合作社为社员。

2. 采纯副业经营方式，生产工作由社员运用其原有纸槽个别生产并以利用家属农闲剩余劳力为主。

3. 产品由合作社规定统一标准，造纸所用帘口亦由合作社统一定制，出品由社员委托合作社统筹运销并以文化用纸为主。

4. 暂以推广壹千槽为限，按自然地区划分适当区域分区组社，每社以五十槽为原则，范围不使过大，使社员与合作社间易于切取联系。

（二）需要贷款额

每一纸槽拟贷予其所需主要原料石碱、石灰、漂粉等价款之二分之一约为国币壹百万元，壹千个纸槽共应贷国币壹拾亿元。

丙、农业生产合作社

本区拟以保国民学校学区为单位组织农业生产合作社，凡各该学区内之农民均得为社员，所有农田水利以及一切有关经济活动均由农业生产合作社运用合作方式处理之，并拟于璧山、北碚、巴县试办合作农仓，于永川、荣昌、巴县、北碚从事畜种改良。

（一）合作农仓

1. 组社原则：

（1）合作农仓之设立以调剂粮食市场盈虚，安定人民生活为主要任务。

（2）合作农仓由农业生产合作社主办之，以自耕农及佃农为主要对象。

（3）先于璧山、北碚、巴县三县选择经济调查最确实、民众教育成绩最好之乡镇三十个，每乡以十个保学区计，共三百个保学区。每保学区设置合作农仓一所，每仓以能储押粮食六百市石为准，至合作农仓建设地点应与各该乡之粮食市场相配合。

2. 需要贷款额：

（1）农仓建筑设备贷款，每仓预计三百万元，三百个仓共需国币九亿元，除由本实验区贷助国币叁亿元外，并请由农行贷款国币陆亿元。

（2）储押贷款按每市石市价以拾万元计算，每仓可储谷六百市石，三百个仓共储谷十八万市石，合国币壹百八十亿元，按六赆折扣押贷共需押贷资金国币壹百零八亿元。

（3）合作农仓一切实施办法悉照农行所颁订之简易合作农仓之一切规程办理之。

（二）畜种改良

北碚所推广之约克斜公猪与荣昌纯白猪一代杂交种较之普通土种猪易于肥育，在同一时期内可较普通土种猪增肉三分之一且养猪亦为四川农家之主要副业。因此，拟于北碚全区及荣昌、永川、巴县选定区域大量繁殖推广，使畜种改良能日渐普遍化并增进农民收益及增加肉食之供应。

1. 组社原则：

（1）于北碚、荣昌、永川、巴县各选定十所民教较有基础之乡镇为畜种改良试范区域。

（2）经选定之乡镇，由农业生产合作社于社内选择殷实自耕农或佃农二十户为表证农家，贷予标准母猪供其饲养并以其所产之一代杂交小猪按实际成本价售保内居民。

2. 需要贷款额：

（1）母种猪贷款：每社按母种猪二十头，四县共推广四百社，需母种猪八千头，每一头拟贷国币壹拾万元，八千头共需国币八亿元。

（2）交配用之约克斜公猪种贷款：每县十乡镇，每乡镇饲养公猪种二只，由乡中心民教部负管理之责，四县共四十乡镇，需公猪种八十头，每头贷国币贰百伍拾万元，八十头共需国币二亿元。

丁、贷款实施要点

（一）上列各种贷款在总额度不变之原则下，如原料及成品价格有涨跌时，由璧山农行会同本实验区核实配贷。

（二）贷款除由社员负连环保证之责外，并仍以本实验区为第一承还保证人，各县县政府为第二承还保证人。

（三）贷款运用之监督及各社业务之指导，由本实验区于各县设置指导人员，以加强监督指导力量。

注：本文辑录自璧山区档案馆藏"华西实验区档案"，卷9-76/P10—16。

华西实验区合作事业干部人员训练计划

一、目标

灌输合作实务人员之合作知识，培养其对业务经营之技能，以促进合作社社务业务之健全发展。

二、内容

各县农业生产合作社之理事主席、业务员及会计员均分别调训，除有关合作普通知识课程为各种受训人员之必修课程外，农业生产合作社应特别着重有关农改良之课程，专业合作社应着重工商知能之培养，会计人员则着重对于会计簿记之训练。

三、训练方法

（一）各县局合作人员分县分区调训，由本区经济组派员会同各县县政府及县区辅导人员共同办理之。

（二）调训人员共 14454 人，其分配如附表：

社别	社数	调训理事人数	调训业务员人数	调训会计人员
十一县局农业合作社单位社	4000	4000	4000	4000
十一县局农业合作社县联合社	11	11	11	11
十一县局农业合作社乡联合社	512	512	512	512
璧山北碚机织合作社单位社	250	250	250	250
璧山北碚机织合作社县联合社	2	2	2	2
璧山北碚机织合作社乡联合社	43	43	43	43
合计	4818	4818	4818	4818

（三）训练期限：理事及业务员定为十五日，会计员定为三十日。

四、训练经费

共计需美金二万五千三百一十三元九角一分，折合食米一万八千九百八十五市石六市斗，详细预算如附表。

五、预期效果

（一）各合作社实务人员经训练之后对合作事业有深刻之认识，更能坚定其信仰，对其所主管业务必须应付裕如，以促进合作事业之健全发展。

（二）由于受训人员与本区经济组之密切联系，与运用通讯及定期刊书等之继续教育，使合作实务人员之知识技能随合作事业之进展以俱进。

合作事业干部人员训练经费预算表

（民国）三十七年十二月二十八日编制

科　目	用　途	美金数	折合食米
甲、训练人员食费	十一县局分区分期调训合作人员 14454 人，教职员 590 人，每人每十日支食米 3 市斗计算	12976.78 元	9732.59 市石
乙、训练办公费		9446.33 元	7084.75 市石
（一）办公费	全区十一县设 59 区，合训班每班调训两期，每期支办公用品费	950.67 元	713.00 市石
（二）灯油炭费	分区调训合作人员 14454 人，每受计十日	5781.80 元	4336.35 市石
（三）扎费	分区调训合作人员 14454 人，每受计十日	1927.20 元	1445.40 市石
（四）教职员旅费	由区本部派赴各县 59 区主办训练人员，以每区 5 人，每人往返旅费	786.66 元	590.00 市石
丙、讲义书刊费	全区调训合作人员 14454 人，讲义书刊费	2890.80 元	2168.10 市石
总计		25313.91 元	18985.44 市石

注：本文辑录自璧山区档案馆藏"华西实验区档案"，卷 9-54（1）/P54—56。

中华平民教育促进会华西实验区合作训练计划

甲、目标

一、灌输合作知识，提高一般社员对合作事业之认识与信念。

二、培养合作实务人才，以健全合作社业务经营上之基本干部。

三、运用教育力量，促进合作社社务及业务之发展，完成合作事业之组织化与计划化。

乙、原则

一、一般社员训练，力求有继续性并与指导工作相配合，于合作社各种实际活动中运用教育工夫予以启导。

二、合作社实务人员之训练，除集中调训之初步教育外，并于工作进程中继续加以辅导。

三、训练时间尽量利用工作间余，以不妨害正式生产工作为原则。

丙、训练机构

一、由本区会同璧山农民银行及县政府合作指导室合组训练委员会。

二、训练委员会为一永久性之合作训练及指导机构。

三、训练委员会设主任委员一人，委员若干人，共同办理本区合作训练工作及指导工作。

四、训练委员会之组织规程另订之。

丁、训练实施

一、巡回训练

（1）巡回训练每一年度至少举行一次，由训练委员会组织巡回训练团，于年度结算前一月办理之，俾便从事各社本年度业务之考核。

（2）社员教育之实施，由巡回训练团就合作社分布区域分区举办社员讲习会，其期间至多五日，每日以利用工作间余时间四小时为度，全期共二十小时。

（3）社员讲习会之课程，分下列教程：

a. 合作概论　四小时

b. 组社须知　二小时

c. 合作法规　二小时

d. 合作经营　六小时

e. 农贷手续　二小时

f. 合作金融　二小时

g. 小组讨论　二小时

（4）巡回训练团对各社社务业务之推进情形评价考核，并召集各社职员细心检讨，相机予以指导。

（5）巡回训练之教材，由训练委员会编辑后印发各社备用。

二、活动指导：即于合作社有实际活动时相机施教

（1）将合作社自发起组社至解散清算之全部活动分为若干训练单元。

（2）合作社每有集会时，训练委员会至少须有一人出席，并针对集会之目的相机施行训练工作。例如合作社举行成立大会时讲述社员大会之职权、社员之权利义务及如何办理登记，举行年度结算大会时讲述年度结算之意义及盈余分配之类，与实际活动相配合，使社员更易于了解。

（3）活动指导由训练委员会拟订每一单元之指导纲要，为有计划之推行。

三、合作实务人员集训

（1）理事及会计人员每一年度须分别集训一次。

（2）理事人员之训练时间不得少于十日，会计人员之训练时间不得少于二十日，其每一年度之集训期间及调训人员由训练委员会决定之。

（3）除合作理论、合作经营、合作法规、合作金融为必修科外，理事人员加授工商管理，会计人员加授合作簿记。

（4）训练采理论与实际并重主义，理事人员至少须有全训练时间之三分之一为小组讨论，从事各社业务得失意见之交换与检讨，会计人员至少须有全训练时间三分之一从事记帐实习。

（5）为使合作实务人员之训练工作有继续性，训练委员会对受训人员应经常解答各种问题，并供给有关工商业及合作簿记之新资料。

四、每一年度之训练实施办法由训练委员会另行拟订。

戊、经费

训练所需经费由训练委员会拟具预算，请求华西实验区办事处核拨。

注：本文辑录自璧山区档案馆藏"华西实验区档案"，卷 9-62/P64—66。

合作社实务人员训练班纪实

　　本区的合作社正普遍成立，业务急待开展，为使合作社的组织健全及促进合作社的业务发展起见，实有培养合作实务人才的必要。因此决定分批调训各社的理事主席、经理和会计。由合作组拟订本区合作实务人员训练办法，并成立训练班。训练班设正副主任各一人，下分总务、教务、生活指导三组，各设组长一人。班主任一职，由本区区主任孙则让先生兼任，副班主任由合作组各部负责人视班别性质轮流担任。此次是负责机织生产合作社的李国桢先生兼任。总务、教务、生活指导三组的负责人是陈思舜、文治清、李家銮三位先生分任。璧山一、二、三、四、五区主任傅志纯、陶一琴、魏西河、邱达夫、张的山诸先生均曾参加生活指导的工作。此外合作组的其他先生均分别担负了各项重要工作，大家与受训学员同食宿，共甘苦，充分表现出合作民主的精神。

　　在四月一日那天，发出通知先调璧山、北碚两区机织生产合作社的理事主席、经理（经理由理事主席兼理时则改调监事主席）和会计；分为合作行政组及会计组两期调训。合作行政组的报名日期是四月八、九两日，十二日上课，受训期间一周。会计组原定四月十九、二十两日报名，二十一日上课，时间为二十日，可是因为准备不及，所以会计组延到五月一、二日报到，三日上课了。

　　训练班办公室和课堂是借县参议会的地方，食宿皆在联勤总部第二十八仓库。八号那天，就有穿长袍着短服以及各色各样装束的人走向办公室，办理报到手续。他们面孔上的表情，是那么忠诚和霭，一看便知这是来自田间的善良的生产农民，第二天报到的人更形拥挤，直到十日止共到有七十五个合作社的理事主席及经理一百四十三人。

　　合作行政组的课程，有《本区工作概述》，由孙兼主任担任，《合作行政》《合作金融》《会计常识》是璧山县政府合作指导室、农民银行、璧中高中部的负责人秦泽、王超士、林国济三先生分别讲授。《合作法规》《工业管理》《合作概论》由合作组的薛觉民、文治清、曹学智三位先生分授，《合作经营》一科是这次训练的主要课程，时间特别多，所以把它分成机织生产合作社的经营组社须知、运销合作、生产合作等几个部门，分请李国桢、唐渊、李家銮、侯东相诸先生讲授。实习一科是由李家銮先生担任。在这七天之中，曾请到各方面的专家和学者来作专题讲演，尤其难得的是请到一位外国朋友胡本德先生讲丹麦合作社的情形，使我们得到很多宝贵的资料，作为办理合作社的借镜。

除上面各项课程以外，每天有小组讨论。计分六组，由各区主任、生活指导组的各位先生和各位讲师轮流分组参加指导。曾讨论了社务管理问题、贷放问题及联合社经营问题。为求讨论详尽，有的题目连续讨论两次，最后一次是孙兼主任亲自主持。将数日来分组讨论的结果再集中作综合的讨论。（讨论总结见另文）这次的发言，比历次都踊跃。获得的结论，正由本区编辑组将它编为合作教材，以供训练社员用。

十三日晚假县参议会举行晚会。节目繁多，表演精采。十七日午后四时，由孙兼主任主持简单的结业式，到有来宾二十余人。先后由孙兼主任、徐县长、王主任超士、何议长等致词。在他们的讲话中，特别强调"信"字的重要和只许成功不许失败的警语。何议长更说："今天各位得到平教会和农行这样大的人力财力的帮助，如果合作社还办不好，那真是没有良心！"这句话给予每个人的印象太深了。

原载《乡建工作通讯》，1949 年第一卷第十四期

注：本文辑录自璧山区档案馆藏"华西实验区档案"，卷 9-136/P110—111。

中华平民教育促进会华西实验区合作实务人员调查表

表1

姓名 雷鸣辉　　别号 楚民　　性别　男　　年龄　32　　籍贯 璧山		
住址 璧山 县 河边 乡（镇） 11 保 6 甲 6 户　家庭人口 8 人		
学历	高小肆业	
经历	曾任本乡兵役监察员及国民兵分队长本保保队附等职	
在职合作社名称 璧山县河边乡新店子机织生产合作社　　现任职务 理事主席		
入社年月（民国）36 年　6　月　本人实有铁机 2 台　木机 1 台		
对合作社 有何意见	1.渴望贷纱，其手续力求简化，迅速贷放。 2.盼望提前组织以纱换布事宜。	贴像处
备注		

表2

姓名 戴洪泽　　别号　无　　性别　男　　年龄　42　　籍贯 璧山		
住址 璧山 县 河边 乡（镇） 10 保 1 甲 2 户　家庭人口 8 人		
学历	旧制中学毕业	
经历	曾任本乡民教部主任	
在职合作社名称 璧山县河边乡新店子机织生产合作社　　现任职务 监事主席		
入社年月（民国）36 年　6　月　本人实有铁机　3　台　木机＿＿台		
对合作社 有何意见		贴像处
备注		

表3

姓名 钟智维	别号 林	性别 男	年龄 30	籍贯 四川
住址 璧山 县 河边 乡（镇） 14 保 8 甲 5 户 家庭人口 4 人					
学历	巴县中学毕业、璧山行政户政财务人员培训班结业				
经历	曾任乡公所干事、乡民代表、保长、教员等职				
在职合作社名称 璧山县河边乡马鞍山机织生产合作社 现任职务 监事主席					
入社年月（民国）36 年 2 月 本人实有铁机 2 台 木机___台					
对合作社 有何意见		贴像处
备注		

表4

姓名 范祯吉	别号 宏益	性别 男	年龄 25	籍贯 四川
住址 璧山 县 河边 乡（镇） 12 保 2 甲 6 户 家庭人口 8 人					
学历	璧中修业
经历	
在职合作社名称 保证责任璧山县河边乡马鞍山机织生产合作社 现任职务 理事兼司库
入社年月（民国）36 年 6 月 本人实有铁机 2 台 木机___台
对合作社 有何意见		贴像处
备注		

表5

姓名 毛祯祥	别号 明斗	性别 男	年龄 37	籍贯 璧山县
住址 璧山 县 河边 乡（镇） 4 保___甲___户 家庭人口 9 人					
学历	重庆法政专门学校政经系毕业 四川省军管区计政实习班第一期毕业
经历	曾任所长、委员、科员、会计、少校、主任、库员、校长等职
在职合作社名称 保证责任璧山县河边乡金鼓滩机织生产合作社 现任职务 校长及理事主席
入社年月（民国）36 年 6 月 本人实有铁机 3 台 木机___台
对合作社 有何意见	1. 渴望贷纱其手续力求简化。 2. 盼望提前筹组换布事宜。	贴像处
备注		

表 6

姓名　毛用之　　别号　　　　　性别　男　　年龄　50　　籍贯　四川	
住址　璧山 县 河边 乡（镇）4 保 4 甲 7 户　家庭人口　10　人	
学历　旧制中学毕业	
经历　曾任财政部川康区货物税局经征员办事员等职 现任财政部川康区国税局江津分局璧山稽征所税务员	
在职合作社名称　璧山县河边乡金鼓滩机织合作社　现任职务　监事主席	
入社年月　（民国）36 年　6 月　本人实有铁机 4 台　木机　　台	
对合作社 有何意见	贴像处
备注	

表 7

姓名　徐济沧　　别号　　　　　性别　男　　年龄　29　　籍贯　璧山县	
住址　璧山 县 河边 乡（镇）第 2 保 3 甲 6 户　家庭人口　16　人	
学历　曾于求精中学肄业及专门职业学校毕业	
经历　曾任渝段牌坊镇保甲长及三区防护团分队长、青年团服务五支队十二中队中队长、小学教师等职	
在职合作社名称　保证责任璧山县河边乡响水滩机织生产合作社　现任职务　理事主席兼经理	
入社年月（民国）36 年　6 月　本人实有铁机 4 台　木机　　台	
对合作社 有何意见	1. 希望辅导机关及金融机关迅速贷纱以便增加生产力量。 2. 早日换布与社员运销以便绵绵不绝以救民生。	贴像处
备注	

表 8

姓名　吴月全　　别号　　　　　性别　男　　年龄　40　　籍贯　璧山	
住址　璧山 县 河边 乡（镇）2 保 3 甲 1 户　家庭人口　10　人	
学历　璧山县立中学校毕业	
经历	
在职合作社名称　璧山河边乡响水滩机织合作社　现任职务　监事主席	
入社年月　（民国）36 年　6 月　本人实有铁机 4 台　木机 无 台	
对合作社 有何意见	贴像处
备注	

表 9

姓名 殷旭东 别号＿＿＿ 性别 男 年龄 35 籍贯 璧山
住址 璧山 县 蒲元 乡（镇） 1 保 1 甲 4 户 家庭人口 7 人

学历	本县县立中学毕业	
经历	曾任商店经理	
在职合作社名称 璧山县蒲元乡第一机织生产合作社 现任职务 理事主席		
入社年月（民国）38 年 3 月 本人实有铁机 3 台 木机＿＿台		
对合作社 有何意见		贴像处
备注		

表 10

姓名 王弦高 别号＿＿＿ 性别 男 年龄 27 籍贯 璧山县
住址 璧山 县 蒲元 乡（镇） 2 保 7 甲 7 户 家庭人口 7 人

学历	私立胥宇中学高中毕业	
经历	曾任湖北省咸丰县税务局调查，曾任陆军战车防卫炮教导总队干部训练班少尉书记，现任蒲元乡二保保校校长等职	
在职合作社名称 璧山县蒲元乡第一机织生产合作社 现任职务 经理		
入社年月（民国）38 年 3 月 本人实有铁机 3 台 木机＿＿台		
对合作社 有何意见		贴像处
备注		

表 11

姓名 王海泉 别号＿＿＿ 性别 男 年龄 30 籍贯 璧山
住址 璧山 县 蒲元 乡（镇） 8 保 2 甲 5 户 家庭人口 6人

学历	私塾六年	
经历	曾任保长数年及商店经理等职	
在职合作社名称 璧山县蒲元乡第二机织生产合作社 现任职务 理事		
入社年月（民国）38 年 3 月 本人实有铁机 3 台 木机＿＿台		
对合作社 有何意见		贴像处
备注		

表 12

姓名 温笃生　别号　涤　性别　男　年龄　29　籍贯　四川璧山	
住址　璧山　县　蒲元　乡（镇）第　7　保　4　甲　15　户　家庭人口　10　人	
学历	私立精益中学高中部肄业，璧山县民教人员训练班毕业
经历	教员三期；蒲元乡七保国民学校校长四年；蒲元乡中心国民学校副校长兼民教部主任一年；现任蒲元第七保国民学校校长
在职合作社名称　蒲元乡第二机织生产合作社经理　现任职务　蒲元七保校长	
入社年月（民国）38 年　3　月　本人实有铁机　4　台　木机　1　台	
对合作社有何意见	副业没落，有机台无法生产者不知凡几，必赖以贷纱维系之，始能发展基本副业，现营布厂有十分之七以上雇工为他生产，遂迅投机谋利，确无机织特长，此类所不许，若干一二三台，受内乱影响将原纱售去，币券低落，全部停顿，精良技术无从发挥，生产无日，仰望平教会贷给，遂到愿望。
备注	

表 13

姓名 陈镒光　别号 铭光　性别　男　年龄　45　籍贯　四川	
住址　璧山　县　接龙　乡（镇）5　保　6　甲　1　户　家庭人口　6　人	
学历	私塾
经历	民国卅三年曾任本保保长，联任至卅七年；民国卅六年到现在任本保农会组长等职
在职合作社名称　接龙乡新名机织合作社　现任职务　理事主席	
入社年月（民国）38 年　4　月　本人实有铁机　1　台　木机　　台	
对合作社有何意见	本人此次任理主席是为全乡的平民服务，办理一切生产事业，将来之业务展开，力量在华西实验区专营底纱为望
备注	

表 14

姓名 江流寰　别号　　　性别　男　年龄　22　籍贯　四川	
住址　璧山　县　接龙　乡（镇）4　保　6　甲　5　户　家庭人口　14　人	
学历	璧山县立中学肄业
经历	曾任协和、恒裕等会计
在职合作社名称　新民机织生产合作社　现任职务 经理	
入社年月（民国）38 年　4　月　本人实有铁机　2　台　木机　　台	
对合作社有何意见	
备注	希查后及手续完成，并望纱速发，以免社员失望。

表 15

姓名　舒承漠　　别号_____　　性别　男　　年龄　43　　籍贯　四川		
住址　北碚　县　朝阳　乡（镇）　8　保　3　甲　9　户　家庭人口　6　人		
学历	旧制中学	
经历	专门习染三年；任三峡染织厂染色技师兼管理三年；任协管三峡染织厂厂长八年	
在职合作社名称　朝阳镇合作社及联合社　　现任职务　理事主席兼经理		
入社年月（民国）37 年　5　月　本人实有铁机　28　台　木机　12　台		
对合作社 有何意见		贴像处
备注		

表 16

姓名　邓仲国　　别号_____　　性别　男　　年龄　34　　籍贯　四川		
住址　北碚管理局　县　朝阳　乡（镇）　16　保　13　甲　8　户　家庭人口　12　人		
学历	中学毕业	
经历	曾任保长五年；自作机房十五年	
在职合作社名称　朝阳镇织布生产合作社　现任　职务监事主席		
入社年月（民国）37 年　4　月　本人实有铁机　4　台　木机　4　台		
对合作社 有何意见		贴像处
备注		

注：本文辑录自璧山区档案馆藏"华西实验区档案"，卷 9-16/P60—75。

华西实验区办事处合作组
（民国三十八年）六月份工作报告

第一部门机线生产合作业务

本区机织生产合作社之推进至（民国）三十八年三月底，已有铁机社三十三所，包括机台 3499 台，木机社三十一所，包括机台 3324 台；本年度为求达成预定计划一贯积极增组新社，截至六月底止，新增铁机社六所，木机社十二所，社员人数及机台数均有增加，兹将三月来之进展情形连同原有组织表列如左：

（民国）三十八年六月底机铁生产合作社概况

机别	社数			社员人数			机台数		
	小计	原有	新增	小计	原有	新增	小计	原有	新增
铁机	39	33	6	3186	2637	549	4231	3499	732
木机	43	31	12	4248	3168	1080	4530	3324	1246
合计	82	64	18	3434	5805	1629	880〔8801〕	6823	1978

合作教育为合作事业成功之主要因素。近年，本区机织生产合作社之组设进展甚速，为促进其社务业务之健全合理乃拟订职员训练办法，分期分组抽调各机织社理事主席及经理、会计等实务人员，灌输其合作常识，增进其经营智能，加强其对合作事业之认识并鼓励其热忱。兹将举办合作社实务人员训练班分组抽调训练情形表列如左：

（民国）三十八年上期举办合作实务人员训练班分组调训综计表

组别	调训人员		代表社数	训练起止日期	开支经费
	职别	人数			
行政组	理事主席	71	71	4月11日起 4月20日止	（金元券）5795000 圆

续表

组别	调训人员		代表社数	训练起止日期	开支经费
	职别	人数			
行政组	经理	71	71	4月11日起 4月20止	
会计组	会计	71	71	5月1日起 5月21日止	（银币）128.38
合计		213	71		（金元券）597000圆 （银币）128.38圆

为使各机织社社员能充分运用其技术劳力，从事织造以增加生产起见乃就历年先后组织各社举办挨户调查，按机台性质需要情形分别贷放底纱，扶助贫苦织户恢复业务，自四月份开始至六月份底止已贷出棉纱115件22并，其未办理完竣者现仍继续加紧核贷中，兹将贷放情形表列如左：

（民国）三十八年上期机织合作社贷纱统计表

机别	机台数	每一机台贷纱量	贷出棉纱总数	备考
铁机	982	新社铁机每台三并，旧社铁机每台二并	66件另5并	棉纱每件四十并
木机	1978	新旧社木机每台均贷一并	49件另18并	棉纱每件四十并
合计			115件23并	

机织生产合作社在业务经营上之两大困难，一为原料之采购，二为成品之推销，各社员每因市场销路疲滞，产品无法脱售而感周转不灵被迫停工，在合作社联合机构未健全以前尚无法统筹全局，使合作社所需原料及合作社所产成品运用灵活，本区有鉴于此乃派定专人辅同联社建立供销制度，并延揽专门技术人员研究设计订定产品规格，促进各社产品标准化，同时公布实施合作社社员交布换纱办法，俾各社员织造工作周流不息继续生产。兹将五月份开始交换至六月底止交换纱布数量统计表如左：

（民国）三十八年上期（五六月份）机铁生产合作社交布换纱统计表

机别	换出周转纱	收回布匹		备考
		种类	数量	
铁机	166件23并16支	二八宽布	5126匹	每匹换（廿支）机纱26支
木机	39件38并10支4排	四八窄布	7612匹	每匹换（廿支）机纱4支2排
合计	206件22并6支4排		（二八宽布）5126匹 （四八窄布）7612匹	

第二部门农业生产合作业务（六月份工作报告）

甲、组社工作

县别	已登记社数	办理登记中社数	合计	本年度内拟设立社数	不足社数	备注
北碚	52	27	79	100	21	
璧山	20	42	62	280	218	
巴县	38	45	83	600	517	
合计	110	114	224	980	756	

说明：

一、北碚辖区共八乡镇平均乡镇设十二社，表列不足二十一社，本年内当能次第设立完成。

二、璧山辖区共三十五乡镇，平均每乡镇约设九社，表列不足二百一十八社，因调查及辅导组社填写书表等工作较为耗费时日，现已积极开展，本年度内当能照数完成。

三、巴县辖区共七十一乡镇，平均每乡镇约设八社，表列不足五百一十七社，又该县原拟设辅导区十二处，迄至现在止，方先后成立十处，因人事分配、地域辽阔、环境复杂，以及工作推进步骤，先行调查划分社学区，次及传习教育，再次为组织合作社工作等关系，故组社工作在上半年度推进较为迟缓，今后尽量促使开展分期完成。

乙、贷款情形

一、北碚区合作贷款——合计总额：18080 元（银元）

（一）农产加工贷款：

1.金额 11380 元（银元），内有设备费：6120 元，周转金：5260 元。

2.贷款对象：朝阳镇十九保等十四示范农业生产合作社。

3.加工业务：酿酒、面粉、条粉。

（二）创置社田：600 元（银元）在金刚乡第六保农业生产合作社购置田土收益黄谷叁拾石。

（三）母猪贷款：2500 元（银元）（第一批）。

（四）合作屠宰场：1000 元（朝阳镇）。

（五）繁殖站贷款：500 元。

（六）子猪贷款：（350 头）2100 元。

二、耕牛贷款——巴县、璧山、北碚共10000元（银元），由华西实验区办事处统筹办理，已派人前往贵州属遵义、桐梓等县购买中。

三、美烟贷款——400元（银元），（其中）肥料150.80元，燃料249.20元。

分贷给璧山马坊、广普两乡美烟生产合作社。

附北碚区贷款细数表。

北碚农业生产合作社贷款细数表（卅八年六月）

项　　目	金额（银元）	说　　明
农产加工	11380	
朝阳十九保	1100	酿酒：猪圈200元，设备费300元，周转金600元
朝阳十二保	640	面粉：设备140元，猪圈200元，周转金300元
金刚六保	640	面粉：同前
金刚十二保	640	面粉：同前
龙凤六保	800	面粉：同前，另，豆粉：设备100元，周转60元
龙凤九保	1120	豆粉房四座：同前，共640元，另猪圈480元
二岩三保	640	面粉：同前
澄江九保	1100	酿酒：同前
澄江廿一保	640	面粉：同前
白庙十一保	400	豆粉房：设备100元，周转100元，猪圈200元
黄桷十二保	360	豆粉房：设备100元，周转60元，猪圈200元
黄桷二十保	1100	酿酒：同前
文星八保	1100	酿酒：同前
文星十六保	1100	酿酒：同前
母猪贷款（第一批）	2500	共需2000头，分四期，第一期给2500元
屠宰场	1000	设朝阳镇
繁殖站	500	

注：本文辑录自璧山区档案馆藏"华西实验区档案"，卷9-172/P106—111。

合作组工作通讯

合作组工作近讯（Ⅲ）

母猪贷放工作已积极展开，另派员赴涪陵、达县购耕牛

璧山第一、三、四等辅导区，完成牛瘟预防注射工作

农业社母猪贷款工作已积极展开。北碚区已采购 634 头，分贷各合作社饲养。璧山一区采购 159 头，而贷放完竣且已满足各社需要。巴县一区方采购 125 头，正陆续采购。现因荣昌发生猪瘟，且值农□猪只较少。乃于八月二十五日，电昌采购人员返区。暂时停止购买。一俟农忙过后，猪瘟消灭后，再行派员前往继续采购。

关于耕牛之采购，本区曾派侯东相同志会同北碚管理局及合作社代表，前往贵州之桐梓一带，采购耕牛，因该处生产牛只不多，同时合作社代表规定有标准八条，合于标准之牛只更少，看牛数百头，强选购到二十头。已于八月二十三日起运一部。两星期左右，可运达北碚。现为扩大采购区域，早日完成计划，又派员前往涪陵、达县等地调查采购。

仔猪之贷款，各区送到仔猪借款申请书者，截至八月廿三日止，仅璧山□区、璧山二区及璧山六区。已核准贷放者，有璧山二区五社，准贷仔猪 137 头。璧山六区六社，准贷仔猪 89 头。已由社各该区办理签订借据手续，会同合作社。

牛瘟预防注射工作

本区与经济部华西兽疫防治处及四川省农业改进所合组的兽疫防治督导团第三区防疫队，自上月十五日开始预防注射以来，工作甚为积极。已完成璧山第一、第三及第四等辅导区的牛瘟预防注射工作，计璧山第一辅导区经预防注射之牛只有 263 头，第三辅导区有 880 头，第四辅导区有 1829 头。

第一次访问工作完成（Ⅲ）

历时三周，所至廿六乡镇

总处前为与各辅导区工作同志在工作上取得更密切之联系，曾由王启澍、李纪生两组长，朱泽芗、欧阳璋二同志一行四人，于本月二日出发赴各区访问，当日即到北碚。旋至巴二区、歇马、巴一区土主（看梁滩河四口放水工程），巴七区白市、走马、龙凤，巴八区陶家、福寿、石板，巴三区屏都，巴五区南泉、鹿角，巴十二区百节、马鬃、仁厚、一品，綦一区古南、北渡、樵河、登瀛，綦二区石角、蒲河等乡镇访问各在乡工作同志。其间并曾至江津蛆柑防治队工作地区之真武、青泊、西湖、杜市等乡镇慰问各队员，计此行共访问十个辅导区，所至凡二十六乡镇，历时三周，于二十二日晨方返总处。

又编辑组何国英同志，在江津工作完毕后，亦至綦江于本月参加访问工作。

巴綦举行第三次乡镇工作检讨会（Ⅲ）

八月十一日上午九时，巴县各辅导区区主任，在巴县县政府举行第三次乡村建设实验工作检讨会。出席人有巴县各辅导区区主任，及綦江一二两区负责人。列席人有总处教育组组长王启澍，合作组副组长李鸿钧，及朱泽芗、欧阳璋、何国英等同志，巴县县长杨思慈，暨有关科室负责人亦列席参加。会议由孙兼主任主持，并即席对农业生产合作社之组社工作以及经济建设方面，目前所着重的繁殖改良猪种，耕牛保育与繁殖，具办。

推广菜种（Ⅱ）

农业组即发洋葱、甘蓝、花椰菜种籽

时序已入秋季，农业组为推广秋播菜种，特寄发《推广菜种浅说》二种，与各辅导区推广繁殖站，以便指导农户栽□。计每站发洋葱种子八两，甘蓝八两，花椰菜六两，共计二十二两。其分配办法为表证农家特约繁殖留种，每家配发菜种各五钱至一两。普通推广以繁殖站附近之农业生产合作社社员为限。每家配发菜种各一钱至二钱。至各种菜种之播种量为洋葱每亩四两，甘蓝及花椰菜每亩各二两。其栽培办法详见该项种子之《栽培浅说》。

小型水利，发展卫生工作，协助推行减租保佃政策，成立乡镇农合社并合办事处等项工作，作详尽之指示。会中曾讨论示范学校之设置问题，合作社贷款有关问题等多项。

至下午六时始行散会。

人事动态（Ⅲ）

总处最近调查人事十人，计新聘者三人为綦二区主任卢荣先同志，农业合作两组专门干事梁正国同志及会计室干事陈骏之同志。辞职者有綦二区主任陈锡周，卫生组护士李玉芝及蒋荣等三同志，解聘者有綦一区干事余铁英同志一人。停薪留职者有巴五区辅导员姜振先同志一人。免职者有綦二区代书记侯哲先同志一人，派职者有綦二区书记陈光智同志一人。

璧五区本期传习处结束

璧山第五辅导区接龙等六乡镇本期传习处已于八月二十日结束，另该区所属之大路乡传习处于同月二十一日举行结业典礼，由张主任亲临主持。闻璧山徐县长及傅副议长均曾莅临致词。最后在全体学生之大合唱中，结束此一盛会。

蛆柑防治队近况（Ⅲ）

农复会宣传组将往视察，防治地区又扩大九乡镇

八月十二日，总队在真武场举行扩大检讨□。到会者计有蛆柑防治队工作所在地之十六乡镇乡镇长、□□表会主席及各乡之县参议员、该队总领队李焕章教授、各分队领队暨分队长均出席。翁县长亦届时到会。会后，各乡民众代表曾向孙主任献"复兴农村"锦旗一面，当由教育组组长王启澍代表孙主任接受。

农复会宣传组工作人员，在兰州工作完毕，即将来渝，搜集有关农村之宣传资料，并将赴该队视察。

江津及綦江二县所属之乡镇，尚有十一乡镇之柑林亦有蛆蚊为害，惟不甚严重。该十一乡镇因悉该队之工作意义后，即自动向蛆柑防治队请求将该十一乡镇列为防治区域。嗣以该队限于人力、财力，仅先暂由接近该乡镇□队协助防治。据悉，已给定綦江县属之永兴、升平、□□三乡由十一分队协助。江津县属之沙垠、夹滩、棘溪、金紫等四乡，由第四区队协助。黄泥由第五分队协助，龙山由第十分队协助，至油溪、李市因距离过远，暂时无法协助办理。

本区巴县目前工作提要

八月十一日，巴县各辅导区在巴县县政府举行乡建工作第三次检讨会。孙主任曾即席提示目前之重要工作，兹将该项记录摘刊如后：

（一）本区最近应展开农业生产合作社组社工作，俾与成人传习教育同时进行。总处对于组社教材（传习画片）已提前赶印，以便配合。

（二）经济建设方面：最近着重下列几项工作，此类工作均以确实为主，不必强求速效。

1. 繁殖改良猪种——在巴、璧、碚三区先开始。于此两县一局内划定猪种一代杂交区，运用杂交方法推广约克斜种猪。惟过去实验结果，此种一代杂交猪，其第一代甚为优良，第二代杂交则劣点毕露，若不特加管理，则第二代杂交结果将使农民蒙受损失，故必须划定区域加以管理。目前拟划定璧山五、六两区，巴县一、二两区及北碚为猪种一代杂交区。每区配给约克斜种猪两只。巴、璧其余各区则推广隆昌猪，每区亦配予标准种猪三只。现已向隆昌方面洽购。此项种猪贷款共五万美金，约可购进壹万头。将来巴、璧、碚组织八百个农产社，每社可贷给拾头。但各社应先商定饲养方法，觅定社员负责饲养，再专派辅导员予以指导管理，养猪之家，并酌予津贴食米数斗。

2. 耕牛保育与繁殖——此项工作系分两步办理：

（1）血清注射——北碚设有家畜保育站制造血清。现分两个注射队，在巴县、璧山进行工作，每队分三组同时注射，每天大约可完成一乡。

（2）耕牛贷款——据调查巴县耕牛不十分缺乏，璧山、北碚较为需要。惟买牛亦颇不易，管理尤为困难。暂不举办耕牛贷款。

3. 兴办小型水利——目前梁滩河工程初步灌溉成绩甚佳，刻正进行青木溪引水工程，建修渡水桥并兴修歇马场灌溉工程。若能善加管理，灌溉田亩当可增多。希望一、二区负责人多加注意。其他各区向总处请求兴办水利者亦多。本区水利勘测队有二十个工作人员分处各地勘测，以视其经济条件是否有兴办价值，不过勘测队人数不多，勘测需时，最好地方人士能先做初勘工作，将拟请勘出塘堰所在位置水源状况、灌溉亩数、地方可能筹款若干、需补助贷款若干，详细计算明确，并绘具略图并送参考。对于进行工作当更迅捷。最近农复会与省府建议兴办大型水利，所需经费系地方自筹一半，贷款一半。本区小型水利亦仿此办理。希望诸位对此工作多加努力。

4. 发展卫生工作——近两月对卫生工作举办较少，最近农复会始为本区运来药械壹百七十余吨。将来拟补助拾个卫生院及五十个卫生所。配给一部分药品药械，并补助事业费同设备费。配给之药品即作为卫生院所之基金，组织保管委员会稽核其用途。须收回成本，以作再购买之资。发药均照成本收费，成本亦甚低，希请核对此项药品之接收使用先作准备。各卫生所尤应多与区办事处证实联系，再者本区各县疟疾流行，总处对此极为注意。拟划定区域先以二万人实验，限期根绝。疟菌用特效药白药者廿四万粒作此项用途，采用集体服药方式，此药效力甚大，病人每周服一粒以后疟蚊即吮其血，亦不再传染别人。

5. 协助推行减租保佃政策——此项工作系西南长官公署及省政府以最大决心澈底办理，指定推行改良，同时推行减租保佃办法。由县政府将全县佃约统一规定格式照样填写三联，政府、佃农、地主各执一份。有效期间为三年，期内不得换佃，期满佃户并有优先续租权。换约减租手续规定在三个月内完成。每三乡派督导员一人，督饬严格执行。如换约时地主避不调换，亦可根据佃户单方面陈述办理。本区组织农产社工作正可就此大好机会善为运用。

6. 成立乡镇农产社联合办事处——每区应选择办理农产社，成绩较优之乡镇成立农产社联合办事处。以办理各社农产品运输存储加工等工作。水利及水电工程亦可由联合社负责办理。

铜梁的造纸生产合作社与合作区□□
——孙主任廉泉□□□□日在铜梁西泉镇刘店造纸生产合作社创立会上的训词

首先说我们为什么要在铜梁组织造纸生产合作社？我们知道铜梁是产纸区，许多农民均兼为碚〔槽〕户，借造纸生产充裕生计。可是近来纸业萧条，许多纸厂都停业了。这实在是纸业界的危机。大家都是造纸碚〔槽〕户，都有作坊，一定受到深刻的影响。我们要使这种农村工业能继续维持下去，不致中途停顿，并进一步求其发展和改进，这绝不是一个人或少数人的力量所能办到的。所以必须联合各个碚〔槽〕户的力量，组织造纸生产合作社，共谋纸业的振兴。尤其在这纸业凋敝的时期，更应当群策群力，设法冲破难关，继续维持并谋求发展。

其次，我要说到各个造纸生产合作社与铜梁合作纸厂的关系：本年三月间中华平民教育促进会华西实验区以二万余元美金洽□铜梁西泉纸厂，就是要把它办成合作纸厂作为碚〔槽〕户的共同所有。我的理想是：这个西泉纸厂，是一个具有近代工业设备的纸厂，应该把它作为发展铜梁乡村纸业的一个堡垒，所以我就先把它取名为合作纸厂，希望很快地把附近各乡镇的造纸碚〔槽〕户都组织起来，成立若干个造纸生产合作社，然后由各单位社组成联合社。那么，这个合作纸厂，就可由联合社来负责经营。即是说由联合社来接收。但是，要接收这个纸厂，就必须采取下面两个办法。第一个办法，是纸厂收到各碚〔槽〕户送的纸浆后，先不将价款□□，等待造成纸张运到重庆销售了，再除去一切□□后，才将能赚□□按照碓［槽］户送浆的数量一一分配。等到赚的钱可以抵偿平教会在纸厂所垫的款的时候，这个纸厂，就可由你们所组织的合作社联合社来接收，其主权就属于你们了。如果各碓［槽］户送了纸浆而不能久待时，可先按其纸浆的价值，向纸厂借贷八赧的现款。这样双方就可以兼顾。第二个办法是各碓［槽］户送来纸浆，纸厂就将价款付清。但应将其姓名及纸浆数量登记清楚。譬如某一个月，纸厂收了三万斤纸浆，又除去一切开支，还赚了一千银元，就可把所赚的这笔钱，按碓［槽］户送浆的数目，分配红利。但不必付与他们。这笔红利即可作为他们的股本，比如张先生在这一个月送了三千斤纸浆，他就可分得一百元；戴先生送了六百斤，他就可分得二十元。如此日积月累，等到这笔红利把平教会垫支的款抵偿清楚时，这纸厂就是各碓［槽］户所共有，就可以把它接收过来，由你们自行经营。而你们以前所分得的红利，就作为你们的股金了。这两种方法，以第二种办法较为合理。以后决照这办法实行。同时我负责地说，纸厂赚的钱，平教会决不要分文的。

现在，要说到纸浆和纸张的标准化：设立合作社以后，我希望各位造的纸浆和纸张，必须品质一律，成色一律，这就叫做标准化。万不可偷工减料，自毁信誉。尤其是送给合作纸厂的纸浆，是合作纸厂造纸的原料。如原料的品质差，纸厂所造成的纸就不好。拿到市场上去，就赚不到钱，对于大家都无好处。以后，合作社的理监事，可随时指导碓［槽］户制造符合标准的纸浆。一则可以保持大家的信誉，二则可造成很好的纸，多赚些钱，多替各位积存些股金，彼此都有莫大利益。

最近因时局不安定，纸价很低，纸厂天天都在赔本。每一令纸的成本要十二元，只可以卖四元。这实在是不合理的现象。现在纸厂是咬紧牙关在支撑着，等到时局稍稍安定，纸厂一定可以赚钱的。

再说贷款扶助各社生产的方法。合作社完成登记手续以后，平教会就可以贷款来扶助你们。但我们的办法是决不贷给现款，恐怕你们挪作别用。我是按着你们所需用的造纸材料，而替你们出钱购买成原料，再发与你们作造纸之用。比如你们这一合作社。（以下缺失）

注：本文辑录自璧山区档案馆藏"华西实验区档案"，卷9-201/P89—104。

合作社法施行细则

民国三十四年六月八日社会部修正公布

第一条 本细则依合作社法（以下简称本法）第七十六条之规定制定之。

第二条 本法及本细则所称主管机关在县市为县市政府院辖，市为市政府社会局，省为合作事业管理处社会处或建设厅，中央为社会部。

第三条 合作社之设立以社员能实行合作之范围为准，在同一能实行合作之范围内，非有特殊情形呈经主管机关核准，不得设立二以上同一业务之合作社。

第四条 合作社或联合社之范围在一县（市）以下者，以所在地县（市）主管机关为其主管机关，超过一县（市）者，以所在地省主管机关为其主管机关，超过一省市者，以中央主管机关为其主管机关。

第五条 合作社业务之经营应受左列之限制，但政府委托代办及为适应非常之紧急措施者不在此限：

一、经营本法第三条第一、二款业务之合作社，除社员应限于生产者外，不得雇用非社员之劳力，收集非社员之产品或以设备供非社员使用。

二、经营本法第三条第三款业务之合作社不得以物品售于非社员或以设备供非社员使用。

三、经营本法第三条第四款业务之合作社不得对非社员贷放资金。

四、经营本法第三条第五款业务之合作社不得承受非社员之要保。

五、其他主管机关认为必要时所为之限制。

第六条 合作社用以表明业务之名词暂定为左列各种：

一、生产 并应于生产之上表明其种类，如粮食、棉花、渔业、畜牧、造林、园艺等是。

二、运销 并应于运销之上表明其物品，如茶叶、蔗糖、柑橘等是。

三、供给 并应于供给之上表明其物品，如肥料、种籽、农具、机器、原料等是。

四、利用 并应于利用之上表明其对象，如电力、水力、土地、灌溉等是。

五、劳动 并应于劳动之上表明劳动之性质，如建筑、筑路、开河、造船等是。

六、运输　并得于运输之上表明其种类，如汽车、板车、轮船、木船等是。

七、消费　并得于消费之上表明消费者之范围，如机关员工、学校员生、军队官兵及工人等是。

八、公用　并应于公用之上表明其种类，如住宅、膳食、理发、沐浴、医疗、托儿等是。

九、信用　并得于信用之上表明其种类，如土地、质物等是。

十、保险　并得于保险之上表明其种类，如人寿、财产等是。

十一、其他经社会部核定之名词。

经营上列业务之合作社为适应社员之需要，得兼营与主管业务有关之其他附属业务，其附属业务之名词可不于社名中表明之。

第七条　合作社为扩展业务实施集体经营，得设立合作农场或合作工厂，其组织通则另定之。

第八条　合作社为增进业务之机动性能，得就生产之种类物品或其他标准，新社员分为若干组，每组专营一种业务。

第九条　各地成立之合作社，其实际性质不合本法之规定者应即按照性质各依其关系法令更改名称。

第十条　合作社于必要时得呈准主管机关设立分社。

第十一条　依本法第七条之规定，合作社得呈请财政主管机关免征所得税及营业税。

第十二条　合作社业务不受任何行规之限制。

第十三条　合作社章程应载明左列各事项：

一、名称。

二、责任。

三、社址。

四、业务。

五、社股金额及其交纳或退还之规定。

六、保证责任合作社社员之保证金额。

七、社员之权利、义务。

八、职员名额及权限任期。

九、营业年度起止日期。

十、盈余处分及损失分担之规定。

十一、公积金及公益金之规定。

十二、社员资格及入社、退社、除名之规定。

十三、社务执行及理事、监事任免之规定。

十四、定有成立期限或解散事由者其期限或事由。

十五、其他处理社务事项。

第十四条　合作社向主管机关为成立之登记时，应附送创立会决议录、章程及社员名册。

第十五条　合作社登记成立后，应即开始经营业务，但因天灾人变或不可抗之事由，得呈准主管机关延长之。

第十六条　县（市）主管机关对于合作社之成立及变更、解散、合并、清算之登记，应呈请省主管机关备案，并汇报社会部，其由省或直属市主管机关办理者，由省或直属市主管机关汇报社会部查核。

第十七条　合作社章程之变更须经社员大会议决并附具决议录向主管机关登记。

第十八条　合作社成立登记证及变更、解散、合并、清算登记报表与主管机关应置备之合作社登记簿等格式由社会部定之。

第十九条　合作社之股票得分为一股、五股、十股、五十股等数种，必要时并得分别或一致规定每社员应购之股数。

第二十条　社员认购社股得依章程之规定，以货币以外之财物估定价值代付股款。

第二十一条　社员认购社股第一次所缴股款不得少于所认股款四分之一。

第二十二条　合作社因减少社股金额或保证金额，声［申］请登记者应叙明公告结果附送社员大会决议录、财产目录及资产负债表。

第二十三条　合作社之盈余经提出，社员大会决议不予分配时得移充社员增认股金或拨作公积金。

第二十四条　合作社资产之增值应呈经所属主管机关核定，其因增值而发生之盈余应宽提公积金损失准备金，必要时得以一部分移充社员增认之股金。

第二十五条　合作社理事、监事不得兼任其他同性质合作社之理事、监事。

第二十六条　合作社得依章程之规定设候补理事及候补监事，其人数不得超过理事、监事之半数，在未递补前不得参加理事会或监事会。

第二十七条　社员大会开会以理事会主席为主席，理事会主席缺席时以监事会主席为主席。社员召集大会时临时公推一人为主席。

第二十八条　合作社社员中负有监督其所属合作社之行政责任者得当选为监事，但不得当选为理事。

第二十九条　合作社得将其事务员、技术员，另订人事编制办法，分为经理、副经理、主任、助理员、见习生等级次，必要时得由主管机关统筹规定之。

第三十条　合作社社员人数超过二百人以上不易召集社员大会时，得就地域之便利分组举行会议并依各组社员人数推选代表出席全体代表大会，其代表之产生方式应于各社章程内明定之。

第三十一条　法人为社员时其表决权由其代表行之，代表人数得依章程规定，至多五人，每代表仍为一权。

第三十二条　社员大会及代表大会之开会及决议，如有违反本法第四十八条、四十九条及本细则前两条之规定时，社员得申请主管机关宣告其决议案为无效。

第三十三条　合作社社员为促进社务健全，得于社员大会或社员代表大会推举评议员若干人组织评议会，督促理监事及其他职员执行职务。

第三十四条　合作社除本法规定之各项会议外，并应举行各种社务活动，以唤起社员之集体意识，其主要项目得于章程内规定之。

第三十五条　合作社每届年度终了时应将本法第三十六条所规定书类于社员大会承认后，呈报主管机关查核。

第三十六条　主管机关得派员审查合作社账簿及本法第三十五条、三十六条规定之各种簿录书表等，于必要时并得指导该书类之编造及记载方法。

第三十七条　合作社依本法第五十五条第一、二、三、四各款解散向主管机关登记时，应叙明解散事由，其依第二款、第四款解散者加具社员大会决议录。

第三十八条　合作社清算人就任后，应呈报主管机关备查。

第三十九条　主管机关得随时令清算人报告清算事务，于必要时并得派员检查之。

第四十条　合作社理事、监事或其他职员违反本法及本细则之各项规定或不依章程规定处理社务，致合作社或社员受损害时，除依法处置外，并得由社员或社员代表大会依章程罚则之规定公断之。

第四十一条　合作社联合社社股金额，每股不得超过二百元。

第四十二条　合作社联合社之设立以业务上联合之需要为准，但每县每省及全国仍各应有其综合性之联合社组织，以适应一般社务及业务之需要。

第四十三条　除前二条外，本细则关于合作社之规定于合作社联合社准用之。

第四十四条　本细则与合作社法同日施行。

注：本文辑录自璧山区档案馆藏"华西实验区档案"，卷9–174（2）/P150—156。

合作社社务管理讨论大纲

一、事务所之布置

1. 要有固定办公室
2. 要有办公用具
3. 悬挂社牌
4. 悬挂标语
5. 注意清洁

二、图记文卷之保管

1. 图记长戳
2. 登记书表
3. 贷款书表
4. 其他文件

三、各种会议之召开

1. 理事会如何召集
2. 监事会如何召集
3. 社务会如何召集
4. 社员大会如何召集

四、监事会如何行使职权

1. 如何监查财产状况
2. 如何监查业务执行状况

五、如何扩大组织

1. 如何增加社员
2. 如何增加社股

六、变更登记事项

1. 社员出社入社
2. 社股之增加
3. 职员改选
4. 责任变更
5. 社址迁移

注：本文辑录自璧山区档案馆藏"华西实验区档案"，卷9-170/P10。

华西实验区合作社业务活动与有关部门工作配合图说明

一、本区经济建设的目标

1. 建立合作经济的经济建设体系，运用组织生产的方法与力量，达成改造社会经济的目的。

2. 用组织生产的方法，改进生产技术，补救乡村分散零碎落后生产方式的缺点；用组织生产的力量，去解决农业生产中的土地问题，去引发并发展乡村工业。

二、本区经济建设的方式

1. 组设以生产为主的合作社。

2. 每一社学区组织一农业生产合作社。

3. 有特产或有特种乡村工业的地区，另组设特种专营生产合作社。

4. 以合作社为生产民众的经济社团；以合作社为乡村基层经济建设的核心。

三、合作社组成的分子

1. 农业生产合作社：社学区内之自耕农、半自耕农、佃农、果农等生产农民均一律参加。

2. 特种专营生产合作社：凡有特产或特种乡村工业之地区，如璧山之织布工业，铜梁之造纸工业，江津之橘柑产区等，凡直接从事各该项生产之产户，如织户、纸户、果农及其他产户均一律参加。

四、合作社之联合

1. 农业生产合作社联合办事处：在各地农业生产合作社普遍展开，但社业务尚未臻完善阶段，先选择地区组设联合办事处，统筹办理各社急需之业务，并可作为筹组联社之基础。

2.联合社：单位社发展至相当数量，且社业务已臻健全而有组设联合社需要时，即分别组设联合社，以完成合作经济建设之体系。

五、合作社与联合组织之业务活动

1.农业生产合作社业务活动：

A.土地改良——兴办小型水利，以防灾，统租分佃以稳定土地使用权，创置社田以达到社田社营大型集体农场之理想。

B.农业改进——借推广良种，耕作改良，病虫害之防治以达食粮增产之目的。

C.农产加工——利用农闲及剩余劳力实行农产加工，如磨粉、榨油、酿造等，以增加产品收益。

D.家畜饲养——以耕牛贷款方式扶助其增加耕畜，以贷款方式扶助其家畜、家禽之增殖。

2.特种专营生产合作社业务活动：

A.发展乡村工业——璧山之织布业、铜梁之造纸业、江津之橘柑及其他各地之特产等均以合作经营方式协助其发展。现在璧山已组织有机织生产合作社，铜梁组织有造纸合作社及合作纸厂，江津拟组织甜橙产销合作社。

B.供给运销——如原料之供给、产品之推销以及仓储业务，均以合作社经营方式，代各生产之户设法解决。

C.便利交通——现在巴县歇马乡组织有运输合作社专承办货物运输、旅客运送业务。

3.合作教育活动：

A.社员训练：由各社自行举办，本区派员协助。

B.职员训练：由本区主办，在各区分别举行。

六、合作社业务活动与各部机构之配合

1.农业繁殖站：在每一辅导区设有农业推广繁殖站，其目的在繁殖良种引用良法作为该地区之农业示范，繁殖站推广有成效之良种，交由农业生产合作社之员为广泛之推广，故合作社之农业改进业务与农业繁殖站两者是相互为用的。

2.家畜保育站：家畜保育站，关于社员家畜之病疫防治工作，家畜饲养等之指导均由家畜保育站协助办理，故合作社之家畜饲养业务与家畜保育站的工作是不可分的。

3.表证农家：合作社之优良社员，即选为表证农家。关于农业繁殖站之良种推广繁殖，栽培或饲育方法之改良，植物病虫害及兽疫之防治，以及副业之兴办或改进，均接受繁殖站之指导，以表证农家即为合作社之优良社员。因此，表证农家间接地成了合作

社一份子的地位。

4. 示范校：示范校之民教部分，是建设教育的褓姆，即是合作社种籽的播放地，辅导培育的机构，两者的关系是相互为用的。

5. 传习处：传习处除实施基本教育传习外，更实施有关建设的特种教育传习，特种教育传习就是建设活动的过程，通过有组织的传习教育，来完成经济建设的合作组织。

6. 供销处及供销分站：现本处设有合作社物品供销处，视各地需要设供销分站，凡关于合作社社员有关生产之原料、设备等均由供销处或分站批购转售社员，社员之产品即交由供销处或分站代为统筹运销各地，故供销处或分站在业务与合作社之业务实有不可分性。

7. 乡村诊疗所：负合作社卫生教育及社员疾病之防治责任，故与合作社方面亦须时常发生联系。

七、本区各组室队与合作社及各机构之关系

1. 本处各组室队间在内部工作上之联系：如一切经济建设活动须根据社会调查室之调查材料统计分析为依据，一切教材办法须经编辑组之编制；合作社为办理推广业务合作组须与农业组切取联系，为了办理合作教育，则又与教育组有关；合作社办办〔理〕水利工程，则又须由水利队勘查测量与监修。

2. 本处各组室队与各机构及合作社之联系：如合作社之组织成立及业务活动均直接受合作组之指导监督，农业繁殖站、家畜保育站及合作社办理有关农业改进业务时，均与农业组发生关系，传习处示范校及合作社办理合作教育时，均与教育组发生关系。

总之，本处各组室队及各附设机构以及各生产合作社均是为了达成社学区之经济建设的，为了达成上项任务，在工作上均须密切配合方可奏功。

注：本文辑录自璧山区档案馆藏"华西实验区档案"，卷 9-219/P205—209。

华西实验区生产合作社提示纲要

各区民教主任训练教材

一、本区生产合作社之目标

二、组织

三、业务项目

四、推进步骤

五、辅导原则

六、本年度中心工作与工作要点

　　甲、农业生产合作社组导工作之展开

　　　　1. 设立推广繁殖站

　　　　2. 家畜增殖

　　　　3. 兴办小型水利

　　乙、机织生产合作社组导工作之展开

一、本区生产合作社之目标

1. 以合作社组织农民，用和平的、进步的、顾及全体的方法推动乡村建设，奠定民主基础。

2. 以合作社来建设新的农业，引用良种良法，指导农民耕作，提高劳动效率，增加地面生产。

3. 以合作社建设新的乡村工业，使其生产组织化、产品标准化，同时重视农家副业，以增加农家收入，改善农民生活。

4. 以合作社来办理社员承佃地主土地之手续，使土地社管，以安定佃农生活，同时控制土地买卖，防止新地主之产生，使土地问题不再恶化。

5. 以合作社来购置土地，设置推广繁殖站，进而倡置社田，共同耕作，以扩大耕作单位，改善农场经营，俾达到农村合作化、社会化、科学化之目的。

二、组织

本区经济建设计划中拟普遍开展之合作组织暂分两大类，即农业生产合作与专业生产合作。

1. 农业生产合作社为每一社学区所必须组织者，每社约有生产农民二百户，土地面积约二千至三千亩，但视当地需要，得有增减，在业务扩大时，应设县联合机构统筹办理。

2. 专业生产合作社则以乡村手工业较具规模或农业特产品之能大量运销之社学区组织之，此类合作社即数个社学区组织一社亦无不可。

3. 单位社之上应设联合社，以协助其业务之改进与统筹本区域内合作事业之发展，并谋其相互间之联络。

4. 设立合作社物品供销处，视业务需要则设分处或供销站，其业务以统办区内各合作社原料之供给、成品之推销，并得统筹各社日用品之供应。盖以供销机构以补现时联合社力之不足，使各社逐渐完成自力之经营。

5. 合作社之组织程序：

a. 发起筹备——由七人以上发起，召开筹备会，决定业务区域及性质，并拟定社章草案，征求社员（意见），筹备创立会，勘定社址。

b. 召开创立会——指导人员训话，社员名册上加盖图章或指模，通过社章，讨论业务计划，收集社股，选举理监事。

c. 理监事就职——开始组织内部，配备人事。

d. 申请登记——成立后一月内造具左列各种书表，经由本区各辅导区办事处转送本区总〈办〉事处，转函县政府办理成立登记：①成立登记申请书三份；②创立会纪录三份；③社章五份；④社员名册四份；⑤业务计划四份。

三、业务项目

甲、农业生产合作社

1. 推广繁殖站——推广优良品种，指导进步技术。

2. 家畜增殖——增加畜力利用，引用良种，增加肥料。

3. 举办小型水利——凿塘筑堰，以兴水利，防旱灾，增加生产。

4. 病虫防治——采用防治新法，有组织地大量推行之。

5. 家畜防疫——与农业改进机关合作，按时注射血清疫苗，广泛推行。

6. 共置新式农具——如碾米机、抽水机、喷雾器等。

7. 提倡副业生产——农产加工、家畜等。

8. 设置农仓——抵押贷款以活泼农村金融。

9. 农地社管——解决租佃问题。

10. 农地社有——实现农地社会化，解决土地问题。

乙、专业生产合作社——对生产组织、技术、运销加以改良

1. 机织生产合作社；

2. 桐油产销合作社；

3. 广柑产销合作社；

4. 美烟产销合作社；

5. 榨菜产销合作社；

6. 合作纸厂；

7. 其他。

四、推进步骤

1. 健全单位社之组织。

2. 供销处暂时代营联合社业务。

3. 建立联合社以巩固合作系统。

4. 以运销业务之经营促进生产技术之改进。

5. 以生产工具与推广材料之输入进而为自给。

6. 以贷款与利用外资之经营，进而为地方合作金融之建立。

五、辅导原则

1. 搜集有关资料，切实调查研究，俾对当地农家经济与社员情况有明确之了解，以作开展工作之依据。

2. 审查社员资格之合乎规定者，筹备组社。

3. 与本区传习教育密切配合，使社员对合作有正确认识；予职员以专业训练，予文盲社员以识字教育。

4. 具体领导社务，培养平等、互助、民主、公开之优良作风，并以此种作风消除一切作伪舞弊行为。

5. 培植领导人才，使能对人谦和，对事忠信。

6. 注意防止少数人及恶势力之操纵破坏。

7. 社务应求独立自主，并须与联合社及供销处密切联系，以收合作之效。

8. 要发现问题，以求问题之解决，工作要有计划、有步骤、有检讨、有改进。

六、本年度中心工作与工作要点

甲、农业生产合作社组导工作之展开

1. 设立农业推广繁殖站。

a. 繁殖站本年暂在璧山、巴县、北碚三县局中选择环境优良之社学区设置之。每一乡或数乡设置一站，以作农业示范。

b. 繁殖站地点应选地势及田丘大小、形状适宜，土质中上等，无水旱之虞，交通条件亦便于示范之地。购买田地约五十亩举办之。

c. 此项地价应由社筹足百分之二十，其余可申请贷款，贷款以实物偿还，分十年还清。

d. 繁殖站之管理由合作社负责，实行共同耕作，俾良种良法易于推广。但设此项土地之原佃农因业权转移而影响其生计之维持时，则宜仍由原佃农佃种，照法定数额向合作社缴纳地租，惟所种品种与栽种技术必须遵照合作社与辅导员、民教主任之指示办理。

e. 辅导员、民教主任对当地农业环境、市场需要均须切实了解。对繁殖站之作业组合、作业选择均须注意设计，使繁殖站能作优良品种、优良技术之示范推广与农场经营改进之模范。

f. 繁殖站所繁殖之优良种籽即交供销处或联合社分配销售或换种。

g. 未设繁殖站之农业生产合作社亦应作良种表证，特约表证农家作品种比较，于易受人注目之地行之。

2. 家畜增殖。

a. 社务健全之农业生产合作社，可予购买耕牛及优良猪种之贷款，耕牛可每社贷予十头，公母牛各半。猪可贷隆昌良种公猪二头，本地良种母猪十头。合作社自筹畜价百分之三十，贷款百分之七十，此项贷款均应于一年内还清。

b. 由贷款购入之耕牛为社有，交适当社员负责管理，由社贴补饲料。但须接受技术指导，如有疾病、受伤、生育等情必须报告社方，隆昌公猪亦同此办理。

c. 本地良种母猪由社员申请社方贷购，自行饲育，亦须受技术指导。

d. 社员可请求借用耕牛，每月或每年缴纳若干受益费。耕牛之借用应由社方根据社员实际情形公平分配之。

e. 种畜接种交配由社方收取若干费用，并应将其出生年月、交配日期、母体性状特征及其祖先情形等登记于繁殖纪录簿上，俾作谱系参考。

f. 农业生产合作社及其社员之家畜，必须接受兽疫防治队之指导，按时注射防疫血清、疫苗。

g. 其他家畜与家禽之繁殖及饲养，亦须接受良种良法，由合作社办理之。

3. 兴办小型水利。

a. 农业生产合作社如感于干旱之威胁，有凿塘筑堰之必要时，可申请小型水利贷款，工程费用三成自筹，七成请贷，贷款须于四年内本息偿清。

b. 社员用水应收相当受益费，为偿还贷款之需。

c. 拟兴办水利之地，应拟具详细计划，对地势、水源、工程估计、可灌溉田亩数等均须详细说明。

4. 其他业务由各社根据当地环境、经济力量、社员需要自行筹划推进之。

乙、机织生产合作社组导工作之展开

1. 机织生产合作社为副业经营方式，织布工作于社员家庭中分别行之，且系以运用农闲剩余劳力为主。农家自有织布机、自有织布技能、自用家工，不需雇工且机台在五台以下者始得为社员。

2. 每社员得以一机台申请贷纱换布，木机每台贷纱二并，铁机每台贷纱五并。

3. 为达成产品之标准化，对社员偿还之布匹应以左列三种标准为限：

a. 二四布每匹长 22 码、宽二尺四寸、重量六磅、经密五十八根、纬密六十根者为合格。

b. 二八磅布每匹长 40 码、宽三十六英寸、重量十二磅、经密五十九根、纬密六十一根者为合格。

c. 四八窄布每匹须长四丈八尺、宽一尺二寸、重四磅、经密五十根、纬密五十二根者为合格。

4. 社员贷纱还布标准按左列规定计算：

a. 二四布每匹十三支；

b. 二八布每匹一并另八支；

c. 四八窄布每匹六支。

5. 关于原料之供给与成品之推销，均宜由联合机构经营之，故参加之社员对联合业务均应具有认识与热忱。

丙、其他生产合作社之组织当视环境与需要，相机策进之。

注：本文辑录自璧山区档案馆藏"华西实验区档案"，卷 9-170/P73—82。

中华平民教育促进会华西实验区
（民国）卅六年度调训合作社职员概况表

调训人员		1. 已开始业务之城南乡八社、河边乡四社理事主席 12 人 2. 已开始业务之城南乡八社、河边乡四社会计 12 人
训练时间		1. 理事主席训练期间为十日，自（民国）三十六年十月二十日起至三十日止 2. 会计人员训练期间为十五日，自（民国）三十六年十月二十日起至十一月五日止
训练 课程	一般课程	国父遗教二小时；合作社组织与登记四小时；合作概论十小时；合作经营十小时；合作法规六小时；农业合作金融及农贷办法六小时
	专授课程	1. 工商管理十小时（理事主席专授课程） 2. 合作簿记四十小时（会计人员专授课程，包括实习在内）
训练机构		由璧山农行主任、农贷员、璧山县政府合作指导室主任、指导员及华西实验区合作事业辅导人员、合组训练委员会主席共事并分别担任课程
继续教育		为使合作社实务人员之训练工作有继续性，训练委员会对受训人员经常解答各种问题并供给有关工商业及合作簿记之新资料
备考		1. 除调训各社职员外，本区并于（民国）卅六年底合同璧山农行及县府举行各社年终考绩并相机实施巡回社员教育； 2. 本区正会同璧山农行协办各年度结算，相机实施职员教育； 3. 本区正会同璧山农民行着手筹备第二期合作社会计及业务人员调训事宜。

注：本文辑录自璧山区档案馆藏"华西实验区档案"，卷 9-71/P67。

农业合作社办理农地统租分佃办法

一、华西实验区（下称本处）为求提高农业生产合作社社员生活，改生［进］耕地使用并谋调协租佃关系及保障主佃双方之合法权益起见特订定本办法。

二、合作社经营农地租佃业务时，除遵照各有关法令外悉依本办法办理。

三、凡在合作社业务区域内之农地，无论其为官产学田或私有田地，如业主出租时均得以合作社名义向业主承租。

四、本处为谋农地租佃合作社业务易于着手进行，得先根据合作社推行减租换约，各佃户社员之租约存根副本，由合作社向各业主接洽统租分佃。但上项租得之土地，如原佃种社员自行放弃耕作权时，合作社得分佃其他社员耕种。

五、合作社租地如遇荒年歉收，得由社向业主商洽，照灾歉成数依法议减。

六、合作社承租之土地出卖或出典时，合作社有优先承买或承典权。

七、合作社承租之田地应交业主之田租，届时概由合作社负责分向承佃社员催收，如期向业主缴纳。

八、合作社承租之田地如认为有兴修水利或其他改良设施时，合作社得参照各有关法令自行计划兴修，但因改良所付款额，合作社应通知原业主知照。

九、合作社实施土地改良所耗之用费，如期满退租或出租人收回时，合作社得按改良费之未失效部分价值要求业主偿付。

十、合作社租得之土地向外分佃时，以合作社有自耕能力之社员为限，概不得转租非社员。

十一、本办法如有未尽事宜，悉依有关法令规定。

十二、本办法自公布之日施行。

注：本文辑录自璧山区档案馆藏"华西实验区档案"，卷 13-41/P1。

组织农业生产合作社联合办事处注意要点

一、为适应事实需要及实验构成经济体系，先于巴县一、二两区及璧山各区，各选一适当乡（镇）试办农业生产合作社联合办事处（以下简称本处），待有成效再行逐渐推广。

二、本处之组织依合作社之组织程序办理。

三、本处在试办期间为节省开支，聘请人员以酌给津贴之义务职为原则。

四、本处举办业务，详组织规则，但在试办期间，以各农业合作社最需要者先行办理，逐渐增加。

五、本处组织成立后，应检具组织规则、社员社名册、会议纪录、职员名册、业务计划、职员印鉴纸各四份，呈送辅导区办事处，除抽存一份外，以三份转送总办事处分别存转备案。

六、本处组织成立后，应刊刻图记、条戳各一颗。图记长六公分八厘，宽四公分八厘，边阔三厘四，刻阳文篆书体。条戳长 100 公厘，宽 20 公厘，刻扁体宋字。

七、本处如经营业务需要向外借款时，应依照合作社借款手续填具借款申请书、业务计划各四份，呈送辅导区办事处审核、签注具体意见，抽存一份外，以三份转送总办事处核贷。必要时派员复查，再行贷放。

注：本文辑录自璧山区档案馆藏"华西实验区档案"，卷 9-191/P36。

县农业生产合作社＿＿＿乡（镇）联合办事处组织规则

一、本处定名为＿＿＿＿县＿＿＿＿乡（镇）农业生产合作社联合办事处（以下简称本处）。

二、本处以促成所在乡（镇）区域内农业生产合作社之联合、组织发展共同业务为宗旨。

三、本处以＿＿＿＿乡（镇）所辖之全部之社员社之业务区域为区域。

四、本处设＿＿＿＿乡（镇）＿＿＿＿街门牌＿＿＿＿号。

五、本处设社员社代表大会、理事会、监事会及理监席联席会议。

六、本处由社员社各选代表一人，组织代表大会。

七、理事会由理事五人组织之，监事会由监事三人组织之，均由社员社代表大会就代表中推选之理事会、监事会，并各设主席一人，由理监事分别推选之，前项理事之任期为三年，监事之任期为一年，均得连选连任。

八、社员社代表大会之职权如左：

（一）选举及罢免理监事；

（二）审核并接受社业务及会计报告；

（三）通过预算、决算及业务计划；

（四）处理社员社及理监事之提议事项。

九、理事会之职权如左：

（一）拟订业务计划；

（二）促进各社社务、业务之发展；

（三）执行代表大会之决议事项；

（四）聘任职员；

（五）处理社员社所提出之问题。

十、监事会之职权如左：

（一）监查财产状况；

（二）监查业务执行状况；

十一、本处因业务之需要得分部营业，设经理一人，采责任经理制，负责经营业务、处理事务，会计一人，事务员一至三人，均由理事会主席提请理事会任用之。

十二、社员社代表大会分常会及临时会两种，常会于每一业务年度终了后三个月召集之，临时会由理事主席随时召集之。

十三、理事会及监事会每月召集一次，由各该会主席召集之。

十四、理监事联席会议每三个月召集一次，由理事主席召集之，其开会时之主席由理监事互推之。

十五、本处所需资金由所属各社筹集之，每股定为银元五元，一次缴足。

十六、本处向外借款时，各社员社负连带偿还责任。

十七、本处业务如左：

（一）农产加工。收集各社之农产品办理加工业务，如酿造面粉、榨油、碾米、屠宰等项。

（二）供给消费业务。供给各社优良籽种、肥料、农具机器、种畜、家畜、食盐及其他日用必需品等项。

（三）仓储运销业务。办理各社农产品之存储、抵押以及运销等项。

（四）公用业务。为增进各社社员福利，得附设茶馆、浴室、理发及医药卫生与教育文化等项。

（五）保险业务。办理各社社员产物及耕牛、猪只保险及再保险与防疫等项。

以上各项设备及业务由理监事联席会斟酌缓急，分别先后办理之。

十八、本处以国历一月一日至十二月三十一日为业务年度，应于年度终了时，造成业务报告书、资产负债表、损益计算书、财产目录及盈余分配案，经监事会审查后，连同审查报告书一并报告社员社代表大会。

十九、本处结算后如有盈余，除弥补亏损及结付各社股金利息至多年利一分外，其余分为一百分按左列标准分配之：

（一）以百分之廿为公积金；

（二）以百分之十为公益金；

（三）以百分之十为职员酬劳金；

（四）以百分之十为社员社增加股款奖励金；

（五）以百分之五十为社员分配金，依交易额多寡比例分配之。

廿、本处存立期间，暂定三年期满或县联社成立时，应依县联社之规定改组为县联社办事处或依代表大会之决定解散之。

廿一、本规则未尽事宜，悉依《合作社法》及同法施行细则及有关法令之规定。

廿二、本规则经代表大会通过后施行。

注：本文辑录自璧山区档案馆藏"华西实验区档案"，卷9—91（2）/P98、99、96。

华西实验区总办事处关于
检发组织联合办事处注意要点及组织规则的通知

事由：为检发组织联合办事处注意要点及组织规则希查照办理由。

受文者：璧山县第三辅导区办事处

时间：民国三十八年七月十一日

字号：平实合字第 713 号

查本处各辅导区，自辅导合作事业以来，各乡（镇）农业合作社组织业务已普遍展开，兹为适应事实需要及实验构成经济体系，并促成各乡（镇）区域内农业合作社之联合组织起见，前于本处工作检讨会时曾决议各乡（镇）农业合作社成立联合办事处记录在卷，现组织联合办事处注意要点及联合办事处组织规则，业经拟就，兹随文附发组织要点二份，组织规则六份，希查照指导各社进行组织为盼。

主任孙则让

注：本文辑录自璧山区档案馆藏"华西实验区档案"，卷 9-198/P32。

关于检发组织规则的通知

顷奉总办事处平实合字第 713 号通知略闻，"为适应事实需要及实验构成经济体系，先于巴县一、二区及璧山各区各选一适当乡（镇）试办农业生产合作社联合办事处，兹将组织规则随文附发，希查照"等因，奉此，特将是项组织规则检发一份，希即查照为荷。

此致各乡辅导员

附农社联合办事处组织规则一份

（长职）启

（民国）卅八年七月十四日

注：本文辑录自璧山区档案馆藏"华西实验区档案"，卷 9-191/P31。

华西实验区总办事处函送
组织联合办事处注意要点及组织规则

事由：为函送组织联合办事处注意要点及组织规则希查照由。

受文者：璧山县县政府

时间：民国三十八年七月十一日

字号：平实合字第 714 号

径启者：

查本处为适应各农业合作社目前事实需要及促成各乡（镇）农业合作社联合组织起见，特拟订组织农业合作社联合办事处注意要点及联合办事处组织规则各一份，除通知各辅导区指导各社进行组织外，相应函达，即希查照为荷。

主任孙则让

事由：准华西实验区函送组织农业合作社联合办事处注意要点及组织规则一案电请鉴核备查由。

四川省政府主席王钧鉴：

案准中华平民教育促进会华西实验区总办事处，本年七月十一日平实合字第 714 号公函，检送《组织农业合作社联合办事处注意要点》及《组织规则》各一份，嘱予查照过府，经核尚属需要理合抄录原件，电请鉴核备查，璧山县长徐中晟叩。午銑印。附《组织农业合作社联合办事处注意要点》及《组织规则》各一份。

注：本文辑录自璧山区档案馆藏"华西实验区档案"，卷 9-91（2）/P100—102。

农业合作社贷款座谈会记录

时间：七月十四日上午十时

地点：区本部会议室

出席人：郭准堂、李鸿钧、薛觉民、傅志纯、魏西河、邱达夫、张的山、张石诚、金家治、王成鳌

主席：郭准堂

记录人：王成鳌

报告事项（从略）

讨论决定事项

一、约克夏纯种猪二十三头分配于璧五、六区及巴一、二区，其详细数字由农业组负责计划，另行已通知各区照办。

二、约克夏种猪大猪分配各繁殖站所在地饲养，小猪在未成熟前暂以集中饲养为原则，俟达交配期后再行分配（农业组另有通知）。

三、荣昌种猪以一乡贷放一头为原则，如母猪逾八十头者可加贷一头。

四、赴荣昌买猪人员旅用费，各辅导区所派员由本处支给，各农业社代表之旅费加入购猪成本，汽车运费加运回后成本不超过当地市价时，则加入购猪成本，由贷款社担负，如成本过高时，则汽车费用须减少一部分。

五、母猪贷款各区即可估计数字，先行由区主任备据支领一部，派员赴荣昌购买。但各区主任应负责辅导各社补办借款手续。

六、仔猪贷款各区即可开始指导各社办理申贷手续，应在月内办理完竣。

七、荣昌种猪指定须在荣昌安富、盘龙两镇购买，其他母猪各区可事前共同商酌划分采购地区。各区按照指定采购地区分别自行购买，以期不刺激市价，能顺利完成。

八、邱主任达夫代表总处于下星期一即出发，先行赴荣昌调查筹备，以安富镇为驻在地，到达后须筹备下列事项：（一）觅定养猪地点（至少须能养二百头之地点）；（二）养猪工人（以二人为限）；（三）准备养猪饲料；（四）区划各区购猪地区；（五）时与总处

以电讯取得联系；（六）计划运送已购到之种母猪。

九、各区办事处选派人员于下星期四应即出发，到达后先至安富镇与总处人员取得联系。各区处并须准备下列工作：（一）预定贷猪社员；（二）确定接猪地点；（三）接猪地点确定后报告总处并通知邱主任达夫知照。

十、购猪价款经办人员须设法取得合法证明以便报销。

十一、关于购猪防疫问题，血清、疫苗等药品器械由农业组负责洽商准备，第一次先照一千五百头之用量准备，注射人员由邱达夫主任负责向荣昌农校洽办。

十二、各区买牛人员之选派出席，各区主任均同意由第二辅导区办事处派员为璧山各社统筹购牛，代表人各区不用选派。

十三、各社养牛贷款物申请手续应在月内办理完竣。

十四、水利贷款以水利队业经成立，各区可即申请，以备查勘，但各区为求实效应先择适中并有经济价值之少数地点先行试办。

十五、机织社贷纱手续应于二十日内办完，贷放手续至迟于下月十五日前完成，逾期不贷。

十六、各社申请货纱，各主管辅导员及区处应在申请书上签注具体意见，切实负责，以总处不再派员复查为原则。如有少数地点因特殊情形，必须总处派员复查者，须专案签请核办。

十七、各贷纱社总处得随时派员赴社勘查，如发现各社有套贷或机台不实情况，应由调查之辅导员及区主任负一切责任。

散会当日上午十二时。

注：本文辑录璧山区档案馆藏"华西实验区档案"，卷 9-278/107—110。

农业生产合作社申请贷款书表填写说明

一、合作社申请贷款应用之书表

（一）借款申请书。合作社应填四份，一份合作社自存，余三份送辅导区办事处审核后转送总办事处核，转农行核定后分别转送县政府及总办事处各一份存查。

（二）社员借款细数表。本表填送办法与借款申请书同。

（三）借款。应送之附属书表（1）组织章程一份；（2）社员名册一份；（3）业务计划一份；（4）职员印鉴纸一份。

（四）借据。合作社借款经农行核定后通知办理领款手续，应填借据正本一份，由农行存执副本二份，由农行分别转送总办事处及当地县政府各一份存查。

二、申请贷款书表填写方法

甲、借款申请书填写说明（格式附后）

（一）借款申请书右下方之△字△号合作社不填。

（二）申请书文内"需用"下之空白处应按借款用途填，如添购耕牛或养猪等。

（三）申请书文内"请借"下之空白处填借款数额及折合实物之名称数量。

（四）申请书文内"订期"下之空白处填写借款期限，如八个月或两年等，但最长不能超过各项贷款规定期限。

（五）申请书末尾"启"字上方加盖合作社"长戳"。

（六）概况表之社务概况各栏应逐栏按照合作社之实际状况一一填明。

（七）抵押品或担保品记载栏。应由合作社提供与借款数额相当之切实可靠之担保品，逐项填明。

（八）拟请保证人栏。觅取邻近合作社担保填写。

（九）申请人、理事主席、监事主席之下均须分别签名盖章，务须与原送印鉴相符。

（十）年、月、日填明申请贷款日期，并加盖合作社图记。

（十一）介绍机关意见栏。

1. 主任审核栏空白不填留由总办事处填写。

2. 辅导员审核及区主任复核栏均须由辅导员及主任分别签注具体意见并签名盖章。

（十二）银行意见栏空白不填留由农行填写。

乙、社员借款细数表填写方法（格式附后）

（一）表头"合作社"之上应将合作社全名填名，年、月、日填明申请贷款日期。

（二）编号栏。借款社员编号应与登记时社员名册编号相符并应注意号数顺序以便核对。

（三）姓名栏。填写社员姓名必须与登记时社员名册姓名相符。

（四）借款数栏。填写社员借款数目以金圆券计算。

（五）折合实物栏。填写所借金圆券折合实物名称及数量。

（六）担保品栏。填写提供担保品之名称及数量。

（七）用途栏。填写各社员借款之实际用途。

（八）保证人栏。由社员觅取之保证人签名盖章。

（九）借款人栏。由各借款之社员签名盖章并须与原登记社员名册签章相符。

（十）共借栏。填写借款总数及折合实物总数。

（十一）表尾。加盖合作社长戳。

注：合作社公共借款不填社员借款细数表。

三、合作贷款审核程序

（一）各县（局）辅导区办事处接到合作社申请贷款书表后，应由负责之辅导员切实调查详加审核并签注，具体意见区办事处主任复核后转送总办事处。

（二）总办事处收到各辅导区办事处核送之各社申请贷款书表审核加注意见转送农行核贷，必要时派员复查。

（三）合作社借款书表经农行核定贷放后，即由农行于三日内填发核准放款通知书（格式附后）。正副本二份，将正本连同借据（格式附后）及细数表送合作社，副本送当地县政府备查。

四、合作社领款放款手续

（一）合作社接到农行放款通知书后，应将核定各社员借款数额于合作社布告处公告周知，并即由理事主席、监事主席及司库携带通知书借据及合作社图记及理监事主席、司库之私章前往农行办理领款手续。

（二）借据由农行核对无误时，由借款人持往当地县政府合作室，请加盖承还保证人印信后再送还农行，并点收借款。

（三）合作社领得借款后，限五日内照细数表所列数额转放各社员，并邀请实验区辅导区办事处农行及县政府派员监放社员领款，应订立分户借据交由会计核对登帐后交司库保管。

注：本文辑录自璧山区档案馆藏"华西实验区档案"，卷 9-278/P100—102。

函请迅速制定农业合作贷款具体实施办法

事由：函请迅速制定农业合作贷款具体实施办法，俾资办理并希见复由。

廉仁拟 四月五日

全衔公函稿

合字 001 号

径启者：

查贵我双方前于本年一月十八日举行工作联系配合座谈会，其中关于机织部分，曾经共同签订璧山北碚机织贷款协议书及贷纱收布办法、记帐办法等在案。兹本区农业生产合作社业已开始普遍组织，其已组成各社纷请举办各项贷款前来。谨依据座谈会纪录所列各项贷款比例，拟请贵行从速核定，通知贵行巴璧碚各机构配合贷放。在贵行未核定前，因各社业务急待开展，希能提前办理，并拟具体实施办法，俾资办理。即希查照办理，见覆为荷。

此致中国农民银行重庆分行

主任孙（则让）

注：本文辑录自璧山区档案馆藏"华西实验区档案"，卷 9-177/P80。

华西实验区总办事处函请
合作贷款利率仍请照周息八厘收取

中华平民教育促进会华西实验区总办事处（公函）稿

事由：为函请合作贷款利率仍请照周息八厘收取，其不足贵处应收之利息，由本区利息项下补足由。

受文者：中国农民银行璧山办事处

年月日：　　年五月六日发

附件：三件

字号：平实合字第 100 号

准贵处璧字第 23 号函节开"贷款利率照国行规定，实物月息八厘外加合作事业补助费一厘，共计九厘，但加收之一厘实物利息以还款当日按市价折合现金收帐"等由。查合作贷款利率原定周息八厘，早经本区通知各辅导区办事处转知在案，自未便中途增加收失信于农民，影响工作之推进。兹为补救双方困难起见，合作社借款仍请照周息八厘签约计息。而贵处配贷之美烟肥料贷款一亿三千万元不敷国行规定利率而短收之利息，由本区贷款新收利息项下代为补足，以资补救。准函前由，相应复请查照办理，见复为荷。

主任孙（则让）

注：本文辑录自璧山区档案馆藏"华西实验区档案"，卷 9–177/P69—70。

关于机织生产合作社实务人员问题

"组设以生产为主的合作社，并运用组织生产的方法与力量，达成改造社会经济的目的"，这是本区乡村经济建设的总方针。因之合作社的成败，就直接影响着本区实验工作的前途。

"干部决定一切。"合作社的实务人员，就是合作社的领导干部。目前本区合作社的实务人员，究竟是些什么样的人，他们能不能肩负乡村经济建设的任务，这是从事辅导工作者亟应注意研究的问题。

四月九日至十九日，本区举办本年度第一期合作社实务人员训练班，计到学员 140 人，根据学员登记表的材料，我们认为有几点值得提出的。

这次合作实务人员训练，系以机织生产合作社的理监事及经理人员为限，在 140 人中，计理事主席 58 人，监事主席 17 人，经理 40 人，理事主席兼经理 13 人，理事 10 人，理事兼司库 2 人。这说明他们确实都是合作社的主干人员。

在年龄方面，140 人中，计 18—25 岁者 19 人，26—35 岁者 69 人，36—45 岁者 34 人，46—59 岁者 18 人。其中 18—35 岁者占百分之五十强，这说明合作社领导人员都是年富力强的成员，不过 18—25 岁者也占百分之十四弱，这些人是否全是家庭户长，我们应当特别注意。倘若社员不是户长，万一合作社经营不善，发生意外损失，社员履行所负责任时，事属法律问题，易生纠纷事件，将不易处理。

在合作实务人员教育程度方面，140 人中，私塾或自修者 49 人，小学 2 人，初中（及其相当学校）36 人，高中（及其相当学校）22 人，大学（及专科）4 人。此种情形说明土生土长的知识分子（私塾或自修）在合作社领导干部中占百分之三十五，受过近代教育程度在初中以上的知识分子，在合作社领导干部中占百分之六十四。前者是乡土中生根的读书人，终于成了民众自己组设之社团的领袖，后者是象征着"知识分子下乡"这句口号已逐渐地形成事实。从好的方面，这是可喜的现象。但从另一角度看，在乡村中能受过中等以上教育者，恐多为乡村中的富户，能不能澈底恪遵为全体社员谋经济利益的合作原则，有待事实说明。不过我们也不能忽视，即令是乡村中的富户人家，在今天也陷于几不能维持全家生计的贫困境地，他们从事织布生产，是出于生活的自救，是和其他社员具有同样的生活需要的要求。

在140人的经历方面，商16人，公务48人，自由职业33人，商兼公务8人，商兼自由职业4人，公务兼自由职业18人，其他10人。从这些统计数字看，显示着合作社的实务人员，其本身大半不是直接织布生产者（虽然他的家庭是织户），他们的经历，不是保甲长、乡镇公所干事队长等基层公务人员，就是教员之类的自由职业者，再其次就是经商。我们不能以中国一般基层公务人员的素质，来衡量这些曾任或现任公务而兼合作社的实务人员，但乡镇公务与合作经济社团，却显然有着本质的差异。我们也不能说像教员一类的自由职业者不能领导生产组合，因为我们正提倡着"即教育即建设"的说法。我们也不能说经商的不宜于作生产事业干部，谁也知道工商是有着密切关系，何况在分工不甚显著的乡村。但是我们也不应抛却在生产大众中选拔生产事业领袖的理想，今后如何加强生产社员的继续教育（如举办高级民众学校等），如何在生产社员中训练合作实务干部人员，确是值得注意的问题。（纪生）

原载《乡建工作通讯》，1949年第一卷第十六期

注：本文辑录自璧山区档案馆藏"华西实验区档案"，卷9-135/P57—58。

合作社实务人员训练班机织合作社问题讨论总结

一、关于贷纱问题

1. 原则：以他力引发自力方式，促成社员经济的自力更生。采贷实收实办法，使贷款得以保值。

2. 各社第一期，暂不贷底纱，先采以布换纱办法，协助有底纱之社员继续生产。

3. 一个月后由理事会查明社员中之真正贫苦农民，仍未能开机织布者，经审查后贷予底纱。

4. 贷纱担保办法，照贷放机构之规定办理。

二、关于组织联社问题

1. 联社代表之产生按单位社社员人数比例选派，社员在一百人以下者，推选代表一人，社员在一百六十人以上者，推选代表二人。

2. 联社之经理及其他职员之选用，依"权""能"分立原则，一律采聘任制。经理由理监联席会聘任，其他职员由经理提出人选交理监联席会核定聘任之。

3. 理监事之产生，由各乡之单位社联合提出候选人一人。联社计理事十一人，监事七人。

4. 联社之业务，办理以纱换布整染及运销等，并于重要地区设立办事处，视业务必要得分宽布组、窄布组。

5. 新成立各社迅即向联社登记，以便改组，在改组前暂由供销处代办联社业务，并由宽布社、窄布社各暂推五人负责协同办理。一个月内联社改组完竣。

三、关于巩固单位社基础问题

1. 会员以布换纱联合社应给予工缴及合法利润（以纱易布标准参照市面通行标准订定）唯单位社可拟定办法规定提存一部分利润供单位社社员周转，期能自力更生不再贷纱贷款。

2. 社股应予增加并按实物计算，由各单位社保管，厘订办法，贷予社员周转。

四、关于社员教育问题

1. 受训理事经理即为传习导生，回乡后分别举办社员训练。

2. 各社学区民教主任应协助办理。

3. 社员训练时间暂定七日，每日传习一小时到二小时。

原载《乡建工作通讯》，1949年第一卷第十四期

注：本文辑录自璧山区档案馆藏"华西实验区档案"，卷9-136/P110。

辅导机织生产合作社加强军布生产方案

甲、目标

促进各社军布生产，如期完成承织数量。

乙、工作要点

一、监督各社依照规定运用周转纱，务使确能发挥周转效益，不得有挪用情事。

二、督促各社社员如期、如数交足承织数量，并鼓励增产、增交，必要时得挨户抽查机台及织造工作进行情形。

三、切实稽核各社日用品配借纱转发情形，严防负责人运用机会侵占社员权益。

四、考查各社社务、业务之得失，随时予以矫正。如有舞弊情事时，应以书面提请校办。

五、指导各社设立会计制度，务使均有完备之账册记载，同时选定示范社及表证社员藉资观摩。

丙、实施办法

一、就承织军布机织社分布区域划分辅导区如次：

第一区包括城南乡属玉皇庙、蓝家湾、皂桷坡、刘家沟、东岳庙及城中镇所属龙王庙、魁星楼等七社。

第二区包括城南乡属明德堂、马家院、养鱼池、白鹤林、观音阁及大兴乡属两座桥等六社。

第三区包括城北乡属温家塆、黄泥塆、雷家塆、杨家祠及城东乡属严家堡等六社与狮子乡属军布生产小组。

第四区包括城西乡属彭家寨、汪家塆及福禄乡属大水井、文风桥、玉皇观等五社与城西乡属军布生产小组。

第五区包括河边乡属新店子、马鞍山、金彭滩、响水滩等四社。

第六区包括蒲元乡属上蒲元场、马家桥、上礁滩、四面山、荣家冲及接龙乡属五云山、青木乡青兴等七社。

第七区包括北碚管理局所辖金刚、朝阳、澄江等三社。

二、每区设辅导干事一人，巡回工作辅导人员之任用，以聘请华西实验区总办事处及璧山县政府合作工作人员兼任为原则，除支给公旅费外不另支薪。

三、各区辅导人员应照乙项所列各要点切实执行，务期达成预定目标。

丁、其他

本方案提经处务会务通过后有效，并自（民国）三十八年九月一日起实施。

注：本文辑录自璧山区档案馆藏"华西实验区档案"，卷9-187/P103。

华西实验区机织生产合作社承织军布奖惩办法

一、华西实验区合作社物品供销处璧山分处为奖励各机织合作社承织军布增产、增交起见，特订定本办法。

二、各机织合作社送交布匹于约订期限终结时，如不足承织数量，按约订办理；有超逾承织数量者，按所送多寡，分列次第予以奖励，其奖励办法另订之。

三、各机织合作社社员每一机台承织军布送交数量每月达十四匹者，其所交数量，按每匹加给奖纱一排；如送交数量不足约订时，每短交一匹即扣纱二排。奖惩纱量均于契约终止时，结算后分别发扣之。

四、各机织合作社及社员已向华西实验区贷纱，而不订约承织军布或订约不能履行者，一经查出，即截留其应借周转纱及生活用品配贷纱，并收回贷纱，开除社籍，移送县局政府按贻误军需罪惩办。

五、本办法经处务会议通过后公布实施，并呈报华西实验区总办事处转请有关县局政府备案。

注：本文辑录自璧山区档案馆藏"华西实验区档案"，卷 9-187/P97。

第五章

农村与农业

中华平民教育促进会华西实验区一九五〇年
农村经济建设工作计划纲要草案

一、加紧璧山机织生产合作社之生产及建修合作整染厂

甲、璧山机织生产合作社之供销业务应加强推进，必使各类布匹之生产达到有计划的及标准化的目的，本区可继续供给周转纱以增加生产。

乙、各合作社社员职工教育应加强实施。现已组成之八十六社，其织布机约七千余台，即代表七千余户，参加生产人员达二万余人，本区拟指派人员分驻各社，从社员教育中促进其业务发展。

丙、合作整染厂应搬迁于璧山适当地点，依照原计划由本区贷足其经费，预计尚需拨款人民币 180000000 元。合作整染厂拟先在渝开工，一俟璧山房舍修建完竣即行搬迁。

二、完成铜梁合作纸厂原计画及健全造纸生产合作社

甲、铜梁合作纸厂原有之造纸机现已开工，新造纸机尚未安装完竣，拟限期二月内完成。同时继续修建西泉水电工程以解决新机安装后之动力问题。此项安装新机及继续修建水电工程由本区加派人员切实计划实施，预计所需经费约在人民币 90000000 元左右，此款由本区拨贷。

乙、健全造纸生产合作社之组织及加强职工教育，俾合作纸厂与造纸合作社溶为一体系，并逐渐减少迷信纸之产量，增加文化用纸之产量。

三、加强农业生产合作社之组织并扩大其供销业务

甲、以区人民政府为范围设立农业生产合作社供销站，所有各社员的主要农业产品之运销及其需要品，如优良品种、农具、肥料及日用必需品之供给统由供销站作有计划之供销，并联合各供销站组织县单位之合作供销处。此项合作供销机构先以璧山及巴县

西里为范围尽先设立，并由本区先拨贷周转金人民币 300000000 元。此项供销机构拟尽量吸收地方资本，俾逐渐建立都市与农村互助之正常关系。

乙、关于组织工作，除由本区派员及由各农业生产合作社推选代表参加外，拟请地方人民政府指派人员参加指导。

四、继续农业优良品种及苗木之推广工作

甲、保留优良农业繁殖站，集中本区各项优良品种，为有计划之推广。

乙、继续建立约克斜种猪网，以璧山为中心普遍推广一代杂交猪。

丙、即日计划分植现已育成之小米桐苗三十余万株，选定适宜地带有计划地培育模范桐林。

丁、本区已育有优良甜橙苗约二万余株，即选定地带推广。

戊、继续牛瘟防疫注射。

五、继续江津、綦江之甜橙防治蛆害工作并继续建立甜橙生产运销合作社

甲、本年曾为綦河流域甜橙产区防治蛆害，已收相当效果，此项工作必须继续推行，否则川东甜橙将有灭亡之危险。本区拟再派员常驻该区并请地方人民政府派专人参加指导。

乙、即日着手设立甜橙产销合作社供销站，于本年先行试办。由本区先行拨贷周转金人民币 60000000 元，并尽量吸收地方资金。

六、本区拟在渝市设立合作物品联合营业处以便于城乡物资交流达到互助之目的

七、水利工程

本区现有技术人员多名，已勘测及设计小型水利工程多处，拟请人民政府发动民力兴建，本区在技术上尽力配合工作。

附注：

1. 本区现存之款，拟全部作为事业费，自一九五○年二月起行政费由平教会按月拨付。

2. 本区教育卫生及社会调查工作计划另拟之。

注：本文辑录自璧山区档案馆藏"华西实验区档案"，卷 9-5/P78—79。

拟订区属各县实验乡镇
农村建设三年计划要点提请决议以资办理案

案由：为拟订区属各县实验区镇农村建设三年计划要点提请决议以资办理案。

理由：（略）

办法：

甲、计划要点：

一、经济建设

1.完成全县农业生产合作社，各县应视其生产范围，以保学区为单位组成保学区农业生产合作社，分年完成下列各项工作：

（1）稳定土地使用权。凡合作社区域内社员耕佃田土应报由合作社存记，以保障业佃权益。

（2）创置社田。凡合作社区内土地发生转移时，则由社内农业金融机关贷款承买，作为社田，所谓"社田社有"，但仍由原佃耕种，分年偿还，以控制土地买卖，免再产生新地主。

（3）建立社仓。每合作社应设现代化仓库一座，供农业品抵押之用，以调节农业金融及农产供需。

2.加强合作机能，增进农业生产。

（1）推广优良作物品种及保育繁殖优良家畜；

（2）普遍劝导种桐植桑，每户至低培成十株桑百株桐；

（3）发展本地特种作物——如遂宁白芷、三台天冬、蓬溪柚子、安岳篾蓆，尽量提倡改进；

（4）改进农家副业，提倡集体养鱼、养蜂、种果、植树并奖进家庭小手工业——打草鞋、编草帽、斗笠及一切竹具。

3. 修筑水利工程。

（1）各县有河流可资利用者，应赶速策划修成堰渠，以供灌溉，供资发展电气工业；

（2）无河流之县应将溪涧分布之区分段堵筑成埝，并普遍发动挑凿池塘，用以减少旱灾。

二、教育建设

1. 重新划定国民学校学区。各县现有中心及保国民学校，分布均欠合理，应即由有关机关配合，乡镇公所、乡镇民代表会组织学区划分委员会重新划分，使每一学区不特为一施教区域且为一经济组织体。在划分时并须注意下列各条件：

（1）便利儿童就学及成人教育之传习；

（2）地方财富能负担学校经费；

（3）学校能为该学区之建设中心；

（4）全学区住户在二百户及田土面积二千亩左右。

2. 建全国民学校机构及人事。

（1）各级国民学校校舍及设备应予合理之改建及充实。此项工作由各乡镇组织建校委员会办理之；

（2）除中心国民学校员额不予变更外，所有国民学校应设校长一人，民教主任一人，教师二人；

（3）每中心国民校增设农业指导员一人，使各种农业生产与教育切实配合，达成农业生产教育待遇与小学教育同。

3. 运用导生传习办法，设置传习网，扫除文盲。

（1）中心国民学校设传习总站，以校长、民教主任为正副站长，保国民学校设传习站，校长及民教部主任为正副站长，以下即传习处设政治、经济、文化、自卫四组，由优良学生担任组长；

（2）各站正副站长负责办理导生训练及传习事宜；

（3）民教部主任应将每学区成人（十五岁至四十五岁）编为成人班，并按其住址、生活及需要分为若干组，施以基本教育或专业教育之传习，以各项农村建设为教育内容，用各种教育活动完成农村建设，达成即传即习即实用，即组即训即建设；

（4）各乡镇保应发动全体学龄儿童就学运动，并进而强迫儿童与失学成人入学，必要时并于乡镇公所内设"留读处"，对抗不入学之学生予以留读处分。

4.举办干部训练及教师福利事业。

（1）各县县府教育局应配合计划举办各项自治干部训练，俾一切工作易于推动；

（2）为安定教师生活及激发其服务热忱，拟创立合作福利保险制度，对其进修、疾病、婚丧、养老等事予以有效之救济，其基金由县分年自筹。

三、卫生建设

1.建立保健制度，增进人民健康。

（1）普遍设立卫生员，每学区国民学校民教部应专设卫生员一人（女性经合格训练后任用），负该学区内卫生教育及疾病预防暨出生、死亡之登记、统计等事宜，待遇与教员同；

（2）健全及充实县卫生院与乡镇卫生所人事和设备。

四、政治建设

1.健全基层机构，发展自治事业。

（1）健全乡镇保人事组织，由辅导人员随时严密考核，予以奖惩，优良者晋升，玩劣者淘汰；

（2）发展自治事业，乡镇保甲人员应澈底了解农村建设系为地方自治之实行，地方自治为农村建设之目标，故对各项工作须特别注意办理，以宏效率。

2.训练人民行使四权，健全基层民意机构。

（1）利用现有基层民意机构，举行会议作人民行使四权之训练；

（2）指导人民运用四权以健全将来民意机构。

乙、施行范围

以遂宁作全县之实验，其他各县则只限于指定之实验乡镇，各县政府并应各就所需，参照计划要点，拟定实施办法呈核。

丙、完成期限

一、属全县性者，三年完成指定之实验，乡镇限民国卅八年内完成。

二、本年内至低应将本署前定进度表列各项工作筹备完成之。

丁、经费来源

由华西实验区担负一半，各县自筹一半，并配合计划拟定预算，呈报本署查核。

审查意见：照原提案通过，转饬各县按照计划要点拟具推进计划，依照限度办理。

议：照审查意见通过。

注：本文辑录自璧山区档案馆藏"华西实验区档案"，卷 9-160/P14—16。

华西实验区各辅导区农业工作推进办法

一、本区农业工作之目的，在求辅导生产农民应用科学知识，采用良种良法以改进农业，增加生产。

二、为达成此项目的，应根据下列原则开展农业工作：

1. 以繁殖站为中心进行农业推广工作。

2. 以实际工作表证启发农民改良农业兴趣。

3. 配合本区传习处与农业生产合作社之工作进行，以有组织之教育活动灌输现代农业知识。

4. 一切推广工作均需由本区工作同志直接施与生产农民，争取当地之各种组织协助与便利，但不宜假手他人以防工作变质。

5. 采取重点主义逐步开展工作。

6. 各项工作之进行应本总办事处之指示，拟定具体计划，充分准备及时开展以求时效，并需按时检讨以求时效改进。

三、每一辅导区设一繁殖站（设置办法按过去规定办理），由总办处就习农之辅导员同志中指派专人负责，不兼管其他职务，拟设新站之辅导区可由区主任指派习农同志兼代，再报请总办事处核派。

四、繁殖站负责人之工作任务及项目规定如下：

1. 组织表证农家，作良种良法之实地指导。

2. 调查繁殖站所在地与本辅导区各乡及北碚歇马乡、璧山等地之交通工具、力资等，报告总办事处农业组，俾便推广材料之输送参考。

3. 对推广之良种良法应随时作详细之记载。

4. 对当地土种土法及农谚，应向有经验之老农切实询问与记录。

5. 每月巡回各乡一次，俾获得农民实况之了解并相机进行辅导农业工作。

6. 建立农业情报网，及时转报总办事处农业组。

7. 设计并推进各种农业教育活动，如农业展览会、生产竞赛、农业讲习、影音施教等。

8. 编辑各种农业传习教材，实行教学，普及农业教育。

9. 简单气象之观察与记录。

10. 依据上述项目拟定具体工作计划与步骤，按时报告工作进度。

五、繁殖站负责人在行政上受区办事处之监督指导，技术须受农业组监督指导。

1. 所有有关农业工作之通知，区主任应立即转知繁殖站，各繁殖站之报告应书两份，一份呈区主任转总办事处，副本一份径呈农业组。

2. 农业工作经费预算由繁殖站负责人会同辅导区区主任拟具，报请农业组核定，由繁殖站具领保管、使用，所有经费使用情形每月向区主任及农业组报告，并按总办事之规定办理报销。

3. 所有农业器材均由各繁殖站根据农业组指示，由负责人具领、保管、使用。

六、各区办事处对繁殖站工作应随时督导策进，各驻乡辅导员亦应尽力协助，推进各乡农业工作。

注：本文辑录自璧山区档案馆藏"华西实验区档案"，卷 9–48/P84—85。

四川之甜橙（续）

——华西实验区农业组组长李焕章先生的专题讲话

民国卅八年七月六日八点至九点半

康廷方记

前一次我已把四川甜橙的大概情形简单地讲过了，今天我讲一讲四川甜橙的前途。

甜橙在营养上的价值对于民族健康的影响都是很大的。现在以全国人计，每人每年只能吃一个，实际在有些地方是无法吃到的。我们的任务就在增加甜橙生产量。要增加生产就必须看看甜橙的销路，即市场的情形。

在抗战前一年，进口甜橙价达 15000000 元，中国甜橙产量占世界第四位，但为什么还有这种大量进口的情形呢？这原因就是没有被我们充分利用。因为交通的不方便，甜橙出产后只在产地销售，没有运销外地。其次，四川的甜橙应市的时间只有三四个月。江津甜橙味美于南充甜橙，但南充甜橙储藏时间较长。

为什么江津甜橙储藏期较短呢？

第一，是江津土壤的关系。

第二，是储藏的方法。南充用地下室储藏，但在江津却没有，这因为江津土壤中水较多。

第三，气候的关系。在南充储藏前，果实经过一段冷冻的时间，这样使果实内部的热向外发散，因此能储藏较久的时间，这在江津就没有这种情形。在江津储藏的方法是地下铺草，放上甜橙，面上再盖谷糠，这样可藏二三月，好的有百分之六七十。因此，要甜橙能有前途就必须要市场，因此也就有储藏的问题。怎样储藏呢？以后吴先生向大家讲。

在目前，福建等地的甜橙果园因为战争的关系多已破坏，这是四川甜橙发展的好机会。中国人平均每人每年吃甜橙量不过 0.2 磅，四川人平均 0.4 磅，而美国人平均为58.7 磅，这原因是什么呢？是我们把大部分的果实浪费了，譬如在储藏时、运销时都损坏大批甜橙。

如果我们要使每人平均每年的吃橙量提高到一磅，这是完全可能的，就不管储藏、运销等问题，只把能栽培的地方都种植，是可能的。如果再说改善储藏、运销等方法，则可增加百分之九十。

美国甜橙每年产两季（冬季、夏季），中国只产一季（冬季）。中国的土壤是可以栽种两季的，但都要在冬季开花的时候用电力来消灭霜的损害。

在甜橙的生产上有些什么问题呢？四川甜橙的栽种有下列的缺点：

1. 非专业的经营：农民没有把果园当作主要的经营，而只把它当作副产。这因为甜橙果园投资后要五六年才能收获。土地所有权的分裂，农民不愿投资。为什么要专业化呢？非专业化有何缺点？（1）产量不固定；（2）经营方式无法改进。

2. 肥料不够：农民因为经济的窘迫，无法购买适当的肥料，农民没有依据生产的需要量施肥。

3. 虫害：虫害不只于果实蝇，果实蝇只是虫害的一种。

4. 果园更新：果树结果有一定的年限，甜橙生产结果最茂盛是第五年至十年间，到了这时果树必须砍掉，以新的果树代替，这就是果园更新。但在现在的条件下，果园更新的工作是非常不够的。

5. 产量不均匀：因为大年、小年的关系，产量常有很大的差别，这种产量不均的情形也是不好的，如果我们能将果树间隔结果的方式，使产量均匀。

6. 品种的改良：四川甜橙的缺点：（1）形状不一；（2）核多；（3）剥皮困难（包皮需要改进）；（4）成熟太迟。四川甜橙成熟期是十二月，这时正是水枯的时候，运输困难，因此增加损失。如能提早一月成熟就可解决这个问题。

7. 运销的困难：希望政府能予以帮助。在运销中还有几个问题需要改进：（1）储藏；（2）分级；（3）中间商人的剥削；（4）包装。

注：本文辑录自璧山区档案馆藏"华西实验区档案"，卷9-114/P53—55。

华西实验区农业组工作计划进行步骤及工作现况

（民国）卅八年四月一日

工作计划及进行步骤

第一年（卅八年）之中心工作

1.辅导农业生产合作社，作农业技术上之改进及增产材料之贷给。

a.稻麦、油桐、南瑞苕等良种推广。

b.杂交猪之推广。

c.耕牛增添。

d.小型水利增设及改进。

e.作物及家畜病虫害之防治。

f.组织表证农家，用为开始前项工作。

2.设置推广繁殖站，繁殖优良种苗及家畜种，以为来年推广之示范。

3.原始种之繁殖，与中央农业实验所北碚分场合作。

a.繁殖优良种苗，供给各繁殖站。

b.研究解决农业技术上之问题。

4.农家推广种之检查与搜购，本区已行推广于农家之改良稻麦种，于收获前派员予以检查去劣，备价收回，备为（民国）卅九年度推广材料之用。

5.农业自然环境之探讨。

a.各繁殖站设简单气象仪器，纪载气象要素之变化，并与有关机关团体合作，以谋本区域农业气象之认识。

b.自然地理（surface features of land）之调查

c.土壤分布概况调查

d. 土地利用概况调查，调查本区内水田、旱地、山丘、荒地等之实况

6. 农业生产现况之调查

a. 作物之分布与栽培制度

b. 动物之生产种类、数量与饲育情形

c. 施肥情形

d. 病虫害之分布

e. 农场经营概况

f. 举办农情报告

g. 本区农业区域之初步划分

7. 搜集有关图书资料

第二年（卅九年）之中心工作

1. 赓续上年度之工作

2. 进一步指导农业生产合作社之农业技术改进

3. 增设推广繁殖站

4. 大量供给适宜本区之优良种苗

5. 根据上年度获得之问题作为农业生产之专题研究

6. 复核农业区域之划分

7. 荒地初步利用

8. 开始水土保持工作

第三年（四十年）之中心工作

1. 赓续上年度工作

2. 完成推广繁殖站每乡一站之目标

3. 完成生产合作社良种纯化之目的

4. 控制特产种苗，淘汰莠劣，以指向产品标准化之途径

5. 实施原始种场研究之结果

6. 确定农业区域

7. 就新有问题研求解决方法

目前工作概况

1.各辅导区设置推广繁殖站,现璧山第一、二、三、四、五、六区、巴县第一、二、三、四、七区均已成立。

2.优良作物品种之推广(见下表)。

作物	推广数量	栽培面积	收成预计	增产预计	明年推广面积预计	明年推广收成预计
水稻	402.2 市石	8044 亩	52000 市担	7800 市担		
南瑞苕	11000 市斤	440 亩	10120 市担	5060 市担	40480 亩	931040 市担
美烟	500000 株	500 亩	75000 市斤	750 市担		
米桐苗	1640000 株	54667 亩				

3.原始种繁殖(见下表)。

作物	繁殖亩数	收成预计	明年推广面积	明年收成预计
水稻	30 亩	195 市担	1950 亩	12675 市担
小麦 *	15 亩	30 市担	300 亩	600 市担
南瑞苕	15 亩	345 市担	1380 亩	31740 市担
桐苗	40 亩	570000 株	19000 亩	

4.原种繁殖(见下表)。

作物	繁殖亩数	收成预计	明年推广面积	明年收成预计
水稻	120 亩	780 市担	7800 亩	50700 市担
小麦 *	70 亩	140 市担	1400 亩	2800 市担
南瑞苕	120 亩	2760 市担	11040 亩	253920 市担
桐苗	40 亩	570000 株	19000 亩	

5.推广种繁殖(见下表)。

作物	繁殖亩数	收成预计	明年推广面积	明年收成预计
桐苗	35 亩	450000 株	15000 亩	
水稻	600 亩	3900 市担	39000 亩	253500 市担
小麦 *	600 亩	1200 市担	12000 亩	24000 市担
南瑞苕	160 亩	3680 市担	14720 亩	338560 市担
柑桔苗		10000 株	334 亩	
* 小麦繁殖工作于秋间开始				

6.增加耕牛，本区现有耕牛，至感缺少，兹以璧山黄泥湾、三个滩社学区为例，可见一斑（见下表）。

黄泥湾社学区耕牛概况

牛数	户数	备　注
0 只	264 户	
1 只	55 户	本社学区 323 户，共有牛 63 头，内水牛 28 头，黄牛 35 头。
2 只	4 户	

璧山三个滩社学区耕牛概况

牛数	户数	人数	备　注
28 只	242 户	1166 人	本区共有耕地 2689.6 亩，耕牛 28 头，平均每头牛耕地 96.06 亩

上表指明耕牛缺乏，致农不依时，影响生产甚大，拟举办耕牛贷款，由合作社社员联合请贷，每社可货予 10 头。现即派员前往产牛区选购 100 头，供应各繁殖站需要，以后再陆续举办，同时并奖励饲育母牛，以求增产。

7.提倡养猪，本区农家平均 2 户有猪 1 头（见下表）。

社学区名称	猪数	户数	备　注
黄泥湾	281 只	323 户	无猪者 145 户，1 只猪 109 户，2 只者 52 户，3 只者 9 户，
三个滩	266 只	242 户	4 只者 4 户，7 只者 1 户。

故宜倡导增产，以增加肥料来源与农家收益，按约克夏纯种猪与荣昌猪交配之一代杂交种，性状甚佳，成长快，易肥育，极有推广之价值，而著名之荣昌白鬃猪，亦宜保留纯种，计划每繁殖站即发约克夏种猪 2 头，并举办母猪贷款，使其交配繁殖，增产一代杂交种。以后使每乡镇，均有 2 头种猪，在巴县、璧山、北碚、江北、合川造成一代杂交种区域，其他县份则造成荣昌纯种区。

8.家畜保育、指导改良畜舍与饲育方法，按时注射疫苗、血清，举办牲畜保险以收增产之效。

9.举办小型水利，现已筹划。为免干旱之威胁，各区有凿塘筑堰之必要时，即举办小型水利贷款。

10.植物病虫害之防治，现正准备派技术人员分赴璧山、合川、北碚、巴县、江北、綦江等地，从事表证施药工作。

11.准备调查工作，本年度计划之各项调查现已着手准备，由本组派员与各区农业辅导员进行之。

12. 编印丛书小册，已编竣者有《改良稻种栽培须知》，正编印中者有《本区农业辅导人员手册》《油桐栽培法》《家畜饲育法》等。

13. 农民对本年度推广工作之反映。

a. 优良品种之推广，备受农民之热烈欢迎，其中尤以南瑞苔及米桐苗，因产量高而收益确实，已经建立信仰，故抢贷情况更为空前，例如沧白、屏都、白市驿等乡镇距离北碚无下一百五十里者，然各区农民领种人数，并未因此稍减，担筐荷箩，络绎不绝。当时成渝道上，因驻军开拔赴滇，拉夫之风颇盛，然农民仍不为所动，踊跃奔赴各繁殖站，请领良种，内有沧白农民胡世有、张天才等。因距发种距离远，又惧到迟，致失去领种之机会，竟黑夜起程，中午到达发种地点，后以按名分发，致渠等于下午三时始得领到，渠等并未以此为苦也，同时为争取及时下种计，赓即匆匆冒黑赶回。又丁家乡分发稻种时，有二位六十余岁老人，因家中人外出，又恐失却机会，乃从五十里外，共抬一箩筐，要求监放人员优先领取，以便赶回。当时推广人员及在场保甲农民，莫不为之感动，争为抆拨，二人乃欣然称谢而去。

b. 其他如农民闻贷耕牛、贷猪办法之兴奋，改建畜舍，以候迎接此新来之伴侣之情形，与夫对杀虫药剂之争取配给情形，皆予推广人员以莫大鼓励。

注：本文辑录自璧山区档案馆藏"华西实验区档案"，卷9-54/131—137。

中华平民教育促进会华西实验区农业组
（民国三十八年）七月份工作报告

甲、进行及完成工作

一、各农业推广繁殖站工作检讨（详见附件一）

1. 璧山一至六辅导区及巴县一、二辅导区已成立农业推广繁殖站九处，表证农家共计九十八户，耕地面积 2414 市亩。

2. 各站繁殖水稻良种中农四号、中农卅四号及胜利籼共计 21.12 石，栽培面积 423 亩，估计今年收种 2115 石，明年可供推广稻田 42300 亩。

3. 各站繁殖南瑞苕种共计 719 斤，栽培面积 29 亩，估计今年收种 58000 斤，明年可供推广 2320 亩。

4. 繁殖小米桐子 2583 斤，播种苗圃 24.5 亩，估计明年育成桐苗 258000 株，可供推广植桐面积 8600 亩。

5. 各站推广稻种共计 294.15 石，栽培面积 5883 亩，今年产量估计 29415 石。

6. 各站推广南瑞苕种 4993 斤，栽培面积 201 亩，今年产量估计 4020 担。

7. 各站推广小米桐苗 22500 株，栽培面积 750 亩。

8. 璧四区马坊、广普、三合推广美烟苗 877900 株，栽培面积 585 亩，估计产烟 200 担。

二、各农业合作机关补助费结算（详见附件二）

1. 中农所北碚场——合约规定补助良种繁殖及建仓费 5600 美元，已领补助费 2067 美元，未领补助费 3533 美元，折合银币 5300 元，七月底付清。

2. 川农所合川场——合约规定补助良种繁殖及建仓费 1600 美元，已领补助费 400

美元，未领补助费 1200 美元，折合银币 1800 元，七月底付清。

3. 乡建学院农场——合约规定补助良种繁殖及建仓费 1600 美元，已领补助费 400 美元，未领补助费 1200 美元，折合银币 1800 元，七月底付清。

4. 璧山县农推所——合约规定补助良种繁殖费 300 美元，折合银币 450 元，七月底付清。

5. 巴县农推所——合约规定补助良种繁殖费 300 美元，折合银币 450 元，七月底付清。

6. 北碚农推所——合约规定补助良种繁殖费 300 美元，已领补助费 75 美元，未领补助费 225 美元，折合银币 337 元，七月底付清。

7. 合川农推所——合约商定中补助费 300 美元，折合银币 450 元，立约后付清。

以上农业合作机关，合约规定补助费共计 10000 美元，已领补助费 2942 美元，未领补助费 7058 美元，折合银币 10587 元，七月底全部结算付清。

三、江津甜橙果实蝇防治工作开始（详见附件三）

1. 七月一日至十四日在歇马场乡建学院举行甜橙果实蝇防治训练，参加受训之辅导员二十六名，同学 109 人。

2. 七月十六日全体出发至渝，转住江津工作地点。

3. 七月十七日在渝招待新闻记者，说明蛆橙防治工作之重要。

4. 全体组织共分四区队十六分队，分驻真武、顺江、仁沱、清泊、高歇、崇兴、和平、马鬃、贾嗣、广兴、杜市、五福、先峰、永丰、高牙等十六乡镇，分别辅导蛆橙防治工作。

四、铜璧交界乡镇竹蝗防治工作结束（详见附件四）

1. 铜璧交界乡镇竹蝗防治工作自六月二十五日开始，七月十五日结束。按照捕蝗奖纱办法，发动农民组织治蝗队捕蝗，二至四两奖纱一排，共分二期或三期办理。

2. 璧山之福禄、梓潼、河边、大路、依凤、八塘六乡及铜梁之西泉、虎峰、大庙、天锡、太平五乡，共计十一乡镇，动员民工 21835 人，捕蝗 108288 两，共合 6768 斤。

3. 目前竹蝗多已五龄，捕捉甚感困难，各乡已经捕灭竹蝗数量平均约占百分之八十以上，虽未全部肃清，今年决难成灾，现正监视成虫集中产卵区域，准备冬季翻土掘卵。

4. 全部捕蝗总数 108288 两，平均竹蝗三龄，每两 130 只，约共捕蝗 14077440 只，减少竹、稻及玉米等作物受害面积 1400 亩，增加农民收益折合银币 11200 元。

五、合作办理兽疫防治（详见附件五）

1. 经济部华西兽疫防治处及四川省农业改进所合组兽疫防治督导团派员来璧，为防治牛瘟，注射兔化牛瘟疫苗。先在第一区开始试办，于七月十五日至二十三日在城北、城东、狮子、城南五乡注射黄牛47头，水牛216头，共计263头，现已调往璧三区继续注射防疫工作。根据报告，至七月底止，在中兴、来凤、鹿鸣、龙凤共注射牛只445头。

2. 本区与第三农业辅导区合作办理猪瘟及丹毒防治注射，共计防治猪肺疫及猪丹毒365头，牛瘟三十六头。

六、水利工程队出发勘查

1. 水利工程队组织成立，已于七月廿五日分两队出发，前往巴一区土主、虎溪二乡勘查小型水利工程。

2. 长江上游水利工程处调派副工程师傅可坊、袁承侃、助理工程师王鹏洲三人来璧，分组领导水利队勘查工作。

3. 申请勘查之小型水利工程种类，以挖塘、筑堰、修补及疏通水道为限。

4. 工作范围以巴、璧、碚三县局为主，先以璧山、北碚全区及巴县一、二两区为重心，次及巴县全区。

七、水稻生长概况调查

1. 各区推广之水稻良种均已抽穗中，农调所派员会同出发各乡实地调查水稻生长概况，记载播种期、抽穗期及生长情形。

2. 各区推广稻田定期举行去杂除劣，以保稻种纯洁。

八、烟草套袋留种贮藏

璧四区马坊、广普、三合三乡今年推广美烟烟苗877500株，为保烟种纯洁，曾派员前往套袋自交，共计400株，收种2.5斤，可供明年推广美烟栽培面积667亩。

乙、计划及准备之工作

一、特约简仓收购良种

今年各区推广繁殖站共计推广优良稻种294.15石，南瑞苔种4993斤，秋后即待收回各区表证农家繁殖之优良稻种21.12石，南瑞苔种719斤。估计共可收获稻种2115石，苔种58000斤，均待收购贮藏，各区急需选租简易仓库，以便贮藏保管，留待明年推广。

二、辅导农民自行换种

今年各区推广之稻种苔种，除将贷种部分收回外，农民自留之良种已决定拟就计划，辅导附近农民自行换种，以便扩大良种推广面积，普遍增加粮食生产。

三、准备推广小麦良种

本区与中农所北碚场、川农所合川场及乡建学院农场订立合约，今年繁殖之小麦良种"中农廿八号""中农六十二号""中农四八三号""合场五号"等将于秋后大量推广，现正拟具计划选定适应品种及推广区域，以便早作准备分别推广，及时播种。

四、协助购运耕牛种猪及防疫注射

本区耕牛及种猪贷款均已开始举办，约克夏种猪改由巴一、二区及璧一、五、六区领运饲养，荣昌种猪已派员前往洽购，猪瘟及丹毒血清已运往购猪地点防疫注射，耕牛现在桐梓选购，已商请兽疫防治督导团派员前往防疫注射。

附件一：

中华平民教育促进会华西实验区各辅导区推广繁殖站工作简报总表

（民国）三十八年四至七月

一、各站现况

站址	辅导区	负责人	表证农家	耕地面积	备考
城北乡	璧一区	陶存	10 户	253 亩	
狮子乡	璧一区	王德伟	9 户	200 亩	原负责人谭力中调丁家乡
大兴乡	璧二区	王廷杰	13 户	239 亩	
来凤乡	璧三区	高西宾	9 户	265 亩	原负责人何奇镜调北碚种猪站
丁家乡	璧四区	谭力中	21 户	525 亩	原负责人黎方鲛调北碚种猪站
河边乡	璧五区	张远定	10 户	267 亩	

站址	辅导区	负责人	表证农家	耕地面积	备考
依凤乡	璧六区	李棚	10户	250亩	
土主乡	巴一区	贾厚友	6户	240亩	
歇马乡	巴二区	王成灌	10户	175亩	

以上九站共有表证农家九十八户，耕地面积2414亩。

二、繁殖良种

站址		城北乡	狮子乡	大兴乡	来凤乡	丁家乡	河边乡	依凤乡	土主乡	歇马乡	合计
水稻	繁殖稻种（石）	3.60	0.72	0.85	1.80	0.05	0.60	4.00	8.40	1.10	21.12
	栽培面积（亩）	72	15	17	36	1	12	80	168	22	423
	收种估计（石）	360	75	85	180	5	60	400	840	110	2115
	可供推广（亩）	7200	1500	1700	3600	100	1200	8000	6800	2200	42300
南瑞苕	繁殖苕种（斤）	104	220	115	130	50	20			80	719
	栽培亩数（亩）	4	9	5	5	2	1			3	29
	收种估计（斤）	8000	18000	10000	10000	4000	2000			6000	58000
	可供推广（亩）	320	720	400	400	160	80			240	2320

续表

站址		辅导区		负责人		表证农家		耕地面积		备考	
小米桐	繁殖桐种（斤）	200	200	205	148	200	440	400	450	340	2583
	栽培面积（亩）	2	2	2	1.5	2	4	4	4	3	24.5
	估计育苗（株）	24000	24000	24000	18000	24000	48000	48000	24000	24000	258000
	可供推广（亩）	800	800	800	600	800	1600	1600	800	800	8600

三、推广良种

站名	水稻			南瑞苕			小米桐	
	推广稻种（石）	栽培面积（亩）	产量估计（石）	推广苕种（斤）	栽培面积（亩）	产量估计（担）	推广桐苗（株）	植桐面积（亩）
城北乡	28.30	566	2830	346	14	280	8500	283
狮子乡	2.16	43	216	84	3	60		
大兴乡	15.00	300	1500	50	2	40		
来凤乡	55.05	1101	5505	100	4	80		
丁家乡	67.55	1351	6755	800	32	640	美烟877900	美烟585
河边乡	37.50	750	3750	1200	48	960	6000	200
依凤乡	26.00	520	2600				8000	267
土主乡	17.35	347	1735	445	18	360		
歇马乡	45.24	905	4525	1968	80	1600		
共计	294.15	5883	29415	4993	201	4020	22500 美烟877500	750 美烟585

中华平民教育促进会华西实验区各辅导区推广繁殖站工作报告

（民国）三十八年四至七月

一、璧山县第一辅导区城北乡杨家祠农业推广繁殖站

（一）本站设于城北乡杨家祠，负责人陶存，表证农家 10 户，耕地面积水田 147 亩，旱地 106 亩，共计 253 亩。

（二）繁殖良种

Ⅰ. 水稻——（1）中农四号，播种数量 2.4 石，栽培面积 48 亩。（2）中农卅四号，播种数量 1.2 石，栽培面积 24 亩。共计繁殖播种 3.6 石，栽培面积 72 亩，估计今年收获 360 石，明年可供推广 7200 亩。

Ⅱ. 南瑞苕——繁殖苕种 104 斤，栽培面积 4 亩，估计今年收种 8000 斤，明年可供推广 320 亩。

Ⅲ. 小米桐——繁殖桐籽 200 斤，播种苗圃 2 亩，发芽率百分之八十，估计明年育成桐苗 24000 株，可供推广植桐面积 800 亩。

（三）推广良种

Ⅰ. 水稻——推广中农四号稻种 28.30 石（内有城南乡推广 3 石），栽培面积 566 亩，产量估计 2830 石。

Ⅱ. 南瑞苕——推广种苕 346 斤，栽培面积 14 亩，产量估计 280 担。

Ⅲ. 小米桐——推广桐苗 8500 株，植桐面积 283 亩。

（四）其他工作

Ⅰ. 调查表证农家农场经营概况。

Ⅱ. 调查小麦品种，采集麦穗标本。

Ⅲ. 参加竹蝗防治工作。

Ⅳ. 参加甜橙果实蝇防治工作。

Ⅴ. 领养约克夏种猪大小各一头。

二、璧一区狮子乡农业推广繁殖站

（一）本区设于狮子乡垛墩房子，负责人王德伟，表证农家 9 户，耕地面积约 200 亩。

（二）繁殖良种

Ⅰ. 水稻——（1）中农四号，繁殖数量 0.39 石，栽培面积 8 亩。（2）中农卅四号，繁殖数量 0.33 石，栽培面积 7 亩。共计繁殖稻种 0.72 石，栽培面积 15 亩，估计今年收种 75 石，明年可供推广 720 亩。

Ⅱ. 南瑞苕——繁殖苕种 220 斤，栽培面积 9 亩，估计今年收种 18000 斤，明年可供推广 720 亩。

Ⅲ.小米桐——繁殖桐籽 200 斤，播种苗圃 2 亩，估计明年育成桐苗 24000 株，可供推广植桐面积 800 亩。

（三）推广良种

Ⅰ.水稻——（1）中农四号稻种 0.66 石，栽培面积 13 亩。（2）中农卅四号稻种 1.50 石，栽培面积 30 亩。共计推广稻种 2.16 石，栽培面积 43 亩，产量估计 215 石。

Ⅱ.南瑞苕——推广苕种 84 斤，栽培面积 3 亩，产量估计 60 担。

（四）其他工作

Ⅰ.水稻硫酸钍施肥试验 5 处，稻田面积 2.5 亩，施用硫酸钍 50 斤。

Ⅱ.参加竹蝗及甜橙果实蝇防治工作。

三、璧二区大兴乡农业推广繁殖站

（一）本站设于大兴乡附场之第一社学区，负责人王廷杰，三月二十二日成立，表证农家 13 户，耕地面积 239 亩。

（二）繁殖良种

Ⅰ.水稻——繁殖中农四号稻种 0.85 石，栽培面积 17 亩，估计今年收种 85 石，明年可供推广 1700 亩。

Ⅱ.南瑞苕——繁殖苕种 115 斤，栽培面积 5 亩，估计今年收种 10000 斤，明年可推广 400 亩。

Ⅲ.小米桐——繁殖桐籽 205 斤，播种苗圃 2 亩，估计明年育成桐苗 24000 株，可供推广植桐面积 800 亩。

（三）推广良种

Ⅰ.推广中农四号稻种 15 石，栽培面积 300 亩，产量估计 1500 石。

Ⅱ.南瑞苕——推广苕种 50 斤，栽培面积 2 亩，产量估计 40 担。

（四）其他工作——参加竹蝗防治工作，在本区福禄、梓潼二乡动员农民 3145 人，捕蝗 12176 两，约共 761 斤。

四、璧三区来凤乡农业推广繁殖站

（一）本站设于来凤乡，负责人何奇镜，现由高西宾接任，表证农家 9 户，耕地面积 265 亩。

（二）繁殖良种

Ⅰ.水稻——繁殖中农卅四号稻种 1.80 石，栽培面积 36 亩，估计今年收种 180 石，明年可供推广 3600 亩。

Ⅱ.南瑞苕——繁殖苕种 130 斤，栽培面积 5 亩，估计今年收种 10000 斤，明年可供推广 400 亩。

Ⅲ. 小米桐——繁殖桐籽 148 斤，播种苗圃 1.5 亩，估计明年育成桐苗 18000 株，可供推广植桐面积 600 亩。

（三）推广良种

Ⅰ. 水稻——推广中农四号稻种 55.05 石，栽培面积 1101 亩，产量估计 5505 石。

Ⅱ. 南瑞苔——推广苔种 100 斤，栽培面积 4 亩，产量估计 80 担。

（四）其他工作——参加竹蝗防治工作。

五、璧四区丁家乡农业推广繁殖站

（一）本站设于丁家乡，负责人黎芳鲛，现调谭力中接任，表证农家 21 户，耕地面积 525 亩，自租苗圃 6 亩。

（二）繁殖良种

Ⅰ. 水稻——自行繁殖中农四号稻种 0.05 石，栽培面积 1 亩，估计今年收种 5 石，明年可供推广 100 亩。

Ⅱ. 南瑞苔——自行繁殖，栽培面积 2 亩，估计今年收种 4000 斤，明年可供推广 160 亩。

Ⅲ. 小米桐——自行繁殖桐籽 200 斤，播种苗圃 2 亩，估计明年育成桐苗 24000 株，可供推广植桐面积 800 亩。

（三）推广良种

Ⅰ. 水稻——推广中农四号稻种 67.55 石，栽培面积 1351 亩，产量估计 6755 石。

Ⅱ. 南瑞苔——推广苔种 800 斤，栽培面积 32 亩，产量估计 640 担。

Ⅲ. 美烟——马坊、广普、三合三乡推广烟苗 877900 株，栽培面积 585 亩，产烟估计 200 担。

六、璧五区河边乡农业推广繁殖站

（一）本站设于河边乡，负责人张远定，表证农家十户，耕地面积水田 245 亩，旱地 22 亩，共计 267 亩。

（二）繁殖良种

Ⅰ. 水稻——繁殖中农四号稻种 0.60 石，栽培面积 12 亩，估计今年收种 60 石，可供推广 1200 亩。

Ⅱ. 南瑞苔——繁殖苔种 20 斤，栽培面积 1 亩，估计今年收种 2000 斤，明年可供推广 80 亩。

Ⅲ. 小米桐——繁殖桐籽 440 斤，播种苗圃 4 亩，估计明年育成桐苗 48000 株，可供推广植桐面积 1600 亩。

（三）推广良种

Ⅰ.水稻——推广中农四号稻种 37.50 石，栽培面积 750 亩，产量估计 3750 石。

Ⅱ.南瑞苕——推广苕种 1200 斤，栽培面积 48 亩，产量估计 960 担。

Ⅲ.小米桐——推广桐苗 6000 株，分配六乡 125 户，植桐面积 200 亩。

（四）其他工作

Ⅰ.竹蝗防治——河边、大路两乡共计动员 6912 人，捕蝗 29322 两，约合 1833 斤。

Ⅱ.饲养约克夏小种猪 4 头，现由表证农家代养，猪舍正在修建中。

七、璧六区依凤乡农业推广繁殖站

（一）本站设于依凤乡凉水井，负责人李棚，表证农家 10 户，耕地面积约 250 亩。

（二）繁殖良种

Ⅰ.水稻——繁殖中农四号稻种 4 石，栽培面积 80 亩，估计今年收种 400 石，明年可供推广 800 亩。

Ⅱ.小米桐——繁殖桐籽 400 斤，播种苗圃 4 亩，估计明年育成桐苗 48000 株，可供推广植桐面积 1600 亩。

（三）推广良种

Ⅰ.水稻——推广中农四号稻种 26 石，栽培面积 520 亩，产量估计 2600 石。

Ⅱ.小米桐——推广桐苗 8000 株，植桐面积 267 亩。

（四）其他工作

Ⅰ.竹蝗防治——依凤、八塘二乡发动农民 2188 人，捕蝗 7282 两，约合 455 斤。

八、巴一区土主乡农业推广繁殖站

（一）本站设于土主乡陈家桥，负责人贾厚友，表证农家 6 户，耕地面积 240 亩。

（二）繁殖良种

Ⅰ.水稻——繁殖中农四号稻种 8.40 石，栽培面积 168 亩，估计今年收种 840 石，明年可供推广 1600 亩。

Ⅱ.小米桐——繁殖桐籽 450 斤，播种苗圃 4 亩，发芽率百分之五十，估计明年育成桐苗 2400 株，可供推广植桐面积 800 亩。

（三）推广良种

Ⅰ.水稻——推广中农四号稻种 17.35 石，栽培面积 347 亩，产量估计 1735 石。

Ⅱ.南瑞苕——推广苕种 445 斤，栽培面积 18 亩，产量估计 360 担。

（四）其他工作

Ⅰ.水稻硫酸铔肥料试验——试验稻田 16 丘，面积共 8 亩，施用硫酸铔肥料 160 斤。

九、巴二区歇马乡农业推广繁（殖）站

（一）本站设于歇马乡第20保，负责人王承灌，表证农家10户，耕地面积175亩。

（二）繁殖良种

Ⅰ.水稻——繁殖胜利籼稻种1.10石，栽培面积22亩，估计今年收种110石，明年可供推广2200亩。

Ⅱ.南瑞苕——繁殖苕种80斤，栽培面积3亩，估计今年收种6000斤，明年可供推广240亩。

Ⅲ.小米桐——繁殖桐籽340斤，播种苗圃3亩，发芽率百分之六十，估计明年育成桐苗2400株，可供推广植桐面积800亩。

（三）推广良种

Ⅰ.水稻——推广胜利籼稻种45.24石，栽培面积905亩，产量估计4525石。

Ⅱ.南瑞苕——推广苕种1968斤，栽培面积80亩，产量估计1600担。

四、其他工作

Ⅰ.水稻硫酸铔肥料试验——试验稻田16丘，面积共8亩，施用硫酸铔肥料160斤。

附件二：

中华平民教育促进会华西实验区
各农业合作机关补助经费支付对照表

一、中农所北碚场（场长李士勋）

Ⅰ.合约规定补助费预算（四月廿九日立约）

1.稻麦苕桐原始种繁殖费	1700美元
2.原始种仓库建筑费	750美元
3.稻麦苕桐原种繁殖费	900美元
4.原种仓库建筑费	1300美元
5.桐苗推广费	450美元
6.农家稻麦良种选定费	500美元
共计	5600美元

Ⅱ.已领补助费

1. 四月十二日借领金圆券 1000 万元

2. 五月廿一日借领银币 1000 元

3. 五月卅一日借领银币 500 元

4. 六月十四日借领银币 400 元

共合食米 1050 市石，折合美金 1400 元

共占全部补助费四分之一

5. 七月　日借领银币 1000 元，折合美金 667 元。

Ⅲ. 未领补助费——美金 3533 元，折合银币 5300 元，拟于七月底前付清。

二、川农所合川场（场长贺逢辰）

Ⅰ. 合约规定补助经费预算（四月十五日立约）

1. 仓库建筑费	1300 美元
2. 稻麦原种繁殖费（各 40 亩）	300 美元
共计	1600 美元

Ⅱ. 四月十五日拨付食米 300 市石，共合美金 400 元。

Ⅲ. 余款四分之三，共计美金 1200 元，折合银币 1800 元，拟于七月底前付清。

三、乡建学院农场（场长李世材）

Ⅰ. 合约规定补助经费预算（四月二十二日立约）

1. 仓库建筑费	1300 美元
2. 稻麦原种繁殖费（各 40 亩）	300 美元
共计	1600 美元

Ⅱ. 已领补助经费

1. 五月廿四日借领银币 500 元

2. 六月九日借领银币 622.89 元

 共合食米 534.71 市石，折合美金 713 元

其中美金 400 元，折合食米 300 市石，为稻麦原种繁殖及建仓补助，余为补助鸡鸭鱼苗及橙桐苗繁殖费。

Ⅲ. 未领补助经费美金 1200 元，折合银币 1800 元，拟于七月底前付清。

四、璧山农推所（所长刘璧）

Ⅰ. 合约规定补助经费预算（六月二十二日立约）

1. 稻种繁殖费（100 亩）

2. 南瑞苕繁殖费（90 亩）

3. 麦种繁殖费（150 亩）

共计 300 美元

Ⅱ. 立约时稻苕播种期已过，拟于七月底前拨付银币 450 元，今冬开始繁殖小麦 150 亩。

五、巴县农推所（所长万雨浓）

Ⅰ.合约规定补助经费预算（七月六日立约）

1.稻种繁殖费（150亩）

2.麦种繁殖费（150亩）　　　 共计300美元

3.南瑞苕繁殖费（150亩）

Ⅱ.立约时稻苕播种期，拟于七月底前拨付银币450元，今冬开始繁殖小麦150亩。

六、北碚农推所（所长陈显钦）

Ⅰ.合约规定补助经费预算（五月三日立约）

1.稻种繁殖费（150亩）

　　　　　　　　　　　　 共计300美元

2.南瑞苕繁殖费（190亩）

Ⅱ.五月七日拨付食米56.25市石，共合美金75元。

Ⅲ.余款四分之三，共计美金225元，折合银币337元，于七月底前付清。

七、合川农推所——合约正在商订中，补助经费美金300元，折合银币450元，拟于立约后一次付清。

中华平民教育促进会华西实验区各农业合作机关补助费支付统计表

合作机关	核准补助费（美元）	已领补助费（美元）	未领补助费（美元）	折合银元	备　　注
中农所北碚场	5600	2067	3533	5300	七月底前付清
川农所合川场	1600	400	1200	1800	〃
乡建学院农场	1600	400	1200	1800	〃
璧山县农推所	300	——	300	450	〃
巴县农推所	300	——	300	450	〃
北碚农推所	300	75	225	337	〃
合川农推所	300	——	300	450	立约后付清
共计	10000	2942	7058	10587	

注：本文辑录自璧山区档案馆藏"华西实验区档案"，卷9-166/P1—23。

农情调查表说明及填写法

华西实验区农业组

一、目的

这种调查是为了要澈底明了各社学区每月的农业情况，以作农业组举办及开展工作时的根据，同时也是要使总办事处随时对各社学区的农情有一明确的认识，以作兴革事项的根据；对外有一个随时都可以公布的详切的材料，如遇旱涝风雹、病虫为灾，更可及早向社会呼吁预先防止或予以临时救济。

二、调查进行步骤

这个表格项目虽多，但都很简单，并且范围较小，民教主任可以随时利用空闲时候按家访问，然后把所得到的总结果填写在表上，在每月的月底寄交区本部农业组，最好能特别在月底选一天来调查，其结果就会更加完满。但要注意，这个调查的对象是整个社学区，所以一定要包括社学区全部，不能只问两三家就算了。

三、表格说明及填写法

（一）关于土地部分

"新垦地"就是把过去没有用来种作物的地方开辟出来种作物，譬如过去是荒山，现在改成土了，或改成栽米桐了，这种土地就是"新垦地"。或者过去是坟坝，现在把坟平了，栽种作物了，这也算"新垦地"。

"新荒地"同上面情形恰相反，就是本来种作物的地方、种树的地方现在没有种作物了，或把原有的树木砍了，没有补种，或者本来是熟土，因为埋坟把周围的地方都不种作物了，这些地方都叫"新荒地"。

"休闲地"就是暂时未种作物的地方，譬如说"冬水田"就是"休闲地"，有的种了大春未种小春，在小春生长的时期中没有作物，这地也叫"休闲地"。它与"荒地"的不同，就是"荒地"是根本不种作物，"休闲地"只是一段时间不种作物。

面积普通采用的单位是"市亩"，合六个平方公尺，不足一亩可用零点几亩或分数都可。如果农民不知"亩"可用"石"作单位，但要注明当地每亩平均收获作物的石数和市石或老石。如果用老石，要把老石与市石的折合量注出。所以最好用市亩，可以省折合上的麻烦。

"土地转移的面积"是指在此社学区中卖出或买进的土地面积，只填一面。譬如张三卖廿亩地，李四买的，结果转移的面积是廿亩，而并不是四十亩。

"自耕农增加"是指有的本来是地主，土地是租给别人的，现在收回自己种；或者原来是佃户，现在买田地来自己耕种。"减少"是指自耕农把田卖给别人，别人又租给佃农耕种或自耕农把土地租给别人去种等情形。

（二）气候

"温度""湿度""平均雨量"，如果当地没有繁殖站就可以不填，因为社学区没有这种设备。但"晴天""阴天""雨天""大雨""小雨"是要填的。

（三）作物

"品种名称"填当地一般的俗名，如果能知道学名当然更好。

（四）病虫害

"名称"可用当地俗名，能知道学名当然更好。"病状"一定要写得详细清楚。

（五）灌溉排水

"可灌溉面积"如果没有精确的计算，可用估计。

（六）灾歉

"受灾程度"是指灾区内作物等损失了百分之几，不要用"厉害""轻""严重"等抽象字眼。

（七）牲畜

"现用治疗法"是指当地现采用的治疗方法，是土法还是有科学的治疗方法。"其他"是指"猪、水牛、黄牛"以外的牲畜而言，可以另外注明。

（八）填表时希望用正楷，切忌潦草，用毛笔或钢笔，切忌用铅笔。

（九）填写时如果还有困难，请来信询问或在表上注明。

（十）填好后请按期寄出。

（十一）邮费由本组负担，至如何汇寄保值，希各民教主任同志来函说明办法，本组当可照寄，本表最好用挂号寄交。

（十二）凡参加本调查的工作人员姓名，在本组发表调查结果时特别列出，以示奖励，并有接受本组出版物赠送之特别权利。

注：本文辑录自璧山区档案馆藏"华西实验区档案"，卷9-116/P67—70。

农场经营调查表（附肥料、饲料、病虫害）说明及填法

华西实验区农业组

　　一、目的：本调查是为了对实验区内农场经营及肥料、病虫害之实际情况作澈底详切的调查，并予以科学的统计分析，以获得一般农场经营之成败得失及影响农家利润之各因子，与乎各因子间之相互关系，从而谋取其改进之途程，亦即本区工作之主要事实根据。

　　二、调查进行步骤：本调查系以每户农家为对象，由负责调查同志亲自访问，在访问之先，须先熟记各表及附录之"术语释义"，然后逐项填写，务求详尽，如调查时系用铅笔填写，则调查回来后应赓即用钢笔或毛笔重写，以免模糊不清。

　　三、表格说明及填写法：（一）关于第一表"田地及地权分配"中面积之单位可视农民所回答之单位为定。通常有"市亩"及"石"两种，如用"石"须注明"老石"或"市石"，并将当地上、中、下三种土地每亩之平均收获量注出。（二）凡表中有"×"者即不必填写。（三）总计表格不必填写，待分析时再行填写。（四）表中之"术语"及计算法可参阅附录"术语释义"。（五）表中所列事项而为农家所无者，可留空白，不必填写。（六）关于"价格"最好填实物，如"谷""米""纱"等，但须注明单位。

　　注：本文辑录自璧山区档案馆藏"华西实验区档案"，卷 9-116/P66。

典型农建（合作农场）试验计划要点

一、试验水田区农场经营方式俾逐渐达成农业生产社会化之目的，以便吸收经验创造典型，并依之为优良品种推广繁殖据点。

二、先就璧山专署辖区之璧山杨家祠及巴县梁滩河一带，各选划二三千亩，组织合作农场（或农业生产合作社）作为农业经营基本单位之试验。

三、各选定区域之土地在土改未实行前，由合作农场统一向地主承佃，视各农家劳力状况再为合理的配分（视农民觉悟情形酌量办理）。

四、各合作农场农民通过教育逐渐完成以下业务：

1. 试验劳力的（包括畜力）合作互助办法；

2. 通过群众路线根据自然环境以达成有计划的生产；

3. 经营合理化——包括种子、肥料、水利、农仓及农产加工、运销等业务；

4. 新式农具之引用与试验；

5. 优良作物苗木家畜之繁殖。

五、凡属试验性之业务农家如有损失，应予以合理之赔偿。

六、为掌握政策应由政府派专人主持，平教会华西实验区指派技术人员协助之，并配合乡建院农学系及各该县学职校学生，以便培养基层农业技术人员，其经费暂由平教会华西实验区拨付。

附件一：

璧山区一九五〇年之任务

一、优良种苗之繁殖

优良稻种二万石

桐苗一百万株

南瑞苕五十万斤

甜橙苗二万株

二、一九五一年大生产计划之资料准备

附件二：

川东区各专署（万县、涪陵、大竹）
一九五〇年农业生产准备工作要点

一、划定一保为单位，试行劳力组织生产互助及后列各项业务，俾创造典型吸收经验，尚为将来指导全盘之依据。

二、繁殖优良品种苗木：

1. 稻种一百二十亩至四百亩

2. 小米桐五十万至一百万株

3. 繁殖南瑞苕五十亩至一百亩

三、进一步了解各该区农业情况，以为来年大生产计划之准备。

四、前项工作由专署派专人领导，华西实验区派技术人员三人协助之。

五、技术人员之薪给由华西实验区负担，专署给予名义，以利工作推动。

六、优良种苗之材料及生产费用由华西实验区贷借。

注：本文辑录自璧山区档案馆藏"华西实验区档案"，卷9-145/P43—44。

兴办小型水利办法

一、凡本区农业生产合作社如感于水旱之威胁，可申请贷款，举办小型水利，如：

1. 灌溉工程——凿塘筑堰或修整旧塘堰。

2. 排水工程——疏通水道。

3. 购置改良抽水机。

二、各社申请贷款时应根据下列项目编拟计划：

1. 小地名、地势与简要地图。

2. 当地水源及其年中各月水量之丰虞变动情形。

3. 当地所受水旱影响之程度与事实。

4. 兴办水利所需之工程类别。

5. 工程之估计（工别、数量、材料类别、数量所需经费与完成时间等）。

6. 可能受益之田亩数。

7. 耕作此项受益田亩之社员姓名及其经济状况。

8. 可能自筹之工料数与筹措之方法。

9. 申请贷给数。

三、对此项计划须由当地辅导员及区主任审核后签注□□□意见转呈总办事处，再派技术人员实地勘查后，始□□□计划之取舍。

四、决定举办后即由技术人员编拟具体实施计划，贷款兴工由所在地之辅导员负责监督，总办事处并随时派员督导之。

五、工程完成后，社员应就受益田亩之多少逐年分摊受益费，以偿还贷款。如因工程之举办（如凿塘）致不能再耕作之土地，其所有人得酌量减免此项费用。

六、工程利益如及于非社员之田亩时，对生产农民应使其入社，对地主应令其依公议缴纳受益费，均须事前商妥，勿致事后纠纷。

七、拟请购置抽水机之合作社，必须该社所在地便于运输与修理。需要高地灌溉者，始得申请贷款，并参照前述各项办理。

八、□□水利贷款最多贷给全部费用之七成，由社自筹至少三成，贷实还实，期限四年，逐年摊还，利随本减，利率为周息八厘，贷款手续照农民银行规定手续办理，自本年五月份开始申请。

注：本文辑录自璧山区档案馆藏"华西实验区档案"，卷9-93/P1。

中华平民教育促进会华西实验区农业组治蝗工作简报

一、（民国）三十八年璧山、铜梁两县竹蝗防治工作自六月二十五日起开始，由华西实验区农业组派员前往各乡发动农民组织治蝗队，按照捕蝗奖纱实施办法收捕竹蝗，全部工作已于七月十五日正式结束。

二、第一期捕蝗奖纱标准，按照捕蝗二两奖纱一排，过期减半，或有乡镇分为三期，按照□□□三四两奖纱一排办法办理。各乡分期均照实际情形决定，约在七月七日至十日之间。

三、璧山县梓潼、河边、大路三乡曾于六月十日至廿五日，由乡公所发动农民自行防治，共计动员民工 2024 人，捕蝗 6637 两，共合 415 斤。大路并按捕蝗一斤奖米六市升办法，自筹食米奖励。其他各乡均未动员防治。

四、六月二十五日以后，各乡奖纱运到，正式动员捕打，全部工作结束。璧山之福禄、梓潼、河边、大路、依凤、八塘六乡，铜梁之西泉、虎峰、大庙、天锡、太平五乡，共计十一乡镇，动员民工 21835 人，捕蝗 108288 两，共合 6768 斤，连同六月二十五日前各乡公所动员捕打之 415 斤，共 7183 斤。

五、两县十一乡镇治蝗奖纱及旅运杂支总共 43570 排，合共 217 并 17 支。按照七月十五日璧山纱价，每并八元，折合银币共计 1742.8 元。

六、县府及各乡公所垫发治蝗费用及治蝗报告印刷费用尚未计入，估计全部治蝗用费约共银币 2000 元。

七、目前竹蝗多已五龄，捕捉甚感困难，各乡已经扑灭竹蝗数量，平均约占百分之八十以上（最多百分之九十五，最少百分之六十七），尚未全部肃清，今年决难成灾。除由各乡继续捕打不另奖纱外，拟于产卵期间监视成虫集中区域，今冬发动民工翻土掘卵，估计需工四千人，经费预算约需 1000 元，连同前项已支费用，总共需款 3000 元，拟请农复会准予补助。

八、全部捕蝗总数 108288 两，平均竹蝗三龄，估计每两 130 只，约共捕蝗 14077440 只。减少竹稻及玉米等作物受害面积 1400 亩，增加农民收益折合银币 11200 元。

中华平民教育促进会华西实验区农业组治蝗工作收支统计报告表

县	乡镇	动员人数	捕蝗数量（两）	奖纱数量（排）	旅运杂支（排）	支出总计（排）	折合银元
	福禄	1921	7776	3111	295	3406	136.24
	梓潼	1224	4400	1393	15	1408	56.32
	河边	535	3332	1438	344	1782	71.28
	大路	6377	25990	12122	1016	13138	525.52
	依凤	1725	6339	1921	314	2235	89.40
	八塘	463	943	390	810	1200	48.00
	小计	12245	48780	20375	2794 *461	23630	945.20
	西泉	4945	17420	5484	48	5532	221.28
	虎峰	1462	13081	4280	11	4291	171.64
	大庙	2482	24429	7691	198	7889	315.56
	天锡	560	4002	1157	22	1179	47.16
	太平	141	576	227	3	230	9.20
	小计	9590	59508	18839	282 *819	19940	797.60
	总计	21835	108288	39214	4356	43570	1742.80

注：璧山及铜梁旅运杂支小计包括总办事处及铜梁辅导区之旅运杂费支出。

注：本文辑录自璧山区档案馆藏"华西实验区档案"，卷9-166/P33—34。

平教会华西实验区治蝗实施办法

（民国）三十八年六月农业组拟

一、人员配布

1.河边乡（璧五区）：张远定、余绳祎、曾庆祥；大庙乡（铜一区）：曾祥恭、谭仲篾、尹光荣。

2.大路乡（璧五区）：谭力中、何奇镜；龙溪乡（璧五区）：王和恒、赵德勋。

3.八塘乡（璧六区）：汪维瀚、周术斌、李天锡；依凤乡（璧六区）：李棚、贾文宪、杨永言。

4.福禄乡（璧二区）：王廷杰、王庆国、龙钟灵；梓潼乡（璧二区）：贾厚友、戴集成、戴儒庸。

5.联络：陶存、汪静。

二、工作程序

1.确定蝗区——根据情报，确实调查，选择据点，集中围打。

2.联络宣传——联络保甲长辅导员及民教主任，普遍宣传，捕蝗换纱。

3.组治蝗队——动员农民，自愿参加，规定组织，统一指挥。

4.捕蝗换纱——捕蝗四两换纱二排，多捕多换，早治早完。

三、换领手续

1.登记姓名保甲——一人负责填表登记，同时复写三份，宜请本地保甲或民教主任担任，因其人名熟悉，填写容易，登记后同时要盖指印或私章。

2.过秤捕蝗数量——秤后蝗虫，掘坑深埋，可作肥料。

3.核发换纱领条——按照规定比率核发填明加盖私章。

4.凭条换领棉纱——规定时间、地点、在乡公所或保校领纱，普遍都在上午捕打，下午发纱，当天可领。

四、换纱标准（分期及时间，可按实际情形酌改）

1. 第一期——（六月廿六日至三十日）四两竹蝗换纱二排，多二两加一排，多捕多换。
2. 第二期——过期七月一日，换纱减半，希望早打早换。
3. 第三期——过期七月十日或十五日，换纱停止，限期扑灭，并予惩处。
4. 全部工作完毕，成绩优良者另给奖赏。

五、治蝗须知

1. 棉纱运到，应存乡公所，会同保管监放，第一批运纱十并，发放将完时即须派人回处取纱，以免换纱工作中断。
2. 各乡公所自筹换米办法，应取得联系，已发米粮请先统计存查。未发暂欠之米，应照本办法折合换纱，但须按照规定手续登记办理。
3. 全部治蝗工作完毕，应即统计捕蝗数量、动员人数及发纱总数，并请乡保长签章出具证明。
4. 治蝗队应请乡公所通知保甲组织或由农民自动参加，膳宿自理或由保甲统筹。
5. 驻军或乡丁如愿参加治蝗，应由专人负责率领，亦照规定办法换纱奖助。
6. 每天上午出发宜早，太阳未出捕打容易，中午以前上山辅导捕蝗，午饭后则在山下设站登记收蝗，下午规定时间回乡公所或保校，凭条发纱，遗失不补。

六、宣传要点

1. 编印传习教材，发交传习处导生传习，即传即做，领导学生上山参加捕打竹蝗。
2. 利用场期街头讲演或由乡长召开保甲会议讲解治蝗要点及换纱办法。
3. 写标语贴布告普遍宣传动员治蝗。

七、治蝗标语

1. 竹蝗为害大，赶快去围打！
2. 打蝗去换纱，早打早去换！
3. 四两蝗虫换纱两排，多打蝗虫多换棉纱！
4. 到×××打竹蝗，乡公所去换纱！
5. 小蝗虫容易捉，大清早赶快打！
6. 摇动竹竿，蝗虫落地，扫在一起，换纱买米！

八、注意事项

1. 填表三份，要盖手印，以便报销。

2. 每日统计捕蝗换纱数量，随时报告。

3. 秤蝗公平无私，发纱定期不误。

4. 注意联系、宣传、统计及情报。

扑灭竹蝗（传习教材）

一、璧山和铜梁两县交界的山地年年发生竹蝗，为害很大，要早扑灭。今年发生竹蝗的地方有璧山县的梓潼、福禄、河边、大路、依凤、八塘和铜梁县的西泉、大庙等乡。

二、竹蝗在山里专吃竹叶，还要下山吃田里的玉米、高粱和禾苗，如果不早上山扑灭竹蝗，我们田里的庄稼也要遭殃。

三、竹蝗的卵生在土中聚合成块，每块有二三十颗长圆形褐黄色胶着黏结在一起，过冬也不会冻死。

四、五月中旬小满前后，蝗卵孵化而成跳蛹，并分五龄，一二龄都很小，背上有四个黑点，过了三龄渐渐长大，背上有一条黄黑线，小蝗蛹只会跳聚在一起，容易捕打。

五、七月中旬跳蛹长大变为成虫，有翅可以飞散开，面积大，捕打很困难，到了八月中旬以后就开始产卵过冬。

六、防治竹蝗时期要早，大家动员上山围打，先在竹下铺张草席，摇动竹竿蝗虫落地，收集一起打死埋在地里，或者喷撒药剂毒死竹蝗。

七、捕打竹蝗必需大家齐心组织治蝗队，清晨就去打，早日扑灭蝗虫，除去灾害，还可以到乡公所去换纱。

翻土掘卵，肃清蝗患（传习教材）

一、今年山上又发生了竹蝗，我们曾组织了治蝗队去围打，并且还有奖纱补助，大家也就更加努力，虽然打死很多，可是还有一部分的竹蝗，没有完全肃清。

二、剩下的竹蝗，到了九十月间，就要集中一起，交配产卵，跟着就要死亡，我们看见死蝗最多的地方，一定就是母蝗产卵的地方。

三、我们应该严密注意，详细调查今年竹蝗产卵的地方，用一根长竹片写明"竹蝗产卵区"插在那里，作为标记。

四、到了冬天山草枯干，我们就再组织治蝗掘卵队，大家到山上去，找到竹蝗产卵的地方，先将山草放火烧光，再将泥土耕翻掘卵。

五、蝗卵暴露地面，可使鸟雀啄食，或因天冷冻死，自然杀灭蝗卵，减少竹蝗灾害。

六、我们还可以掘出蝗卵，按照规定办法换纱，好像以前捕蝗一样，大家为民除害，又得实物奖助，何乐不为。

七、掘除蝗卵一块，等于杀死蝗虫三十多，希望大家今年冬天赶快掘卵，以免明年又生竹蝗，为害成灾！

注：本文辑录自璧山区档案馆藏"华西实验区档案"，卷 9-46/P70—73。

中华平民教育促进会华西实验区病虫防治
药械使用办法

一、原则

1. 器械由农复会借用，故各辅导区使用时亦为借用方式。

2. 药剂由总办事处表证施用方法，以为示范。各合作社如有需要，应收回成本，此项药款用为来年该社继续购药之用。

二、办法

1. 各种药械由总办事处分运至各县，再转运到各辅导区，由总办事处派员协同辅导区工作人员指导并监督药械之使用。

2. 按实际需要分运器械至各辅导区后，由该区辅□□□填写借用单据，用后即由各辅导区指定专人负责□管，再由辅导员分借与各合作社使用，如有遗失□□保管人负责赔偿，本区得随时收回之。

3. 各项药剂，除表证农家由总办事处派员表证□□费施药外，凡社员需要，应向合作社购用。

4. 药剂每包一斤，成本为白米老量二升，以百分之五为合作社之手续费。

5. 前项药剂费如社员不克付现时，得按合作社贷放实物办法办理之。

6. 收回之成本费，由总办事处统筹购置药械继续供应。

7. 其他未尽事宜由总办事处派员酌量办理。

注：本文辑录自璧山区档案馆藏"华西实验区档案"，卷9-93/P2。

中华平民教育促进会华西实验区
甜橙果实蝇防治队工作进行须知

一、认识地方环境与联络地方领袖

此项工作需要发动农民，而农村社会中仍多复杂，如处理不当，常致引起不必要之纠纷。工作人员新到一地，应进乡同俗，分别拜访地方领袖，求得彼此了解，感情融洽，俾工作顺利进行。至农村社会中常见的几种人物列后，藉供参考：

（一）乡镇保甲长、参议员及乡民代表。

（二）中心校、保校校长及教员。

（三）社会团体领袖（如某大爷、某五哥等）。

（四）德高望重，于地方富有声誉之绅耆。

（五）对此项工作特别热心人士。

作联络工作时，少批评、少吹牛，多听对方的意见，不拒绝亦不深交，不得罪任何派别。绝对避免涉及军事、政治时局或应变等谈话。

二、果园位置之调查

与地方领袖认识后，对该乡果园情形已有初步之了解，继而会同果农及有关人士，亲赴果园实地探察其位置地形等，并须记录以下数点：

（一）乡、保、甲小地名。

（二）园主姓名及其初次印象——热心、平淡、不热心、反对或其他。

（三）距离乡镇（街）之里程。

（四）交通工具（船、小路、大路、铁路）往返所需时间。

（五）根据调查资料绘制全乡果园分布图，图内须注明里程、方向等。此图自区队长以下各人手执一份，并以一张报总队存查。此图限于八月十五日以前完成之。

三、工作区域之划分

乡间果园分布零散，为使工作便利，计应按果园地位、交通、大小划分若干区，每区距离大概相同，并以当日工作能往返为原则，嗣后即按划定区域轮回工作。每乡划分区域希不超过五区为原则。

四、宣传工作

政令推行多难澈底，本队此次前往江津工作，一般农民在未了解工作之真谛以前，仍不免视为虚有，具文应付了之。为将来推行顺利计，必须多加宣导，务使农民充分了解，自愿除虫，方为有效。今后工作之成败，亦视宣传工作之好坏为枢纽。至宣传方式，当从教育入手，使农民明了之后，一切出于自动自发，因而树立今后之永远，除虫制度决不能以强迫手段行之。至宣传内容，至少应包括以下数项：

（一）平教会乡建工作梗概。

（二）四川甜橙之特点及其营养价值。

（三）蛆柑之严重情形。

（四）果实蝇之生活史。

（五）果实蝇之防除法（包括各种方法）。

（六）目前所用的防除法。

（七）对于果农及社会人士希望参加合作。

宣传方式分以下几种：

（一）街头宣传——逢场日在街头茶馆以文字或口头的宣传（包括传习画片及新鲜标本之展览）。

（二）拜访地方领袖，尤应注意社团领袖以及果农之个别谈话。

（三）由女队员多作果农妇女之联络。

（四）劝导地方有认识之青年共同参加工作。

五、组织农民

宣传工作经一月之努力以后，务使农民充分了解果实蝇为害之严重性，自动自发地来参加除虫工作，并愿通过组织而完成普通之除虫任务，互相督促，不能有一家例外。组织方式分以下几种：

（一）利用原有广柑生产合作社。

（二）利用原有之水果同业公会。

（三）纠合热心之果农，号召全体果农，组织广柑生产促进会。

（四）发动全乡自定公约，由本队协助推行。

（五）利用保甲组织，按果农所有果树株数摊派人工，组织农民时应注意以下数点：

①少用政治力量，绝不强迫执行，最好用教育方式完成之，如全乡自愿强迫执行，则可根据全体果农立订公约执行之。

②全体工作人员应亲自动手，施行除虫工作以热心服务之精神感召，使农民不得不自动来作。

③女队员应特别注意妇女之联络。

④在农民中物色领袖人物，起来领导组织并予以继续教育，即使本队离开之后，其组织不致分裂，其工作亦不致停止。

⑤此项工作之执行，如需要县府或专署政令协助而有效者，各队员可尽量转报总队，此项政令由总队部负责接洽。

六、选定示范果园

（一）每乡可选定示范果园一至三处。

（二）示范果园应具备之条件：

1. 园主能澈底了解此项工作之意义并具十分热诚者。

2. 果园位置在交通方便之处。

3. 果园面积在该区内应用中数以上（不小亦不太大者）。

4. 蛆柑相当严重，工作后有方法能充分表现成绩者。

（三）与果农订立合约，其内容如下：

1. 园主完全接受本队技术上之指导。

2. 关于治虫所需药剂由本队供应。

3. 关于治虫所需劳力由园主负担。

4. 本队为研究起见，如需采取果树材料或特别处理，致使果树受到损失时，本队得给予公平之代价。

5. 除虫后果园所获利益完全归于园主。

6. 除虫后成绩良好者，本队得酌予园主奖励，以资示范。

七、果园调查

（一）调查表格及调查方法另有说明。

（二）调查时应注意以下数点：

1.所有调查表格由队长承领转发，决不浪费一张，如有剩余或填写错误之表格，仍须交还，否则由队长负责按成本赔偿。

2.所有调查表格必须队员亲自调查，不得委托旁人代办。

3.调查资料在于真实，绝对避免个人偏见。

4.农民不懂调查时意义应多多解释，农民拒绝调查时应临机应变，总之务求调查资料正确真实。

以上七项工作统限于九月十五日以前完成。

八、采摘受害果实

（一）受害果实之辨识另有详细说明。

（二）采摘后之处理。

①每乡镇暂设三至五个杀蛆站，备有百分之五十水溶性DDT，每斤加水十斤搅拌施用，所有果园摘下之蛆柑，务须集中在杀蛆站，浸于药液内杀灭之。

②于每杀蛆站内，利用旧有粪池或掘一深五尺、圆径三尺之深坑，以备消灭虫果之用，每池中倒入百分之五DDT五十至一百斤。

③将受害果实以刀剖开，抛入坑内毒杀之。

④每次处理后之蛆柑必须随时检查，以观其效果，并可从检查中可得杀虫之经验。

⑤每次检视后，可将已死亡之幼虫及果实捞出，以便充分利用药液。

九、工作记载

（一）每日摘下之蛆柑数量应确实记载工作报告表内，另复抄一份由区队长转呈总队。

（二）凡欢迎本队到园工作之园户，应详细记载之。

注：本文辑录自璧山区档案馆藏"华西实验区档案"，卷9-166/P29—31。

中华平民教育促进会华西实验区
甜橙果实蝇防治队工作人员名册

队　别	职　务	姓　名	工作地点	备　考
总队部	总队长	孙则让	真武场中国农民银行江津园艺示范场	
	总领队	李焕章	同上	1
	总队附	翁话圃	同上	
		吴乾纪	同上	2
	技术总督导	黄勉	同上	3
	技术督导	谭明初	同上	4
	干事	李良康	同上	5
		钟德祺	同上	6
		夏立群	同上	7
	医生	贾奎位	同上	8
	书记	任扶农	同上	9
		黄伻		10
第一区队	区队长	鲁涤非	真武乡	
	联络员	康廷方		11
第一分队	领队	吴天锡	顺江乡	
	队长	刘德辉	同上	12
	伙食住宿	刘学鉴	同上	13
	联络	龙厚禄	同上	14
	伙食住宿	廖文瑶	同上	15
一分队	采集标本	张浩钧	顺江乡	16

队　别	职　务	姓　名	工作地点	备　考
		王震涛	同上	17
	保管药箱	郑崇德	同上	18
二分队	领队	冯林楷	仁沱乡	
	分队长	王崑巍	同上	19
	伙食住宿	傅正耀	同上	20
		吴家福	同上	21
	采集标本	贾学明	同上	22
		夏润葵	同上	23
	保管药箱	宋式玉	同上	24
	联络	陈箴群	同上	25
三分队	领队	郭锡昌	真武乡	
	分队长	姜其秀	同上	26
	伙食住宿	江成功	同上	27
		游思荣	同上	28
	采集标本	孙静	同上	29
		陈莲菁	同上	30
	联络	李永年	同上	31
四分队	领队	王承灌	青泊乡	
	分队长	郭荣文	同上	32
	伙食住宿	罗文龙	同上	33
		刘民安	同上	34
	采集标本	宗衍祥	同上	35
		吴师韫	同上	36
	联络	李国音	同上	37
	保管药箱	娄圭	同上	38
五分队	领队	傅远铭	西湖乡	
	分队长	黄阵鸣	同上	39
	伙食住宿	黄兴铮	同上	40

续表

队 别	职 务	姓 名	工作地点	备 考
		刘思明	同上	41
	采集标本	周必敬	同上	42
	联络	黄清惠	同上	43
	保管药箱	邹淑慎	同上	44
第二区队	区队长	徐韦如	高歇乡	
	联络员	李慎	同上	
六分队	领队	陶存	高歇乡	
		汪静	同上	
	分队长	李廷华	同上	
	伙食住宿	孙勇	同上	
		张承富	同上	
	采集标本	陈光仙	同上	
		白汝娴	同上	
	联络	吕凤荣	同上	
	保管药箱	曾若冰	同上	
七分队	领队	张义高	崇兴乡	
	分队长	秦光鼎	同上	
	伙食住宿	李季荣	同上	
		郭润璠	同上	
	采集标本	范兴宗	同上	
		刘希明	同上	
	联络	庾国琼	同上	
	保管药箱	黄思明	同上	
八分队	领队	王汉臣	和平乡	
	分队长	李中和	和平乡	
	伙食住宿	傅学洪	同上	
		李秀登	同上	
	采集标本	徐载熙	同上	
		汪润先	同上	

队　别	职　务	姓　名	工作地点	备　考
	联络	陈克猷	同上	
	保管药箱	叶宽	同上	
九分队	领队	张远定	马鬃乡	
	分队长	李俊聪	同上	
	伙食住宿	张学淠	同上	
		舒含吾	同上	
	采集标本	何灿辉	同上	
	联络	曹赞麟	同上	
	保管药箱	郭光龙	同上	
第三区队	区队长	杜杰三	贾嗣乡	
	联络员	曾永臧	同上	45
十分队	领队	任锡川	贾嗣乡	
	分队长兼采集标本	刘运喜	同上	46
	伙食住宿	戴世吉	同上	47
	伙食住宿采集标本	易明高	同上	48
	联络	王叔宁	同上	49
	保管药箱	孙洽	同上	50
		张朝富	同上	51
		陈维明	同上	52
		单逢义	同上	53
十一分队	领队	李克敬	广兴乡	
	分队长	邓矿	同上	54
	伙食住宿	邓沾喜	同上	55
		唐昌樾	同上	56
	采集标本	何光璞	同上	57
		覃其汉	同上	58
	保管药箱	刘慕贤	同上	59

续表

队　别	职　务	姓　名	工作地点	备　考
十二分队	领队	谭力中	杜市乡	
	分队长	唐尚灵	同上	
	伙食住宿	荣昌铭	同上	
		汪尧	同上	
	采集标本	李星亮	同上	
		彭科明	同上	
	联络	廖广智	同上	
	保管药箱	彭兰君	同上	
十三分队	领队	邵启泽	五福乡	
	分队长	邱景煜	同上	60
	伙食住宿	周才多	同上	61
		李运夏	同上	62
	采集标本	王道生	同上	63
	联络	胡力三	同上	64
	保管药箱	陈大才	同上	65
第四区队	区队长	陈慕群	先峰乡	
	联络员	王诗俊	同上	66
十四分队	领队	覃厚友	同上	
	分队长	陈朝江	同上	67
	伙食住宿	赵德强	同上	68
		韦美识	同上	69
	采集标本	何孝丰	同上	70
		李世家	同上	71
	保管药箱	郑荣福	同上	72
十五分队	领队	李棚	永丰乡	
	分队长	廖时任	同上	73
	伙食住宿	孙正中	同上	74

队　别	职　务	姓　名	工作地点	备　考
		冉崇均	同上	75
	采集标本	佘泽黎	同上	76
		华积达	同上	77
	联络	沈文宣	同上	78
	保管药箱	吴伯承	同上	79
十六分队	领队	李明镜	高牙乡	80
	分队长	黄久昌	同上	81
	伙食住宿	胡廷宽	同上	82
	伙食住宿兼保管药箱	蒋茂兰	同上	83
	采集标本	黄蕴辉	同上	84
	联络	郭蕙	同上	85
	保管药箱	黄熙盛	同上	86

注：本文辑录自璧山区档案馆藏"华西实验区档案"，卷9-26/P93—100。

防治甜橙果实蝇

——防治大队讲习完毕即赴江津

农业组李组长率领工作人员四人于六月二十九日由总处赴乡建院，筹备甜橙果实蝇防治讲习班。该班已于七月一日开始讲习，定十四日结束，十六日全体队员由歇马场出发，赶赴江津。

参加工作之乡建院同学，报到者共 109 人。农业组自各辅导区调来本队工作之辅导员，先后报到 21 名。

讲习的主要内容：四川之柑橘，甜橙之栽培与管理，甜橙之储藏、包装及运销，果树常识，甜橙果实蝇防治工作，标本采集，甜橙之病虫害，调查方法。

甜橙果实蝇防治队的组织：本队设总队长一人，由孙则让先生兼任。总领队一人，由李组长兼任，总队长不到时，一切由总领队负责。总队长以下设总队附二人，由江津翁县长及中国农民银行江津园艺示范场场长吴乾纪先生兼任。下设区队长四个，区队以下设分队十六队，分队长由队员选任。

原载《乡建工作通讯》，1949 年第一卷第二十二期

注：本文辑录自璧山区档案馆藏"华西实验区档案"，卷 9-117/P39。

农业推广繁殖站设置办法

一、推广繁殖站以繁殖良种、引用良法作本区域之农业示范为目的。

二、推广繁殖站之土地得利用合作社社田或由八至十户表证农家所耕种之土地设置之。

三、推广繁殖站之场所应符合下列各项标准：1. 交通便利；2. 土地适中；3. 土质中上等；4. 水源无虑；5. 田丘大而集中；6. 宜作多角经营；7. 示范保校附近；8. 面积约二百亩。

四、每一辅导区暂设一站，以后得视需要请求增加。

五、由表证农家组织之推广繁殖站，应由表证农家填具志愿书，规定权利义务，切实遵行。

六、推广繁殖站之表证农家以具下列条件者为合格：1. 在农业生产合作社为忠实社员；2. 在传习处为优秀学生；3. 在田间操作为勤谨之农民；4. 有改良农业之兴趣；5. 无论佃农或自耕农，有耕地面积十五亩至卅亩者。

七、表证农家应绝对服从繁殖站之指导，按照工作计划从事下列各项业务：1. 优良种子、树苗、种畜、鱼苗等之繁殖示范及推广；2. 栽培或饲育方法之改良；3. 植物病虫害与兽疫之防治；4. 水土保持、旱灾防治及其他农业改良方法之采用；5. 副业之兴办或改进。

八、为进行上述业务，繁殖站将予表证农家以下列各种奖酬：1. 各种生产贷款（如耕牛、肥料、种畜、水利等）对表证农家优先贷给；2. 表证农家之生产收入悉归其所有，如因繁殖站工作之决定（如品种选定、作业选择等）而致受益减少时（与一般农民收益比较），繁殖站可公允补偿其损失而保证收益，但人力不可抗拒之损失不在此例；3. 成绩优良者由繁殖站发给奖助金，酌给实物。

九、推广繁殖站业务应根据本区总办事处农业组之计划及指示，由各辅导区主任督促，农业辅导员负责推进。

十、各推广繁殖站业务实施计划及实施进度应由农业辅导员及时呈报查核。

注：本文辑录自璧山区档案馆藏"华西实验区档案"，卷9-48/P86—87。

牛瘟防疫注射实施办法

一、经济部华西兽疫防治处与四川省农业改进所合组兽疫防治督导团（简称防疫团），为防治牛瘟，注射兔化牛瘟疫苗，拟订实施办法，暂在璧山各辅导区乡镇试办。

二、防疫团出发前，先行排定日程，通知各辅导区，由各驻乡辅导员及民教主任负责宣传，使农民深切明了牛瘟防治之重要，确信预防注射绝对完全可靠。

三、牛只注射后九日内若有任何疾病发生，均应随时报告，派员免费诊治，如有死亡，即照市价如数赔偿。

四、注射牛瘟疫苗后发给注射证，如有疾病死亡，均须凭证洽办。

五、牛只注射后九日内如有死亡，应请当地保甲证明，并由辅导员及民教主任负责调查属实，由当地保甲及公正士绅协商决定牛价，申请赔偿。

六、死亡牛只之尸体，由保甲及辅导员会同掩埋，不得出售或自行处理。

七、牛瘟注射以社学区为单位，由辅导员排定日程，通知农民在当日清晨将注射牛只集中指定地点，俾便派员前往注射。

八、农民自有牛只如因不愿注射而有疾病死亡者，以后即不得享受实验区一切优待权利。

九、牛瘟注射技术由防疫团负责，当地保甲及实验区辅导员、民教主任均须切实协助办理。

十、各辅导员及农民对牛瘟及其他兽疫如有问题，均可随时提出，由防疫团负责书面答覆。有关防疫注射之技术训练，各辅导员及民教主任均可于协助工作时向防疫团技术人员请求指导学习，以便将来配发药械，自行负责兽疫防治注射工作。

牛瘟防疫注射预定日程表

璧一区　七月十五日至廿五日

璧二区　八月十六日至廿五日

璧三区　七月廿六日至八月五日

璧四区　八月六日至十五日

璧五区　八月廿六日至九月五日

璧六区　九月六日至十五日

注：本文辑录自璧山区档案馆藏"华西实验区档案"，卷9-166/P35。

华西实验区农业生产合作社养猪及贷款办法

一、本区为推广优良种猪及提倡社员养猪，增加生产起见，特订定本办法。

二、农业生产合作社养猪分为下列数项：

子、种猪

（一）本区以约克夏种猪分借于设有繁殖站之农业生产合作社，暂以巴县、璧山、北碚三县局为限。

（二）凡借养种猪之合作社须填具种猪饲养志愿书（志愿书格式附后），依照规定办法饲养（饲养须知附后），本区必要时得随时收回。

（三）凡借养种猪之合作社应依照规定图样建筑猪舍，遇有困难，若以旧有猪舍改造利用时，须照本区指导加以改造（修建猪舍设计附后）。

（四）凡借养种猪之合作社，其饲养办法应经由社务会议决定，参照左列办法办理：甲、社员或保校饲养：（1）委托设有槽房或粉房之社员饲养；（2）委托热心之社员或表证农家饲养；（3）委托繁殖站所在地之保校饲养；（4）凡接受委托饲养种猪者，除遵照本办法各项规定外，并应订立合同报请辅导区办事处核转本区备查。乙、合作社饲养：（1）由合作社附设槽房或粉房饲养；（2）除种猪外兼养母猪以五十头为限；（3）合作社饲养种猪而附设槽房或粉房需要资金时，得拟具计划经社员大会决议，请由辅导区办事处依照"办理农业合作社申请借款应行注意要点"，协助办理借款手续，核转本区核办；（4）合作社养猪业务应单独记账统一决算。

（五）饲养种猪所产之纯种小猪，除准留一对自养外，其余应照本区核定之价格收购以推广其他区域。

（六）各社所产一代杂交猪应于六至八周全部去势后分售社员饲养，不得售于非社员。

（七）社员、保校或合作社饲养种猪，其猪舍修建费、饲料须自行负责，交配费之收入及所产肥料分别为社员、保校或合作社所有。

丑、母猪

（一）设有繁殖站之合作社可优先请求母猪贷款。

（二）购养母猪以六十斤至八十斤为准。

（三）每社购养母猪最多以五十头为限。

（四）贷款以当时肉价计算，合作社自筹全部价款三成，其余由本区与农行配贷。

（五）贷款方式以贷实收实为原则。

（六）借款期限一年，利息及手续均照农行规定办理。

三、种猪之防疫、养护均应接受本区之指导。

四、购养母猪，应各辅导区联合各社集体购买。

五、本办法自公布之日施行。

附一：

约克夏种猪分配

（一）架子猪——四头（平均年龄八个月）

性别：公猪四头

号数：44、54、69、79

（二）仔猪——十九头（平均年龄三个月）

公猪十头——号数 2、6、19、22、24、26、32、49、51、55

母猪九头——号数 25、37、48、50、52、53、54、56、59

以上共计分配种猪二十三头（公猪十四头，母猪九头）

附注：架子猪公猪四头均可配种，但每日最多交配一次，隔三日须休息一日，以免交配过度影响健康。

附二：

种猪饲养志愿书

具志愿书人_____今愿饲养约克夏公猪（　　　）头，自筹饲料以供交配。合作期间自_____年___月___日起至_____年___月___日止。一切遵照贵区之指示履行下列工作：

一、合作期内一切工作悉听指导。

二、修建猪舍依照规定标准。

三、遵照饲料标准配合饲养。

四、保持猪身及猪舍之清洁卫生。

五、种猪疾病、死亡随时报告，接受指导防疫治疗。

六、同意贵区随时收回种猪并竭诚协助。

七、接种、交配按照规定酌收费用。

中华民国_____年___月___日

立志愿书人_____立

附三：

猪舍修建设计

一、修建猪舍的地方，应南向及高、燥，若有天然倾斜更好，水及粪料容易排泄，通常先掘地土五寸至一尺，然后铺以砖石或洋灰。

二、卧地要温暖，砖石洋灰干燥较冷，土筑潮湿经济容易生病，可以常撒石灰，细心管理，以图补救。

三、猪舍四面围墙，宜用砖石建筑，但以土筑比较经济，或以砖石为底，上层则用土筑。

四、猪舍要空气流通，日光充足，门窗要宽大，都宜南向。

五、粪水排泄的设备要特别注意，猪舍四周宜开浅沟，屋外掘坑收取粪水。

六、猪舍每天要洒扫，猪体也要常刷洗，睡草每星期要更换，地上宜撒用石灰、锯屑或干土以吸收尿液，减少臭气。

七、猪舍外面要有运动场，围建木栏，可开一门，以便进出。

八、猪舍修建简单的图样如下：

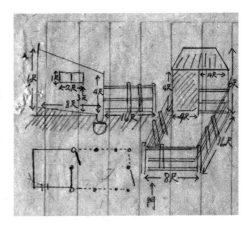

1. 猪舍前高四尺，后高六尺，占地长宽各八尺。

2. 正面门宽四尺，侧面窗高离地三尺，长二尺，宽一尺。

3. 运动场长一丈六尺、宽八尺、栏高三尺。

4. 猪舍地面土筑或铺砖石、洋灰，向外倾斜，四周开浅沟，粪水可流出舍外，以便掘坑收取。

5. 猪舍墙用砖石或土筑，屋顶盖草加瓦或钉木板。

6. 门、窗、猪栏均用木料钉牢。

附四：

种猪饲养须知

一、种猪之所有权仍属实验区，必要时可以随时收回，纯种小猪之所有权属合作社，可作贷款之担保，作价偿还贷款，交回实验区以便统筹推广，饲养者不得自行支配处理。

二、种猪如有疾病死亡应随时报告，接受指导防疫治疗。

三、修建猪舍必须依照规定标准，并与普通猪舍隔离，保持绝对之清洁干燥。

四、种猪饲料应照规定标准配合，每日宜喂玉米四斤、麸皮二斤、青菜一斤半，另加食盐、骨粉各少许，豆渣、苕藤亦可利用。

五、种猪给饲时间宜早晚各一次，每日中午喂以新鲜菜叶，饮水要多，可助消化。

六、种猪交配，公猪年龄以十月至一年为宜，交配时间宜在八九月或二三月，每期配种以五十头为限；母猪年龄宜在七月左右，交配日期以在发情后第三日为宜。

七、配种时公猪须要元气活泼、精神饱满，每日配种宜在午前十时或午后三四时，每天交配以一次为限。

八、杂交第一代小猪在产后六至八周即须去势，以便肥育。八个月后体重可达二百斤。

附五：

种猪推广办法

一、本区饲育之约克夏种猪依照本办法分批推广，交各辅导区饲养，以供接种交配。

二、各辅导区已设有推广繁殖站者，均得申请优先推广，每区暂配约克夏公猪一头至二头。

三、各辅导区饲育种猪办法有二，由各区自定选用：1.由辅导区示范繁殖站所在地之农业生产合作社负责饲养，自筹饲料，所属社员均可免费接种交配，非社员则酌收交配费以作该社公益金。2.由表证农家负责饲养，自筹饲料，接种者均得酌收交配费以补助其饲料及人工费用。

四、种猪交配收费以实物计算，每次以食米三升至五升为准，如未受孕必需第二次交配时则其费用免收。

五、种猪珍贵，各区农业辅导员须严密监督饲养及保健。

六、猪舍之建筑必须清洁适用，如辅导员认有需要可申请贷款修建，每区贷款以食米二石为限，一年为期，无利偿还。

七、种猪之饲料须按照规定标准，维持其营养健康。

八、种猪交配应将其出〈生〉年月、交配日期、母体性状特征及其祖先等登记于繁殖纪录簿上，俾作谱系参考。

九、接种所生之第一代仔猪必须去势作肉猪饲养，无论公牡〔母〕不得用作种猪，指导员并须按时查验。

十、种猪及杂交仔猪均须接受指导，按时注射防疫血清疫苗。

十一、种猪如有疾病死亡，负责饲养者均需随时报告及由各区农业辅导员查明责任呈报核办。

十二、种猪之所有权应属本区，如有需要得随时收回或另换其他种猪，饲料损失则可酌予补偿。

十三、饲养种猪之农业生产合作社或表证农家均须填具志愿书，订期一年。规定权利义务切实遵行。

注：本文辑录自璧山区档案馆藏"华西实验区档案"，卷9-116/P74—80。

耕牛增添办法

一、为求耕牛之增添，本区农业生产合作社得申请贷款购买耕牛。

二、各社申请牛贷。每社暂以十头为限，每年耕作面积暂以五十亩为准。

三、设有繁殖站之合作社及约为表证农家之社员，有优先申请贷款权。

四、各辅导区对牛贷之申请，应切实调查下列项目具报，并签注具体意见。

1.申请社共有耕地面积数，及水田、旱地、园围各占百分数。现共有耕牛数，与耕牛分配情形。

2.过去当地常见之牛病，病名（土名）病征，受害程度。

3.申请牛贷社员之家庭经济概况、耕作面积、有无耕牛、牛龄及区别、头数，如无耕牛，则借牛之来源及办法如何。

4.申请耕牛之牛龄、性别及头数。

五、总办事处核定牛头后，即开始耕牛之选购，并应注意下列各项：

1.选购耕牛应在实验区以外之产牛区域。

2.由合作社请贷社员中推选有经验者前往办理，本区并派适宜技术人员监督协助之。

3.拟购耕牛之性状，须符一定之标准，经技术人员核定后，始得购买，并立即施予防疫注射（以牛瘟及炭疽为主），然后启运。

4.新购之牛只，经合作牛［社］验收后，应即登记烙印。

六、合作社于领得牛只后，即按申请牛贷社员分配，为社员所有。

1.如贷购牛只足敷分配，即按原申请社员照额分配之。

2.贷购牛只不敷分配，即由相邻之社员数家联合请贷，联合使用，并公推养护条件最优者社负责养护。

3.如牛价有高低，牛龄有大小，牛只有优劣时，应抽签决定。

七、贷得牛只之社员应注意耕牛保育，对牧养、饲料、防疫、繁殖及粪尿之处理等改良方法均须接受指导。

八、为求耕牛之繁殖，母牛应占贷款总数三分之一，申请母牛贷款者，其价还期限得延长一年，以示奖励。

九、贷得牛只之社员，应按时摊还本利，联合请贷者，由社监督，按使用程度公允分摊之。

十、贷得牛只之社员，如有余力，应本合作精神，由社决定以平价借于其他需要之社员。

十一、牛贷至多贷予全部费用之七成，自筹至少需三成，贷实还实，周息八厘，一年本利还清，贷款手续照农民银行规定办理，自本年六月份开始申请。

原载《乡建工作通讯》，1949 年第一卷第二十二期

注：本文辑录自璧山区档案馆藏"华西实验区档案"，卷 9–117/P39。

为平教会第三区种猪繁殖及推广杂交猪向农复会建议书

亨德　张龙志

目的：为增加猪之生产，本建议约有下列三种目的：

A. 维持纯种约克县［夏］猪种猪场；

B. 以选择法改进荣昌猪；

C. 产生杂交猪种以适于推广。

Ⅰ. 约克县［夏］纯种种猪场：平教会第三区于本年一月间收到纯种约克县［夏］猪三十头，该猪生产约四十头小猪，此猪应有效利用以产生杂种猪（以用荣昌母猪杂交为良）。

A. 平教会负责工作人员薪水及畜舍之建筑。

B. 农复会□□担任送猪到北碚，至六月底之饲料费拟请农复会继续担负，从七月一日起至本年底为止，最多五十头成年种猪之饲料费。准此则地方当局所借付之饲料款项农复〈会〉可以偿还，前收到农复会之玉米及为饲料用之现款，应在所拟之总预算内扣除。

平教会第三区负纯种猪之饲养与管理责任，但得采纳农复会畜牧顾问技术上之指导。

Ⅱ. 杂交猪问题：杂交猪推广与繁殖主要应暂限于北碚八乡镇，平教会得依需要分配一头或二头纯种公猪至每乡镇，每乡组织若干养猪合作社，但暂以十个为最大限度。必须仅生产为肥猪用之猪只，每一合作社得选若干养母猪者为社员，且得与纯种公猪交配，所养之母猪自然以荣昌猪为佳。每合作社得受农林辅导员指示，记录公猪交配，记录母猪生产，记录此记录应定期报告于北碚家畜保育站。

养母猪之社员得同意其所生之杂交猪于断乳前完全去势。农林指导员得负此专责，管理局得循例将杂交猪优先防疫注射。

平教会第三区或管理局得予饲养纯种公猪者或母猪者酌量津助或贷款以增事业之推进。

Ⅲ. 选择优良纯种荣昌猪：按荣昌猪为全川最良之猪，尤以其猪鬃为我国出口之大宗，且为增加北碚产生优良杂种猪起见，得依有较良之荣昌猪以代替现有之母猪，但依正规之育种与选择，其前途诚不可限量，此点较推广杂交猪更为重要。

故拟建议农复会补助开办费若干，以雇用视察推广育种之专门人员开始该项重要工作。先以荣昌县内划定一小区开始试办，成绩优后再行扩大。第三区可以指定现铭贤学院畜牧系主任兼农复会重庆区畜牧顾问张龙志君负责开办。该工作展开后平教会视需要继续负以后维持之责任。

Ⅳ.印制各项记录表及关于通俗畜牧丛书：畜牧各种计划成功与否，以是否有精确之记录为归依，此种记录表格农复会可指定张龙志先生在蓉预备及印刷，将来第三区可以采此作记录准则，以便将其结果统计及分析作事业进展之根据，且可向农复会及第三区报告。

对于农村教育中之家畜饲养、兽疫防治、种猪之选择，特别是杂交猪之优劣点与杂交后应注意各点，应制为小册子作乡教材料，异常重要，此亦可由农复会指定张龙志先生编制。

为印制以上各项拟请农复会补助款项若干。

建议者：亨德，农复会广州总会畜牧专员；张龙志，农复会渝区畜牧专员。

注：本文辑录自璧山区档案馆藏"华西实验区档案"，卷 9-116/P81—82。

家畜保育工作站概况

目　录

本站概况

一、沿革

本站的前身，原系农林部中央畜牧实验所与中国农村复兴联合委员会，在民国三十七年十二月合办的北碚种猪繁殖站。成立不久，时局变迁，联系断绝，经费无着。随于（民国）三十八年五月，由中华平民教育促进会华西实验区接办，更名谓"中华平民教育促进会华西实验区家畜保育工作站"，即现在的名称。

二、宗旨

本站所负的使命，为保育家畜，防治兽疫，并灌输农民关于畜牧兽医的科学常识，以期配合其他建设工作，达成富裕农民、复兴农村的目的。

为逐渐完成上述任务，本站暂以繁殖推广大型约克夏种猪，提倡喂养杂交猪，制造疫苗血清，防治兽疫保育家畜等工作为主。

三、组织

本站系华西实验区特种业务机构之一，站内设主任，统辖总务、兽医、畜牧三组。总务分事务、文书、会计；兽医分兽疫防治团、疫苗制造部；畜牧分种猪场、养鸡场。

所有人事、行政统受华西实验区主任的管辖和指挥。

本站现有主任一人，技术员九人，事务人员二人，技工三人，工人三人。因人力简缺，站中员工均各尽其材，各竭其力，兢兢业业，互助合作，而求本站的发展。

四、设备

本站现有办公地址一处，计大小房屋七间，系最近修缮成的，地址在北碚北温泉路刘家院子九号（原系中国西部博物馆的旧房子），实验室及疫苗制造部均附设在内。

种猪场正在建筑中，计有二十四间，场址在金刚背陈家湾，约在本年底可全部完工。现猪场借用毛背沱兼善农场的猪棚，俟新建之猪场工程完竣，即可迁入新场。

关于实验室及疫苗制造的设备，现有器材、药品甚为简陋，计共有器材三十二种，药品四十五种。

五、经费

本站自成立以来，经费来源由华西实验区总办事处拨给，修缮费 308.52 元，疫苗制造费 300 元，购置费 250 元，办公费 500 元，饲料费 225 元，防疫费 2187 元。截至本年十月底止，共计 3770.52 元。

由农复会拨给员工生活维持费 51 元，疫苗制造费 300 元，防疫费 2000 元，饲料费 1171.63 元。截至本年十月底止，共计 3522.63 元。

两处共计拨给 7293.15 元。

六、工作进行状况

种猪原由南京中央畜牧实验所运来大型约克夏种猪三十头，现已繁殖六十六头（已推广三十一头）。因借用之猪场，地址较为狭小，俟新建猪场工程完竣后，即可大规模繁殖，尽力推广，改良本地猪种，增加农民收益。

实验室主要工作在制造兔化牛瘟疫苗，预防牛瘟。站中已组织有兽疫防治队，分为二队，同时下乡普遍预防注射。现北碚所属附近乡镇均已完成注射工作，截至现在止，共计注射牛只有六千九百四十九头。目前正积极进行巴县、江北、江津、綦江等区的注射工作。

猪瘟预防注射工作亦已展开，计已在巴二区预防注射猪丹毒疫苗及血清之猪只有 161 头（内有本场的猪七十四头）。

七、其他

本站实验室所制的疫苗，因器材药品有限，目前仅可能制造兔化牛瘟疫苗，可供预防牛瘟的注射。将来拟利用鸡胚化的试验制造鸡瘟及猪瘟等的预防疫苗。所有该项的制造疫苗之器材药品，已向农复会申请拨发，俟领到后即可大量制造应用。另计划在站中设立兽医门诊部，以便农家家畜各种病症随时可以来站诊断医治。

牛瘟注射及猪疫防治的经过概述

程绍明

一、筹备经过

我们为什么要推行牛瘟注射及猪疫防治呢？因为牛是种庄稼的畜役，猪是农民的副产，并且猪的粪尿是种庄稼的好肥料，这两种牲畜，几乎是种庄稼必备有的条件，也是农民的大本钱。如果遇到瘟疫流行，未曾经过预防注射的牲畜，必定受传染而相继的死亡。遭受畜灾的地方，则田地无牛耕，肥料无来源，庄稼无法耕种，自然要影响到收获了。这种情形，直接使农民生活发生问题，间接致整个农村经济破产，所以家畜防疫工作至为重要。

中华平民教会〔育〕促进会华西实验区有鉴于此，在本年五月间即拨款购置药品，拟普遍实施防疫工作，六月初农复会专款核准后，即开始展开工作。惟因本站创办伊始，人力物力不敷分配，特约经济部华西兽防处分担璧山、荣昌、铜梁、大足、永川、隆昌等六县的牛只防疫工作，本站负责北碚、巴县、江北、江津、綦江五县局预防注射工作。六月开始制造兔化牛瘟疫苗，七月二十日开始牛瘟预防注射工作，十一月初开始注射猪瘟预防，用猪丹毒防疫注射的工作。

二、宣传及发动民力情况

预防注射工作由北碚开始，先由本站函请北碚管理局，召集各乡镇长及保甲长举行宣导大会并宣布注射办法，嗣即由华西实验区驻乡辅导员及民教主任在各乡镇实地劝导并详为解释，使他们相信兔化牛瘟疫苗的功效和好处，注射后绝对安全，效力确实可靠，并无丝毫的不利。打了针的牛只不但无忌讳，且毫无反应，注射后不妨碍耕田、碾米、推磨的工作，在两年的时间内，保证不患牛瘟。如果农民还不放心，恐怕打了针以后牛只有危险发生。本站特规定，凡经本站防疫团注射后十天以内，因反应过强而患牛瘟死亡者，由本站防疫团派员验明，负责照价赔偿。经此切实宣传并作保证的情况下，大部分农民对这次预防注射都很相信了。

以后每区未曾施行预防注射之前，都先与华西实验区各县局辅导区主任及驻乡辅导员连络，广为宣传并散发告农民书及快给耕牛打防疫针传习画片，在传习处进行补充教学，所收到的宣传力量较起初为佳，工作也较前顺利。

三、工作进行情形及所遇之主要困难及解决办法

疫苗的制造，在起初的时候因本站修理的房舍一时未及完工，故暂借用北碚医院的一间房子，作为制造兔化牛瘟疫苗之所。俟后本站实验室修建完竣，即移新地，但消毒仍借用北碚医院的消毒器，制造时所用大量的蒸馏水，也系请中国西部博物馆代制。本站因为设备的简陋，好多器材均系想法来代替，如用冰桶或温水瓶装上冰来代替冰箱，因为在很热的天气保存疫苗，冰箱是必不可少的，没有冰箱也得想法来解决。

防疫注射的工作依北碚、巴一区、巴二区、巴七区、巴八区的顺序作下去了，但不如我们想像的顺利。先是在从未受到过牲畜预防注射好处的农民，都取观望的态度，后来经注射的牛只均都安全无事，农民才安心把牛牵来，甚至有要求补行注射者，我们因事属提倡，虽一地须数度往返，也不计困难，都答应了农民的要求。

在北碚、巴一区、巴二区工作的时候，适逢暑天，气候酷热，只能在早晨的时间将牛只集中起来举行注射，远隔高山的地方，集中便不容易了。所以逢到实在不能集中的地区，防疫团就不怕跋涉之苦，跑到各地农家去分别注射。当时北碚工作尚未完了，即另派一组至巴县一、二区工作，期在农忙前完成注射工作。

十月初到巴县七区的白市驿进行预防注射，该区是实验区新开辟的辅导区。开始工作的时候，正是雨多路烂、时届秋耕的季节，有时走遍了几匹山还没有注射到一头牛。不得已我们才改变方法，函请巴县县政府及本区总办事处加强协助，除辅导员、民教主任应积极参加宣传协助外，另令各乡保甲长亦应尽量帮助，并须发偿罚办法："若有不听指挥按时将牛只集中在指定日期地点举行预防注射者，由乡镇公所议处"。自此令颁发后，农民按时都把牛只集中了。我们为了农民的利益，有时暂采强迫性的注射，但行之久了，最后他们都愿意接受了。

四、工作成绩统计

下面是牛只预防注射各区注射统计表。

第一表　北碚区

日期		乡镇别	离城距离	预防注射牛只头数	治疗牛只头数	备考
月	日					
7	20	朝阳镇	12 华里			
7	27	朝阳镇	12 华里	77	1	

续表

日期		乡镇别	离城距离	预防注射牛只头数	治疗牛只头数	备考
月	日					
		澄江	25华里	201		
7	28	金刚	14华里	49		
7	29—31	黄桷	20华里	105		
8	1—10	二岩	22华里	44		
8	6—11	龙凤	40华里	79		
8	12	重阳	7华里	9		
8	12—13	白庙	37华里	17		
8	13—15	文星	30华里	91		
8	15	黄桷			2	
10	28—31	朝阳、龙凤、二岩、金刚、澄江、黄桷		115		此系注射该局各乡新购的牛只数
合计				795	3	

第二表 巴一区

日期		乡镇别	离城距离	预防注射牛只头数	备考
月	日				
8	1—21	土主	55华里	211	
8	17—21	青木	140华里	277	
8	22—25	凤凰	160华里	280	
8	26—29	虎溪	150华里	592	
8	29—30	西永	170华里	288	
8	31	新发	60华里	93	
8	2	土主	65华里	423	系后来补行注射
合计				2164	

第三表 巴二区

日期		乡镇别	离城距离	预防注射牛只头数	备考
月	日				
9	7—10	歇马场	105华里	540	
9	12—14	兴隆乡	70华里	580	

续表

日期		乡镇别	离城距离	预防注射牛只头数	备考
月	日				
9	18—19	蔡家乡	80 华里	627	
9	20—21	同兴乡	65 华里	68	
9	22	井口乡	50 华里	51	
合计				1866	

第四表　巴七区

日期		乡镇别	离城距离	预防注射牛只头数	备考
月	日				
9	27—30	白市驿	70 华里	367	
10	1—4	含谷乡	62 华里	65	
10	5—7	曾家乡	90 华里	83	
10	8—9	龙凤乡	90 华里	93	
10	10—15	走马乡	90 华里	447	
合计				1055	

第五表　巴八区

日期		乡镇别	离城距离	预防注射牛只头数	备考
月	日				
10	17—24	陶家乡	115 华里	496	
10	25—27	铜罐乡	100 华里	312	
10	28—31	西彭乡	120 华里	261	
合计				1069	
现在仍进行中					

以上截至十月三十一日止，共计牛瘟预防注射的牛只六千九百四十九头，治疗牛只三头，现继续积极进行中。至猪丹毒预防注射，计已注射巴二区八十七头，本站猪场注射七十四头，共一百六十一头。

五、经费

经费由农复会拨给银元式仟，本区拨给银元式千七百七十八元，共计四千七百七十八元。

六、结论

我们此次牛瘟猪瘟的预防注射工作，农民由观望而转为切望。不但愿以［意］预防，而且愿意能给他们的牲畜治疗，有许多农民除自愿预防牛瘟及猪丹毒外，还希望对鸡瘟及猪肺疫也普遍举行注射预防。惜以本站器材药品有限，除自制兔化牛瘟疫苗外，均须仰给于他人，至为遗憾。今后当设法自己制造猪瘟和鸡瘟的血清疫苗。刻已向农复会申请有关器材药品，如能拨到，我们可以竭尽力量，鼓起勇气来研究、来制造，普遍展开家畜保育工作，为农民谋福利。

种猪场的情形

王瀛洲

一、种猪来源

本年一月，由南京中畜所运来"大约克县"纯种猪 30 头，计有公猪 3 头，母猪 6 头，小猪 21 头（公猪 16 头，母猪 5 头，平均年龄 4 个月）。

二、饲养管理情形

种猪饲料以"玉米"为主，"麸皮""米糠""黄豆粉"等副之，并加食盐、骨粉配成"混合饲料"喂给（另给青饲料）。除"玉米"由农复会拨给 460 袋外，其余饲料需向市场购买。

种猪运抵北碚时，暂借兼善农场猪舍饲养，因圈少猪多，管理困难。现已另建猪舍二座，有猪圈二十间，月内可完工，种猪即将迁入新舍，今后饲养管理工作当较便利。

三、繁殖情形

自一月份至十月份，本场母猪先后生产小猪 66 头（育成数），其中 17 头（公猪 8 头，母猪 9 头）平均年龄七个月，已推广出场。目前尚余小猪 49 头（公猪 12 头，母猪 37 头），其中平均年龄六个月者 25 头，二个月者 14 头，一个月者 10 头。

四、推广情形

迄十月份止，本场已推广种猪共 31 头，分配如下：

（一）实验区所属巴一区繁殖站六头（公猪四头，母猪二头）

（二）实验区所属巴二区繁殖站四头（公猪二头，母猪二头）

（三）实验区所属璧山繁殖站四头（公猪二头，母猪二头）

（四）实验区所属北碚管理局八头（公猪）

（五）乡建学院四头（公猪二头，母猪二头）

（六）铭贤学院三头（公猪一头，母猪二头）

五、今后工作要点

（一）大量繁殖"约克县"纯种猪群。

（二）大量推广"约克县"纯种公猪。

（三）第一代杂交猪之研究——研究大约克县公猪与荣昌母猪交配所生第一代"杂交猪"之生长情形，饲料利用能力及屠宰率等。

（四）种别试验——在同一饲养管理环境中，比较纯种"约克县猪""荣昌猪"及杂交猪之优劣。

（五）指导农民改良饲料、管理方法及养猪环境，并施行防疫工作。

六、工作困难情形

本场目前最感困难者，为缺乏各种必需之用具及设备，如磅秤（称体重用）、饲料箱及饲料加工器具等，均因经费短少无法添置，为免影响工作计，拟报请拨款购置。此外，关于各项试验研究之工作，亦拟拨拨［发］专款后即开始进行。

注：本文辑录自璧山区档案馆藏"华西实验区档案"，卷 9-77/P39—53。

中华平民教育促进会改良稻种"中农四号"栽培法

华西实验区农业组编印

一、特点："中农四号"不择土壤，适应性特强，在川东巴、璧、碚、合等县丘陵地区栽种最为适宜，秆硬不倒，较能耐肥，更能耐旱，成熟整齐，穗形长密，米质中等，可免螟害，平均每亩产量较本地种多百分之十五左右。缺点是□药太差，栽秧苗需要多。

二、播种："中农四号"是中央农业实验所育成的改良稻种，播种时期及播种方法完全和本地稻种一样。

三、移栽：从播种起到秧苗长到五六寸高的时候，拔起来栽到本田里去，秧苗期约廿五天，栽的方法和疏密也是同本地种一样，只是每窝要多栽三四根。

四、中耕：薅秧子的时间和次数也是同本地种一样，如果在薅第一次秧后，看到田里的种子长得不十分好，可以斟酌情形施点肥料。

五、收获："中农四号"的生长期大约一百十几天，比当地中稻种要早熟五天左右，熟了就可收回家中，晒干贮藏，只是留作种子用的，千万不可混杂。

注：本文辑录自璧山区档案馆藏"华西实验区档案"，卷9-116/P101。

第六章

卫生

平教会华西实验区卫生工作计划

各省采用县单位保健制度已是十四个年头，现在正当检讨过去，以便策划未来。

一、县单位卫生工作往往仅限于城区。

二、县卫生院多注重治疗，因技术人员太少、设备简陋及经费不足，即治疗工作亦未做到好处，因此不能得到人民之信仰。

三、县卫生院之工作部门太多，结果即最□易预防之天花，尚未消灭。

四、在定县时卫生员尚能每日抽出一二小时做简易之急救，报告生死，种痘及改良水井。因多数为自耕农，生活上比较安定，且卫生员皆由同学会会员选出，非但有教育之基础，且有相当之组织。在贵州、四川亦曾训练卫生员，皆告失败，因百分之八十以上皆非自耕农，多数农民又以赶场为业，流动性甚大，且无组织。

为避免重蹈前辙起见，今后工作须根据下列数原则：

（一）注重预防工作，特别注意卫生教育。

（二）发现新问题。

（三）重质不重量。

（四）视人民经济情形而先设法在最短期内解决最重要的问题，然后依次解决次要问题。

（五）工作要深入农村并要生根，必须适合农民卫生之基本要求。

（六）卫生工作先在巴县、璧山、北碚开始实验，然后推广至其他各县。

卫生项目：

Ⅰ. 特别工作：

甲、卫生教育

1. 农村妇女卫生训练班。

2. 师范学校、女子中学及职业学校设家事实习所。

乙、妇婴卫生

1. 生育指导。

2. 农村托儿所。

丙、学校卫生

Ⅱ. 卫生服务：

甲、地方病之防治

乙、给水及环境卫生

丙、生命统计

丁、治疗工作

Ⅰ. 特别工作

甲、卫生教育

一、农村妇女卫生训练班

（甲）目的：（1）卫生教育与生活训练打成一片。（2）由改良家庭而促进农村建设事业。（3）宣传并推动妇婴卫生教育。

（乙）示范家庭：使农村妇女由卫生生活而养成卫生习惯。示范家庭之建筑，必须合乎卫生原则，家具必须简单、经济、适用。

（丙）招生：每保选送一人，在传习处受过四个月训练结业者。

（丁）训练期间：分两期。第一期，六星期。第二期，六个月——妇婴卫生。

（戊）托儿所：为已婚之有子女者而设，六岁以下之小孩，可带来入托儿所。目的：（一）使已婚而有幼儿者可以入班受训。（二）使学生可以实习育儿方法。

（己）费用：各保负责学生之伙食，其他费用皆由训练班担任。

（庚）课程：卫生（个人卫生习惯、育儿及产妇常识、家庭护理法、急救术及简易治疗、传染病及预防、家庭环境卫生）、识字、公民、家事、游戏、唱歌、手工、园艺、家畜、烹饪、合作、应用文字等所有课程，以参加活动为原则。

（辛）训练方法：由起床至就寝，学生在教员指导之下养成卫生习惯，如个人用个人之脸盆、毛巾，早晚刷牙，饭前便后洗手，用公共筷匙，喝开水，不随地吐痰，作息有定时等。卫生、农业、合作、家事等则按时讲授并实习。每日上午八时至十时为分组活动，共分六组，总务组、烹饪组、清洁组、调护组、手工组及托儿组。每组轮流实习一星期，并由专人负责指导。除此以外常请专家演讲，如关于社会调查、教育、农业、政治等题，并参观县政府、卫生院、农场、民教馆等机关以增长见识。

（壬）毕业后学生之工作：由各保购置家庭药箱，由毕业生负责使用，作急救及简单治疗、实施种痘、报告生死、宣传卫生教育及发送消毒脐带布。

上午学生分组活动，每组四至六人，六组之实习内容及负责之部分如下：

1.调护组：（1）学习内容 $\begin{cases}简易治疗\\ 种痘\\ 护理病人\\ 急救术\end{cases}$

（2）负责——同学之简易治疗、病同学之调护。

2.清洁组：（1）学习内容——个人清洁之示范（衣服、皮肤、毛巾、牙刷、脸盆及手巾），环境卫生之示范（卧房、厕所、厨房及校舍），制备卫生用品——如纱罩及蝇拍。（2）负责——校舍之清洁、一般之清洁。

3.托儿所：（1）学习内容——儿童营养，一般之护理——衣服、睡眠、清洁等，习惯之养成，儿童心理，儿童玩具。（2）负责——烹制儿童食品，换尿布及为儿童穿脱衣服，为婴儿及幼童洗澡，婴儿及幼童之卫生教育。

4.烹饪组：（1）学习内容——厨房及食堂之清洁，食物之营养价值，烹制普通食物，烹制病人食物。（2）负责——烹制全班同学及教员之食物，准备开水及热水。

5.手工组：（1）学习内容——成人之衣服，幼童之衣服，布制玩具（驴、兔、狗、布人等），织绒线，艺术手工。（2）负责——缝制班旗、托儿所用之床单及衣服等，缝制椅垫及窗帘等。

6.总务组：（1）学习内容——家庭日用账之簿记，读新闻、杂志及书，治家之方法。（2）负责——分发灯油，每日量米、盐及辣椒等，记账，管理合作社。

分组游戏及唱歌

全体学生参加：各种问题之讨论，讲故事，讨论家庭问题。

二、师范学校、女子中学及职业学校设家事实习所

（甲）目的：（1）要使家庭快乐而健康。（2）教儿童卫生习惯。

（乙）示范家庭：在巴县、璧山、北碚建筑示范房舍各一所，建筑须注意到经济、耐用、方便及舒适为原则。

（丙）方法：在家事教员指导之下，学生轮流住在家事实习所至少二月以上。

乙、妇婴卫生

一、生育指导

（甲）目的：（1）婚姻指导。（2）多育与不育。（3）研究适合于中国农村之节育方法。

（乙）诊所：分三部分——（1）婚姻指导——结婚以前，关于性器官之解剖及生理，以及性问题之解答。（2）多育——介绍节育方法，使患病者如肺病、肾脏、心脏病及精神病者节育而免除生育危险。为计划生育，或因经济负担太重，少生少死亡，使每个婴儿皆发育良好，体格健康。（3）不育：结婚数年而不育者可在诊所检查、治疗并接受指导。

二、农村托儿所

（甲）目的：（1）设立保农村托儿所。（2）保育工作人员之训练中心。

（乙）示范保托儿所——为一千人口之示范托儿所。家具及设备必须简单，但构造须合乎儿童之需要。

丙、学校卫生

一、目的：A. 办理学校卫生。B. 推行卫生教育。

二、方法：学生五千人，学校十，级任教员100—125。先用智力测验，有一千学生经过同样之测验作为比较。

三、小学卫生实验课本及教学法——各十二本。

将中央卫生实验院卫生教导组两年完成者，最好介绍给小学校。儿童时期最容易养成卫生习惯。

Ⅱ. 卫生服务

甲、地方病之防治

一、预防天花

目的——消灭天花——两年之内完成。

方法——导生传习后——平民学校学生传习种痘——第一年先种百万。

二、疟疾——中央卫生实验院愿意将防疟队一队调派来此，负责疟疾之防治。

三、肠胃传染病——肠胃传染病如伤寒、痢疾及慢性肠炎系此区内之重要疾病，一年四季皆有，因此农夫多受害。如用卫生方法，则此类疾病颇易预防。除防治外，并须研究其如何传染，对于酱油及泡菜等尤须注意。

四、钩虫病——以前研究钩虫之结果，此区百分之四十至五十之农夫皆染有此病。患者贫血、无力、身体软弱，对于平时之农作尚不能胜任，何况负有增加生产之重任。消灭此病、防治二者须并重。粪便之处理关系甚大，我国用粪便作肥料，故钩虫之卵及幼虫散播于田间，必须处理粪便，方能预防此病。此区内估计有五万农夫需要钩虫病之治疗。

乙、环境卫生之改进

一、饮水——许多严重疾病皆由水传播，水之清洁对健康之关系甚为重要。农夫往往取之于小溪、池塘、井及稻田，同一水源又用之于洗涤及其他。如预防水之传染疾病，清洁水源有几种方法，分述于下：

$$\left.\begin{array}{l}\text{小滤缸}\\\text{深井}\end{array}\right\rangle\text{在巴县、璧山、北碚作示范}$$

二、粪便之处理——为预防疾病起见，粪便须处理后方能做肥料，第一年拟设三堆肥实验于三县。

丙、生命统计

——乃测量人民健康之尺度，推行公共卫生甚为重要。

丁、治疗

——在农村预防工作须有治疗工作配合。华西实验区须有一完善之医院，非但可负责医治农民疾病，并可做为乡村建设学院卫生系教学之用。

注：本文辑录自璧山区档案馆藏"华西实验区档案"，卷 9-77/P32—38。

乡村旅行之卫生

——华西实验区卫生组组长谷韫玉大夫第四次专题演讲
（民国）卅八年七月五日午前九点半至十一点
谷大夫讲　康廷方记

诸位同学马上要去作一件很重要的除虫工作，李（焕章）先生要我在诸位出发前谈一下卫生问题。我们应注重预防，事先的预防比治疗容易，同时也较安全。

暑天的传染病我分下列几种：

1. 肠胃传染病

（1）伤寒：伤寒是杆菌传染病，其传染的媒介有：a.吃的东西，b.手，c.苍蝇。关于食物，如果有细菌或生食都可以传染；关于手，如果我们摸了有细菌的东西再拿东西吃，就可传染；苍蝇飞来飞去常传染细菌。当细菌传入身体后，最初潜伏要两天到一周才发着，最初的病状是头痛、不想吃东西，以后发烧到一个星期，在胸部下就有血点，这种血点干了就散，在第三个星期时最危险的是肠出血与肠穿孔。这种病很难医治，我们应注意事先的预防。

（2）痢疾：分两种。一是杆菌，一是哈米巴。传染以后是潜伏的，其病象是大便次数加多，（肚腹）下垂，到廿四小时以后大便带血或玄液，人身无力。其治疗较伤寒易，但应注意预防。

（3）霍乱：霍乱的潜伏期较短，廿四小时就发着，病象□上吐下泻，几个钟头后人就消瘦，因为水分失得太多。

上列几种病都应注重预防：（1）多吃开□□□牙。（3）便后、饭前洗手。（4）吃煮熟的食物，不生食。（5）不吃苍蝇爬过的东西。

霍乱预防针可预防三至六月；伤寒预防针可预防二年。

除了自己应注意的卫生外，还有下列几种病我们要注意。

（1）疟蚊：钉在身上成45°斜度，只有雌性疟蚊才传染。其病菌的来源是疟源虫，疟蚊从病人身上带来。疟疾有下列几种：a.间日虐；b.三日虐；c.恶性虐。得疟疾的病象是头痛、发冷、发烧。疟疾病患后常有贫血现象。治疗方法很多，但以奎宁丸最有效。防止疟疾第一要有帐子，如不能挂蚊帐或出去工作时，可抹驱蚊药。

（2）苍蝇：作食罩与蝇拍。

（3）虱子：虱子可传染两种病，一是回归热，一是斑疹伤寒。

其次是非是传染病的一方面。

1. 中暑：病象是头昏、无力。医治方法是到阴地去用冷水擦身。

2. 沙眼：不要用公共手巾。

讲解药箱：1. 消炎片：扁桃腺发炎、肝炎；2. 绿色奎宁；3. 苏打片：胃不舒服、不消化；4. 红药水：皮肤擦破；5. 碘酒：可消毒，搽上有点痛；6. 亚模尼亚：头昏或昏倒时可嗅一嗅；7. 消炎油膏。（完）

注：本文辑录自璧山区档案馆藏"华西实验区档案"，卷9-114/P49—52。

乡建工作环境卫生宣传标语

环境卫生最重要，
污沟臭水要除掉，
垃圾秽物莫乱丢，
猪圈厕所常打扫。

日常生活须记牢：
早晚刷牙莫忘了，
生冷食物切忌吃，
饮水滤过煮开好。

三种敌人很强暴：
苍蝇蚊子和跳蚤，
捕打药杀早除尽，
免得害病命送掉。

预防疾病胜治疗，
防疫注射危险少，
按时吃饭按时睡，
常查体格防病倒。

注：本文辑录自璧山区档案馆藏"华西实验区档案"，卷 9-57/P56。

清洁县干净乡健康保生活公约

　　清洁县的干净乡，有个健康保。那里的人都壮健活泼，不害瘟病。他们订立了一个生活公约，大家遵守。

一、我们不在水井旁边堆垃圾，大、小便。

二、我们每家都设置一个沙缸，水缸里要放漂白粉。

三、我们不喝生水，不削皮的果子不吃。

四、我们每家要多开窗户。

五、我们不随地吐痰。

六、我们要扑灭蚊蝇。阳沟、厕所，随时打扫干净。

七、我们对病人的大小便，解后就盖生石灰。深深地埋在地下。

八、我们要将病人用过的衣物，煮过才用。

九、我们每家如有病人，就送卫生院诊治。要把他同好人分开。

十、不遵守公约的人，我们驱逐出境。

　　注：本文辑录自璧山区档案馆藏"华西实验区档案"，卷9-57/P57。

保健生带着药下乡，去推行"乡村卫生"工作

[**卫生消息**] 平教会华西实验区办过乡村卫生妇女训练班，受训的有二十二位，叫做保健生，已经训练完毕，就到乡下工作。她们学到很多卫生的知识，还带回一个保健箱，箱里装有患疟疾吃的"奎宁丸"，伤风感冒吃的"阿斯匹林"，还有几样外伤内服的药水。有保健生的乡镇，人们如果要种牛痘、防疟疾、治疗跌破碰伤，或者孕妇要检查，都可去找保健生。至于重病，他们虽然治不了，但可以帮助病人去医治。

原载《传习报》，1949 年创刊号

注：本文辑录自璧山区档案馆藏"华西实验区档案"，卷 9-170/P84。

推行新法助产，开始孕妇调查

卫生组先在三个滩及城区试办。

为减少婴儿死亡率，推行新法助产，卫生组已于本月起，先在璧山城区及三个滩两地开始安全助产工作。第一步工作为孕妇调查，接着是家庭访视，到临产时即前往接生。因限于人力，这个工作短期内尚不能普遍推行。但，该组拟于最近，觅定适当地址，即行开设门诊部，便利孕妇前往检查。

原载《乡建工作通讯》，1949 年第一卷第二十二期

注：本文辑录自璧山区档案馆藏"华西实验区档案"，卷 9–117/P39。

中华平民教育促进会华西实验区
总处卫生组薪资收据表单

（民国）三十八年五月上半月

职别	姓名	月薪率	工作日数	薪金折实数	薪金折合银元	实发银元数	盖章	备考
卫生工程师	修蓉泉	300	全月	108	1285	642		
护士主任	田青云	280	全月	104	1238	619		
副主任	戚荣光	200	全月	88	1047	523		
护士	安惠慈	160	全月	80	952	476		
	黄开俊	160	全月	80	952	476		
	李玉芝	100	全月	68	809	404		
	房浚哲	100	全月	68	809	404		
助产士	吕筠	160	全月	80	952	476		
技术员	李大志	150	全月	78	928	464		
	唐德燮	110	全月	70	833	416		
	张文泽	120	全月	72	857	428		
	合计					5328		

注：本文辑录自璧山区档案馆藏"华西实验区档案"，卷 13-21/P23—24。

育儿技术讲义

房浚哲撰述

目录

第一课　新生儿护理法

目的： 使母亲及护理婴儿者具有正当合理的护理法则。

用物：

（一）茶盘一

（二）消毒干棉球一罐

（三）硼酸棉球一罐

（四）菜油一瓶

（五）酒精一瓶

（六）滑石粉一盒

（七）消毒棉花棍一包

（八）消毒脐纱、绷带布各一包

（九）无碱性肥皂一块

（十）扣针数个

（十一）肛表一

（十二）剪刀一把

衣物：

（一）方尿布数块

（二）衬衣一件

（三）小油布一块

（四）夹被一

（五）棉被一

（六）小床及铺垫物品

（七）大毛布［巾］一、小毛巾一

（八）澡盆一

（九）水壶一

（十）污水桶一

护理手续：

甲、脐未脱落前

（一）在冬日室内须温暖。

（二）将用物准备完善，置于方便处。

（三）将小儿抱起，安放于腿上。

（四）用肛表插入小儿肛门，两分钟取，查看其温度若干。

（五）洗脸及头部，用棉棍蘸水少许，洗鼻及耳，再用硼酸水棉花洗眼，然后洗脸部。斜抱婴儿于腿上，用左手托住颈部及后脑门，同时以大指及中指掩盖其耳孔，以免有水流入。将头移至旁边，用胰子与水洗头。洗时用手蘸水抹胰子于头上，用手洗头，后以湿毛巾擦净胰子水，并用干毛巾轻轻擦干。

（六）洗擦上身。脱去小儿上身服装，用干毛巾与被包盖着全身（毛巾放于内层，贴近儿身）。擦时用手蘸水抹胰子于身上，用手于毛巾内擦身上后，用湿毛巾擦去身上的胰子，擦后再用干毛巾轻轻擦干。护理时切忌暴露婴儿，洗完小儿的上身即应穿好衣服，以免受凉。

（七）洗擦下身。将婴儿斜置于腿上，以左手拿住一腿，置臀部于盆内，用水与胰子洗腿部及臀部，洗毕时擦干水，放下被与毛巾包裹婴儿，再用干毛巾同时轻轻擦干。

（八）注意婴儿阴部之清洁。用棉花棍蘸少许，将阴部的唇内污物轻轻擦净。如为男婴，则轻轻将阴茎之包皮向上推移，用棉花棍与油将皮内污物轻轻洗净。

（九）如脐带必须换时，可除去裹脐的卷带，再将第一层方纱布取掉，同时将消毒之脐带布并棉花包打开，将手洗净，以酒精消毒，再除去贴脐带处之脐带布，然后以棉花棍蘸酒精，擦净脐四周，换消毒之脐布。如脐带湿或发炎者，先用酒精洗净，后扑上锌养粉，再包好。

（十）秤体重。

（十一）将婴儿包好放回原处。

（十二）如婴儿体温不足，或感屋中太冷，可免淋浴，只试体温，整脐带。

乙、脐带已脱落者

（一）试体温洗头部同前。

（二）将衣服尿布解开，用干毛巾或被盖裹好，用手蘸水抹胰子擦全身。用手指或手背试水温度，如合宜，可以一手托小儿之头部，将全身放入盆中，另一手可洗净全身。

（三）淋浴后抱小儿于毛巾上，将毛巾包裹小儿擦干。

（四）洗毕，穿衣服，修剪指甲。

丙、整理脐带

如遇脐流血，应速将剪子于沸水中煮五（分）钟，用肥皂洗净双手，以酒精消毒，将脐带重行束紧，剪去脐带之一端，倾倒少许酒精以消毒，然后将脐带布包好。

丁、初生儿前三天需用油擦澡。

第二课　婴儿的营养

母乳的重要：

母乳清洁不易得传染病，温度适宜，节省时间与经济。乳内含的成份及营养素婴儿能随之生长改变，以适各时期的需要。母乳中并能含有抵抗多种疾病的免疫性，使婴儿不致受染。

哺乳应注意之点：

1. 哺乳时乳母与婴儿均应有舒适状态。
2. 产后十二小时应哺第一次乳，在未哺乳之先，可喂开水。

3. 乳母宜用中食二指捏乳头，免碍婴儿呼吸，同时略为紧压，以维持乳汁流出的速度。

4. 哺乳时勿让婴儿睡眠。

5. 食后应抱婴儿于肩上，用手轻轻拍背数下，以排胃中空气，而防吐乳。

6. 哺乳后，宜放向右躺卧，以免胃受压而呕吐。

哺乳时间：

1. 正常健康儿应每四小时一次。

2. 体重不足或体弱的，可每三小时一次。

3. 每次哺乳需十至二十分钟。

雇乳母应注意之点：

1. 需经医生检查身体是否健康。

2. 乳汁。

3. 年龄。

4. 清洁。

5. 品格。

6. 无疾病。

第三课　人工哺乳法

人工哺乳应注意几点：

1. 选择食品：须富营养，清洁易消化及吸收为原则。

2. 预备器皿须清洁。

3. 食品需洁净新鲜。

4. 哺乳时之温度、速度均须合适。

5. 禁止抚玩乳头，以免传染疾病与腹胀。

哺乳时间：时间与哺乳母同。

乳量：

1. 第一星期，一两半至二两半。

2. 第二至第三星期，二两至四两。

3. 第四至第九星期，三两至四两半。

4. 第十星期至五月，三两半至五两。

5. 第五月至七月，四两半至六两半。

6. 第七月至十二月，六两半至九两。

人工哺乳的食品： 牛乳、羊乳、乳粉、豆浆及罐头牛乳。

第四课　乳类以外应补加的食品

橘子汁、西红柿（番茄）、白菜水、萝卜水：均自二三月开始增加。

鱼肝油：自二三月起服半匙，每日一次，以后渐增。

谷类：五六月可加米汤，七八月可吃稀饭、烤馒头、面包片。

菜泥：如菠菜泥、马铃薯泥、蚕豆泥，六七月可开始加。

蛋黄：三月可开始加蛋黄半两，渐增至整个。

水：每日虽吃乳亦当多饮白开水。

婴儿新添食物时应注意事项：

1. 第一次吃新的食物须少量，以后渐增至需要量，而后再增加次数。

2. 每次只限加一样新食物，等吃惯后再加。

3. 凡新加食物必须简单，或与已吃惯食物一起可以。

4. 婴儿新吃惯一样新食物之先，须注意大便情形及皮肤有无发红或现疹子。如有发现，可予以停止。

5. 母亲在喂婴儿吃新食物时，绝不用焦急的样子和批评食物的语气。

第五课　补助食物制备和喂哺法

婴儿各种补助食品之制备及喂哺法：

在制备食品时，尤注意清洁，最好能认之一份食具为专用。每次用后，需用开水烫洗，如能每日煮一次更好。食物制好后，要防止勿被苍蝇扑落及尘土污染。

甲、食物制备法

乙、果子水的制法——为两三月婴儿吃

1. 将水果用冷开水洗净后横切成两半。

2. 若无挤果汁器，可用手持果外表，将汁挤出。

3. 再加等量之冷开水混合。

煮水果——将不易嚼烂之水果切成小块，加水煮软，为稍大婴儿食。

番茄水——选较熟而外皮完整之番茄，洗净用沸水烫之，然后放入碗内，用匙将番茄切碎，压挤茄汁，再将皮及籽捞出后即可食。

白菜水——用刀将菜切碎，再量与菜相等量之一碗水，倒入锅中，煮沸三至五分钟即可喂。

菜泥——用胡萝卜，将洗净后切碎蒸熟，放在铁纱箩用压挤，其钻过箩者为菜泥，余渣不要。

杂粮粥或糊——粗粮内含有乙种维生素，应多给婴儿吃，但需煮得烂熟或调成糊浆。

第六课　断乳或［和］代乳

婴儿在十个月后，一周岁内即可行断乳。

断乳所当注意之点：

1. 哺乳次数渐减少，代乳品内少增多。但须按其食欲与消化力增添。

2. 断乳前先予半流质食物，然后予以普通食物。

3. 食物选择当注意。

4. 定时进食，并注意卫生。

5. 以春秋两季最佳。

6. 可用馒头片、饼干等使之咬食，可摩擦牙，使之生长。

断乳后之食物：

1. 五谷类：挂面、稀饭、馒头片等。

2. 蔬菜类：菜汤及菜泥。

3. 果子。

4. 鸡蛋。

5. 豆浆。

6. 牛乳。

第七课 婴儿日常生活及习惯之养成

婴儿初生之日常生活：

哺乳时每日六次，每四小时一次，其间可喂白开水，除哺乳时外，均睡眠。早九时淋浴，每日至少有一次户外生活，但依气候而异。

婴儿之普通生活：

1. 住所空气新鲜。

2. 室内阳光充足。

3. 运动：①包裹不可太紧。②五六月小儿正须运动肌肉，勿过裸抱。

4. 睡眠：①宜独睡，要宽大睡衣。②注意卧室空气。③六个月婴儿晚上须十二小时，日间须四小时睡眠。

5. 大便：按时每日一次。

6. 啼哭：应注意啼哭的原因及状态，非因不适而泣哭可不必理会。

婴儿习惯之养成：

1. 姿势的养成。

2. 饮食的养成。

3. 睡眠的养成。

4. 大便以及各种卫生习惯的养成。

矫正坏习惯的方法：

为父母的应负矫正指导责任，以心平气和，用善诱方法，勿用强迫手段，以赏罚纠正。

第八课 幼童之营养

幼童营养应注意之点：

1. 每日按时进食三次，其间除饮水外不加零食。

2. 每日饮牛乳或豆浆二大杯，并多饮白开水。

3. 多食青菜或鲜果。

4. 细嚼粗米面。

5. 鱼肝油，体重不足每日可吃三次。

营养不适之影响：

1. 肠胃病：呕吐或腹泻，由于饮食不清洁或消化不良。

2. 营养不足现象：婴儿消瘦，体弱与发育迟缓。

3. 软骨病：由丁种维生素缺乏。

4. 贫血病：牙床流血，由于少食青菜水果。

5. 易患多种传染病。

注：本文辑录自璧山区档案馆藏"华西实验区档案"，卷 9-38/P96—103。

第七章

教育

平教会华西实验区的教育工作

——（民国）三十七年十二月十三日对教育系同学讲演摘要
王启澍教授讲 教三黄思明记

大家知道，目前平教会分三个部门：一、训练部（乡建院），二、实验部（华西实验区），三、研究部（南京办事处）。由此可见华西实验区和乡建院是一个事业的两方面，因此我想你们对于华西实验区方面的工作是最为关怀的。惜乎我没有很长的时间来和你们谈谈实验区的整个工作情形，今天只能向诸位报告一点教育方面的工作。

华西实验区的教育工作，可分为下面几点来说：

一、目标： 在培养农民知识力、生产力、健康力、组织力，期其能以自力解决自己的问题和改善自己的生活。因此，华西实验区的教育工作是推动各项建设（经济建设、卫生建设等）的手段，各项建设的完成即是此项教育目标之达到，教育附丽于建设，而建设必要通过教育。

二、对象：（一）十五岁至四十五岁的青年成人，（二）六岁至十二岁的学龄儿童。

三、内容：（一）文艺教育，（二）生计（经济）教育，（三）卫生教育，（四）公民教育（特别注重组织教育）。四者配合实施。

四、方法： 导生传习。其传习过程为"即习""即传""即用"，"传""习""用"三者在有机的联系下同时进行。"用"在于"建设"，故可说"即习""即用""即建设"。"习"时分工，"用"时合作。教法上则颇注重直观教学。

五、实况：

（一）分期：第一期自民国三十六年三月至七月，在璧山县城南乡、河边乡、来凤乡、青木乡开始进行。据当时调查，四乡中青年成人文盲数占总人数的百分之二十九点八。第二期自三十六年八月至三十七年七月，工作区域扩张到全璧山县（三十五乡镇）、全北碚（八乡镇）及巴县兴隆、歇马、土主、虎溪、青木、蔡家六乡。在此区域中共有五十三万五千八百零一人，当时青年成人文盲数占总人数的百分之二十五点八。第三期自三十七年八月至现在，实验区域除前期已有者外，另加巴县凤凰乡，计五十乡镇。若将传习处学生除去，则青年成人文盲数仅占总人数百分之十六点八。在第一、二两期，未遑顾及儿童教育，现在始着手改进国民学校而有示范保校之举办。示范保校由大学毕业生充任校长，每校至少四个教师。

（二）程序：1. 划定学区："学区"之划定是华西实验区推行乡建工作的第一步，凡是一百五十户至二百户而耕地在二千至三千亩左右之地理历史背景大致相同之区域，即定为一"学区"。每"学区"皆须设立一个"农业生产合作社"，故又称为"社学区"。"社学区"是教育与经济的区域单位。至今已划定四百六十一个"社学区"，每区有国民学校一所。2. 训练民教部主任：照政府规定，国民学校分儿童部与民教部，各设主任一人，民教部主任办理成人教育。但今天一般国民学校办理成人教育的结果，不特成效欠佳，并且民教主任多形同虚设，多不懂得成人教育，至少是对成人教育感到没有办法。华西实验区的教育工作，是以成人教育为主，自然不能不注重此点之改善，因此，第二步工作乃正慎选民教主任，选出后由在乡辅导员（每乡有一辅导员）分别加以训练。3. 设立传习处：民教主任受训之后，即行分别主持一学区内之传习教育，首先调查该区之青年成人，凡有三十至四十个青年成人之地区，即设传习处一所。本期共有传习处 1948 所，正受传习教育之学生达 53230 人。4. 选拔导生：每一传习处由一个至三个的导生来担任教学工作，导生从其青年成人中选出较有知识声望者充任之，本期共有导生 4232 人。在组成合作社之区域内的民教主任和导生，大多是合作社的干部。

（三）教材：成人教材除用平教会新编《农民千字课》与《传习片》外，大部分为生产合作社之各种活动的参与。

从以上各点看来，华西实验区的教育工作，基本上虽仍沿用定县的一套办法，但在许多方面已经有了改进，为适合新的环境与时代，在渐渐追求新的作法，而踏上新的教育途径。

注：本文辑录自璧山区档案馆藏"华西实验区档案"，卷 9-135/P86。

华西实验区教育工作之理论与实际概述

王启澍讲　何国英记

本文为第四次工作座谈会讲稿之一，全文甚长，特在本刊分期刊载。

（一）我们对教育的看法

华西实验区对教育的看法和作法，是从平教会二十多年的工作经验中发展而来。和一般对教育的看法，在本质上多有不同，现在先回顾一下这发展的的历史。

第一次世界大战时，晏阳初先生在法国作华工教育，深感中国文盲问题的严重，而且觉得无论在任何时代，任何环境，要培养民族的力量都必需由教育入手。因于（民国）十二年与其同道朋友成立了中华平民教育促进会，在华北从事平民教育工作。（民国）十五年以定县为实验县，这时提出的口号是"除文盲作新民"。由此看出当时教育工作主要是着重在识字教育。在工作的发展中，证实识字教育如与农民生活的其他方面无有机联系，必不免是架空的、无效的。于是从识字教育逐步涉及农民生活的全部，这就是由识字教育而进向综合性的乡村建设，从而对教育也就形成了一套新的看法和作法。

先介绍我们对教育的看法。

第一，教育是自觉的社会改造的方法之一。传统的教育看法，自有其哲学根据，有一种假定。归结起来，对人的看法是将他当作孤立的个人，不是作为社会组织中一个成员的个人，对社会是看作静止的不是变动不居的，因此对个人的教育，是使个体能适应这不变的社会，适应传统的生活方式，使他保持并传递传统的文化。但是中国近百年来的变动是很显著的，特别与欧美先进国家接触以后。在这种变动的社会下，仍然用一套教人顺应传统的教育，当然要与社会脱节，受这种教育的人，很难适应这变动甚速的社会，更难有自发的力量来促进社会的进步。要教育与社会有密切的关联，教育就应该着重在整个社会的改造上，而不是单纯的顺应社会。

为什么教育是一种改造社会的的方法，而且是一种重要的方法？社会改造有一个前提，就是这社会的个体要有相当的觉悟，对环境有正确的认识，如像大家都知道农民的生活很苦，但是农民自己对于他们终年劳苦，仍然不得温饱的原因，却不一定有真正的了解。他们也许是怨天时，怪自己的命运。如果他们有了教育，认识到天时是可用人力补救的，命运也是可以改变的，那么，对处境的觉悟和认识就会引发出他们改造生活的自动力量。自发的力量才是真正可贵的力量，自动的力量才是最强大的力量，这种力量是从根发生出来的，能持久的。而教育，便是最能引发这种力量的方法。

平教会所倡导的乡村教育，可说就是一种以乡村农民为对象，以引发农民自发自动的力量来进行有计划的社会改造为目标的教育。而这种有计划的社会改造运动，也就是固本的乡村建设运动。所以我们说教育是社会改造的方法之一，亦即乡村建设的手段之一，乡村建设所欲实现的理想，便是教育的理想，乡村建设的内容，便是教育的内容。

第二，教育是组织的活动。 无论从哪方面看，个体的力量敌不上团体的力量，散漫的个人的力量不及有组织的力量，以散漫的个人为对象的教育，当然不能达到社会改造的目的。

组织是什么？组织并不是若干个体的总和，而是一个有结构的团体，这是从静态的方面说。从动态的方面来看，组织不但有结构，还要有活动，而且是有目标有计划的集团的活动。在一个组织中最显著的特微〔征〕，就是有机的分工、有计划的合作，组织的意义就是如此。

我们的教育之所以为有组织的活动，可从两方面来说：从教育的历程上说，"即知，即传，即用"，是使知与行合为一个历程，不是片面的与生治〔活〕无关的知识的传授，而是有计划有组织的传习用合一的活动。从教育的对象上说，是一个有组织的团体，我们不是个别的散漫的给予教育，而是使其在团体的活动中受到教育，在团体的活动与教育中，一方面也提高个体，不断地发现和培养乡村领袖人物。

根据上面的看法，与传统教育相较，就有几点不同：

一、教育范围扩大。 过去的教育设施只是为了少数具有特殊条件的人，教育的范围是狭隘的。现在我们既以建设为教育的内容，而建设的主力是农民，因此我们的教育对象主要就是那占全人口百分之八十五以上的农民。教育的范围当然扩大了许多。

二、教育时限延长。 因为教育的内容是建设，那么，有建设就有教育，建设工作停止，教育才算完了。但是建设工作是只能有步骤之分，是不会终止的，此其一。其次，过去乡村中只注重儿童的教育，现在因为直接参加建设工作的是青年和成人，所以青年成人更是教育的重要对象。根据这两点，我们必须打破那认为人生的某一阶段才是受教育的时期的狭隘观念，而将教育时限延长。

三、对学校教育的看法也有了变动。 过去学校的大门都有形无形地挂有"学校重地，闲人免进"的牌子，这说明了学校教育与社会是隔绝的，这样的学校教育，当然不能达到社会改造、乡村建设的目的。我们要取消这块牌子，把学校作为社区建设的中心、指挥所。学校的校长、教师以及民教主任，就是这一社区建设活动的参加者、领导者。同时我们是以农民为教育对象，当然教育的场所，不能限于学校的一隅，而是整个的社区。

四、对知识的看法：教育既以乡村建设工作为其具体内容，因而我们所传授的知识，就不是片断的与生活改进无关的死知识，而是改进生活所必需的活知识。这种知识，应该立即应用到生活中去，我们的教师的任务，不仅是传授新知识，更重要的是活动的辅导。脱离了实践活动，知识是无用的，它们必须合而为一。

以上便是华西实验区教育工作者对教育的看法的大概。（待续）

原载《乡建工作通讯》，1949 年第一卷第十三期

注：本文辑录自璧山区档案馆藏"华西实验区档案"，卷 9–135/P53。

教育组（民国三十八年）五、六月份工作报告

一、各辅导区教育工作情况

各辅导区教育工作情况，见于各区日常的报告，现在各区皆有其工作报告，这里只述其大概。

1. **璧山区教育工作情况**——璧山区五、六月份的教育工作为：

①第三期基本教育传习结束：在四月底与五月初，各社学区传习处陆续举行结业测验，第三期基本教育传习工作告一结束。

②开始第四期基本教育传习：于六月一日至十日，各区传习处又先后开学，进行第四期基本教育传习，有关各项数字报告，各区尚未全部报来。

③调查并统计整理社学区人口、经济调查资料：各区于传习处结业考试后即展开社学区人口、经济调查工作，现已调查完竣，开始统计整理资料中。

2. **巴县区教育工作情况**

①整理统计社学区人口、经济调查资料。

②调整社学区：调查后发现有些社学区不合条件，遂进行调整的工作。巴县也展开工作之十个辅导区，最初一共划为 523 个社学区，现调整为 580 个社学区，增加了 57 个社学区。各区调整后的数目见附表一。

③训练导生与设置传习处：从六月起，各区开始选拔导生与训练导生，并进行设立传习处的工作。原定于六月初开始传习，后因调查与统计工作的延长，传习处学生读本的未及如期编印，遂延期于七月初开始传习。

3. **江北、合川、綦江、铜梁等区工作情况**

江北、合川、綦江、铜梁等辅导区是同时展开，其工作情况也大体相似。

①完成民教主任甄训工作。江北等四县开设七辅导区，共有 43 个乡镇，划分了 376 个社学区，各辅导区社学区数目见附表二。各区民教主任甄选训练工作于五月底均已先后完成。

②进行社学区人口、经济调查。现这七个辅导区正展开社学区人口、经济调查工作，以为施教组社的准备。

4. 各辅导区教育工作的困难问题

在各辅导区的会议记录及辅导员的月报中，发现了如下的问题：

①民教主任甄训方面：有的辅导区（如綦江）文化水准过低，在当地不易甄选民教主任，只有破格录取。有的辅导区碍于地方人士介绍，录取标准不免有从宽者。至于训练方面，各区都能照规定作去，但感到训练教材多系纲要，缺乏具体而微的教材，讲授的人常不能抓住中心，发挥尽致。

②导生选拔训练方面：选拔导生多系从地方知识分子中去寻求，其来源大多为地方士绅、地主塾师与一部分小学教师，很少是生产农民。前一批人对传习的工作很难持久，同时他们在乡间素有地位，面子又大，作导生虽可一时号召乡民，但其对传习处工作很难持久，对农民又无亲切之感，因此影响到传习处留生等问题，这是一般的失败处。导生最好是从生产农民中选拔，虽然要经过一翻［番］训练培养的功夫，开始虽难，但一打下基础，传习工作才能稳固，将来合作社的领袖也有了来源。

此外，导生训练的教材也感缺乏，过去应用的材料急待改编印发。

二、本组工作情况

教育组的工作人员甚少，共有四人。五、六两月中，除了经常的工作，如阅看各辅导区会议录、工作人员工作月报、民教主任日记及处理日常公文以外，还作了如下两件事：

1. **视导示范学校及其所属传习处**——从五月六日起至六月十一日止，本组同志朱泽芗、晏世筠两君先后到巴璧两地视导了十二所示范国民学校和其所属传习处。示范校一般的情况是：

①教师数、学生数较上期增加。

②十分之八的示范校曾由地方集资培修。

③社学区内的组社工作都已完成。

示范校的一般问题是：

①示范校还未全能发挥功效：示范校应该是地方建设的领导中心，是这一区的社会生活中心，可是目前的示范校未能发挥这种功效。有十分之七的示范校仅作了小学部的工作，民教部的工作还作得不够，于［与］我们的要求相差太远。

②社学区的学龄儿童未能全部入学：本学期示范校的工作要项中有一项是"催促学龄儿童全部入学"，现在还未作到，学龄儿童入学的最高百分数是 90.4%（璧山城北乡温家垮示范校），一般的百分数是 70% 左右。

③示范校为什么不能发挥功效？作示范校长的同志对问题的回答是：

a. 校长的行政事务工作太繁冗。为教师领薪金、拨薪谷、筹钱换米，费去了校长的大部分时间与精力。

b. 没有办公费。县府每月发给的办公费还不够买一支小笔，可以说等于没有办公费，巧妇难为无米之炊，有许多事相［想］到了也做不到。

示范校既是有了上述的问题，教育组拟于七月下旬待各示范校放假后，召开示范校校长座谈会。一方面检讨过去，一方面计划将来的工作，俾使示范校得以充实改进。

关于传习处，也发现如下问题：

①传习处教育工作与建设工作未能密切配合：目前传习教育只作到文字符号的传授，未能与建设活动密切配合进行，以致人民对传习教育感到枯燥无味。

②导生教学技术过差：传习前导生的训练不够，传习期又无切实的辅导，因此导生教学技术过差，急需改进。

③传习处缺乏教育环境的布置：传习处的布置都很简陋，一块小黑板，几张桌子而已，缺乏教育环境的布置。

针对以上问题，本组今后计划下列工作：

①建设活动与教育活动之密切配合设计（会同有关组室研究）。

②编印导生教学指导书刊、导生参考书。

③绘制传习处标语及挂图。

2. 编印传习教育应用表册——传习处以往尚未有一套表册，在统计与研究上甚感不便，现编印了下列的表册。

①传习处标示一万五千份；

②传习处学生名单四万五千份；

③传习处点名表五万份；

④社学区传习处概况表五千份；

⑤传习教育应用表册五千份。

现已分别检发各辅导区备用。

表一　巴县各辅导区所辖乡镇及新增社学区数 （民国）三十八年六月

辅导区别	乡镇数	保数	户数	原有社学区数	现在社学区数	增加数	备注
总计	58	783	119600	523	580	57	
1	6	86	13462	59	59	0	
2	5	99	15038	66	72	6	
3	5	101	17538	75	75	0	

续表

辅导区别	乡镇数	保数	户数	原有社学区数	现在社学区数	增加数	备注
4	6	89	19591	63	67	4	
5	5	52	7843	36	41	5	
6	5	72	11242	53	61	8	
7	5	87	12524	54	61	7	
8	6	85	11238	48	53	5	
11	7	53	8531	36	45	9	
12	8	59	7543	33	46	13	

表二　江北、合川、綦江、铜梁各辅导区所辖乡镇及社学区数　（民国）三十八年六月

辅导区别	乡镇数	社学区数	备　　注
总计	43	376	
江北一区	6	52	本区系（民国）三十八年三月开设
二区	7	64	同上
合川一区	6	47	同上
二区	6	51	同上
綦江一区	6	44	同上
二区	6	57	同上
铜梁	6	61	同上

表三　华西实验区（民国）三十五年十一月至三十八年五月工作区域

年	月	县局数	县局名称	辅导区数	乡镇数	社学区数	备注
35	11	1	璧山	1	4	——	初开工作时尚未划分社学区
36	8	3	璧山、巴县、北碚	7	50	461	
37	12	3	同上	10	55	536	
38	2	3	同上	17	101	974	
38	3	7	璧山、巴县、北碚、江北、綦江、合川、铜梁	24	144	1350	

注：本文辑录自璧山区档案馆藏"华西实验区档案"，卷9-166/P77—84。

教育组（民国三十八年）七月份工作报告

一、各辅导区传习教育工作

1.璧山区所属各传习处已于上月开学。除照常进行基本教育传习外，还配合经济部兽疫防治督导团进行"牛瘟防疫"。传习最初，兽疫防治督导团下乡展开牛瘟疫苗注射工作。农民教育不够，不愿接受传习处展开牛瘟防疫。传习后，乡村接受注射疫苗的牛，据统计已有百分之八十稍强，这件工作预定九月中完成。

2.巴县一、四、五、六、七、八区传习处定于八月一日开学，其准备工作已大体就绪。其余各区传习处定于九月初乡间稻子收获后开始传习，现正训练导生中。

3.江北、合川、綦江、铜梁等区传习处也定于九月一日开始传习，现正开始选拔导生。

4.从传习教育视导中，发现导生教学技术太差，民教主任与导生大都不能运用传习组织。于是组织落空，发挥不出力量来。本组拟设置表证传习处，其详细计画与进行步骤，详见本组八、九月份工作计画。

二、本组工作

1.检发农民读本：传习处基本教材"农民读本"已印就三十万。根据各辅导区需要，本月已发出二十五万册。现又增印三十万册待用。

2.调整示范国民学校：有的示范学校，其本身条件不够，没有示范的意义，经本月实地视察的结果，决定巴璧两县示范国民学校中，撤消示范名义的国民学校共十五所（其中巴县六所，璧山九所），璧山新增一所，现在尚存的示范校，除北碚的不计外，巴璧两县共有二十七所。并拟具示范校改进充实计画（详见本组八、九月份工作计画），于八、九月中进行。

3.统计全区民教主任年龄、性别与学历：本区六县一局，共144乡镇，划分为1350个社学区，设民教主任1350人。根据六月份的各乡民教主任登记表，统计结果如附表一、

二、三。

就表三来看，21—30 岁的共有 940 人，占全数的百分之七十，乡村建设工作是吃苦耐劳的工作，正需要年青力壮、有热情、有抱负的青年。21—30 岁多是这种类型者。这是可喜的。

就表二来看，普通中学毕业的民教主任，共有 731 人，占全数的百分之五十四点七。师范学校与高农学校毕业的才 387 人，占全数的百分之三十一。以学历来说，民教主任的学历似乎太差。可是从经历看来，普通中学毕业的 731 人中，十分之九的人都曾任过小学教师一年以上。似可补其遗憾。

表一　华西实验区民教主任性别统计表　（民国）三十八年七月六日

性别	总计	璧山	巴县	北碚	江北	合川	綦江	铜梁	备注
总计	1350	280	580	114	116	98	101	61	
男	1301	279	554	112	113	91	91	61	
女	49	1	26	2	3	7	10	—	

表二　华西实验区民教主任年龄统计表　（民国）三十八年七月六日

年龄组	总计	璧山	巴县	北碚	江北	合川	綦江	铜梁	备注
总计	1350	280	580	114	116	98	101	61	
15—20	173	18	85	7	6	17	17	23	
21—25	586	75	253	75	60	53	44	26	
26—30	354	97	141	27	33	19	28	9	
31—35	142	47	68	2	11	5	7	2	
36—40	60	24	24	2	4	2	4	1	
41—45	19	9	4	1	2	2	1	—	
46—50	12	8	4	—	—	—	—	—	
50 以上	3	2	1	—	—	—	—	—	

表三　华西实验区民教主任学历统计　（民国）三十八年七月六日

学历	总计	璧山	巴县	北碚	江北	合川	綦江	铜梁	备注
总计	1350	280	580	114	116	98	101	61	
初中	319	105	148	—	19	24	15	8	
高中	412	75	189	—	55	34	43	16	
师范	205	38	69	29	22	14	20	13	

续表

学历	总计	璧山	巴县	北碚	江北	合川	綦江	铜梁	备注
职校	132	26	54	—	14	15	9	14	
高农	182	4	97	65	2	3	3	8	
师训班	38	21	7	—	—	3	7	—	
专科以上学校	62	11	16	20	4	5	4	2	

注：本文辑录自璧山区档案馆藏"华西实验区档案"，卷9-166/P71—76。

教育组（民国三十八年）八月份工作报告

卅八年九月六日

一、传习教育之调查研究

八月二日以教育组为主之访问团，由总处出发作传习教育之调查研究。同行者除本处之王组长启澍、朱同志泽芗外，另有编辑组李组长纪生，秘书室的视导干事欧阳璋。访问的要点是：

1. 基本教育、传习科目之教材教法及反映的调查研究。

2. 传习处教育与建设活动配合情形的考查。

3. 导生训练情形的考查。

4. 辅导机构与传习组织配合情形的考查。

访问团八月二日出发，二十二日始回总处，历时二十一日，其经过路线是北碚区、巴二区、巴一区、巴七区、巴八区、綦一区、綦二区。又折回巴十二区、巴五区、巴三区，经过了十个辅导区，到了二十六个乡镇。

这一段时间正是收获的季节，所到地方的传习处大都放了农忙假，仅看到少许的传习处的活动。

每到一区即分组下乡，与辅导员、民教主任、导生等工作同志个别谈话，大家得到的资料不少，尤其在辅导机构与传习组织配合方面得到的意见较多，关于传习教育与建设活动如何配合方面也得到不少的意见。现大家正整理资料，编写专案报告，以期在辅导机构、工作方法等方面皆能有所改进。

二、示范国民学校之改进充实

1. 调整示范国民学校

北碚的国民学校确有相当基础，其成绩实为其他各县所不及，从下期起北碚各乡镇辅导员已不再兼任示范国民学校校长。

璧山、巴县原共设置示范校四十二所，现经考查，有部分示范校不合示范条件，遂决定撤消其示范名义，务期每一示范校都合符示范之标准，调整后被撤消示范名义的学校共有十四所，巴县还有九所，璧山还有十九所。

2. 充实示范国民学校

为了充实示范国民学校，乃于八月二十五日发出通知，邀集各辅导区主任、各示范校长，定于九月一日在总处举行示范学校工作座谈会，并请总处各组室负责人届时参加，由本组拟订讨论大纲以期检讨过去，策划将来，以确定各校下学期的工作计划与进度。

注：本文辑录自璧山区档案馆藏"华西实验区档案"，卷 9-166/P65—67。

教育组影音施教队摄影部工作办法

一、目的：本队摄影部备有照相、冲洗、着色等器材，专门拍摄本区各组室、各辅导区工作情形、工作人员动态及与乡建工作有关之地理环境、社会情形等照片或制成静映卷片，以资纪录考查和宣传。

二、拍摄项目：

1. 各组室、各辅导区的各种工作情形。

2. 各组室、各辅导区工作人员动态。

3. 与乡建工作有关的地理环境、社会情形及有特殊贡献的人物。

三、摄影办法：

1. 各组室、各辅导区需本队为其代拍照各种活动情形时，可书面向教育组申请，即依次序前往拍摄。惟申请者必须于拍摄前四日申请之，如有必要须提前拍摄者，经孙主任批准始得提前办理，又如有临时举行之重要活动，临时申请经主任批准即往拍摄。

2. 如各组室、各辅导区自备有照相机及技术人员、能自行拍摄者，可向教育组申请免费供给底片（申请书另订之），但每卷底片至少须有三分之二以上为拍摄有关各该组室区之工作者，始得免费，否则仍需收取成本费。

3. 拍摄各种情景应有计划、有系统，必要时各项活动应事先预习排演，俾能摄取最生动的景像。

4. 拍摄后整理成套，每套印制三份，一份送有关组室或辅导区保存或陈列，一份送编辑组存用，一份存本队。

5. 拍摄之各种底片有时须以其制作静映卷片之用，故最好由本队冲洗印晒，以便依照作静片之标准冲洗之。凡来冲洗底片、胶卷，均可在信封上注明"内系未冲洗照片"字样，直寄区本部影音队冲洗。

6. 凡本区工作同仁私人委托拍摄、冲洗印晒者，除收成本外，再加上人工费（收费标准另立价表，请主任核准后即行张贴），所收之费用应立专账，呈交教育组存查，作添购器材之用。

7. 所有冲洗印晒□工作，均依交件先后次序办理，如有急要件，经孙主任批准得提前办理之。

　　四、器材补充：器材消耗应逐日填表纪录（表格另订之），逐月呈缴教育组备查。其已消耗者得于预算内呈请购买补充之。本办法由教育组拟订，呈孙主任批准后公布实施，如有未尽事宜，得随时呈请修改之。

请教育组派员摄影通知单

年　　月　　日

1. 拍摄何种活动

2. 摄影时间　　月　　日至　　月　　日

3. 摄影地点：

4. 拟摄张数：

通知单位及负责人　　　　（签名盖章）

核准人：主任

　　　　　　组长

请教育组免费供给底片申请单

年　　月　　日

1. 申请单位：

2. 地点：

3. 技术人员姓名：

4. 照相机型式：　S　Speed

5. 底片数量　120（　卷）127（　卷）

　　　　　　6□（　卷）135（　卷）

6. 拍摄何种活动：

申请单位负责人　　　　（签名盖章）

核准人：主任

　　　　　　组长

　　注：本文辑录自璧山区档案馆藏"华西实验区档案"，卷9-24/P109—110。

教育组影音施教队收音机使用办法

（民国）卅八年十月一日布

一、目的

（1）收听各地消息，以补报纸、杂志之不足。

（2）播送音乐，以调济［剂］本区同仁之休闲生活。

（3）利用扩大器播送重要消息及紧急通告。

二、使用办法

（1）地址：暂在会议厅，如有必要时得呈请迁移之。

（2）时间：每日晚饭后起至十时止。

（3）使用人：因现有收音机为直流收音机，极易损坏，必须由影队指派专人管理以防不测。凡非指定人员不得任意使用，如任意使用因而损坏者，须照市价赔偿之。

三、电池补充

电池使用至规定电压下，即呈请补充之。

四、本办法由教育组拟定，呈□□区主任核定后公布施行

如有未尽事宜，得随时呈请修改之。

注：本文辑录自璧山区档案馆藏"华西实验区档案"，卷 9-191/P76。

私立乡村建设学院研习指导部教育组
研习地方教育联系办法草案

（一）本院研习指导部教育组为加强学生研习工作特制订本办法。

（二）联系目的：在使教育理论与实践切实配合。

（三）联系范围：暂以四川省第三行政区所辖巴县、璧山、江北、綦江、铜梁、江津、合川、永川、荣昌、大足十县及北碚管理局辖区为限。

（四）联系机关

1. 上项各县市之地方教育行政机关（包括县市教育科局及民教馆等）。

2. 上项各项县市区之中等学校。

（五）联系方式

1. 凡教育组研习学生所需材料得由联系之地方教育行政机关及中等学校供给之。

2. 凡联系之地方教育行政机关及中等学校遇有教育上之困难问题，得提供教育组研习学生研究解答，并尽可能求得解决。

（六）联系工作项目

1. 行政及学术资料之交换。

2. 实施问题之研讨。

3. 教育函授事项。

4. 举办座谈会。

5. 其他。

（七）遇必要时，教育组研习学生得参加有关之实际工作。

（八）本办法征得联系各方面之同意后施行。

注：本文辑录自璧山区档案馆藏"华西实验区档案"，卷 9-138/P159—160。

教育组档案卷目

壹、民教

一、民教主任

1. 民教主任登记表
2. 民教主任清册
3. 民教主任甄训
4. 民教主任任免
5. 民教主任经费
6. 民教主任奖惩及请假规章
7. 民教主任考核及工作竞赛
8. 民教主任训练教材
9. 民教主任调职
10. 民教主任杂卷

二、导生

1. 导生选训
2. 导生奖惩
3. 导生聘书
4. 导生清册
5. 导生杂卷

三、传习处

1. 传习处设置

2. 传习处概况

3. 传习处教材及其他

四、社学区

1. 社学区划分

2. 社学区增补

3. 社学区受教与未受教人数统计

4. 社学区杂卷

五、学生

1. 学生名册及结业人数统计

2. 学生成绩及考试办法

3. 学生奖惩

4. 学生缺席

5. 学生杂卷

弍、示范

一、示范保校

1. 示范校设置

2. 示范校人事

3. 示范校经费

4. 示范校工作报告

5. 示范校杂卷

二、示范社学区

叁、组务

一、行政

1. 工作计画

2. 工作报告

3. 工作视导

4. 章则办法

5. 训练资料

6. 会议纪录

7. 乡建工作通讯

8. 杂卷

二、人事经费

1. 各区辅导员调补

2. 行政经费预算

3. 杂卷

肆、影音施教队

一、经费

二、计划

三、工作报告

注：本文辑录自璧山区档案馆藏"华西实验区档案"，卷 9-191/P73—75。

示范国民学校工作说明纲要草案

（民三十八年十月一日）

一、设置目的

（一）教育为建设的手段之示范表证——建设必须通教育，以教育作手段启迪民智、运用民力，然后才能使建设工作之推进加强力量、增进效率、稳固基础。故教育的内容亦应即是各项建设计划与活动的过程，示范国民学校之设置即在实践此一理论，实现示范表证之事实。

（二）学校为建设的领导中心之示范表证——建设须以教育作手段，更须以教育促进各种组织以推动建〈设〉工作，故学校应是各项组织的中心，亦应是各项建设活动的"指挥所"，示范国民学校之设置即在实践此一理论，实现示范表证之事实。

（三）国民教育整顿方案之实验——自新县制颁布实施，国民教育迄未走入正轨，近年来一部分措施与做法更与初衷相违背，以致每况愈下，亟须从头整顿，示范国民学校之设置即在作国民教育整顿方案的实验。

二、办理原则

（一）示范国民学校应以实验的态度去办理。

1. 鼓励各校发扬实验精神，从事基本教育之设计与创造（经核准的设计与实验，总处可酌量补助其经费）。

2. 从各项建设活动中辅导有关各单位工作人员及民众，亦从各有关单位及民众之活动中研讨得失以求改进。

（二）示范国民学校要能领导其他社学区及保校。

1. 在儿童部及民教部工作方面，对其他社学区应能发生示范领导之作用。

2. 示范国民学校应为本社学区各项建设活动之中心。

（三）示范国民学校应以经济的方法去办理。

1. 示范国民学校在人力、物力、财力各方面应不比普通保校特优。

2. 须能利用现有环境以增加设备。

3. 能于普通情况之下善于运用，表现特殊成绩，以供普通保校之模仿与改进。

（四）示范国民学校要能逐渐整理其他保校。

1. 示范国民学校期能逐渐整理该区或该乡其他保校。

2. 每整理一所具相当规模后，即移他校再事整理，原校交由县府委派优良师资接办。

（五）示范国民学校在行政体系上应按一般国民学校同样办理。

1. 示范国民学校仍系县府主办，华西实验区各级机构及人员只立于协助与辅导地位。

2. 办理示范国民学校，在学校名称上不须标出示范之名义。

三、工作要项

（一）儿童部

1. 行政方面：

（1）小学组织系统的研究与实验；

（2）校舍与环境的改进和设计；

（3）教学设备制具的研究与改进；

（4）经费增辟运用的研究与实验；

（5）教师素质之增进与监督辅导的研究；

（6）其他保校的辅导。

2. 教务方面：

（1）学龄儿童全部入学的督导；

（2）适应目前乡村儿童入学的需要，对学级与课程编制的研究与实验；

（3）小学教材的研究与实验；

（4）小学课程教法的研究与实验。

3. 训导方面：

（1）小学训导制度的研究与实验；

（2）儿童课外活动的研究与实验。

（二）民教部

1. 示范国民学校所在社学区与本乡其他社学区各项建设活动之密切配合与领导。

（1）一般社学区之各项工作，由驻乡辅导员专责推动，但须与示范国民学校校长取得密切联系；

（2）示范校所在社学区所应办各项建设工作，由示范国民学校校长专责推动，但须与驻乡辅导员取得密切联系；

（3）全乡国民教育之辅导及研究事项，由示范国民学校校长与驻乡辅导员共同负责；

（4）示范国民学校校长直接指挥、监督示范校所在社学区民教主任从事各项建设活动。

2.示范国民学校所在社学区传习教育的辅导：

（1）社学区户口、经济调查统计的辅导；

（2）社学区内成人文盲扫除计划之拟订与推动；

（3）传习处设置、招生、留生等技术的辅导；

（4）导生教学技术的辅导；

（5）学生参与建设活动的引发与辅导；

（6）配合其他建设活动，推办特种传习教育的研究与设计。

3.示范国民学校所在社学区合作业务的辅导：

（1）组社工作：

Ⅰ.社员资格调查与社员训练的辅导；Ⅱ.合作社筹备与成立的辅导。

（2）社务工作：

Ⅰ.职员训练的辅导；Ⅱ.账务的督导与审核。

（3）业务工作：

Ⅰ.业务计划拟订的辅导与审核；Ⅱ.办理贷款的辅导；Ⅲ.贷款用途的督导。

4.示范国民学校所在社学区农业工作的辅导：

（1）与农业推广繁殖站密切联系，进行繁殖推广等工作；

（2）办理减租保佃工作；

（3）兴办小型水利工程的辅导；

（4）农作物病虫害防治工作的配合；

（5）家畜病疫防治工作的配合。

5.示范国民学校所在社学区卫生工作的辅导：

（1）各项卫生工作推动的辅导；

（2）教育与卫生工作配合进行的研究。

四、使命与展望

（一）完成教育为建设的手段之示范表证。

（二）完成学校为建设的领导中心之示范表证。

（三）为基本教育实验出一种实用的新制度。

（四）逐渐整顿及充实其他国民学校以解决私塾问题——减灭私塾进而奠定新教育之基础。（完）

注：本文辑录自璧山区档案馆藏"华西实验区档案"，卷9-24（2）/P112—115。

各县实验中心国民学校
校舍设备标准化工作进度提请决议实施案

案由：为拟订各县实验中心国民学校校舍设备标准□工作进度提请决议实施案（专署□提）。

理由：（略）

办法：

一、校舍与设备

甲、校舍：每一学校至少应有校地八亩，校舍内须设下列各室（一）教室；（二）美术劳作室；（三）音乐室；（四）实验及仪器室；（五）两用之礼堂及晴雨体育场；（六）图书室；（七）医药卫生室；（八）办公室；（九）待客室；（十）食堂；（十一）寝室；（十二）厨房；（十三）厕所；（十四）体育场。

乙、环境：学校应设校园，所有行道两旁并应分别栽植常绿花草或风景树（如随手香、万年青、麦冬草、木槿、洋槐、白杨、法国梧桐等）。

丙、设备：（一）校具：各种挂图及桌凳、床榻、黑板、油印机、厨具等件必须合理整理或添置足敷应用为准。（二）教具：1.国语科必须卡片闪字机、连句盘、标点箱、编排版、小稿版。2.算术科必须乘除关系盘，加减关系盘等，分数积木、速算架、度量衡图、几何模型、伸缩尺、比例尺。3.史地科：各种历史画片及表解、各种地图（包括世界、全国、分国、分省、地势、气象、经济等地图）及沙盘，作地势大概习用。4.自然科：各种仪器及标本。5.公民科：各种连环公民画或图片、唱机、幻灯等。6.四工科：风琴、发声器、唱机、节拍器、童军帐幕、运动器具、放图尺、取景箱、描绘器、农具、木、石、竹、纸工等用具。（三）图画应敷教师自修及儿童参考之用。

二、小型农场与工厂

甲、农场：学校应设五亩至十亩之小型农场，由农业指导员利学生劳作，办理园艺、苗圃、蔬菜、稻麦等农作实验，其地由税捐处指拨，当地公学产如无，设法调拨之。

乙、工厂：校内应设一小型工厂，利用学生劳作制造各种科学玩具及简单之木、陶、竹、纸等器具。

三、工作时限与经费

甲、工作时限：自（民国）卅八年开始办理至卅九年完成计，第一学期整理及添置校舍校具布置环境及校园，第二期充实图画教具及其他设备，第三学期设置小型农场，第四学期开办小型工厂，本期则从事各项工作之设计及准备。

乙、经费来源：（一）整理及添置校舍校具，经费由实验校拟具预算，报请县府统筹办理。（二）其余各项经费由县府或教局依照时限分别拟具预算，觅定财源交县参会通过即行办理。

审查意见：照原提案通过，转饬各县切实遵办，并将学校绘制平面图报查。

决议：照审查意见通过。

注：本文辑录自璧山区档案馆藏"华西实验区档案"，卷 9-160/P9—10。

社学区工作要项

璧山、巴县辅导区为了加强工作的推进，新近设置示范社学区多处，各派辅导员驻社学区内工作，项由总处教育组会商各组室，拟定示范社学区工作要项如下：

一、调查工作

1. 社学区人口、经济调查（调查表由总处印发）。

2. 其他调查（与总处各组协同举行）。

3. 整理各项调查资料（整理方法与表式由总处印发。以上调查工作务求精确，并期于四月底完成）。

二、国民学校工作

1. 小学部：

（1）学校环境的布置与改进。

（2）教学技术的改进。

（3）训育实施的改进。

（4）学级编制与课程编制的合理。

（5）学龄儿童的全部入学。

2. 民教部：

（1）传习处全部复学。

（2）导生教学的辅导。

（3）招生留生技术的辅导。

（4）学生参与建设活动的引发与辅导。

（5）配合合作社推动特种传习教育。

三、合作社辅导工作

1. 组社辅导工作：

（1）社员资格调查。

（2）社员训练。

（3）合作社的筹备。

（4）合作社成立书表填写的指导。

合作社办事处最好是设置在国民学校内。

2. 社务辅导工作：

（1）职员训练。

（2）诱导并征询社员对社务的建议。

（3）督导社务。

（4）账务指导与审核。

3. 业务辅导工作：

（1）协助拟订业务计划。

（2）协办贷款事项。

（3）督导贷款用途。

（4）农业上良法良种的引进。

（5）生产品的检定。

注：本文辑录自璧山区档案馆藏"华西实验区档案"，卷 9–135/P54。

示范国民学校及示范社学区视导报告

朱泽芗

（民国）卅八年六月二十日

目　次

甲、视导目的

教育组这次下乡视导的目的约有如下三点：

一、了解示范校及示范社学区的工作实况。

二、估量各示范校在社学区建设活动中的成效。

三、征询乡建学院实习同学对实习期满后工作安排的意见。

乙、工作实况

视导工作从五月六日开始，时作时停，未能连续看完各地，至今犹有几处还未前去。各地工作实况如下：

一、璧山城北乡示范学校情况

璧山城北乡有示范学校四所，五月六、七两日与晏世筠先生分别看了三角滩示范校、温家湾示范校与杨氏祠示范校、黄泥湾示范校，各校的工作实况如下：

（一）三角滩示范校——三角滩示范校是黄开文同志负校长责任，去年十月始改为示范校，校址遂由破烂不堪的张氏祠移到距成渝公路不远的龚氏祠，现有学生一百三十多人，教师六人，另民教主任一人。地方人士对建校工作颇为热心，除了集资粉刷墙壁外，还新造了二十套桌凳。此外已作了的工作是：

①完成社学区人口、经济概况调查工作。去年十月曾作一次社学区人口、经济概况调查，制绘有关社学区人口经济的统计图表二十五幅，分别张贴小学部与民教部的办公室内。今年四月又举行第二次人口、经济概况调查，材料正在整理统计中。

②完成组社工作并指导业务活动。合作社组社工作自去年十月进行筹组，现机织合作社与农业生产合作社均已完成登记手续。在业务活动方面，农业生产合作社曾向农民银行举办简易农仓贷款，现正计划进行小型水利与耕牛、养猪等贷款。该社现有亨特先生赠送的耕牛一头，并曾推广种植小米桐、南瑞苔、中农四号稻等。机织合作社曾举办一次贷纱，每架机台贷了三并洋纱。

③实施半日制教学。该社学区虽临公路，然土地大部皆山，山中居民贫苦，其小孩都要担负生活上的操作，不能整天到学校念书。为此需要，该校乃招收了三十二个孩子实施半日制教学。

④传习工作。传习处因农忙，现已放假，据黄校长报告设有传习处六处。

⑤卫生工作。卫生组派有护士黄开俊同志住该校，负城北乡卫生工作，现已作了种痘的工作。

在与黄校长、民教主任龚仁明的谈话中，发现了下面的几个问题：

①传习处教育工作与建设工作配合得不易。传习教育仅限于文字符号的传授，未能与建设工作配合进行，以致人民对传习教育感到枯燥无味，发生留生问题。

②当地人民迷信习染太深，卫生工作不易推进。

③社员训练不够，合作社为少数理监事操纵。

三角滩示范校虽有上述的问题，然该校的工作除小学部的工作外，民教部、社学区的工作还作得不少，也属难能可贵。

（二）温家湾示范国民学校——温家湾示范学校在公路旁的一个小山坡上。校址是一所庙宇，名叫五显庙，也是去年十月改为示范校。最初是胡启文同志担任校长，后辞职他去。从本年四月下旬起，始由乡建院实习同学苏正嘉接任。现有学生一百五十多人，连民教主任共有教师七人。

温家湾示范校的工作除小学部照常规进行外，还作了如下几件工作。

①社学区人口、经济调查。去年十月曾作过一次社学区人口、经济调查，制有统计图表。

②完成了组社工作。已组好机织合作社与农业生产合作社，机织合作社曾贷纱一次，农业生产合作社曾推广小米桐、南瑞苔、中农四号稻等优良品种，现正计划申请小型水利、肥料、耕牛、养猪等贷款。

③传习处。正放农忙，定于六月上旬开学。

④其他。卫生工作方面作了普种牛痘，建校方面除培修学校外，还添制了一部分桌凳。

（三）杨氏祠示范校。杨氏祠示范校是本年二月设置，冉仲山同志担任校长。我们去到学校，冉君不在，据说他同时在璧山第一区办事处兼办工作，因此近来在学校的时间很少。小学部有学生一百五十多人，教师八人，校舍是以杨氏祠略加培修。地方人士对建校颇为热心。传习处也开农忙假。

学校除小学部工作外，其他的工作是：

①社学区人口、经济概况调查。本年三月本区举行第三次工作人员座谈会时，参予工作人员下乡实习调查，曾到该社学区实习调查，调查表已交冉校长，惟至今尚未统计整理。

②正进行合作社组社工作。机织合作社与农业合作社正进行组织办理登记手续中。

③农业推广繁殖站工作。城北乡繁殖站设置在这里，由陶存同志负责，目前的工作是设置表证农家八家，推广南瑞苔、中农四号稻，育油桐苗等。

我们在杨氏祠示范校看到如下的问题：

①校长因兼区办事处干事职，不常在学校工作，因此学校工作的推进不无松懈的现象。如调查材料的迟迟不统计整理，又如合作社登记书表不合规定，发还后迟延不办，也无人督导。

②推广繁殖站除推广一些优良品种、育种桐苗外，感到实际工作不多。

（四）黄泥湾示范校。黄泥湾示范校距县城很近，是本年二月设立，罗炳淮同志担任校长，有学生一百二十多人，教师六人。校舍借用甘棠中学房屋，由教专会拨款培修，其工作实况如下：

①调查：社学区人口、经济调查，系由总处社会调查室同志前往调查，并为统计整理，现该校已制表二十多幅，张贴办公室内。

②组社：已完成农业生产合作社与机织合作社的组社工作，惟尚未展开业务活动。

③其他：传习处已放农忙假，卫生方面曾作种痘工作。

二、璧五区接龙乡福利署示范校情形

五月廿六日与孟宪光、欧阳璋二同志下乡，中途经璧五区接龙乡福利署示范校。该校面临公路，校舍系甘棠中学遗址中仅存的一幢房屋，勉强够用。

该校系去年十月改设，校长为刘顺模同志，小学部有五班，教师八人，学生据报称有 156 人，其工作情况为：

①调查：社学区人口、经济调查已由民教主任开始进行，据称正因农忙暂停顿中。

②组社：农业生产合作社组织中，据刘校长云数日即可召开成立大会。

③农业推广：曾推广南瑞苕与中农四号稻，但发出后未指导种植，从未调查农家的反应。

④传习处：据民教主任报称，有传习处四处，学生 64 人，由学校教师充当导生，现已放农忙假。

我们在该校虽仅一小时许的访问，也发现如下的问题：

①该示范校仅作了小学部的工作，其他社学区应作的工作未曾去作。

②刘校长云学校最大的困难是地方人士不协助，同时还将一些责任推委给地方人士，可见该校与地方联系不够。

③农业推广工作只作到品种发出就了，未经意发出后竟究种下没有、生长情形如何、农民的反应怎样？

三、璧五区青木乡示范社学区情形

璧五区青木乡示范社学区工作由实习同学王惠黎负责，王同志系本年四月下旬到此展开工作。据王同志谈，该社学区的国民学校校址已破烂不堪，学生也只有二十多人。他到此观察的结果，认定：①社学区内多山地，人民贫苦，无担负建校的财力。②国民学校距中心校不过二里许，社学区内有钱人家的子弟皆到中心校读书（中心校办得很好），进保校的仅为少许无钱人家的子弟，故招生不易。有了这两种条件的限制，保校不容发展，故未用力于保校。这一月来他作的工作就是社学区人口、经济调查，他说三日内调查工作即可全部完成。他更以为示范社学区目前实际工作太少，同时区域也小，不易展开较大的建设，拟请另调工作。

四、巴一区青木乡示范校情形

巴一区青木乡原有示范校设在管家祠，继因地方人士不热心，校长李宁一君工作也不力，已予撤消。另于本年四月改第二社学区保校为示范校，由实习同学张本澈女士任校长。

五月廿六日下午同孟、欧同志到该校，适教师赶场领米未返，遂到张校长住地，张同学大腹鼓起，已是临产的时候。

学校小学部分设六班，教师三人（民教主任在内），校长也兼部分教学工作，小学部由她负责，民教部另由实习同学黄子真负责。该校工作情形：

①调查：正调查中，由黄子真同学与民教主任共同进行。

②良种推广：小米桐系去冬栽种，活成数约为百分之二十，中农三十四稻系三月发下三市石，还未播种。

③合作社：农业生产合作社系去年六月组成，去年曾肥料贷款，现无其他业务。

④建校：校舍系去年下期开始修建，因缺乏经费，现尚未完成，更缺教师宿舍、厨房。最近曾召集地方人士商议筹集经费，决于下期开学前完成建设工作。

当我们上午在巴一区办事处与区主任喻纯坤、青木乡辅导员伍德滋谈话中，他们说巴一区油桐栽种的活成数是百分之八十，推广的中农四号稻仅有五市升未及播种。可是我们在第二社学区问张校长，乃实是油桐的活成数不到百分之二十，该区合作社领种的三市石中农四号稻一粒也未播下。可见乡下的工作还有上下瞒骗的现象。

五、巴二区歇马乡实习同学工作情形

巴二区歇马乡共有歇马（注：应为"实习"）同学八人，其中王承灌同学主持推广繁殖站工作，范立斌、黄传国、严德璠作音影施教队，其余四人皆负示范社学区的工作。我同孟、欧二同志五月廿七日到歇马场，廿八日离去，除看了一部分他们的实际工作外，还与实习同学开了一座谈会。

（一）音影施教队。他们目前作的工作是：①放演电影幻灯，每逢周末或假日，在中心校或景丰校放演。②摄影。③播音。④领导学院教育系组同学实习音影教育。

其工作上的问题是：①经费困难：摄影教师潘君现仍无权开支薪津，他们要求总处能给予民教主任的薪津。②不明隶属于何部门：音影施教队竟究属于总处何组，抑自成一单位或属巴二区，皆无明确规定。

（二）推广繁殖站。现仅作良种推广与育苗的工作，油桐苗圃长得很不错。王承灌同学感到工作不多，与该乡辅导员的联系也不够。

（三）示范社学区。负示范社学区工作的同志有李峰、赵永泰、韩秀全、邓道寅四人，邓道寅因病未派实际工作。故只有三个示范社学区，其工作情况为：①调查：正进行中，数日内即可完成。②筹组机织合作社：现正向巴县县府申请登记中。他们都感到目前作的工作不多，不过一月以来人事已熟，正详细计划下期的工作。

六、巴一区实习同学座谈

五月廿九日巴一区在青木召开辅导会，借这个机会得与巴一区实习同学座谈，关于他们对工作安排这部分留后面再说，这里仅说有关工作部分：①都兼任校长，任示范社学区的同学除张本澈已接任青木乡第二社学区示范校、栾勉之已接任土主陈家桥示范校

外，余均正准备接长该社学区内国民学校工长。②目前工作仅为人事联系，除青木、土主乡外，调查工作因区办事处未派人去渝领取表格，故未进行。

七、铜梁一区实习同学工作情形

六月六日赴西泉，得晤实习同学尹光荣、谢济民、朱承熹，他们原是派示范社学区工作，但该区是新设，目前还是准备工作。他们作的工作是参加：①划分社学区；②训练民教主任。民教主任训练刚结束，正出发下乡中。

八、璧五区河边乡示范校情形

六月八日至河边乡，河边乡有示范校四所，推广繁殖站一处，各地工作情〈形〉如下：

（一）河边乡第八保示范校。该校校长由实习同学方秉一担任，系本年四月改设小学部，有三班，学生九十余人，校舍粉刷一新。调查工作正进行中。机织合作社早已组，现正申请贷纱。农业生产合作社正筹组中。推广繁殖站设在这儿，由实习同学张远定负责，曾仅作良种推广与育苗工作，现正督导乡民防治竹蝗。

（二）九、十保示范校。九、十保示范校的校舍在一个小山堡上，是一座新建的房舍，去年十月即改为示范校，小学部有六班，有学生一百四十多人，教师八人。调查工作还未完成。机织社正申请贷纱。农业合作社还未组成，不过也曾推广南瑞苕、中农四号稻等。

（三）十四保示范校。十四保示范校在公路旁，是去年十一月改设，随即建校，改添了教室与教师寝室，校长由曾庆祥同学担任，小学部有学生一百二十多人，教师五人。调查工作也正在进行中。机织合作社正在开会，准备申请贷纱。农业生产合作社也积极筹组中。

（四）六保示范校。六保示范校校舍是一座祠堂，实习同学徐宣道担任校长，有教师五人，学生一百一十多人。调查工作也还未完成。合作社除机织社在申请贷纱外，农业生产合作社计划养鱼贷款。

河边乡传习处的农忙假也告期满，场上传习处已复学二日，乡上传习处正准备复学。九日参加全乡民教主任会议，他们讨论问题的中心即是传习处如何复学与加速组织农业合作社的事务。

河边乡除了四所示范校外，连推广繁殖站的负责人与驻乡辅导员，共有辅导员六人，人力不说不小。据粗略的观察，他们间虽没有什么意见与冲突，但在工作上的联系还嫌不够，未能分工合作、各尽所长。同时，这四所示范校除作了小学部的工作外，其他工作作得很少。

丙、乡建学院实习同学对实习期满工作安排的意见

五月十五日止，乡建学院实习同学时期也满，这次访问他们，他们对今后工作安排的意见是：

姓名	现任工作	对今后工作安排的意见	备注
王惠黎	璧五区青木乡示范社学区工作	①请调总办事处②或调驻乡辅导员（最好蒲元乡）	
张本澈	巴一区青木乡第二社学区示范校校长	希望不变动	
黄子真	巴一区青木乡第二示范社学区工作	①请改青木乡七、八保校为示范校，本人愿作校长②或派青木乡中心校校长	
侯德赓	巴一区虎溪乡永兴安示范校校长	希望不变动	
李靖东	巴一区虎溪乡接龙桥示范校校长	希望不变动	
栾勉之	巴一区土主乡陈家桥示范校校长	同前	
贾厚友	巴一区土主乡陈家桥推广繁殖站工作	同前	
王子文	巴一区土主乡三圣宫示范社学区工作	同前	
张　超	巴一区凤凰乡示范校校长	因病拟请长假	现已正式请长假
王承灌	巴二区歇马乡推广繁殖站工作	希望不变动	
韩秀全	巴二区歇马乡示范社学区工作	同前	
赵永泰	同前	同前	
李　峰	同前	同前	
郑道寅	同前	同前	郑同学曾退聘，但现仍拟工作
向国华	巴二区兴隆乡示范社学区工作	同前	
郭兴富	巴二区井口乡示范社学区工作	同前	
赵柏青	巴二区蔡家乡示范社学区工作	请调派綦江区辅导员	
范立斌	影音施教队工作	希望不变动	住乡建学院
黄传国	同前	同前	同
严德璠	同前	同前	同
夏钊玲	璧一区狮子乡第二保示范校校长	希望不变动	
刘泽光	璧一区狮子乡第三保示范校校长	请调本区城南乡示范校或河边乡示范校	
陶存	璧一区城北乡推广繁殖站		另有报告给农业组

姓名	现任工作	对今后工作安排的意见	备注
谭力中	璧一区狮子乡推广繁殖站		现已与璧四区丁家乡黎方［芳］文［敏］对调
何奇镜	璧三区来凤乡推广繁殖站	希望不变动	
陈文俊	璧三区来凤乡示范社学区	希调派来凤乡示范校校长	
黎芳敏	璧四区丁家乡推广繁殖站		现已与谭力中对调
张远定	璧五区河边乡推广繁殖站	希望不变动	
徐定道	璧五区河边乡六保示范校校长	请调总办事处编辑或教育组	
方秉彝	璧五区河边乡八保示范校校长	①请调本乡其他示范校②或调驻乡辅导员	
张璧枢	璧五区蒲元乡二保示范校校长	①请调蒲元乡驻乡辅导员②不变动	
尹光荣	铜梁大庙乡示范社学区	①调西泉乡辅导员②或调石鱼乡辅导员	六月六日孙主任已与康兴康［璧］同志商定调尹君为西泉乡辅导员
谢济民	铜梁西泉乡示范社学区	①请调铜梁一区辅导干事②或调西泉辅导员	
朱承熹	铜梁虎峰乡示范社学区	①如铜梁再改区请调安居辅导员②否则请不变动	

实习同学中尚有姜旭升、苏正嘉、戴绍琰、王廷杰等同学未及访问，上表故未列入。

丁、几点意见

这次断断续续共走了十二天，但在各地停留的时间却也很短，虽未得详细观察、访问，但综合各地所见，也有如下几点意见。

一、关于示范社学区的

1. 各乡示范社学区原为乡建学院同学实习而设，今后不必再派专人负责。理由是：①示范社学区的工作也即是一般社学区应作的工作，实验区各项建设工作未及如期展开，示范社学区工作也无法展开，因此负该项工作的实习同学都感工作太空，无示范之效。②一个示范社学区的范围太小，最大不过两保，专设一人负责，人力太不经济。致于在歇马、兴隆等乡负示范社学区工作之同学表示希望今后不变动工作，乃系该地为学院所在，他们住在那里感到生活上、进修上便利而已。因此，派示范社学区工作的辅导员似应撤退，另派工作。

2. 各乡皆应以一社学区作为示范社学区。辅导员辅导一乡往往以地域过大，各社学区的辅导势难均顾，应以一社学区为本乡示范区，加强辅导工作，以供其他社学区之观摩。

二、关于示范国民学校的

1. 示范国民学校未能发挥功效。设置示范国民学校的目的，是以教育为建设的手段，以学校为建设的领导中心，重心在以民教部来推进地方各项建设工作。可是，目前各示范学校都未能发挥它的功效，有十分之八九的示范学校仅作了小学部的工作，其他工作毫未进行，有的甚而连社学区的情况也不了解。其他的当然更谈不到了。

2. 示范校的小学部也未能示范，这一点分述如下：

①示范校小学部的教师过多，失掉了示范表证的意义。以各示范校小学部的教师数与其学生数的比例来说，每一所示范校的教师都嫌过多，尤以璧山为甚。此次所访问的属于璧山的示范校，小学部教师最少的是四人，最多是七人，但学生数最少的是七十人左右，最多还没有超过一百六十人。以县府规定小学部每班学生不得少于三十人来说，也没有一所示范校的学生合乎规定。示范校是以最少的人力财力作最多的事，现在却相反，失去了示范的意义。

②在教学上也未能示范。已访问的十所示范校中，除城北乡三角滩示范校的学级编制有一班半日制的编制外，各校在教学上没有什么研究实验可供他校观摩的。

③未能解决社学区全部学龄儿童入学的问题。社学区内学龄儿童失学的原因，不外是没有时间（帮做家务），就是没有金钱。目前示范学校皆未能作到社学区内全部学龄儿童入学，除三角滩示范校的一班半日教学是求解决此问题外，其余示范校皆未向这方面去努力。

3. 示范校未能发挥功效的原因。示范校为什么没有发挥它的效能？据身负其责的校长们说：①没有办公费，县府发给的办公费等于没有。巧妇难为无米之炊，有许多事想到了也做不到。②作校长的整日忙于教师伙食的筹措、领款、借钱、换米，费了校长的大部时间与精力。同时，他们也提出两点建议：①示范校应有相当的办公费。假如实验区不能发给，就请县府增加示范校的办公费。②辅导员不兼示范校校长，或另设副校长一人，使其专负经费筹集、领发等事务行政之责，辅导员仅负辅导督促的责任。他们说的原因可以不提，不过其建议中的第②点似可供参考。

此外还有个原因是无人督导。驻乡辅导员对示范校不便辅导这可不说，可是辅导区主任却也不负起这个责任，大多数的校长说，区主任从未到学校一次，从何说得上辅导。

4.示范学校是否应再添设？有许多区要求设置示范学校，但一看各地示范校皆未能发挥其功效，如再添设，恐也徒具虚名。我认为现在是如何健全现有的示范校，不必再增设了。

三、关于实习同学实习期满后工作安排的

实习同学实习期内的工作性质与工作地点，到实习期满应另有安排，总处也注意及此，在将来调动时，似应注意如下几点：

①顾及实习同学的期望。

②征求辅导区主任的意见。

③顾及工作上的实际需要。

以下［上］几点是此次视导巴璧铜三地一部分示范学校与示范社学区工作的意见，还有未及看到示范校，准备最近前去。同时，现在传习处开学，也还需下乡。为各地实际工作情形的了解及工作效率上的加强，视导是必须的。

注：本文辑录自璧山区档案馆藏"华西实验区档案"，卷 9-73/P32—50。

平民教育促进会华西实验区所属社学区
民教主任甄选训练办法

一、华西实验区所属各社学区之中心国民学校或国民学校均设专任民教部主任一人。

二、各民教部主任由各该辅导区商同县政府甄选训练合格后，列册送请各该级政府分别委派。

三、民教部主任之甄选标准如左：

1. 后期师范、高级农业学校、高中毕业，曾任教师二年或参加教师检定合格者；

2. 品行端正，有服务乡村之热忱，体格强健，能吃苦耐劳者；

3. 有领导才能者。

四、民教部主任之甄选采用考选方式，以各辅导区分别办理为原则。

五、民教部主任考选之科目如左：

1. 口试；

2. 笔试：国文、数学、教育通论、常识等。

试题由各辅导区自拟。

六、民教部主任之训练以集中各辅导区训练为原则。

七、民教部主任之训练时间暂定为十天至十五天。

八、民教部主任之训练机构定名为："△△县第△辅导区民教部主任训练班"。其组织如左：

1. 训练班设名誉班主任一人，由各该县县长兼任之。班主任一人，由该辅导区区主任兼任之；

2. 班主任之下设总务、教务、训导三股，各股设股长一人，干事一人至三人，由该辅导区工作人员分别兼任之。

九、民教部主任之训练科目暂定如左：

1. 乡村建设概论；2. 平教运动简史；3. 华西实验区工作目标与作法；4. 合作社之组织与辅导；5. 合作社业务常识；6. 社学区概况调查须知；7. 社学区国民教育的实施；8. 导生传习之理论与实际；9. 乡村卫生工作；10. 怎样做民教部主任。

各科教学时数及教材大纲另订之。

十、民教部主任之训练方法如左：1. 演讲；2. 讨论；3. 实习及报告。

十一、民教部主任训练经费：

1. 训练班办公费由各辅导区办事处造具预算，报请总办事处核发；

2. 受训学员膳食费由各该员薪津项下扣除。

十二、本办法自公布之日施行。

注：本文辑录自璧山区档案馆藏"华西实验区档案"，卷 9-170/P40。

传习处的使命究竟是什么？

我们对于传习处的看法，首先应该有一个明确的认识，它决不只是一个成人读书识字的地方，这一点必须确定。但是看看我们今天各地所办的传习处，是不是这样？是不是在无形中走上了单纯知识传授的方向了，我们应当时刻注意的。

我们决不应把传习处看成一个单纯的教育机构，看成一个识字班，或简易学校、短期学校之类，如果有人这样看法，我们可以肯定地说，那是他看错了，我们对传习处必须从新建立一个正确的认识。

今天我们所推行的传习教育，谁都知道，它的内容是以经济、政治、文化、卫生，各项建设为中心，尤其以经建为重心。而达成这种建设任务的手段，唯一的便是组织，晏先生说过："组织就是力量"是十分正确的，所以我们不能不强调传习处的组织作用，换个说法，传习处就是各种建设活动的组织中心。

在上述的原则下，我们要提出下列的几项原则和要求：

一、传习处是永久性的组织，并不是随着课本教学的终了而解体的临时组织，所以我们希望每一个传习处，有它固定的处所，最好是利用公共场所，处址必须是长期的。

二、传习处是群众性的组织，不能把传习处看成是少数在传习处读书的学生所有。凡是在本传习处范围以内居住的男女成人，都可以在传习处自由进行学习，或参加传习处的各种活动。

三、传习处有它经常的建设活动，除赌博和其他不正当的行为以外，任何团体的或个人的活动，都可以分别时间，去利用它。因此，每一个传习处，都应该有左列的四项活动：

1. 经济活动：包括合作、农业、家庭副业的推行和技术方面的研究改进。

2. 政治活动：包括地方自治、秩序的维持，以及各种私人的、团体的纠纷的排解调处。

3. 文化活动：包括传习教学、图书、墙报、各种方式的宣传，以及各种娱乐活动。

4. 卫生活动：包括公共卫生的推行，以及卫生常识的宣传。

以上四项活动，是经常的，也是永久的，尽管各项活动负责人可以按期改选，而它的活动，不能中断。必要时为了某一项活动，可以动员本区域中全体成员，更可以联合全社学区中的成员，共同推行。

这样，传习处才有生命、有活力，正因为传习处是乡村建设工作中最基层的单位组织，所以必须先把它健全起来，然后，整个的乡建工作，才能顺利推进。（任）

原载《乡建工作通讯》，1949 年第一卷第二十四期

注：本文辑录自璧山区档案馆藏"华西实验区档案"，卷 9–117/P40。

我们为什么要办传习报？

　　我们创办这个小小的传习报，主要的是给传习处的导生、学生读的，一方面在使读者了解实验区的工作，另一方面也作为传习处的补充教材。

　　从这个小小的报里，可以得到一些日常生活的常识，可以看到实验区的教育、卫生、农业、合作各方面的消息。这里还可以看到各乡镇的实际工作情形。这样，工作做得不够的乡镇，向努力工作的乡镇看齐；教学马虎的导生，向教得认真、教得方法好的导生学习，做到大家互相传习，大家求进步。

　　这个报，还是初创，我们希望读者们提出意见来：什么地方写得太深？什么地方写得太含糊？还需要什么？我们通统会接受的。而且，我们还希望传习报的读者们，自己写稿，那么传习报便成为大家喜欢看的报，大家自己的报纸。

原载《传习报》，1949 年创刊号

　　注：本文辑录自璧山区档案馆藏"华西实验区档案"，卷 9-170/P84。

民众教育初步谈话要点

一、教材：采用农民读本，继续材料另定之。歌曲补充材料，得依有关问题随时增加。传习片材料，主要目的在介绍技能、增进了解，不主识字辨词。应用文以一部作为课文，其他大部分编订手册以便查考应用。算术得视导生能力酌授。

二、传习处教学设备：请研究后再决定再准备（挂图）。

三、继续教育实验：推选定若干村、乡作系统的继续教育之研究。

四、巡环视学机构之组织：示范教学。

五、教学座谈会：璧山、北碚先分区举行。

六、基本教育测验：（一）文字、文词，（二）常识，（三）活动；个人，团体。

七、导生训练：至少应有最基本的教学指导，为何办法。

八、学众年龄问题：农民读本对少年不适合，应否另采材料。

九、教育统计问题：传习处导生、学生、年龄、性别等之统计。

十、印刷：先印农民读本及选定之传习片、应用文、算术、挂图，请研究每种数目。

注：本文辑录自璧山区档案馆藏"华西实验区档案"，卷 9-57/P59—60。

王大嫂上了传习处，会讲"农地减租"办法了！

王大嫂自从进了传习处，衣裳虽然破旧，但是穿得干干净净的。一有空闲就坐下来读书、写字、学算，再不像从前那样披头散发，又脏又懒的样子了。

王大哥从前很不爱王大嫂，三天一吵，两天一打的，没有过好多和气日子。可是现在不吵嘴，也不打架了，一看到王大嫂从传习处回来，就尽朝她身上身下看，一边又笑嘻嘻地问："今天又学些啥子新花样？"

王大嫂当真行喽！很多男人不晓得的东西，她都懂。就譬如昨天吧，胡老二问王大哥："啥子叫农地减租？"王大哥不好说不懂，又说不出所以然来，还是王大嫂出来解了围。她说："这有什么难懂，长官公署的命令，从今年起，佃客捅租，要照佃约上定的租少捅四分之一。天干水旱，受了灾歉，照原租减少四分之一后，还可以照收获成数议租。比如租谷八石，田头只收七成，先减少四分之一，该捅六石，再按七成计算，七六四石二，把老板找来，认为成数同意，捅四石二斗给他，就清了租了。如果年辰坏，收不到二成，还可以完全免租。"

当时王大哥听她说出这篇大道理，正是自己想说而又说不出的话，又看她那大大方方的样子，心里实在有说不出的喜欢。今天，他邀约胡老二说："这年辰不同了，妇人家读了书还比男人强。胡老二，我们明天也上传习处去啦！""要得！"胡老二把拳头一挥，一边又想起王大嫂那种能干的样子来。

原载《传习报》，1949 年创刊号

注：本文辑录自璧山区档案馆藏"华西实验区档案"，卷 9-170/P83。

第八章

社会调查

中华平民教育促进会华西实验区社会调查室工作简报

编写者：黄幼樵　校阅者：任宝祥
印刷日期：一九四九年十二月
印刷地址：四川省璧山县大东门内仁爱街六号本区总办事处

甲、社会调查室工作旨趣

本区社会调查室专司社会调查工作，其旨趣如下：

一、了解农民生活需要。

二、发现乡村社区问题。

三、认识乡村社区组织。

四、运用乡村社区资源。

根据上述旨趣，本室调查工作即在运用社会调查方法，搜集有关各种社会事实，经整理分析与研究，而觅致对特殊社会现象之科学解释。然后依据研究的结果，提出具体意见，以为本区制订开发四大民力（知识力、健康力、组织力、生产力）并促进四大建设（教育、经济、卫生、农业）方案之张本。

乙、社会调查室成立经过

本区成立伊始即感社会调查之重要，所需各项建设资料，先由本区各辅导员及民教主任负调查搜集之责，而由本区总办事处秘书室派定专人指导。一九四八年九月复派三人从事农村妇婴保健调查，并办理本区各项调查统计工作。同年十月增至七人，至十二月十三日本室始正式成立，工作人员增至二十人，而以教育组王组长启澍兼主其事，室外调查工作则由本室组织之调查工作队办理之。一九四九年十月王组长辞准兼职，本区聘请私立乡村建（设）学院社会学系教授任宝祥先生接任。截至十一月份止，计有工作同志廿一人，兹将本室组织及工作人员专业训练分述于后。

一、组织：本室设编辑、统计、文书、总务四股，除调查统计工作本室同仁均须参加外，其余各股职务则由各同仁分别担任。至本室调查工作队之组织，则设正副队长各一人，由余启德、宋德铨两同志分任之，队员均任调查员。惟为分工起见又设工作、生活、总务三股，及调查工作通讯编辑委员会，以利专责。如本室所组之北碚黄桷镇调查工作队，即依照斯种办法组织之。

二、工作人员专业训练：本室工作人员之专业训练如下表：

姓名	职别	性别	院校名称	专业训练	备考
任宝祥	主任	男	美国支加哥大学暨维斯康新州立大学	乡村儿童福利行政及农村社区组织与调查	
余启德	干事	男	私立大夏大学	社会历史	
胡淞君	同	女	国立北平大学艺术学院	戏剧	
郑体思	同	男	国立中央大学	农村经济调查	
宋德铨	同	男	私立金陵大学	社会福利及行政	
黄幼樵	辅导员	女	私立乡村建设学院	社会学及社会行政	辅导员之排列以到职先后为序
张学华	同	女	同	同	
李丽清	同	女	同	同	
黄良琼	同	女	私立大夏大学	社会历史	
刘涵真	同	女	国立四川大学	农艺	
陈　容	同	女	国立社会教育学院	社会事业及行政	
朱铁英	同	女	私立乡村建设学院	社会学及社会行政	
杨昌福	同	女	同	同	
杜学政	同	女	同	同	
张昌元	同	女	同	教育学	
王义君	同	女	同	同	
袁璃心	同	女	同	同	
程德芳	同	女	同	同	
李世芬	同	女	同	同	
傅作楣	同	女	同	同	
萧　立	同	男	同	社会学及社会行政	

丙、社会调查工作计划

本室一九四九年度社会调查工作计划如下表：

工作项目	内容	备考
一、关于调查研究事项		
1.各社学区概况调查		
（1）一般工作	设计并协助各社学区概况调查并汇编各区统计手册	
（2）示范工作	选取富于代表性之社学区并由本室自行设计进行调查	
A.璧山城北乡黄泥湾人口调查	姓名、与家长之关系、通常住所、籍贯、年龄、婚姻、教育、信仰等	
B.璧山狮子乡概况调查	人口、经济、生育、卫生等概况调查	
C.北碚黄桷镇概况调查	同右	
D.璧山城北乡已婚妇女生育概况调查	调查对象为一对户长夫妇之婚姻、年龄、胎数、接生方法等	
E.耕牛贷款所需资料之搜集	搜集一个社学区及每户之耕地面积及生产量、耕牛工作情形、租牛、租谷等资料，并依据所得资料加以分析、估计所需贷款数目	
2.专题研究		
（1）璧山狮子乡第八保租佃关系研究	关于地权分配、租佃时期及押租换约、佃户交租、石数与自得石数之比例等	
（2）北碚黄桷镇第二十保租佃关于[系]研究	同右	
（3）北碚黄桷镇二五减租实况研究	怎样推行二五减租使佃农缴纳予地主的租佃减低到相当程度	
（4）北碚黄桷镇民意机关之研究	保民大会之研究分析	
（5）北碚黄桷镇学龄儿童教育程度研究	全镇学龄儿童数、失学儿童数及学龄儿童教育程度等之调查	
二、关于统计事项		
1.巴县、璧山、北碚各区民教概况之统计	巴、璧、北共有传习处数，民教主任数，导生数，扫除文盲工作等	
2.巴县、璧山、北碚人口概况之统计	三地乡镇保甲户口数、职业、户长身份等	
3.璧山城南乡东岳庙社学区户口概况之统计	户长、年龄、籍贯、性别、婚姻等	
4.璧山城北乡三个滩社学区户口经济概况之统计	户长、年龄、籍贯、性别、婚姻及地权分配等	

工作项目	内容	备考
5. 璧山城北乡五显庙社学区户口概况之统计	性别、年龄、籍贯、婚姻、教育等	
6. 璧山城北乡黄泥湾社学区人口概况之统计	同右	
7. 璧山狮子乡人口概况之统计	该乡户长姓名及各年龄组现住及他往男女人口、现住人口教育程度等	
8. 璧山狮子乡经济概况之统计	关于地权分配、租佃期限、押租耕牛、贷款等	
9. 璧山狮子乡生育概况之统计	2079 个已婚夫妇生产次数与所生死亡及现存子女数等	
10. 璧山狮子乡卫生概况之统计	关于饮水及周围环境、房舍住宿等	
11. 璧山狮子乡租佃关系之统计	地主佃农关系	
12. 合作实务人员调查材料之统计	实务人员之年龄、教育程度、经历等	
13. 本区人事统计	全区工作人员年龄、籍贯、资历及职务分配统计	
14. 北碚黄桷镇人口概况之统计	该镇人口各年龄组现住之男女人口数及教育程度、就学人数等	
15. 北碚黄桷镇经济概况之统计	该镇之生产情形、地权分配等	
16. 北碚黄桷镇生育概况之统计	已婚夫妇生产次数，死亡、现存子女数及初次结婚，停经年龄等	
17. 北碚黄桷镇卫生概况之统计	该镇卫生状况之统计及分析	
18. 北碚黄桷镇租佃关系概况之统计	佃户租入时之押租及换约等	
三、关于工作说明丛刊编制事项		
1. 社学区社会调查工作简释	社会调查意义与目的、社学区社会调查范围、进行方法与技术	
2. 怎样做户口调查	户口调查的基本概念、如何进行调查及填表事项等	
3. 怎样整理社学区户口、经济调查材料	方法的选择、整理材料步骤等	
4. 璧山狮子乡调查纪实	示范调查缘起、示范调查区概况、调查工作经过、示范调查评价等	
5. 华西区北碚黄桷镇调查纪实	调查工作队组织及工作过程等	
6. 社会调查工作答客问	全社学区社会调查工作简释惟体裁则以问答方法出之	
四、关于调查研究报告之编制事项		

工作项目	内容	备考
1. 工作报告		
（1）工作月报	每月将调查、统计等工作汇编报告三份	
（2）工作年报	年终将全年调查、统计工作加以检讨，编成报告	
2. 研究报告		
（1）璧山狮子乡第八保租佃关系研究报告	佃约内容、形式、交租时间、方法、数量、押租、荒歉、减租、换约、加押等之分析	
（2）北碚黄桷镇第廿保租佃关系研究报告	同右	
（3）北碚黄桷镇二五减租研究报告	怎样推行二五减租使佃农缴纳地主的租减到相当程度	
（4）北碚黄桷镇农民代表机关研究报告	保民大会之组织与保行政分析	
（5）北碚黄桷镇学龄儿童教育程度研究报告	全镇学龄儿童数、失学儿童数及学龄儿童教育程度等	
五、关于调查统计辅导事项		
1. 调查工作会议	召集各辅导区主任举行社会调查工作会议，会期二日	
2. 各辅导区辅导员调查工作座谈会及巡回辅导	本室派员赴各区召开辅导员座谈会，为期一日并分赴各乡巡回辅导	
3. 各辅导区民教主任保校教师之训练与辅导	在各乡镇召集民教主任、保校教师等举办社会调查训练	
4. 各区调查统计之指导审核	（1）分发调查表格、调查及统计工作说明丛刊	
	（2）解释表格内容，指导调查方法	
	（3）答覆问题，解决问题	
	（4）解说统计方法与步骤	
	（5）审核各区统计表格并改正错误	

丁、调查统计与报告

一、各项调查——本室自一九四八年十月起至一九四九年九月底，业经办理完竣之调查如下表：

调查乡镇	调查项目	调查户数	调查时间	调查员人数	备考
璧山城北乡三个滩	耕牛贷款所需之初步调查	5	一九四八年十月十九日	4	本室一人，璧山一区辅导员一人，教育组一人，乡建院助教一人
璧山城北乡黄泥湾	已婚妇女生育调查	131*	一九四八年十月至十二月	7	*代表人数
同右	人口调查	323	一九四九年一月至二月	14	本室七人，璧山一区示范校七人
璧山狮子乡	人口、经济、生育、饮水等调查	2352	一九四九年四月至五月	18	本室十人，乡建学院社会学系实习同学八人
北碚黄桷镇	人口、经济、生育、卫生等调查	2947	一九四九年七月至九月	39	本室九人，乡建学院社会系实习同学三十人

二、本室各项调查资料原拟于一九四九年度全部整理统计完竣，后因本室大部分同仁参加北碚黄桷镇工作，□□□以致未能如期完成，兹将统计完竣之资料表列如下：

类别	表次	名　　称
家庭统计	1	璧山狮子乡 2352 户之姓氏
〃　〃	2	璧山狮子乡各年龄组之男女家长数
〃　〃	3	璧山狮子乡各年龄组男女家长之识字与不识字人数
〃　〃	4	璧山狮子乡以农为正业男女户长之副业统计
〃　〃	5	璧山狮子乡识字与不识字之家庭数
〃　〃	6	璧山狮子乡 2338 户之家庭儿童数
〃　〃	7	璧山狮子乡 2338 户亲属关系之分等
〃　〃	8	璧山狮子乡按同院住户数之院户人数分配
个人统计	9	璧山狮子乡各年龄组现住之男女人口数
〃　〃	10	璧山狮子乡各年龄组他往之男女人口数
〃　〃	11	璧山狮子乡现住人口之教育程度
〃　〃	12	璧山狮子乡六至十二岁学龄儿童之就学与未就学人数
〃　〃	13	璧山狮子乡十三至四十五岁男女之识字与不识字人数
〃　〃	14	璧山狮子乡人口与三类人口分配之比较
〃　〃	15	璧山狮子乡人口年龄分配与一八九〇年瑞典人口之比较
〃　〃	16	璧山狮子乡各年龄组现住人数之分配及其性比例
〃　〃	17	璧山狮子乡各年龄组外出人数之分配及其性比例

类别	表次	名　　称
" "	18	璧山狮子乡各年龄组现住人数之分配及小于指定年龄之人数
" "	19	璧山狮子乡各年龄组外出人数之分配及小于指定年龄之人数
生育统计	20	璧山狮子乡 2079 个已婚妇女生产次数与所生死亡及现存之子女数
" "	21	璧山狮子乡 2079 对夫妇初次结婚之年龄分配
" "	22	璧山狮子乡 2079 个已婚妇女之停经年龄
" "	23	璧山狮子乡 2079 对夫妇之年龄分配
" "	24	璧山狮子乡 2079 对夫妇之年龄差数
" "	25	璧山狮子乡十三岁及以上现住与他往人口之职业分配
" "	26	璧山狮子乡各年龄组之男女家长数
" "	27	璧山狮子乡残废人数统计
" "	28	璧山城北乡黄泥湾 131 对夫妇现有年龄之统计
" "	29	璧山城北乡黄泥湾 131 对夫妇年龄差数
" "	30	璧山城北乡黄泥湾 131 对夫妇结婚年龄
" "	31	璧山城北乡黄泥湾 131 对夫妇结婚年龄之差
" "	32	璧山城北乡黄泥湾 131 对夫妇结婚年数
" "	33	璧山城北乡黄泥湾 131 个妇女生产次数
" "	34	璧山城北乡黄泥湾 131 对夫妇结婚次数
" "	35	璧山城北乡黄泥湾 131 个妇女生育次数与所生死亡数及现存子女数之统计
" "	36	璧山城北乡黄泥湾 131 个结婚一次、有配偶之妇女生育次数与所生死亡数及现存子女数之统计
" "	37	璧山城北乡黄泥湾 131 个妇女所生子女死亡数
" "	38	璧山城北乡黄泥湾 131 个妇女生产年龄与生产次数分配
" "	39	璧山城北乡黄泥湾 131 个丈夫的职业与生育数、死亡数、现存子女数之统计
" "	40	璧山城北乡黄泥湾 131 个丈夫的教育程度与生育数、死亡数、现存子女数之统计
" "	41	璧山城北乡黄泥湾 131 个妇女所生之婴儿死亡原因、接生方法及育婴方法之统计
" "	42	璧山城北乡黄泥湾 131 对夫妇地权与生育数、死亡数、现存数之统计
" "	43	璧山城北乡黄泥湾 131 对夫妇宗教信仰与生育数、死亡数、现存数之统计
经济统计	44	璧山狮子乡第八保全保户数
" "		璧山狮子乡第八保佃农地主耕地概况
" "	45	璧山狮子乡第八保佃农租谷押佃简况
" "	46	璧山狮子乡第八保十二个个案佃户租佃实况
" "	47	璧山狮子乡第八保地主职业之统计

类别	表次	名　　称
" "	48	北碚黄桷镇第十六保55家佃户押租及换约简况
" "	49	北碚黄桷镇第十六保55家佃户入田土面积
人事统计	50	华西实验区一九四九年九月份各级工作人员数额统计
" "	51	华西实验区一九四九年九月份各级工作人员之年龄分配
" "	52	华西实验区一九四九年九月份各级工作人员之籍贯统计
" "	53	华西实验区一九四九年九月份各级工作人员之教育程度
" "	54	华西实验区一九四九年九月份各级工作人员之薪给分配
" "	55	华西实验区一九四九年十一月份资遣前各级工作人员数额统计
" "	56	华西实验区一九四九年十一月份资遣前各级工作人员之年龄分配
" "	57	华西实验区一九四九年十一月份资遣前各级工作人员之教育程度
" "	58	华西实验区一九四九年十一月份资遣后各级在职工作人员数额统计
" "	59	华西实验区一九四九年十一月份资遣后各级在职工作人员之年龄分配
" "	60	华西实验区一九四九年十一月份资遣后各级在职工作人员之教育程度

此外尚有狮子乡及黄桷镇保甲户数，业经统计完竣。计卅四保，得卅四分表及两总表（即依保为序，得两乡镇之甲数及户数）。

三、报告

1. 工作月报：本室按月将工作实况编成报告，复写三份，以一份送呈本会，另秘书室及本室各一份，以备存查。

2. 研究报告——兹将已完成之工作说明丛刊及研究报告列举如下：

（1）怎样做户口调查；

（2）怎样整理社学区人口、经济调查材料；

（3）璧山狮子乡社会调查工作纪实；

（4）北碚黄桷镇社会调查工作纪实；

（5）璧山狮子乡第八保、北碚黄桷镇十六保两保租佃关系资料之分析；

（6）社学区社会调查工作简释；

（7）璧山城北乡黄泥湾131个已婚妇女之生育调查研究；

（8）北碚黄桷镇、璧山狮子乡两地农村家庭大小之比较研究；

（9）北碚黄桷镇人口流动情形之研究。

戊、与各辅导区及本区总处各单位的联系

一、行政的联系

1. 与各辅导区的联系：各辅导区办理之调查工作为各社学区人口、经济等概况调查，所需表格均由本室负责拟制印发。兹将分发各区表格数量列表如下：

社学区人口经济调查表格分发数量表

1949 年 1 月至 9 月

县　别	区　别	份　数
总计	各区	602900
巴县	1 区	59100
〞　〞	2 区	22400
〞　〞	3 区	30000
〞　〞	4 区	24000
〞　〞	5 区	8200
〞　〞	6 区	15700
〞　〞	7 区	21200
〞　〞	8 区	14000
〞　〞	11 区	30000
〞　〞	12 区	21000
綦江	1 区	20000
〞　〞	2 区	30000
江北	1 区	35000
〞　〞	2 区	35000
合川	1 区	30000
〞　〞	2 区	38000
铜梁	1 区	30000
北碚		20000
璧山	2 区	21570
〞　〞	3 区	6000
〞　〞	4 区	10000
〞　〞	5 区	16500
〞　〞	6 区	65230

注：每 15 份人口经济表格配发一张编户册，共计 43500 份。

"怎样做户口调查""怎样整理社学区人口经济调查材料"两本说明丛刊分发数量表

1949 年 1 月—9 月

县 别	区 别	份 数
总计	各区	1795
巴县	1 区	85
" "	2 区	100
" "	3 区	100
" "	4 区	90
" "	5 区	60
" "	6 区	85
" "	7 区	85
" "	8 区	85
" "	11 区	85
" "	12 区	70
綦江	1 区	70
" "	2 区	80
江北	1 区	75
" "	2 区	90
合川	1 区	70
" "	2 区	80
铜梁	1 区	80
北碚		
璧山	2 区	80
" "	3 区	75
" "	4 区	80
" "	5 区	80
" "	6 区	90

2. 与各组室的联系：本区各组室尝欲获得各社学区有关资料，为各乡人口、卫生、农业、教育等调查材料，本室或派专人负责办理或委托各该社学区有关人员从事搜集，以应业务上之需要。

二、技术的联系：各辅导区调查人员，于调查或统计工作过程中，发生疑难或遇有问题不能解决时，本室常以通讯方式为之解释，必要时本室派员至各区从事巡回辅导并举行座谈会，针对所提问题详予解答，并作积极性之建议，彼此讨论。

注：本文辑录自璧山区档案馆藏"华西实验区档案"，卷 9-60/P114—124。

社会调查室工作报告（节选）

任宝祥

壹、工作概述

甲、解放前的工作概述

一、社会调查室之成立与工作旨趣：本室正式成立日期为一九四八年十二月十三日，其工作旨趣为：

1. 了解农民生活需要；

2. 发现乡村社区问题；

3. 认识乡村社区组织；

4. 运用乡村社区资源。

二、调查工作：自本室成立之日起至一九四九年九月止，我们的调查工作如下：

1. 本室直接办理的调查：

（1）璧山城北乡三个滩耕牛贷款所需资料之初步调查；

（2）璧山城北乡黄泥湾已婚妇女生育调查；

（3）璧山城北乡黄泥湾人口调查；

（4）璧山狮子乡人口、经济、生育、饮水示范调查；

（5）北培黄桷镇人口、经济、生育、饮水示范调查。

2. 本室协助各辅导区办理社学区乡镇调查——即分发各区《社学区人口、经济等调查表》，计602900份。与《怎样整理调查资料说明丛刊》1795份。

三、统计工作——根据调查资料进行统计工作。计已完成者，有家庭、个人、生育、经济、人事各项统计表。

四、编写工作：

（1）怎样做户口调查；

（2）怎样整理社学区人口、经济调查材料；

（3）狮子乡调查纪实；

（4）黄桷镇调查纪实；

（5）社学区社调工作简释。

乙、解放后的工作简介

一、人事调整：解放前本室工作人员为廿一人，去年十一月中旬，经平教会决定，资遣本区工作人员，本室只留用五人，余均资遣。至（一九）五〇年一月及五月间，本区人事又以工作关系，重新调整补充，增至十三人。

二、工作日数：本区工作于确定农村经济建设方案后逐渐开展，本室依据本室本年度工作计划，（一九）五〇年七月底前为整理原有狮子乡与黄桷镇的调查资料期间，计自二月份起至六月十五日止，除例假，集体开会及学习不计工作时日外，共 108 天。

三、整理原有调查资料：先将两乡镇人口及经济部分加以整理，择其重要而切合需要，可资目前之参考者进行统计，至六月十五日止，已将重要部分统计完成，现已印就两乡镇调查资料统计表各一份，业经装订成册。

关于生育调查资料的统计，已完成者仅一小部分。后以全体同仁分别于（一九）五〇年六月十五日起，分别参加大足征粮及城北乡与梁滩河调查研究工作，无法全部完成，至于两乡镇饮水统计工作已接近完成。

四、编写工作：本年度至九月份止，编写完竣并已刊出者，计有下列各种：

1. 一九四九年工作简报；

2. 璧山狮子乡社会调查工作纪实；

3. 北碚黄桷镇社会调查工作纪实；

4. 璧山狮子乡租佃关系概述；

5. 一九五〇年工作计划；

6. 璧山狮子乡调查资料统计表；

7. 北碚黄桷镇调查资料统计表。

五、协助政府及有关机关工作：

1. 参加璧山及大足两县征粮工作——张学华、伍德滋、任宝祥；

2. 了解并选拔狮子乡农民代表——郑体思；

3. 挨户访问，向璧山城中乡各保妇女并宣传政府政策——全体女同志；

4. 参加妇女座谈会，商讨组织民主妇联筹备会——胡淞君诸女同志；

5.调查城中乡各保缝制军鞋人数——胡淞君诸女同志；

6.办理城北乡民主妇联筹备工作并选拔代表——全体女同志；

7.协助璧山农职校出纳工作——程德芳同志；

8.供给政府调查研究资料。

六、如何做调查工作：过去本室所采用的调查方法是编户访问法，详细办法请阅璧山狮子乡暨北碚黄桷镇社会调查工作纪实。

七、本室同志奉调办理其他工作：本室同志自九月份起分别参加下列工作：

1.在各农业指导所者：宋德铨、伍德滋、高朝鉴、王剑虹、罗建伟；

2.在总办事处者：胡淞君、李丽清；

3.乡建学院者：骆望秋、杨昌福（任助教职，在合作专修科办公）、郑体思（任讲师）、任宝祥（原任该院教授，兼社会调查室主任）；

4.参加减租者：程德芳。

贰、以马列主义观点及毛泽东思想批判过去的调查工作

（略）

叁、今后社会调查工作的建议

一、为结合川东暨璧山专区目前的减租退押和即将到来的土改工作，拟请由政府领导并指派华西区工作人员参加以生产及准备土改为主的调查工作，调查范围和办法由政府决定并指示之。

二、政府各机关如举行调查研究会议时，可否调派"华西区"工作人员参加，俾可吸取经验，加强学习。

三、依照农民需要和实际情况，可否进行下列各种调查：

1.机织合作社组织与产销；

2.合作社员的经济生活；

3.合作纸厂职工教育；

4.粮食增产；

5.农产加工；

6.乡村手工业；

7.由赶场看城乡物资交流关系；

8. 农村房舍；

9. 农家收支；

10. 农村劳动力。

四、择要完成专题研究报告，关于如何运用与解释已完成的统计数字，藉以叙明调查区的社会事实，并提供解决问题的意见，前经本室工作会议决定的采用专题研究报告，如上级认为需要，可否择要将拟待完成的专题研究报告，进行编写，各专题的名称分列如下：

1. 璧山狮子乡暨北碚黄桷镇人口与土地的比较研究；

2. 北碚黄桷镇农村押租问题；

3. 北碚黄桷镇农家收支研究；

4. 北碚黄桷镇暨璧山狮子乡家庭比较研究；

5. 璧山狮子乡暨北碚黄桷镇儿童教育；

6. 璧山狮子乡暨北碚黄桷镇正副业比较研究；

7. 璧山狮子乡暨北碚黄桷镇农具、耕牛、家畜比较研究；

8. 璧山狮子乡的织户之研究；

9. 璧山狮子乡暨北碚黄桷镇男女教育程度之研究；

10. 璧山狮子乡暨北碚黄桷镇已婚妇女生育的研究；

11. 璧山狮子乡暨北碚黄桷镇饮水问题；

12. 璧山狮子乡暨北碚黄桷镇非农户的比较研究。

附：1. 璧山狮子乡社会调查工作纪实一册；

2. 北碚黄桷镇社会调查工作纪实一册；

3. 四川璧山县狮山〔子〕乡农民租佃关系概述；

4. 璧山狮子乡调查资料统计表；

5. 北碚黄桷镇调查资料统计表。

注：本文辑录自璧山区档案馆藏"华西实验区档案"，卷9-46/P121—127。

我们对于社会调查的看法

——社会调查工作队余队长启德七月五日
在北碚黄桷镇工作座谈会上的报告

本区所从事的乡建工作是实验性的，社会调查室的工作是实验区工作的一部门[分]，当然也是一种实验，随时准备接受经验和修改。

有人说："学社会学的，应当到有社会问题的地方去。"这话固然对，但是不够的。首先，我们不知道何处有社会问题，何处又没有社会问题，而且，严格地说，凡是有人在过着社会生活的地方，都不免有社会问题，所以我说：我们学社会学的，应当到有人过着社会生活的地方去，去调查，去发现问题，研究问题，并从而解决问题。

但社会是广大的，复杂的，我们应从何处着手？从哪一角去开始调查？这就是技术和方法的问题了。一位燕京的社会学教授曾说："多年以来，人所咸知的社会调查已倡行于世界各处，中国也受了这种风气的影响……但我愿指出另一种不同的研究，我将名之为社会学调查，概括地说，社会调查只是某一人群社会生活闻见的搜集，而社会学调查或研究乃是要根据某一部分事实的考察来证验一套社会学理论或试用假设的。"

这位教授提出社会学调查法是一进步的看法，但我们认为只以社会学调查法（或称社区研究法）来研究社会问题，亦是不够的。纵然传统的社会调查法，是一种静态的，横面的方法，其对于发现问题、研究问题的帮助是不够的，但它仍不失为是一种可用的、具有科学性的技术，对于收集资料和整理资料，提供了良好的办法，换言之，亦即对于认识问题，研究问题的帮助虽不够，但到底确是有帮助的，所以，我们对于社会调查所采的看法是：以社会学调查（社区研究法）来指导社会调查。兹先分析这位教授所说的前面一段话的意义，再进而说明我们采取上述综合方法的原因何在。

这一段话，可分两部分来说。第一，所谓"某一人群社会生活闻见的搜集"就是找材料的人，决定了要搜集的事象[项]，拟定一套调查的表格，或一组搜集材料的问题，详细一点的，再拟出一套调查表格说明和填表方法，发给调查者，由调查者依照规定去顺次调查，这种办法就称为社会调查法，这方法的缺点是：

一、找材料的人与被调查者脱节——因为表格是关在屋子里拟就的，纵令拟定之前，曾实地作过概略的考察，以考察的结果为根据，拟出表格和问题，但仍不免有不符合或遗漏的项目，如果调查员不清楚调查的目的和缺乏接受更多材料的能力，只是机械地问填表格。不随时记下所发现的问题，则找材料的人呆在屋子里等待调查的结果，这结果就不一定合用。

二、技术与理论没有配合——只是材料的搜集和整理，因而不明了被调查的事实在整个文化体系中的处境和功能。

因为搜集材料的人和被调查者的脱节，因为所搜集的是所见所闻的事实，那么所得的材料是否可靠，所见所闻是否正确，搜集材料的人是盲目的，而且，由于缺乏一套社会学理论来分析和说明这些材料，因此，根据调查结果所提供的改良社会的方案，是否为良好的药方是不敢断言的。

第二，所谓"根据某一部分事实的考察来证验一套社会学理论或试用假设"，这就是说研究者首先具有一套社会学理论，或试用假设，再深入社区中去考察和分析事实的全体与部分，部分与其他部分的关系，考察的结果是来证验原有的一套社会学理论或试用假设，修正后的理论不但可以解释全体，并也可以解释部分，因而也就提得出建设社会的切实方案来了。这是更深入的，且注意动态的研究方法，并尊重社会是由许多相互关系的相互影响而必然地、有规则地向前发展的，这是与静态的、光注重表面现象的社会调查法不同处，这方法称之为社会学调查法（亦即社区研究法），但我们不可忽视的是：社会学调查法，应建筑在社会调查法的基础上，以它的长处，来补足社会调查法的缺点，但亦以社会调查法的科学的技术，来完成社会学调查，兹再以社会调查与社会学调查（即社区研究）作一简单的比较：

一、社区研究具有一套认识社会的方法论，社会调查只是一种搜集材料和整理材料的技术。

二、社区研究对社区作全面的考察，社会调查只是部分事实的照像，所以前者的研究结果是完整的、深入的，后者得的材料是支离破碎的、表面的。

三、社区研究的考察方式，是与被调查者共同讨论，社会调查则仅采询问的方式。共同讨论即是双方共同来说明问题、解决问题，询问的目的，只在取得材料社区研究者与被研究者合而为一，容易得到确实答案，以询问的方式，所得的材料，其确实性不可靠。

根据上面的说法，我们知道社会调查是一套技术，社区研究是一套方法论，如果我们把调查技术和调查的方法论配合起来运用（以社会调查为纬，社区研究为经），用社会调查来搜集材料，整理材料，而用社区研究来说明材料与分析材料，这就是我们目前所取采的方法，亦即是以社会学调查来领导社会调查法。

　　研究自然科学与研究社会科学是迥然不同的，前者的对象是自然界可以在实验室中作静态的研究，观察与证验，而社会科学的研究对象是人，是作为社会一份子的人，所以是千变万化，难于控制的。但只要我们具有正确的方法论的指导和良好的技术，则在社会科学的实验室中，同样可求得正确的材料，可深刻地认识社会，从而改造社会，以完成我们社会工作者的责任。（何国英记）

原载《乡建工作通讯》，1949 年第一卷第二十二期

注：本文辑录自璧山区档案馆藏"华西实验区档案"，卷 9-117/P38—39。

中华平民教育促进会华西实验区
社会调查室工作计划纲要

（一九五〇年度）

甲、总则

一、为整理原有调查资料，并配合本区农村经济建设方案，开展社会经济调查工作起见，特订本计划纲要。

二、本计划纲要包括左列两部：

1. 整理原有调查资料。

2. 举办社会经济调查。

乙、整理原有调查资料

三、本部分所称整理原有调查资料，系指璧山狮子乡与北碚黄桷镇两乡镇调查资料之统计及编写报告而言。

四、狮子乡、黄桷镇两处调查范围计卅四保，包括人口、经济、生育、饮水等四种。

五、统计之部：

1. 工作人员：除本室工作人员担任统计工作外，拟邀请乡建学院社会学系学生五至十人参加工作。其伙食费用由本室经费预算□开支，自参加工作之日起计付。

2. 统计项目：以一保为单位，依照专题分别统计，综合整理，其统计项目由本室全体同仁举行座谈会时决定之。

3. 统计期限：除狮子乡人口部分多已完成外，所余两乡镇应行统计之资料，以卅保由十五人至廿人统计，自二月份起，拟于四月底前全部完成，必要时得呈明原因延长之。

六、编写及印刷之部：

1. 工作暨研究报告：

（1）工作月报：每月廿八日前完成，本会及本区总办事处各呈一份，另一份由本室存查；

（2）专题研究报告：每月以两种为原则，月中、月底各出一种；

（3）两乡镇调查研究总报告：五、六两月份完成。

2. 印刷文件：

（1）油印经已写竣之文件：a. 本室一九四九年度工作简报；b. 璧山狮子乡社会调查工作纪实；c. 北碚黄桷镇社会调查工作纪实。

（2）油印工作月报，每月一次。

（3）油印统计资料及专题研究报告，拟将经已制成之各种统计表及编写完竣之专题研究报告分期印刷，每月各为两期，第一、二两周出统计资料，第二〔三〕、四两周刊专题报告。

（4）油印两乡镇调查研究总报告，两乡镇总报告于编写完竣后，先行油印，经审定后再付铅印，藉广流传。

七、为便于本室同仁借阅参考书籍，以利编写计，必要时另行呈准，由本室派员前往乡建学院借地办公。

丙、举办社会经济调查

八、本室拟于乙项工作完竣及环境许可时，举办社会经济调查，其范围如下：

1. 人民政府交办及其他有关机关委托调查事项；

2. 本室拟于下半年内（自七月份起）举办下列各项调查研究：

（1）机织合作社之组织与产销；（2）合作社经济生活之研究；（3）合作社暨合作纸厂职工教育之研究；（4）粮食增产之调查研究；（5）农产品加工；（6）农村手工业；（7）农村生产资料；（8）由赶场看城乡物资交流的关系；（9）农村房舍；（10）农家收支；（11）地租研究；（12）农村劳力。

九、调查区域以县行政区为单位，取得县人民政府同意，配合区人民政府进行右列各项调查。

十、本室拟办各项调查研究，除与本区总处各组室及各业务机构密取〔切〕联系外，并接受委托或合办之调查工作。

十一、调查方法采选样与个案两种，必要时始举办全体调查。

丁、附则

十二、本计划纲要乙、丙两项所需经费、另附经费预算书。预算书内所列印制两乡镇调查研究总报告费用倘有不敷、得专案呈请增拨。

十三、每月工作进度另拟之。

十四、本计划纲要经核定后施行。

注：本文辑录自璧山区档案馆藏"华西实验区档案"，卷9-126/P157—159。

璧山狮子乡社会调查工作纪实

中华平民教育促进会华西实验区工作丛刊之一

社会调查室印

编写者：余启德　校订者：任宝祥

印刷时间：一九五〇年元月　印刷地址：璧山本区总处

壹、狮子乡概况

一、沿革

狮子乡原名狮子场，新县制推行时更名为狮子乡，是璧山直辖乡镇之一。计十二保，140甲，2349户，人口12259人。其中男子6653人，女子5606人。从前，堪舆家咸谓该地龙脉形象酷似一对狮子，因有狮子场之名。狮子场就在一个狮子的身边，场西有双狮桥，亦依地形得名，场南有行狮庙，即乡公所所在地，所以命名行狮者，盖非睡狮，图吉祥耳。

二、自然环境

（一）位置与面积：狮子乡位于成渝公路上，约当东经106度13秒；北纬29度38秒（注一）。北至县城约二十华里，至城东、城南、中兴各乡均为十华里；西至丹凤乡约十五华里；东至巴县界约五华里。全乡面积四百八十余平方华里，合二十二平方公里。已耕地一万五千余老石，合四万五千余市石，以四市石折合一市亩计（注二），约合一万一千多市亩，折合八平方公里。全乡人口为12259人，用全乡面积计算人口密度，一平方公里须居住557.28人，用耕地面积计算人口密度，一平方公里须养活1532.37人。

（二）地势：狮子乡东部为山地，二、三、十一、十二各保等地区属之；南部及西北部皆为平原。两者比例约为三比七，平原区中亦间有突出之丘陵地，与平原相比亦约为三比七。故全乡地势东面高而南部及西北部皆低。

乡东横卧一大山，在璧山称东山，在巴县即称西山，海拔约350公尺（注三）。当地名胜有虎峰山，为璧山八景之一。场后有一河，由璧山城南乡入境，出中兴乡，全长约廿余华里。若将全部划为山区与平原区，山区地多贫瘠，平原区虽颇富饶，适于农作，但以水利不兴，致灌溉困难。

（三）气候与雨量：狮子乡气候，夏既酷热，冬亦严寒。以一九三七年到一九四六年按月平均温度而论，七月份最高达摄氏 29 度；一月份最低达摄氏 8.5 度（注四）。雨量最多时期为八月份，依一九三七年到一九四五年雨量记载：平均降雨 101.5 公厘，最少时期为一月份，计降雨 7.9 公厘，全年降雨总量共 508.4 公厘（注五）。

注一：引刘世楷《四川气候志》中璧山的材料，四川气象所，（民国）卅七年三月。

注二：李仁柳：《解决土地问题与合作农场》，引刘明夫计算《稻田每市亩平均权获四市石》，《新中华》五卷七期。

注三：见注一。

注四：见注一。

注五：见注一。

三、人口性质与人口区

（一）人口性质

甲、固定性：狮子乡全境有广大平原，耕地较易，村户兼以织布为副业者甚为普遍，盖织布可弥补只靠农业维持生计之不足耳。住户多为张献忠屠川之后，由湖广迁来者。此种移民中以朱、刘、王、张、曾、柯、陈诸姓为多，在调查期间仍占全乡总户数之半。该乡人口极称固定，纵有时发生人口流动现象，但均为贩卖布匹或织布工人的暂时离乡，尚不足以证明人口流动性大，至于迁入人口亦因交通关系为数甚少。

乙、性比例：全乡人口计 12259 人，其中男子 6653 人，女子 5606 人，性比例约为 118.68，与正常现象略异，或系杀女婴风俗所致？

丙、年龄分配：人口学家宋巴特（Sundlrang）分析人口之增减情形，曾按年龄将人口分成：0—14；15—49；50 及以上三组。并依此三组人数的百分比分口为增多、稳定与减少三类，本调查依宋氏人口三类法，可知狮子乡人口显在增多与稳定两类之间。下表即可见一般［斑］：

狮子乡人口与宋巴特三类人口之比较

年龄组	狮子乡人口百分比	增多数	稳定数	减少数
总计	100	100	100	100
0—14	40.01	40	33	20
15—49	43.67	50	50	50
50 及以上	16.30	10	17	30

（二）人口区

甲、乡场：狮子乡的乡场场址在第一保（亦即乡公所所在地），地位约当全乡中心，计有十二甲，181 户，人口为 869 人，其中男子 482 人，女子 387 人。人口密度为全乡冠，住户鳞次比连，又以街道狭窄，更显拥塞不堪，依聚落分类，狮子场应为密集聚落。

乙、山区：河东面虽有小部平坦之地和丘陵地，因山地特多，仍可列为山区，计包括二、三、十一、十二等四个保的大部分。此四保共计 45 甲、774 户、人口 3820 人，其中男子 2085 人、女子 1735 人，占全乡人口 31.2%。

丙、平原区：计包括一、四、五、六、七、八、九、十等八个保，聚落分布亦呈点状，比之山区人口又较密集。计有九十五甲，1575 户，人口 8439 人，其中男子 4568 人，女子 3871 人，占全乡人口数 68.8%。

狮子乡户口依山区、平原区分配表

1949 年 4 月 13 日

保　别		甲　数	户　数	人　口　数			备考
				合　计	男	女	
总计		140	2349	12259	6653	5606	
山区	第二保	12	258	1340	740	600	□□□□
	第三保	12	186	983	539	444	
	第十一保	10	128	599	340	259	
	第十二保	11	202	898	466	432	
	合计	45	774	3820	2085	1735	
平原区	第一保*	12	181	869	482	387	
	第四保	11	187	1083	583	500	
	第五保	13	214	1139	615	524	
	第六保	12	234	1186	637	549	
	第七保	12	208	1076	575	501	
	第八保	12	183	1010	532	478	
	第九保	12	178	1008	550	458	
	第十保	11	190	1068	594	474	
	合计	95	1575	8439	4568	3871	

* 乡场所在地。

贰、调查工作的经过

一、调查的内容：本次调查包括人口、经济、生育、饮水等四种，此外并搜集有关农村建设及狮子狮［乡］社会概况资料。

二、调查的阶段：任何社会调查工作的全部过程，可分为三个阶段：第一为准备阶段；第二为进行调查阶段；第三为统计编写阶段。本报告只限于前二阶段的各种经过情形，兹分别简述如下：

（一）准备工作阶段：自一九四九年三月廿五日起至四月十二日止，包括：

甲、接洽调查并访问调查区，决定接洽与访问的目的、对象及事项等。

乙、编制各种调查表及说明手册——所编表格计有人口、经济、生育、饮水等四种调查表（见铅印附表）。说明手册编制成册者，有"怎样做户口调查""社学区户口经济调查表之说明及填法""已婚妇女生育调查表格说明及填法"及"审核表格须知"等。

（二）进行调查阶段：一九四九年四月十三日起至五月卅日止。

甲、调查队的组织

1. 工作人员共计十八人，计本室全体同仁十人，乡建学院毕业实习同学八人。

2. 组织：设队长一人，由本区社会调查室干事余启德先生担任，对外与各方面接洽联系，对内指导调查技术，并解决一切有关调查问题等；队设总务股股长，由宋德铨同志担任，负责调查队经费之收支及其他事务；工作股股长为郑体思同志，负推行工作计划及收发审核及整理表格之责；生活股股长为张学华同志，负责全队生活上之一切事务，如食住之安排，并执行生活纪律；队员有黄幼樵、李丽清、黄良琼、刘涵真、陈容、罗善修、程德芳、王义君、李世芬、袁璃心、杨昌福、张昌元、朱铁英、杜学政，以上各同志除均任调查工作外并分别协助各股办事。

乙、调查员的研习

1. 研习课题：（1）怎样做户口调查（包括讲解户籍法要意）；（2）社学区户口经济调查之说明及填法；（3）已婚妇女生育调查表之说明及填法；（4）审核表格须知；（5）疾病常识；（6）妇婴卫生；（7）我们对社会调查的看法。前四种及（7）均由余启德先生主讲，并领导讨论；疾病常识及妇婴卫生分别由王正仪、谷韫玉两医师担任。

2. 填表实习：本室将印就题目，分发各调查员依题填写人口表，然后收集加以审核，并将各种错误分类汇编，以备在检讨会中提出讨论，予以改正。

3. 调查实习：调查员携带各种表格分赴附近农家从事调查实习，实习完竣，本室则将填就各表收集审核、指正错误。

4. 检讨会：在纠正实习期内填表的错误，并解答一切有关调查技术之疑难。

丙、进行调查

1. 分区调查：依地形及人口分布，将狮子乡分为下列各区，并以一保为单位（一保调查完毕，始得进行另一保）进行调查。大致□□山区先调查，平原区后调查；乡场为队部所在地，多在雨天进行调查。

2. 分组进行：按保甲地域之远近及户数之多寡分组进行编查，地域远而户数多者，调查员可四五人一组，地域近或户数少者，则二三人可成一组。此外并采交叉方式进行调查，即今天同为一组者，明天即分散在其他各组，务使调查员都有同在一组的机会，俾可互相交换经验。

3. 宣传：配合有关本区教育、农业、经济、卫生四大建设，已有之各项设施，说明调查的意义和目的。宣传则于各种集会如场期、招待地方人士茶会、各保保民大会、编户及调查填表时为之。

4. 编户：

（1）以一保为调查区的最小单位，在调查一保之前，即先在这一保进行编户工作；

（2）由一保此端开始迂回而至彼端，依此方向顺次编户；

（3）编户时约好保甲长一同前往，因为他们最熟悉一保的地形和户数，帮助解释调查员的来意，可供调查员的询问，并可为调查员照应恶犬。

5. 挨户调查：

（1）每天上午七时出发，远的地带，即携带干粮或鸡蛋代午饭，至晚方归，近的地方则于十二时回队吃中饭，一时半再出发；

（2）按编户的顺序，挨户填表；

（3）将人口、经济、卫生、饮水等四表逐项问填；

（4）同时用记事册搜集有关材料。

6. 复查和抽查：队长或工作股长发现所填各项遇有错误时，即将错误来源指明，交付原调查人再行复查，但表格中的错误，有些是无法审核出来的，为使调查员认真工作、减少错误起见，工作股当于一保调查完竣后，以任意选择法选出该保表格若干份，分发给任何一个调查员（不是原调查员）重新调查。

7. 审核：

（1）审核人员：队长及工作股长为审核工作主持人，其他调查员亦同负审核工作之责，盖本室调查员均为大学以上毕业，且多受专业训练者，每人皆具审核工作之能力也；

（2）审核方式：（ⅰ）调查员自行审核，（ⅱ）调查小组交换审核，（ⅲ）审核工作主持人审核；

（3）审核时间：每日下午七至九时为调查员自行审核和调查小组交换审核时间，逢场（二、五、八）天下午为审核工作主持人审核时间；

（4）审核标准：根据本室编制审核表格须知逐项审核；

（5）记事册的审核：审核工作主持人得校阅每个调查员记事册上所记录的材料，如含糊不清或对某问题并不深入者，即向该调查员提出，务使能将不完全、不清晰的材料重新搜集，并加解释。如有关调查进行中之困难和问题者，即加以汇编，以便提到检讨会讨论。

8. 整理：

（1）表格和记事册上的错误，分别复查和抽查；

（2）经过审核无误的材料，由工作股整理归档；

（3）汇编表格以外的材料和特殊问题的说明与解释。

9. 检讨会：

（1）参加人员：全体队员；

（2）开会时间：多在场期天上午举行，计开检讨会九次；

（3）会议内容：（ⅰ）工作进度的检讨，（ⅱ）填表错误解释和纠正，（ⅲ）问题讨论（尤注意记事册上的材料的讨论），（ⅳ）调查工作改进的各种建议。

丁、调查的结束

1. 调查所用的时间：

（1）经常工作人数：全队工作人员除病假□外，实际担任调查工作者，仅以十五人计算；

（2）每日平均工作时间：每日上午七时出发至晚方归，除中午略为休息外，全部在外工作时间，平均每天每人以八小时计，十五人每日共工作一百二十小时；

（3）全部编户调查时间：编户调查工作自四月十三日开始，至五月廿七日结束，除因逢场留队工作（计有十三天）外，共工作卅一日。以十五人每日一百二十小时计，共工作三千七百二十小时；

（4）每户编查所用的时间：狮子乡区共二千三百四十九户，全部编查时间共三千七百二十小时，平均每编查一户约需 1.58 小时，合一点□卅五分钟。

2. 调查所用的经费：

（1）工作人员的薪给：自筹备之日起以两月计算，计队长一人，月支卅元；队员七人，月支廿三元者五人，月支廿五元者一人，月支廿七元者一人，共 394 元。乡建学院毕业实习同学八人，共 280 元，男、女工各一人，共十六元。所支薪饷总计为 690* 元（均为银元数）。

（2）公旅费：公费指购置文具什物而言，旅费为津贴出外调查之费用，二项费用共合二百零八元[Ⓐ]（银元数）。

（3）调查表印刷费：本室印制调查表格共四种，其份数及费用如下表：

表名	大小	份数	排（元）	印（元）	纸张（元）	合计（元）
人口经济表	八开	3000	48	15	73 [10]	73
生育表	八开	3000	48	30	10	88
饮水表	卅二开	3000	7	5	3	15
总计						176[Ⓧ]

（4）其他费用：如炊具设备、编户表说明、手册印制费用等约 50 元[Ⓒ]（银元）。

（5）全部调查费用：全部调查所需费用如下表：

类　　别	银元数
工作人员薪饷	690
公旅费	208
制表费	176
其他	50
总计	1124[Ⓒ]

（6）调查一户所需费用：总上四种费用共计一千一百二十四元，全乡户数为 2349 户，平均每户编查所需费用约为 0.47[Ⓧ]元。

注：*ⒶⓍⒸⓈⓍ：以上各种费用，因当时金元券贬值，市场交易媒介异常紊乱，璧山多以纱易物，而日用品价格亦多依纱价为转移。本队所有开支，系以当时所用货币折合成写本报告时（1949 年 11 月）所值之银元数。

3. 话别：

（1）茶话会：调查工作完竣后，即于五月廿九日举行话别会，向地方人士话别，并在茶会上与之交换有关调查意见。大家相谈甚得、气象和谐。余兴中狮子乡第十一保保长曹德新先生代表全乡人士的意见，唱花鼓词一阕献与本队，词如下：

花鼓词

五月是端阳，调查忙又忙，只为工作往前闯，辛辛苦苦实难当。

太阳明亮亮，落雨水迹迹，背起草帽下四乡，不怕不怕水迹迹。

请问我家常，提笔记忙忙，这户记了那户往，一天一天都在忙。

贵队来我乡，未设十里堂，总祈列位要包藏，原谅原谅我敝场。

（2）返处：五月卅日全队乘马车径返璧山本区总办事处。

叁、调查的困难问题与心得

一、调查所遇的困难与问题：此次调查所遇困难与问题甚多，但总括起来不外下列数种：

（一）一般的困难及问题：

甲、季节问题：调查期间正值炎暑开始，加以山区地高，调查员汗流夹［浃］背，辛苦异常；

乙、出卖劳力者：甚难找到去处，更难寻得接谈机会；

丙、地方办事人员常加阻挠，如阻挠调查摊派问题；

丁、饮食起居的问题：如调查时甚难得到开水，午餐须自带干粮，蚊虫太多，睡眠困难。

（二）调查员本身的问题：

甲、多重视资料的数量方面，而忽略了质的方面；

乙、平凡的事往往不加注意；

丙、常用主观意见回答问题；

丁、未能活用发问的方法；

戊、语言词汇甚难使农民了解；

己、态度应平易近人。

（三）被调查人所引起的困难与问题：

甲、对调查怀疑，以为要拉兵派款；

乙、对所问问题了解不够，或记忆不清；

丙、缺乏回答问题的经验，常所答非所问；

丁、因风俗或其他关系限制，不愿回答；

戊、不说实话，免遭欺骗。

（四）表格所引起的问题：

甲、人口表：（1）人口表内通常住所一栏，未能表明是调查区内或区外的人口；（2）人口表从职业一项分不出雇农的身份。

乙、经济表：（1）田土未分列，不能计算全境实有耕地面积，盖只计田而忽略土面一项也；（2）因换约而引起加租加押的材料无相当项目；（3）土地所有权常发生下列各问题：（ⅰ）业佃两表内容间有不符，（ⅲ）团体地主无法确定，（ⅳ）分家弟兄共租田土无法分填，致使耕地有重复、遗漏之弊；（4）经济表亦无法确定雇农身份。

丙、生育表：生育表未列难产的项目。

二、调查心得：在调查期间内，尚有以下各种心得是值得提出的。

（一）调查从经验得知：一个社区的所有土地及所耕田地，须依人和地两种标准。依人的标准，可知这些人在区内或区外所有土地和所耕田地共有多少；从地的标准，这些地的所有权和使用权在区内和区外的分配和集中情形，也能一一明白。两种标准并用，方能看出一个地区的经济生活的全貌。

（二）社会事实有着不可分的两部分：一部分是可以看得见的，但有时也须靠语言为之解释；另一部分是看不到的，必须用自己的经验体会和自己的语言表达，才能使观察者或被调查人明白，所以语言的运用对于调查异常重要。

（三）搜集真实材料固靠各种调查方法与技术，但运用方法与技术的人，除具相当热忱及对调查工作切实了解外，对于认识社会的方法应把握一套的理论，此外更需丰富的社会常识。

（四）由经验得知，调查员除搜集〈一定〉数量的材料外，更应注意个案的描写，以示质量并重之意。

（五）调查员若能脚踏实地地工作，能够吃苦耐劳，对于被调查者寄以同情与帮助，并虚心请教，获得真实的材料是不太困难的。

（六）造成一个利于调查的环境，固靠各调查员自身的劳力，但本区乡村建设的成就亦属重要。换言之，农民若真能受到本区建设工作的实惠，老百姓一定欢迎调查，地方人士一定协助调查。狮子乡的调查工作能够顺利进行，是靠上述两种条件所奏功的。

校订者附志： 原文较长，以限于篇幅，经本人删改者亦较多，删改之处如有错误，统由本人负责。

注：本文辑录自璧山区档案馆藏"华西实验区档案"，卷 9-110/P126—135。

第九章

编辑组

中华平民教育促进会华西实验区编辑组工作计画

壹、工作目标

本组以整理本区实验资料，阐明本区工作实况，编辑本区各种传习教材及应用书刊为目标。

贰、工作要项

（一）编辑成人教育传习教材

1.编辑成人基本教育教材——此项教材以供给传习处教学用为主。

修订国民基本读本——为基本语文读本性质，以青年成人为对象，除依照一般课程标准外，力求适合本区需要。

编"民众歌曲"——参照部颁民教课程标准及实际教学时间编制传习处应用歌曲。

编"民众算术"——参照部颁标准及经济生活实际需要编订。

编民众应用文——采教材与手册两用形式。

编绘"公民活动指导挂图"——以民众基本教育为范围，配合本区政治建设实践活动编绘，为传习处公民活动指导图。

2.编辑各种特用教材——此项教材暂以合作社社员为对象，内容以配合组社活动，灌输业务常识为主，教材类别约分下列三种：

编合作社常识读本——一般常识采同一教材，业务常识采分编方式，以非文盲社员为施教对象。

编传习连环画及农民补充读本——以文盲社员为施教对象，传习连环画采折叶与壁画两用形式；补充读本为"农民基本读本"之辅助教材；两者均以合作社业务常识及农业技术、卫生指导为主。

此种特用补充教材须配合农民基本读本，第一学月授传习连环画，第二学月起，接授补充读本。

3. 编导生训练教材——拟暂编综合性"导生手册"一种，如系特种经济性教学组织之导生，另编参考资料补充之。

4. 编中高级民众学校（或传习教学组织）各种课本——课程标准教学科目另订之。

5. 编各种建设实践活动应用教材——如合作社书表、田间记载书表等。

6. 编传习教学指导书——按课目分编。

（二）编辑本区工作说明丛刊——以阐明本区各项工作内容方式，进程及注意要点等为主，藉供本区工作人员参考。

1. 编"本区工作概要"——为综合性之工作人员简明手册。

2. 编"本区特定组织或重要活动之工作说明书刊"——如教育方面之"组织教育与导生传习简明教程"经济方面之"合作社工作简明教程"社区研究方面之"社区调查简明教程"等。

3. 编本区实验工作图解——采图表方式，说明本区工作内容方式与进程。

4. 编本区乡建计划专刊——如本区之实验计划及本区"乡建工作之理论与实际"等类专刊。

（三）编辑乡村建设小丛书——以研述乡建理论讨论实际问题，整理建设运动史料，介绍各种乡建工作实况为范围（包括国外著作翻译）。

（四）编辑定期刊物——以报导工作交换经验，研讨问题为主，拟暂编行下列三种：

1. 编"乡建工作通讯"——以对内为主。

2. 编"乡建实验"——系本区区报性质。

3. 编"乡建参考资料"——以介绍参考资料为主，供本区工作人员参考。

（五）编辑工作报告——以报告本区工作实况为主，计分两种：

1. 总报告——分年度编辑。

2. 分报告——有特殊需要时，分事编辑。

（六）编辑民众读物——除改编平教会原有民众读物外，并增编适合本区需要之民众读物。

（七）整理本区综合表报——如辅导人员工作月报，辅导区会议纪录等表报之整理与汇复。

（八）行政处理，参加区务、处理本组日常组务。

叁、工作方式

（一）搜集资料——设置图书室并指定组内专人负责厘订区内工作资料搜集办法，并对有关书刊及中外各地乡建工作资料作有计划之搜集（必要时成立资料室）。

（二）厘订进程——上述各项工作，分年分月完成，其详细进程另订之。

注：本文辑录自璧山区档案馆藏"华西实验区档案"，卷 9-86/P11—14。

编辑组工作简明报告

（民国）三十八年一月至五月十五日

本组工作之进行，悉依原定工作计画及分月进度表，本简明报告仅系已完成之重要工作，其他未完成部分，详见原计画原进度表。

甲、编辑及出版方面

一、关于成人教育教材者

（一）基本传习教材

1.校印《农民读本》——全书计四十八课，包括校订、编绘插图、选提生字生词及校印工作等。现已付印，六月中可印出三十万册。

2.编印《民众歌曲》——全书计十二个歌，包括编歌制谱、校印工作等，已印出试用本五千册。

3.编《民众算术》——采笔算珠算心算混合编法，全书已编好，尚未付印。

4.编《民众应用文》——现已完成大半，六月底全部编好。

（二）各种特用教材

1.合作社常识读本——已编好两种（农业生产合作社用本与机织生产合作社用本），各二十课，已印试用本各贰千本。

2.编绘传习连环画——初集共计十套（八幅），现已编绘好八套，目次如下：

（1）大家要合作——已印木刻版五千份。

（2）赵家坡组织合作社——已制版即付印。

（3）联社经理王大全——已编绘好即制版付印。

（4）张大年耕种社田——已印试用本五千份。

（5）左明义参加机织合作社——已印试用本五千份。

（6）请种中农卅四号稻——已印试用本五千份。

（7）快栽小米桐——已印试用本贰千份。

（8）张林为啥瞎了眼——已编好即制版付印。

3.编农民补充读本——以农业常识合作社业务指导为主，已开始编撰，预计六月底完成。

二、关于丛刊丛书者：

（一）工作说明丛刊——供给工作同志参考并充作民教主任训练教材

1.华西实验区工作述要——已印五千本。

2.社学区教育经济卫生工作简释——已印五千本。

3.怎样做户口调查——已印五千本。

4.社学区调查表说明及填法——已印五千本。

（二）乡建学术论丛——供给工作同志参考并充作民教主任训练教材

1.中国乡村教育运动——已印五千本。

2.平民教育运动史大纲——已印五千本。

三、关于定期刊物者

乡建工作通讯——为对内期刊之一，周刊现已出十五期。

乙、组务行政方面

一、搜集参考资料

1.本区十三县局之地图简明统计地方乡建计画县志等件多已收齐。

2.购置图书五百二十册，期刊报章十二种。

3.剪贴参考资料——以渝市报纸为主。

二、整理各区工作资料

本年度一月至四月各区辅导人员之月报表及辅导会议纪录工作座谈会纪录等件全份，已分别记载并整理所提工作问题，多已汇复。

三、事业费（教材印刷费）开支情形（另详）。

注：本文辑录自璧山区档案馆藏"华西实验区档案"，卷9-166/P45—47。

华西实验区（民国）卅八年七月份工作报告

甲、编辑出版方面

一、基本传习教材

1. 增印农民读本——第一版三十万册已于本月十五日全部印出，嗣决定增印第二版三十万册，内容除改绘插图数幅并附印教学说明外，同第一版。

2. 汇编并校印初集传习连还画——初集计十种，各印单幅壹万五千份，折本三万份，另编印教学说明一种，本月二十号全部付印，预计八月十日前全部印出。

3. 修订民众应用文——修订初稿并增编报告纪录等件，已全部改好下月份可付印。

二、补充传习教材

1. 校印关于甜橙传习教材——此项教材供本区江津甜橙果实蝇防治队用；计黄家甜橙出了名、怎样防蛆柑、组织产销合作社，三种各印四万五千份，月底全部印好。

2. 审订乡建补充教材并绘插图——此种补充教材原拟名为补充读本，后以多系乡建活叶，补充教材合订本性质，故改名为乡村建设补充教材。全书十六课，以农业方面常识为主，已开始绘插图，拟于下月份付印。

3. 开始搜集乡建补充教材参考资料，并开始编导生教学参考用书。

4. 协助卫生组绘妇女卫生训练班连环画教材，本月绘有生娃儿一种。

三、期刊丛书

1. 编印乡建工作通讯第廿一期至廿四期，拟于下月（八月）出版第二卷。

2. 筹出农民周刊作为定期补充教材。

乙、组务行政方面

一、搜集编辑资料——指派专人赴各实际工作场所，搜集民众语汇、教材教学反应及实际活动报导等资料，本月份派本组何国英同志随同农业组甜橙果实蝇防治队，于十六日出发江津，实地搜集上项编辑资料。

　　二、协助各组室编绘应用表格——本月份协助卫生组编绘乡村妇女卫生训练班应甲教材及表格。

　　三、整理并汇复各区报告及会议记录文件——详见公文处理簿。

　　四、调派徐宜道同志参加本组工作——调派令已发出，徐同志尚未到组。

　　注：本文辑录自璧山区档案馆藏"华西实验区档案"，卷 9-166/P42—44。

中华平民教育促进会华西实验区编辑组
（民国）三十八年八月份工作报告

甲、编辑出版方面

一、基本传习教材

1. 完成民众应用文清缮及修订工作并已付印——初审修正后复全部清缮，由孙主任及陈秘书滋园再度审订已付印。

2. 修正《张林为啥瞎了眼》传习书稿——已付印，编入基本类配发应用。

二、补充传习教材

1. 编绘农地减租及防治牛瘟传习教材——计编绘《实行农地减租》《地主不减租怎么办》《快给耕牛打预防针》三种系十六开大折叶画片。

2. 整理已编故事画稿备摄制幻灯静片——已整理好《左明义参加机织合作社》一种。

三、期刊丛书

1. 编印乡建工作通讯——本月出版第二卷一期—三期；

2. 编行《传习报》——已拟订编行计画及预算，业经核准，开始收集编撰文稿。

3. 编印《办理合作社应用规章（一）》丛书——此为工作说明丛书之一，内容为农业生产合作社组社及贷款业务主要规章。计八节约三万字，印五千本。

4. 开始编绘本区工作图解——先绘编各组现有图表。

乙、组务行政方面

一、增聘工作人员——新调组徐宜道同志已到职，本月复签请增聘王诗农君派组工作，已批准即可来组工作。

二、参加各区访问工作——李组长纪生参加总处派赴各区访问工作，自八月二日出发至廿三日返璧，报告资料正整理中。另何国英同志，上月派赴江津蚰柑防治队搜集编辑资料，于本月十三日离津并参加各区访问工作。

三、搜集农地减租资料并编印告民众书——已将农地减租资料剪贴成册，供各单位参考并代专署编印告民众书。

四、协助各组室绘制图表——如本区拟建保健街职员宿舍设计图，妇女卫生训练班图表及证书等。

五、整理并汇复各区报告及会议记录文件——详见公文处理簿。

六、九月份事业费预算——另详。

注：本文辑录自璧山区档案馆藏"华西实验区档案"，卷 9-166/P38—39。

中华平民教育促进会华西实验区编辑组
（民国）三十八年九月份工作报告

（卅八年九月一日至二十日）

甲、编辑出版方面

一、基本补充教材

1. 民众应用文付印——已于月初交付民间印刷社承印，拟暂印五万本，尚未送校。

2. 基本类传习连环画全部出版——已于本月十九日派员赴渝协助教育组配发。

二、补充传习教材

1. 完成减租传习画片两种——在付印中。

2. 整理传习画稿送制幻灯静片——本月整理好《请种中农三十四号稻》一种，已送教育组影音施教队摄制幻灯静片。

三、期刊丛书

1. 编印乡建工作通讯——本月出版第二卷四期—六期。

2. 传习报付印——创刊号已付印，定十月一日创刊。

3. 续编本区工作图说（原为图解）——已拟定一般方面目次，在依次编绘。

4. 搜集活动照片——拟就现有照片，分单元活动，编工作写真报导。

四、发布本区新闻稿——暂定每周至少发布一次，摘送报馆登载，第一次稿已于二十日发出。

乙、组务行政方面

一、派员见习幻灯静片绘制工作——本月尚莫宗同志赴北碚联合国文教组织北碚办事处参观幻灯静片及配声幻灯片绘制情形，备本组绘幻灯片参考。计时一周返组。

二、拟定《传习报》配发及使用办法——已通知各县局辅导区。

三、协助各组室绘制画件——以协助影音施教队宣传字幕海报较多。

四、整理并汇复各区工作报告及会议纪录文件——详见公文处理簿。

五、编制本组十月份事业费预算——另详。

注：本文辑录自璧山区档案馆藏"华西实验区档案"，卷 9–166/P36—37。

编辑组教材书刊编行近况

（民国）卅八年四月十五日拟制

（一）已出版者

A. 属于教材部分。

1. 合作社常识读本二种

①农业生产合作社用本。

②机织生产合作社用本。

2. 传习连环画

a. 快栽小米桐。

b. 左明义参加机织合作社（分单页、册页两种）

c. 张大年耕种社田（同前）

d. 请种中农三十四号稻（同前）

3. 民众歌曲第一集

B. 属于工作说明部分

1. 华西实验区工作述要。

2. 怎样做户口调查。

3. 社学区教育、经济、卫生工作简释。

4. 社学区户口、经济调查表之说明及填法。

C. 原学术论丛部分。

1. 中国乡村建设运动。

2. 平民教育运动史大纲。

D. 属于导生参考部分

1. 快栽小米桐

E. 属于定期刊物部分

1. 乡建工作通讯（近出至十二期）

（二）在印刷中者

A. 属于教材部分

1. 传习连环画

a. 大家要合作

b. 赵家坡怎样组织合作社

（三）已脱稿尚未付印者

A. 属于教材部分

1. 民众算术（包括笔算、珠算两部门）

（四）正在编绘中者

A. 属于教材部分

1. 国民生活读本

2. 国民应用文读本

3. 砂眼故事（连环画）

4. 王家村扩大合作社业务

附：已出版书刊各二份

注：本文辑录自璧山区档案馆藏"华西实验区档案"，卷 9-104/P87—88。

旧问题新认识

"平民教育"与"乡村建设"问题，是两个旧问题。远在三十年前，晏阳初博士即于从事□法华工教育后，揭起平民教育运动。北伐战争后，由"新村""村治"运动发展成之乡村建设运动，更与平教运动汇合，蔚然成为建设新中国的一股力量。

史实不是偶然的，因为中国的问题在乡村，在乡村三万五千万的农民身上，不在这里找答案，问题是不会解决的。在落后社会演变到现代社会的典型进程中，市民是站在前面，都市在领导着乡村；但当向现代社会过渡的里程中，遭到无法排除的阻碍时，还得从根本做起，还得在乡村中奠定现代化的根基与途向。

二三十年来，平教与乡建工作的经验积累，已经有足够的资料，让我们对这旧问题获得新认识。这种新认识，可用两句话来概括：建设问题，是解决问题的根据；文盲问题，是解决问题的条件。

我们知道，中国的问题在乡村。这个问题是个社会问题，社会问题的解决，有待社会的变革，变革的主题是经济问题，是作为乡村经济问题核心的土地问题，是通过平等互助的合作经济途径，达成现代化经济的问题，这是解决问题的根据。平教与乡建工作，不触及不解决这个问题的，都要遭到历史的否定。

"文盲不是政治问题，而是政治的条件。"这话确有至理，文盲问题，虽不是社会根本问题，但文盲这个条件，却影响着经济政治问题的解决，干乡建工作须以除文盲为条件，除文盲须以乡建为依归。平教会所以把除文盲与县乡建设工作等齐推动，就是这个原因。

中国的平教与乡建运动，引起国际间重视以来，仍是循着这种新认识在发展。去年联合国文教组织，所订定的中心工作中，其中一项是作为解救世界黑暗地区的除文盲的基本教育工作，他们把基本教育解释为"不仅教人读，写和算，并且授给他们若干基本的东西，使他们可以谋生，改良他们的经济情况；使他们可以艺术地表达他们自己的思想，使他们可以改进健康生活的环境，参加国内及国际的政治活动；藉以引导他们走向比较充实而完善的生活。"去年中美两国派员在中国成立的农村复兴委员会，在工作分组中设有综合组，推动教育与各项建设的综合工作。这都是兼及问题根据与条件的证明。

平教与乡建问题，是旧问题，但这旧问题孕育着新的认识，指引着新的途向。

原载《乡建工作通讯》，1949 年第一卷第一期

注：本文辑录自璧山区档案馆藏"华西实验区档案"，卷 9-117/P36。

谈本区的视导工作

　　计画——执行——考核，是行政上的三个环，有人把这贯串的办法，称为行政三联制。所谓行政，就是事业的管理，一般人所说的人事管理、文书管理、财务管理、事务管理等，只是行政上的支目，行政工作的核心，乃是所进行的事业。人事、文书、财务、事务等，都是为了执行某种事业而具有的安排。

　　本区各种乡建事业的推进，均采辅导制度，就是说一切事业，均赖人民自发、自主与自营，我们的工作，仅是从旁辅导，仅是以他力引发自力而已。

　　在辅导制度中的视导工作（考核工作之一），应与一般行政机关与业务机关的视导工作不同，我们应当怎样进行本区的视导工作呢？笔者愿提出几点意见，献给本区的担任视导工作的同志。

　　视导工作的重心是业务，本区工作很少直属的业务机构，因之，视导工作的范围，必须透过本区各级辅导机构，视察人民的经济组合、教育活动、农事改良、卫生设施等。单从本区辅导人员的本身上，我们看不出其所辅导之事业的真象的。并且也只有在合作社的社员身上，传习处的导生与学众身上，以及表证农家里，我们才能看出各项工作，是不是走了样、变了质？是不是真实、生根？是不是符合原定计画与进程，在一个区一个乡镇，视导人员如果没有到合作社、传习处、表证农家繁殖站等处，去看看人民在怎样进行各项工作，而仅仅是到区办事处驻乡辅导员办公地点，问了问，谈了谈，召集了一个什么会，那他所作的只是"人事视导"，并没有触及到视导工作的重心——业务视导。

　　考核业务的准尺，当然是全区的各组室的各辅导区的工作计画，不过除熟习这些全般的或个别的计画外，仍有原则性的条款，供资恪守。一是科学，一是民主，一是勤劳。所谓科学就是确实，一切的工作，都要有科学的图式，科学的数字，科学的解释，例如机织生产合作社贷纱的办法，是怎样就是怎样，传习处的学众有多少就是多少，学众成线测验不能通过就是不能通过，不容许有"大概""差不多""还好"等不科学不确实的说法。我们期望每一个工作同志，都能把自己的工作用图式、统计表册、困难的分析与解答、种种科学方法来说明。其次，想把事业变成人民自发自主自营的，就必须做到民主；不但领导的方法要民主，业务的进行尤须民主，只要检查每一件业务是否公开，就可以断定是否民主，公开不私，是民主的先决条件。复次再谈勤劳，一分劳力一分事业，不化劳力的取巧办法，不会成功事业的。我们要考察每一个驻乡工作同志，化在民众身上的劳力是多少，就是说每一月有多少工作日，是从事接近民众辅导民众的工作，这种劳力的支付，在考绩评点上应占较高的比例。

视导工作的另一任务，就是加强工作的联系，视导人员必须把工作的具体指示带给实际工作同志，同时也必须把实际工作同志的各项工作图式、统计表册、工作心得与工作经验、问题分析与答案等资料带回来。

视导工作，是事业推进上重要的一环，我们不应忽视。

原载《乡建工作通讯》，1949 年第一卷第十七期

注：本文辑录自璧山区档案馆藏"华西实验区档案"，卷 9-135/P59。

华西实验区视导工作要点

一、目的

甲、藉视导以了解工作实况，并发现工作问题而给予适当解决，（重要者仍转报总处解答。）

乙、藉视导以明了同仁生活情形并清楚其对工作之态度而给予合理处置。

丙、藉视导所获得之材料以作工作改进及同仁考绩之参考。

二、项目

甲、总的方面：

1. 工作认识。

2. 工作操守。

3. 工作效率。

4. 工作效果。

5. 人事处理。

6. 经济处理。

7. 文书处理及图表制备。

乙、教育方面：

1. 教育与行政的配合。

2. 儿童成人教育的配合。

3. 传习教育：

（1）传习行政——传习所数、人数、出缺席情况，工作概况等；

（2）传习效果——导生学生对文字符号的认识，常识的了解，与推动建设活动概况。

4. 示范校：

（1）建校情况及发动经过；

（2）社学区调查统计情况；

（3）学龄儿童全部入学情形；

（4）教学办法及改进意见；

（5）改示范校的效果表现——校舍校具的增减、学生人数变动、地方人士观感等。

丙、农业方面：

1.繁殖站工作及表证农家调查。

2.良种推广栽培情形。

3.农民之反应及需要。

4.病虫害情形及药械推广。

5.种猪推广。

6.本地土地性能及特产调查情况。

丁、合作方面：

1.合作社之筹组经过及成立社数。

2.业务计画是否合乎当地经济发展迫切需要及本年各月预计进度。

3.贷款计画情况。

4.业务情况及辅导办法。

5.社员对合作社认识及参与活动能力与社员训练情形。

戊、编辑方面：

1.实际工作的专题报导。

2.教材意见。

3.进修办法及意见。

4.乡土教材的搜集整理。

己、卫生方面：

1.现有卫生机构及其工作情形。

2.一般对新法安全助产的态度与反应。

3.各级学校对学校卫生及卫生教育之认识与工作情形。

4.各地有何种地方病及常发生之传染病。

三、办法

甲、到各区乡慰问各工作同志，并说明晏（阳初）、孙（则让）二先生对乡建工作之信心。

乙、亲身至各社学区视导实际工作，并听取导生学生意见。

丙、个别与民教主任辅导同仁晤谈，了解其工作生活情况和意见。

丁、辅导同仁共同开会讨论工作问题及寻求解决办法。

戊、选择访问各级地方人士。

己、每区视导结束后，随即向总处作书面报告。

庚、每次出发前必先征求各组所欲视导之项目，以作视导之主要根据。

原载《乡建工作通讯》，1949 年第一卷第十七期

注：本文辑录自璧山区档案馆藏"华西实验区档案"，卷 9-135/P60。

本刊的过去和未来

本刊第一卷自去年元月创刊以来，迄今已七个月，共出版二十四期，在这半年多期间，刊期、版式、纸张与印刷，先后曾经改变过三次，这样一再改变，当然有它的理由。

第一期是半月刊，用白报纸十六开铅印的，那时是希望本刊成为一种既可以沟通各地消息，并可转载各大杂志的名文卓著，藉以补给在乡工作同仁精神食粮的缺乏，不料沪港各地著名刊物，多先后停刊，或虽刊行而不能内运，渝地又很少可以转载的文章，并且当时又以总处与各辅导区以及辅导区之间的联系，都极感不够，而在乡工作同仁，也都以此为苦；再则半月刊的时间距离过长，不能满足需要，因此就决将本刊改为三日刊，可惜油印的缺点太多，字迹既不清楚，份数也极有限，而本区的工作单位，却逐渐扩充，工作人员也陆续增加，油印份数，已不能应付当前的局面，于是又决定改为周刊，用西泉报纸十六开铅印，直到一卷末期，甚至二卷，仍旧保持着这样形式。

本刊过去的缺点很多，无论形式与内容，都有须要改进之处，本刊同仁深自感觉最大的缺点，便是内容偏于一方，介绍总处各组室的消息多，而各辅导区实际工作报导嫌太少，本刊在二卷开始之时，不单愿同仁们多提供意见，更希望本刊成为同仁互通消息交换经验的中枢，因此，对于在乡工作同仁，有一种深切的希望。希望能把生活中工作中的宝贵经验，多多介绍，成功的固然须要，失败的也同样须要，倘使能把你们经验中的成败得失因素之所在分析出来，提供给大家，那便是极宝贵的参考资料。

比如：你们那里是个新开区，户口是怎样调查的？社学区是怎样划分的？民教主任是怎样产生的？传习处是怎样筹设的？导生是怎样选拔的？学生是怎样召集的？课本是怎样教学的？合作社是怎样组成的？业务是怎样开展的？优良品种是怎样推广的？诸如此类的工作，在进行中发生过什么样的困难？阻力是什么？助力是什么？症结何在？那些困难解决了没有？是怎样解决的？如果没有解决，问题何在？我们都希望能得到一个具体的报导，倘使那个问题是普遍的，也好给大家一个共同商讨的机会。

我们决不希望专看"天下太平"的文章，事实上天下并没有太平，我们用不着讳疾忌医，乡建工作是百年大计，也是千头万绪的艰巨事业，决不是一气可以呵成的，在今天这个社会里，从事乡村工作，困难必然是多的，倘使某一区域工作的推行，说是一帆风顺，毫无困难的话，我们敢大胆的说一句，那里的工作，就须要加一个问号。

本刊是对内刊物，美与丑都是给自己人看的，除去不是我们工作范围或能力所能解决的，社会、政治、经济问题外，其余都用不着顾忌，应该无保留的把问题提出来（问题不解决永远存在），这是本刊二卷开始时，对在乡工作同仁的一大愿望。

原载《乡建工作通讯》，1949 年第二卷第一期

注：本文辑录自璧山区档案馆藏"华西实验区档案"，卷 9-126/P182。

第十章

工作人员

中华平民教育促进会华西实验区工作人员一览表

（民国）三十八年五月印

单 位 别	职　　别	姓　　名	工作处所	备　　考
	兼主任	孙则让		
	辅导委员	王绍常	合作纸厂	
		彭纯	巡回	担任视察
秘书室	主任秘书	郭准堂	总处	
	秘书	姜宝俭	同上	
		陈滋园	同上	
秘书室人事股	秘书兼人事股主任	朱绍云	同上	
	辅导员	李玉容	同上	兼办监印
秘书室文书股	股主任	张佩兰	同上	
	干事	黎时锐	同上	
	收发	张培墉	同上	
	书记	陈仲钦	同上	
		王伯邨	同上	
秘书室出纳股	干事	张越欧	同上	负责人
		赵拯民	同上	
		孙德甫	同上	
秘书室事务股	干事	赵敦秀	同上	负责人
		张龙秋	同上	
		白汉池	同上	
会计室	主任	张嘉麟	同上	
	干事	任炳章	同上	
		陈登卒	同上	
		何化吉	同上	

单位别	职别	姓名	工作处所	备考
		何士全	同上	
	辅导员	但敬忠	同上	
教育组	组长	☆王启澍	总处	凡有☆者系乡建院教职员在本区兼职
	干事	晏世筠	同上	
	辅导员	☆朱泽芎	同上	
	书记	青子韩	同上	
编辑组	组长	☆李纪生	总处	
	副组长	杨芒莆	同上	
	专门干事	尚莫宗	同上	
	干事	张绮和	同上	
		刘之	同上	
		穆义清	同上	
		陈光颖	同上	
	辅导员	何国英	同上	
		朱昌年	同上	
	书记	刘本溢	同上	
卫生组	组长	☆谷韫玉	总处	
	研究室主任	☆王正仪	北碚医院	
	专门干事	蒋荫山	璧山	
	卫生工程师	修蓉泉	总处	
	护士主任	田青云	同上	
	护士副〈主〉任	戚荣光	同上	
	护士	李玉英	同上	
		安惠慈	同上	
		蒋荣	同上	
		黄开俊	璧山城北乡	
		房潘哲	同上	
	助产士	吕筠	北碚	
	干事	余正行	总处	
		尹集廷	同上	
	技术员	唐德燮	北碚	

单 位 别	职 别	姓 名	工作处所	备 考
		李大志	北碚	
		张文泽	北碚	
合作组	组长	*孙则让	总处	凡有 * 者为兼职
	副组长	李鸿钧	同上	
	辅导委员	李国桢	同上	
		萧廉仁	同上	
		周洪昌	重庆供销处	
	专门干事	薛觉民	总处	
		李家鋆	同上	
		金家治	同上	
		刘绍周	合作纸厂	
	干事	陈思舜	总处	
		李杰忱	仓库	
		陈文心	合作纸厂	
		曹如琚	同上	
		顾启洪	重庆供销处	
		吕之光	同上	
		高超	总处	
		唐渊	同上	
		文治清	同上	
		侯东相	同上	
		曹学智	同上	
		葛廷芳	同上	
		邸止菴	同上	
	工程师	杨如圭	整染厂	
	技士	朱龄昆	同上	
农业组	组长	☆李焕章	总处	
	专门干事	张石诚	同上	
	干事	李良康	同上	
		钟德祺	同上	
		龙绍昌	同上	
		夏立群	同上	

单　位　别	职　　别	姓　　名	工作处所	备　　考
		胡兴宗	乡建院	
	辅导员	汪静	总处	
社会调查室	主任	☆＊王启澍	总处	
	干事	余启德	同上	
		郑体思	同上	
		宋德铨	同上	
		胡淞筠	同上	
	辅导员	李丽清	同上	
		黄幼樵	同上	
		张学华	同上	
		黄良琼	同上	
		陈容	同上	
		刘涵真	同上	
		罗善修	同上	
		杨昌福	同上	乡建院实习同学
		朱铁英	同上	同上
		杜学政	同上	同上
		张昌元	同上	同上
		程德芳	同上	同上
		袁璃心	同上	同上
		王义君	同上	同上
		李世芬	同上	同上
视导办公室	视导	＊马醒尘		现调充合川区主任
		阎毅敏		现调充巴县十二区主任
		孟宪光	总处	
	干事	欧阳璋	同上	
影音施教队	队长	范立斌	歇马场	系乡建学院实习同学
	副队长	黄传国	同上	同上
	股长	严德璠	同上	同上
种猪推广繁殖站	干事	刘梓材	北碚	

单 位 别	职　别	姓　名	工作处所	备　考
	技佐	毛龙书	同上	
派驻县区人员	干事	袁敬方	巴县县府	
	书记	李荣昌	同上	
	指导员	六人	璧山县府一人各区三人巴县各区二人	
	督学或教育视导员	五人	璧山各区三人巴县各区二人	

注：本文辑录自璧山区档案馆藏"华西实验区档案"，卷 13-11/P32—39。

华西实验区各级工作人员毕业学校统计（一）

（民国）三十八年九月

性别＼职务＼学校名称	男																				女									
	1 秘书	2 组长	3 副组长	4 研究室主任	5 主任	6 专门干事	7 干事	8 区主任	9 辅导委员	10 辅导员	11 校长	12 视导	13 工程师	14 书记	15 技士	16 技佐	17 技术员	18 县指导员	19 县督学	合计	1 组长	2 护士主任	3 干事	4 护士助产副主任	5 辅导员	6 校长	7 护士	8 助产士	9 技士	合计
重庆大学							1		1											2										0
中央大学						1	2									1				4										0
湖南大学																				0										0
金陵大学		1				1	5			1									0	8										0
北平大学			1							1									0	2			1							1
复旦大学																	1			1										0
齐鲁大学																				0			1							1
四川大学							1													1					1					1

续表

学校名称	男																				女									
---	秘书1	组长2	副组长3	研究室主任4	主任5	专门干事6	干事7	区主任8	辅导委员9	辅导员10	校长11	视导12	工程师13	书记14	技士15	技佐16	技术员17	县指导员18	县督学19	合计	组长1	护士主任2	干事3	助产士副主任4	辅导员5	校长6	护士7	助产士8	技士9	合计
乡建学院							3			21										24					13					13
社教院											1								2	2					1					1
江苏医学院							2													2										0
西北工学院															1					1										0
郁文学院						1														1										0
中华医学																	1			1										0
会药技士专门学校																				0										0
云南大学							1													1										0
东北大学							3													3										0
省教院																				0										0
女师学院																				0					1					1
贵州大学							1													1										0
广西大学																				0										0
南开大学									1											3										0
不明		1					1													0										0
中央高级护专																				0							1			1

续表

性别＼职务＼学校名称	男 1 秘书	2 组长	3 副组长	4 研究室主任	5 主任	6 专门干事	7 干事	8 区主任	9 辅导委员	10 辅导员	11 校长	12 视导	13 工程师	14 书记	15 技士	16 技佐	17 技术员	18 县指导员	19 县督学	合计	女 1 组长	2 护士主任	3 干事	4 护士助产副主任	5 辅导员	6 校长	7 护士	8 助产士	9 技士	合计
成都高级医事职校																				0				1				1		2
储材农专																				0										0
政治大学																				0										0
四川省立茶专校																				0										0
协合大学																				0										0
大夏大学							2													2					1					1
浙江大学																				0										0
河南大学																				0										0
北京大学																				0										0
武昌中华大学																				0										0
北京辅仁大学																				0										0
燕京大学			1			1														2										0
中国大学		2																		2										0
交通大学研究院	1																			1										0

续表

学校名称	秘书(男1)	组长(男2)	副组长(男3)	研究室主任(男4)	主任(男5)	专门干事(男6)	干事(男7)	区主任(男8)	辅导委员(男9)	辅导员(男10)	校长(男11)	视导(男12)	工程师(男13)	书记(男14)	技士(男15)	技佐(男16)	技术员(男17)	县指导员(男18)	县督学(男19)	男合计	组长(女1)	护士主任(女2)	干事(女3)	护士助产士副主任(女4)	辅导员(女5)	校长(女6)	护士(女7)	助产士(女8)	技士(女9)	女合计
河南村治学院	1											1								2										0
政治学校					1															1										0
山东大学														1						1										0
潼南县立中学														2						2										0
南充中学							1													1										0
山东省立第一师范							1													1										0
山东乡建研究院						1	2		3			1								7										0
成成高商校							1													1										0
梓潼师范							1													1										0
北平财商专校					1		1													2										0
西充中学							1													1										0
口充育才高职学校														1						1										0
省训团							2													2										0

续表

学校名称＼职务＼性别	男 1 秘书	2 组长	3 副组长	4 研究室主任	5 主任	6 专门干事	7 干事	8 区主任	9 辅导委员	10 辅导员	11 校长	12 视导	13 工程师	14 书记	15 技士	16 技佐	17 技术员	18 县指导员	19 县督学	合计	女 1 组长	2 护士主任	3 干事	4 护士助产副主任	5 辅导员	6 校长	7 护士	8 助产士	9 技士	合计
上海美术专门学校							1													1										0
军训学校							1													1										0
中山大学		1																		1										0
中国乡村建设研究所																				0		1								1
美国末习根大学				1																1		1								1
四川省立剧校							1													1										0
永川中学校														1						1										0
美国哈佛大学																				0	1									1
河北医学院						1														1										0
贵阳公共卫生人员训练站																				0	1						1			2

续表

学校名称	男·秘书(1)	组长(2)	副组长(3)	研究室主任(4)	主任(5)	专门干事(6)	干事(7)	区主任(8)	辅导委员(9)	辅导员(10)	校长(11)	视导(12)	工程师(13)	书记(14)	技士(15)	技佐(16)	技术员(17)	县指导员(18)	县督学(19)	合计	女·组长(1)	护士主任(2)	干事(3)	助产士护士副主任(4)	辅导员(5)	校长(6)	护士(7)	助产士(8)	技士(9)	合计
河南福音高级护士学校																				0				1						1
安徽支矶士医院护士学校																				0										
山东医院护士学校																											1			1
宽仁医院高级护士学校																											1			1
贵州卫生人员训练所																	1			1										
山东河海工程学校							1													1										
民国大学						1														1										
山东省立菏泽中学																														
中工协会							1													1										
西北区训练班							1													1										

续表

学校名称＼职务	男																				女									
	1 秘书	2 组长	3 副组长	4 研究室主任	5 主任	6 专门干事	7 干事	8 区主任	9 辅导委员	10 辅导员	11 校长	12 视导	13 工程师	14 书记	15 技士	16 技佐	17 技术员	18 县指导员	19 县督学	合计	1 组长	2 护士主任	3 干事	4 护士助产副主任	5 辅导员	6 校长	7 护士	8 助产士	9 技士	合计
河南信阳中学							1													1										
北平平民大学							1													1										
私立冯庸大学							1													1										
比国维也尔维也纺织工学院													1							1										
重庆市立中学							1													1										
贵阳高级农业职校							1													1										
北京高等师范									1											1										
农林部高级业务人员训练班							1													1										
陆军兽医学校																1				1										

续表

学校名称	男 1 秘书	2 组长	3 副组长	4 研究室主任	5 主任	6 专门干事	7 干事	8 区主任	9 辅导委员	10 辅导员	11 校长	12 视导	13 工程师	14 书记	15 技士	16 技佐	17 技术员	18 县指导员	19 县督学	合计	女 1 组长	2 护士主任	3 干事	4 护士助产副主任	5 辅导员	6 校长	7 护士	8 助产士	9 技士	合计
资中县立中学														1						1										
上海法大																		1		1										
河南开封中学																		1		1										
美国 Swavthmore college						1														1										
日本东京帝国大学					1															1										
立口县立中学																1				1										
	4	3	2	1	3	8	44	0	6	23	0	2	1	6	1	3	3	2	2	114	1	1	4	2	17	0	4	1	0	30
社会部全国合作人员训练站研究班							1													1										
天津河北中学														1						1										
志诚中学														1						1										

续表

学校名称	男 1 秘书	2 组长	3 副组长	4 研究室主任	5 主任	6 专门干事	7 干事	8 区主任	9 辅导委员	10 辅导员	11 校长	12 视导	13 工程师	14 书记	15 技士	16 技佐	17 技术员	18 县指导员	19 县督学	合计	女 1 组长	2 护士主任	3 干事	4 护士助产副主任	5 辅导员	6 校长	7 护士	8 助产士	9 技士	合计
□南中学										1										1										
朝阳学院											1			1						2										
华西协合高中																				0										
四川省农业专门学校														1						1										
南阳省立第五中学														1						1										
							⑦	⑤	0	39	21			6						⑱										2

华西实验区各级工作人员毕业学校统计 (二)

（民国）三十八年九月

第三区　男 96 人　女 3 人

学校名称	男																				女									
	1 秘书	2 组长	3 副组长	4 研究室主任	5 主任	6 专门干事	7 干事	8 区主任	9 辅导委员	10 辅导员	11 校长	12 视导	13 工程师	14 书记	15 技士	16 技佐	17 技术员	18 县指导员	19 县督学	合计	1 组长	2 护士助产主任	3 干事	4 护士助产副主任	5 辅导员	6 校长	7 护士	8 助产士	9 技士	合计
重庆大学										1										1										0
中央大学										2										2										0
华西大学							1			1										2										0
金陵大学										4				1						5										0
西南联大																				0										0
复旦大学										2										2										0
交通大学										1										1										0
四川大学							1	3		12	2									18					2					2
乡建学院							4			15	5									24						2				2

续表

学校名称＼职务	女 1 组长	女 2 护士助产主任	女 3 干事	女 4 护士助产副主任	女 5 辅导员	女 6 校长	女 7 护士	女 8 助产士	女 9 技士	女 合计	男 1 秘书	男 2 组长	男 3 副组长	男 4 研究室主任	男 5 主任	男 6 专门干事	男 7 干事	男 8 区主任	男 9 辅导委员	男 10 辅导员	男 11 校长	男 12 视导	男 13 工程师	男 14 书记	男 15 技士	男 16 技佐	男 17 技术员	男 18 县指导员	男 19 县督学	男 合计
社教院										0										2										2
燕京大学										0																				0
西北大学										0										1										1
北平大学										0																				0
西北工学院										0																				0
东北大学										0										1										1
省教院										0							1			4	1									6
西康技专校										0										1										1
荣昌农业职校										0														1						1
农业专门学校										0											1									1
上海法学院										0										2										2
北京平民大学										0							1													1
不明										0																				0

续表

学校名称	男 1 秘书	2 组长	3 副组长	4 研究室主任	5 主任	6 专门干事	7 干事	8 区主任	9 辅导委员	10 辅导员	11 校长	12 视导	13 工程师	14 书记	15 技士	16 技佐	17 技术员	18 县指导员	19 县督学	合计	女 1 组长	2 护士助产主任	3 干事	4 护士助产副主任	5 辅导员	6 校长	7 护士	8 助产士	9 技士	合计
储材农专										1										1										0
政治大学																				0										0
四川省立茶专校																														0
协合大学																				0										0
大夏大学																				0										0
浙江大学																														0
河南大学																				0										0
北京大学								1												1										0
武昌中华大学								1												1										0
北平民国大学								1												1										0
平民教育专科										1										1										0
中央政治学校										1										1										0
新华中学														1						1										0
中国大学											1									1										0

续表

学校名称	男																				女									
	1 秘书	2 组长	3 副组长	4 研究室主任	5 主任	6 专门干事	7 干事	8 区主任	9 辅导委员	10 辅导员	11 校长	12 视导	13 工程师	14 书记	15 技士	16 技佐	17 技术员	18 县指导员	19 县督学	合计	1 组长	2 护士助产主任	3 干事	4 护士助产副主任	5 辅导员	6 校长	7 护士	8 助产士	9 技士	合计
警监专门学校								1												1										0
东北大学										1										1										0
齐鲁大学														1						1										0
精益中学														1						1										0
重庆益商中学														1						1										0
中央干部学校														1						1										0
华中高级职业学校										1										1										0
东京日本大学								1												1										0
省训团										1										1										0
特种考试										2										2										0
普通考试										2										2										0
成都成城高中									1											1										0
四川法政学校														1						1										0

续表

性别\学校名称	男																				女									
职务	1 秘书	2 组长	3 副组长	4 研究室主任	5 主任	6 专门干事	7 干事	8 区主任	9 辅导委员	10 辅导员	11 校长	12 视导	13 工程师	14 书记	15 技士	16 技佐	17 技术员	18 县指导员	19 县督学	合计	1 组长	2 助产士主任	3 干事	4 助产士副主任	5 辅导员	6 校长	7 护士	8 助产士	9 技士	合计
光华大学										1										1										0
南部县立中学														1						1										0
桂林师范学院																				0					1					1
朝阳学院										1										1										0
省立师范																				0										0
私塾																				0										0
铜梁正谊中学																				0										0
四川省立会计专科学校																				0										0
武汉大学																				0										0
中法大学																				0										0
合川中学																				0										0
四川工业专门学校																				0										0
成华大学																				0										0

续表

性别/职务/学校名称	男																				女									
	1 秘书	2 组长	3 副组长	4 研究室主任	5 主任	6 专门干事	7 干事	8 区主任	9 辅导委员	10 辅导员	11 校长	12 视导	13 工程师	14 书记	15 技士	16 技佐	17 技术员	18 县指导员	19 县督学	合计	1 组长	2 护士助产士主任	3 护士助产士干事	4 护士助产士副主任	5 辅导员	6 校长	7 护士	8 助产士	9 技士	合计
成都省立医职校																				0								1		1
铭黄学院																				0									1	1
山东建设研究院																				0										0
北京财政商业专门学校																				0										0
河北省立法商学院																				0										0
巴中县立中学																				0										0
							8	8	1	60	10			9						96					3					3
						2	10	8	0	67	0			9											5		1	1	7	

注：本文辑录自璧山区档案馆藏"华西实验区档案"，卷9-256/P97—101。

华西实验区各级工作人员学校名称之统计

（民国）三十八年九月

性别	男																					女									
职务	1	2	3	4	5	6	7	8	9	10	11	12	13	14	15	16	17	18	19	20	合计	1	2	3	4	5	6	7	8	9	合计
学校名称	秘书	组长	副组长	研究室主任	主任	专门干事	干事	区主任	辅导委员	辅导员	辅导员	校长	视导	工程师	书记	技士	技佐	县指导员	技术员	县督学		组长	护士主任	干事	护士助产副主任	辅导员	校长	护士	助产士	技士	
重庆大学							1		1	2											4										0
中央大学							2			5							1		1		9										0
金陵大学		1				1	5			11					1						19										0
北平大学			1			1	1														3			1							1

续表

学校名称	男·秘书(1)	男·组长(2)	男·副组长(3)	男·研究室主任(4)	男·主任(5)	男·专门干事(6)	男·干事(7)	男·区主任(8)	男·辅导委员(9)	男·辅导员(10-11)	男·校长(12)	男·视导(13)	男·工程师(14)	男·书记(15)	男·技士(16)	男·技佐(17)	男·县指导员(18)	男·技术员(19)	男·县督学(20)	男·合计	女·组长(1)	女·护士主任(2)	女·干事(3)	女·护士助产副主任(4)	女·辅导员(5)	女·校长(6)	女·护士(7)	女·助产士(8)	女·技士(9)	女·合计
复旦大学						1				4	1									6										0
湖南大学											1									1										0
齐鲁大学										2				1						3			1							1
四川大学							3	6		48	7			1						65					3					3
乡建学院							12			65	12									88					16	4				20
社教学院										2	1								2	5					1					1
江苏医学院							2													2										0
西北工学院														1	1					2										0
郁文学院						1														1										0
川教院										5	1			1						7										0

续表

学校名称	男																					女									
	1 秘书	2 组长	3 副组长	4 研究室主任	5 主任	6 专门干事	7 干事	8 区主任	9 辅导委员	10 辅导员	11 辅导员	12 校长	13 视导	14 工程师	15 书记	16 技士	17 技佐	18 县指导员	19 技术员	20 县督学	合计	1 组长	2 护士主任	3 干事	4 护士助产副主任	5 辅导员	6 校长	7 护士	8 助产士	9 技士	合计
女师学院																					0					1					1
交通大学研究院	1																				1										0
河南村治学院	1												1								2										0
山东乡建研究院						1	2	1	3				1								8										0
河北医学院						1															1										0
比国维也尔纺织工学院														1							1										0
美国 Swarthmore college						1															1										0

续表

学校名称＼职务（性别）	女 1 组长	女 2 护士主任	女 3 干事	女 4 护士助产副主任	女 5 辅导员	女 6 校长	女 7 护士	女 8 助产士	女 9 技士	女 合计	男 1 秘书	男 2 组长	男 3 副组长	男 4 研究室主任	男 5 主任	男 6 专门干事	男 7 干事	男 8 区主任	男 9 辅导委员	男 10 辅导员	男 11 辅导员	男 12 校长	男 13 视导	男 14 工程师	男 15 书记	男 16 技士	男 17 技佐	男 18 县指导员	男 19 技术员	男 20 县督学	男 合计
朝阳学院										0								1			2	1									4
上海法商学院										0											2										2
桂林师范学院					1					1																					0
铭贤学院									1	1											1										1
河北法商学院										0							1														1
云南大学										0							1														1
东北大学										0							3				2										5
广西大学										0							1														1
华西大学										0							1	1			3										5

续表

学校名称	男 秘书(1)	组长(2)	副组长(3)	研究室主任(4)	主任(5)	专门干事(6)	干事(7)	区主任(8)	辅导委员(9)	辅导员(10,11)	校长(12)	视导(13)	工程师(14)	书记(15)	技士(16)	技佐(17)	县指导员(18)	技术员(19)	县督学(20)	合计	女 组长(1)	护士主任(2)	干事(3)	护士助产副主任(4)	辅导员(5)	校长(6)	护士(7)	助产士(8)	技士(9)	合计
西南联合大学							1	1		1										3										0
燕京大学			1			2					1									4										0
西北大学										1										1										0
北京平民大学							2			1										3										0
政治大学										4										4										0
协和大学										4	2									6										0
大夏大学							2	1		1	1									5					1					1
浙江大学										1										1										0
河南大学							1			2										3										0

续表

学校名称	男 1 秘书	男 2 组长	男 3 副组长	男 4 研究室主任	男 5 主任	男 6 专门干事	男 7 干事	男 8 区主任	男 9 辅导委员	男 10 辅导员	男 11 辅导员	男 12 校长	男 13 视导	男 14 工程师	男 15 书记	男 16 技士	男 17 技佐	男 18 县指导员	男 19 技术员	男 20 县督学	男 合计	女 1 组长	女 2 护士主任	女 3 干事	女 4 护士助产副主任	女 5 辅导员	女 6 校长	女 7 护士	女 8 助产士	女 9 技士	女 合计
北京大学								1													1										0
中华大学								1		2		1									4										0
辅仁大学																					0										0
北平民国大学						1		2													3										0
北平中国大学	2											1									3										0
武汉大学														1							1										0
山东大学														1							1										0
中山大学		1																			1										0
美国未习根大学				1																	1			1							1

续表

学校名称	男 1 秘书	2 组长	3 副组长	4 研究室主任	5 主任	6 专门干事	7 干事	8 区主任	9 辅导委员	10 辅导员	11 辅导员	12 校长	13 视导	14 工程师	15 书记	16 技士	17 技佐	18 县指导员	19 技术员	20 县督学	合计	女 1 组长	2 护士主任	3 干事	4 护士助产士副主任	5 辅导员	6 校长	7 护士	8 助产士	9 技士	合计
美国哈佛大学																					0	1									1
东京日本大学					1			1													2										0
光华大学											1										1										0
中法大学											1										1										0
成华大学											1										1										0
上海法政大学																		1			1										0
冯庸大学							1														1										0
西康技专校										3											3										0
四川农业专门校												1	1								2										0

续表

| 性别 | 男 | | | | | | | | | | | | | | | | | | | | | 女 | | | | | | | | | |
职务\学校名称	1 秘书	2 组长	3 副组长	4 研究室主任	5 主任	6 专门干事	7 干事	8 区主任	9 辅导委员	10 辅导员	11 辅导员	12 校长	13 视导	14 工程师	15 书记	16 技士	17 技佐	18 县指导员	19 技术员	20 县督学	合计	1 组长	2 护士主任	3 干事	4 护士助产副主任	5 辅导员	6 校长	7 护士	8 助产士	9 技士	合计
储材农专										1											1										0
省立茶专校										1											1										0
平民教育专科								1													1										0
警监专门学校								1													1										0
中央政治学校					1					1											2										0
中央干部学校										1											1										0
省立会计专科学校										1			1								2										0
四川工业专门学校								1													1										0

续表

学校名称	男																					女									
职务	秘书	组长	副组长	研究室主任	主任	专门干事	干事	区主任	辅导委员	辅导员	辅导员	校长	视导	工程师	书记	技士	技佐	县指导员	技术员	县督学	合计	组长	护士主任	干事	护士助产副主任	辅导员	校长	护士	助产士	技士	合计
	1	2	3	4	5	6	7	8	9	10	11	12	13	14	15	16	17	18	19	20		1	2	3	4	5	6	7	8	9	
北京财政商业专校					1		2														3										0
上海美术专门学校							1														1										0
中华医学会药技士专校																			1		1										0
华中高级职业学校														1							1										0
成都省立医校																					0								1		1
荣昌农业职校																					0										0

续表

学校名称	女										男																				
职务\性别	1 组长	2 护士主任	3 干事	4 护士助产副主任	5 辅导员	6 校长	7 护士	8 助产士	9 技士	合计	1 秘书	2 组长	3 副组长	4 研究室主任	5 主任	6 专门干事	7 干事	8 区主任	9 辅导委员	10 辅导员	11 辅导员	12 校长	13 视导	14 工程师	15 书记	16 技士	17 技佐	18 县指导员	19 技术员	20 县督学	合计
中央高级护士学校							1			1																					0
成都高级医事职校				1				1		2																					0
成城高商校										0							1							1							2
南充育才高职校										0																					0
中国乡村建设研究所										0																					0
四川省立剧校										0							1														1
贵阳公共卫生人员训练所		1					1			2																					0

续表

性别/职务/学校名称	女 1 组长	女 2 护士主任	女 3 干事	女 4 护士助产副主任	女 5 辅导员	女 6 校长	女 7 护士	女 8 助产士	女 9 技士	女 合计	男 1 秘书	男 2 组长	男 3 副组长	男 4 研究室主任	男 5 主任	男 6 专门干事	男 7 干事	男 8 区主任	男 9 辅导委员	男 10 辅导员	男 11 辅导员	男 12 校长	男 13 视导	男 14 工程师	男 15 书记	男 16 技士	男 17 技佐	男 18 县指导员	男 19 技术员	男 20 县督学	男 合计
河南福音高级护校				1						1																					0
安徽戈矶山医院护校							1			1																					0
贵仁医院高级护校							1			1																					0
贵阳卫生人员训练所										0																			1		1
山东河南工程测量校										0							1														1
中工协合西北区训练班										0							1														1

续表

学校名称	女1 组长	女2 护士主任	女3 干事	女4 护士助产副主任	女5 辅导员	女6 校长	女7 护士	女8 助产士	女9 技士	女 合计	男1 秘书	男2 组长	男3 副组长	男4 研究室主任	男5 主任	男6 专门干事	男7 干事	男8 区主任	男9 辅导委员	男10 辅导员	男11 辅导员	男12 校长	男13 视导	男14 工程师	男15 书记	男16 技士	男17 技佐	男18 县指导员	男19 技术员	男20 县督学	男 合计
贵阳高级职校										0							1														1
农林部										0							1														1
农业高级业务人员训练班																															
陆军兽医学校										0																	1				1
北京高等师范										0									1												1
社会部																															
全国合作人员训练研究班										0							1														1
潼南中学										0														2							2

续表

性别／职务 学校名称	女 合计	女 9 技士	女 8 助产士	女 7 护士	女 6 校长	女 5 辅导员	女 4 护士助产副主任	女 3 干事	女 2 护士主任	女 1 组长	男 合计	男 20 县督学	男 19 技术员	男 18 县指导员	男 17 技佐	男 16 技士	男 15 书记	男 14 工程师	男 13 视导	男 12 校长	男 11 辅导员	男 10 辅导员	男 9 辅导委员	男 8 区主任	男 7 干事	男 6 专门干事	男 5 主任	男 4 研究室主任	男 3 副组长	男 2 组长	男 1 秘书
南充中学	0										1														1						
西充中学	0										2							1							1						
山东省立师范	0										1														1						
军训学校	0										1														1						
永川中学	0										1							1													
山东菏泽中学	0										1														1						
河南信阳中学	0										1														1						
重庆市立中学	0										1														1						
资中县中	0										1							1													
河南开封中学	0										1			1																	

续表

学校名称	男																				女									
	秘书	组长	副组长	研究室主任	主任	专门干事	干事	区主任	辅导委员	辅导员	校长	视导	工程师	书记	技士	技佐	县指导员	技术员	县督学	合计	组长	护士主任	干事	护士助产副主任	辅导员	校长	护士	助产士	技士	合计
	1	2	3	4	5	6	7	8	9	10	11	12	13	14	15	16	17	18	19	20	1	2	3	4	5	6	7	8	9	
天津河北中学													1								1										0
志诚中学													1								1										0
惠南中学													1								1										0
华西协和中学																					0										0
南阳省立中学													1								1										0
新华中学													1								1										0
精益中学													1								1										0
重庆商益中学													1								1										0
省剧团							4	1		2										7										0
特种考试								1		2			1							4										0

续表

性别	女										男																				
职务	1	2	3	4	5	6	7	8	9	合计	1	2	3	4	5	6	7	8	9	10	11	12	13	14	15	16	17	18	19	20	合计
学校名称	组长	护士主任	干事	护士助产士副主任	辅导员	技长	护士	助产士	技士	合计	秘书	组长	副组长	研究室主任	主任	专门干事	干事	区主任	辅导委员	辅导员	辅导员	校长	视导	工程师	书记	技士	技佐	县指导员	县技术员	县督学	合计
普通考试										0											2										2
成成中学										0																					0
四川法政学校										0									1					1							2
南部县中										0							1														1
四川省立师范										0														1							1
铜梁正谊中学										0														2							2
合川中学										0														2							2
巴中县中										0							1														1
私塾										0																					0
不明										0		1					2		1												4
梓潼师范										0							1														1

续表

性别	男																					女									
职务 学校名称	1 秘书	2 组长	3 副组长	4 研究室主任	5 主任	6 专门干事	7 干事	8 区主任	9 辅导委员	10 辅导员	11 辅导员	12 校长	13 视导	14 工程师	15 书记	16 技士	17 技佐	18 县指导员	19 技术员	20 县督学	合计	1 组长	2 护士主任	3 干事	4 护士助产副主任	5 辅导员	6 校长	7 护士	8 助产士	9 技士	合计
省立师范							1														1										0
交通大学											1										1										0
宜宾中学																	1				1										0
中国乡村建设研究所	4	3	2	1	3	10	69	21	7	189		31	2	1	30	1	3	2	3	2	384	1	1	4	2	23	4	4	2	1	42

注：本文辑录自璧山区档案馆藏"华西实验区档案"，卷9-256/P104、106—107。

华西实验区各级工作人员薪给之统计

（民国）三十八年九月

总数　男384人　女42人 ｝426人

薪给	男 秘书	男 组长	男 副组长	男 研究室主任	男 主任干事	男 专门干事	男 干事	男 辅导委员	男 区主任	男 辅导员	男 校长	男 视导员	男 工程师	男 技士	男 技佐	男 技术员	男 书记	男 县指导	男 督学	男 合计	女 组长	女 护士助产主任	女 辅导员	女 校长	女 按士	女 护士	女 助产士	女 干事	女 护士助产副主任	女 合计	人数	百分比
60																	27			27										0	27	6.34
70																	2			2										0	2	0.47
80							6			4										10										0	10	2.34
100							18			180	30								1	229			23	4			1	1		29	258	60.50
120							9			1					1					11										0	11	2.57
140							5													5										0	5	1.18
150																1				1										0	1	0.24
160							9									1				10						1	1			2	12	2.81
170							3													3										0	3	0.71

续表

性别	男																				女										统计	
薪给＼职务	秘书	组长	副组长	研究室主任	主任	专门干事	干事	辅导委员	区主任	辅导员	校长	视导	工程师	技士	技佐	技术员	书记	县指导	县督学	合计	组长	护士助产主任	辅导员	校长	技士	护士	助产士	干事	护士助产副主任	合计	人数	百分比
180							8								2					10					1					1	11	2.57
200						2	1									1				4		1				1		1		3	7	1.66
220						1	1									1				3								1		1	4	0.95
260					1			1	2											4										0	4	0.95
280						1	2	1	2											6										0	6	1.42
300	2						1	3	10			1								17										0	17	3.98
320					1	1	1		1											4										0	4	0.95
340	1																			1										0	1	0.24
360		1				1							1							3										0	3	0.71
400			1		1	2	1													5										0	5	1.18
420	1																			1										0	1	0.24
560				1																1										0	1	0.24
600																				0	1									1	1	0.24
不明							6	2	6	4	1	1		1	1	1	1	2	1	27						1	2		2	5	32	7.51
合计	4	3	2	1	3	10	69	7	21	189	31	2	1	1	3	3	30	2	2	384	1	1	23	4	1	4	2	4	2	42	426	100.00

注：本文辑录自璧山区档案馆藏"华西实验区档案"，卷9-256/P108。

华西实验区各级工作人员之籍贯统计

（民国）三十八年九月

籍贯	男 秘书	男 组长	男 副组长	男 研究室主任	男 主任	男 副主任	男 专门干事	男 专员干事	男 辅导委员	男 辅委兼区主任	男 区主任	男 辅导员	男 辅导员兼校长	男 视导	男 视导干事	男 工程师	男 技士	男 技佐	男 技术员	男 书记	男 县指导员	男 县督学	男 合计	女 组长	女 护士主任	女 护士副主任	女 助产副主任	女 辅导员	女 辅导员兼校长	女 技士	女 护士	女 助产士	女 干事	女 合计	统计 实数	统计 百分比
江苏							2	2				6	1										11					1						1	12	2.81
浙江							1					1	1										3											0	3	.71
安徽												2	2										4										1	1	5	1.18
江西																							0											0	0	
湖北				1								5	1							1			8								1			1	9	2.10
湖南							3					4	2										9					1						1	10	2.34
四川					1		35		5	7	9	156	21		1			3	2	24	1	2	267				1	17	4		2	2	2	28	295	69.20
贵州		1					3	1				2						1					8		1			1						2	10	2.34
河北		1	1		1		5	3		2		2								3			18											0	18	4.47

续表

籍贯	男																							女										统计	
性别／职务／人数	秘书	组长	副组长	研究室主任	主任	副主任	专门干事	干事	辅导委员	辅委兼区主任	区主任	辅导员	辅导员兼校长	视导	视导干事	工程师	技士	技佐	技术员	书记	县指导员	县督学	合计	组长	护士主任	护士副主任／助产副主任	辅导员	辅导员兼校长	技士	护士	助产士	干事	合计	实数	百分比
山东	2							9	2			5	2							1			21				3			1			4	25	5.88
河南	2	1			1		2	4			1	5		2						1	1		21			1			1			1	3	24	5.6
山西							1					2				1							4											4	0.95
陕西																							0												
云南																							0												
广东																							0												
广西																							0												
福建																							0												
北平								3					1										4											4	0.95
察哈尔			1																				1											1	0.24
重庆							1					1											2											2	0.47
辽宁								1				1											2											2	0.47
南京								1															1											1	0.24
合计	4	3	2	1	3	0	10	68	7	9	12	189	31	2	1	1	1	3	3	30	□	□	384	1	1	2	23	4	1	4	2	4	42	426	100.00

（男部合计栏右侧注有"合并21""合并"等合并标记）

注：本文辑录自璧山区档案馆藏"华西实验区档案"，卷9-256/P111。

华西实验区各级工作人员之年龄统计

（民国）三十八年十月

总人数　男384人
女42人
共426人

性别 职务 年龄	男																						女											统计	
	秘书	组长	副组长	研究室主任	主任	专门干事	干事	辅导委员	区主任	辅导员	辅导员兼校长	视导	视导干事	工程师	技士	技佐	技术员	书记	县指导	督学	合计	组长	护士主任	护士副主任	助产副主任	辅导员	辅导员兼校长	技士	护士	助产士	干事	合计	人数	百分比
20-24							1			19			1					8			28					8				2	1	11	39	9.15
25-29							24			113	16					2	3	10		2	171				1	15	3		1			20	191	44.81
30-34		1		1		3	18	2	2	32	10				1	1		4			74				1		1	1			1	4	78	18.30
35-39		2	1		2	4	15	1	9	21	3	1		1				7	1		67		1						1			2	69	16.20
40-44	2		1		1	2	5	1	7	1	2	1						1	1		25	1							3		1	5	30	7.05
45-49			1			1	2	0	1	2											8											0	8	1.88
50-54	1						1	2	0	0											4											0	4	0.95
55-59	1						2	0	1	0											4											0	4	0.95

续表

| 性别 | 男 | | | | | | | | | | | | | | | | | | | | | 女 | | | | | | | | | | 统计 | |
职务\年龄	秘书	组长	副组长	研究室主任	主任	专门干事	干事	辅导委员	区主任	辅导员	辅导员兼校长	视导	视导干事	工程师	技士	技佐	技术员	书记	县指导	督学	合计	组长	护士主任	护士副主任	助产副主任	辅导员	辅导员兼校长	技士	护士	助产士	干事	合计	人数	百分比
60岁以上								1	1												2											0	2	0.47
不明										1											1											0	1	0.24
	4	3	2	1	3	10	68	7	21	189	31	2	1	1	1	3	3	30	2	2	384	1	1	2		23	4	1	4	2	4	42	426	100.00

并入

注：本文辑录自璧山区档案馆藏"华西实验区档案"，卷9-256/P114。

华西实验区各级工作人员学历统计表

（民国）三十八年九月

男 384 人
女 42 人
总人数 426 人

教育程度	男 秘书	组长	副组长	研究室主任	主任	专门干事	干事	辅导委员	辅委兼区主任	区主任	辅导干事	辅导员	辅导员兼校长	视导	视导干事	工程师	技士	技佐	技术员	书记	县指导员	县督学	合计	女 卫生组长	主任	副主任	干事	辅导员	辅导员兼校长	技士	护士	助产士	合计	合计 人数	百分比
不明		1					2	1					1										5											5	1.18
中学肄业或职校肄业						1														4			5											5	1.18
中学毕业或职校毕业							10					1						1		16	1		29		1	2					4	2	9	38	8.92
专科毕业	1				1	2	8	1	1	2	1	23	4	1			1	2	2	1		1	52				1						1	53	12.45
大学肄业					2		3			2	1	1	2					2					13				1						1	14	3.28
大学毕业（文）					2	1	2			1		7	1	1								1	16					2					2	18	4.23
大学毕业（理）										2		2											4										0	4	0.95
大学毕业（法）	2	1	1		4		6			4		50	11		1					1	1		80					8					8	88	20.65

续表

性别／职务	男 秘书	组长	副组长	研究室主任	主任	专门干事	干事	辅导委员	辅委兼区主任	区主任	辅导干事	辅导员	辅导员兼校长	视导干事	视导员	工程师	技士	技佐	技术员	书记	县指导员	县督学	合计	女 卫生组长	主任	副主任	干事	辅导员	辅导员兼校长	技士	护士	助产士	合计	合计 人数	百分比
大学毕业（商）							2					5											7										0	7	1.63
大学毕业（医）						1	1																2										0	2	0.47
大学毕业（工）							1			1		22											24							1			1	25	5.88
大学毕业（农）		1				1	8	1				54	4										69					6	1				7	76	17.82
11 大学毕业（师）					1		3	1		1	7	19	8										39				1	7	3				11	50	11.73
大学毕业（其他）						1									1								2				1						1	3	0.71
研究院肄业							1	1															2										0	2	0.47
研究院毕业						2	2	2	2	1				1									10										0	10	2.34
国外大学毕业		1		1	1											1							4	1									1	5	1.18
其他学校	4				1		8			2	1	5					1	3	3	3	2	2	21										0	21	4.93
合计	4	3	2	1	3	10	57	7	6	15	11	189	31	1	2	1	1	3	3	3	2	2	384	1	1	2	4	23	4	1	4	2	42	426	100.00

（合计栏下方注有合并说明：干事、专门干事合并57、10；区主任、辅委兼区主任等合并21；辅导员、辅导员兼校长合并68；并）

注：本文辑录自璧山区档案馆藏"华西实验区档案"，卷 9—256/P117。

中华平民教育促进会华西实验区
工作人员请假规则

一、本区工作人员之请假，悉依本规则之规定办理。

二、本区工作人员，未经请假而离岗位者为旷职，旷职一日，扣考勤二分。

三、请假必须填写请假单，非经核准，不得离职。此项请假单，分为三联，第一联存于本人原服务机构（如总办事处之各组室及县（局）办事处，或辅导区办事处），以备查考，第二、三联送由主管人员，签注意见，转呈区主任，经核批后，将第二联交人事股登记，即将此联分类保存至年终结算，第三联发交该主管人，转给原请假人，以为凭证，但第五条另有规定者不在此限。前项请假单由总办事处印就，编号钤印，分发各部门使用，凡不用此单请假者，以未请假论。

四、请假时间之限制如下：

（一）事假全年累积，不得超过三周，逾期每日扣考勤一分。

（二）病假必须经正式医生证明，病愈即销假，重病假期，以三个月为限，逾期不销假者，停薪留职。

（三）直系尊亲及配偶之丧假，不得过一个月，逾期每日扣考勤一分。

（四）婚假以三周为限，逾期每日扣考勤一分。

（五）生产假期，以四十日为限，逾期每日扣考勤一分。

前项请假销假，由主管人员负责考查，如请假期满，既不续假，又不到职者，以旷职论，主管人知情不报者，与请假人负同等责任。

五、总办事处各组室主管人，对于所属人员，有准假一日之权，县（局）办事处主任，及辅导区主任，对于所属人员，有准假五日之权，但仍须填写请假单，将第二联送总办事处人事股登记。

六、主管人转呈请假单时，必须将该员本年内已经请过各种假若干日于意见栏内以备区主任核批时之参考，否则不予批准，其责任由主管人负担。

七、全年不旷职不请假者于年终考核时加总成绩五分。

八、本规则自公布日施行。

注：本文辑录自璧山区档案馆藏"华西实验区档案"，卷 9-130/P113—114。

中华平民教育促进会华西实验区
工作人员出差旅费领用及报销规则

一、为节约起见，以少派人出差为原则，总办事处各组室工作人员因公外出，须由区主任核准后方得报领旅费（如数事同一地区，可合并派一人，由秘书室统筹）。

二、驻外工作人员如往该工作区域以外公干，报支总办事处旅费者，必须预先报请总办事处核准，否则概不支付旅费。

三、本区工作人员因公调职，应按路程远近、实需日数报领旅费，其故意在途中延误日期者，不得报领日用费及宿费，上项调职旅费以直到新调区域为止。

四、出差日期不得故意延缓，路程亦不得故意绕道，否则旅费不予支给。

五、出差日期在一个月以上，其工作在同一地点者除往返交通费外不得报领日用费。其在一日以内而往返路程在十五华里以内者不得以出差论。

六、出差日数以办理公务实需日数为准，其因私事停留者不得报领旅费，但因不可抗力之障碍，取得有力证明，经区主任核准者不在此限。

七、出差路程当日往返，在三十华里及单程二十华里以内者不得报交通费，其当日往返者得领日用费之半数。

八、出差人员预借旅费时，应按出差工作日数、往返路程填具出差旅费预算表，交由各该组室主管人核定，盖章证明，送会计室审核转呈区主任核准后方得借支。俟工作完毕十日内检正式单据报销，余退少补，其超过十日仍未报销者即以未出差论，不得再以任何理由报销旅费，至其所借之旅费即由会计室在该员薪金项下扣除。

九、现在本区支薪之职员，如在他处兼有职务者，其兼职旅费不得在本区报领。如系在他处支薪而兼有本区职务者，其来本区办公之往返旅费准予报领。

十、日用费（包括食费、杂费），渝市内暂定每日人民币壹万式仟元，北碚街九千六百元，北碚乡及其他各地一律六千元。中午以前到渝者按渝市计算，中午以前离渝者按其他各地计算。其在午后离渝或抵渝者可按每日六千四百元计算。

十一、宿费以中等旅馆按日取得单据为凭，其出差在乡村不能觅得旅馆借住民房时，其给宿费每日以一千八百元为限，应取具该房主人盖章或手印之证明单，附注该乡名称、街道、门牌号数方准报销。

十二、交通费分汽车、轮船、夫马等费（不得报滑杆、洋车等费，但有笨重公物者准报力资），按实际报领，但通汽车、轮船地点应按公路局、轮船公司票价报领，不得以任何理由多报。在市区内不得再报交通费，夫马费按实际重量及里程报销，但须检送重量证明单。

十三、出差人员报销旅费时应填具领款单、旅费明细表并检同有关单据及工作日记一并送交各该单位主管人查核、盖章证明送呈区主任批交会计室核销。

十四、本规则自公布之日施行，以前所订旅费报销办法应予废止。

注：本文辑录自璧山区档案馆藏"华西实验区档案"，卷9-24/P102—103。

中华平民教育促进会华西实验区
工作人员待遇及各辅导区旅费标准

一、薪金按中央规定于每月十五日前依照上月标准先发一次，月终按本月调整数补足。另生活补助费改为米贴，其支给标准如左表（此项米贴每二十元一级，如底薪为一百一十元者，则按一百二十元支给，一百三十元者按一百四十元支给，余类推）。

月支津贴米数	1.60市石	1.80	1.90	2.00	2.10	2.20	2.30	2.40	2.50	2.60	2.70	2.80
底薪数	不足100元	100	120	140	160	180	200	220	240	260	230 [280]	300

此项米贴于月底领发（或由各县拨交）。

二、辅导区办事处公费，每月发食米三市石，系包括辅导区主任、辅导干事、驻区县自治指导员、督学（或教育视导员）、书记各一人及传达工人之灯油、炭、水及办公文具、邮电杂支费、报纸等，均由辅导区主任统收统支，依照规定检具报销，不准按人分用。

三、区办事处旅费，每月发食米三市石，系按辅导区主任一石，传达二斗，辅导干事、驻区县指导员、督学（或教育视导员）各六斗计算（书记不出差无旅费）。此项旅费由区主任统收统支，每人每日出差按实际伙食费三至六市升支给，全月总数不得超过三市石，依照规定分别填写旅费报告表，不出差者绝对不准支，旅费出差多者应按实际支给（凡人员尚未设齐者，公旅费按比例扣除）。

四、驻乡辅导员及示范国民学校校长公费，每人每月发食米六市斗，以前规定之示范国民学校每班一元办公费及每校二元公役津贴均行废止。今后示范校办公费即由此项米内开支。

五、驻乡辅导员及示范国民学校校长旅费，每人每月发食米三市斗。

六、所有公旅费均于规定范围内开支，公费须检正式单据（即购物发票），贴足印花（为千分之三），旅费应填领款单及旅费报告表报核（书表由总处发给）。

秘书室抄发

注：本文辑录自璧山区档案馆藏"华西实验区档案"，卷9-93/P19、P21。

华西实验区办事处关于
驻乡辅导员及各区办事处的若干规定

一、辅导员食宿由县府转令各该乡乡长及中心学校校长会同安排之（伙食费由辅导员自行负担）。

二、每乡派驻一辅导员，如目前人员不敷分配，一俟乡建院毕业生来定后，再行斟酌情形补充。

三、辅导员在一周内之请假，要报区主任核准；请假在一周以上者须由区主任转报总办事处主任核定，但均须批准后始能离职。

四、各乡辅导员例须于每月终，将该月份工作情形作书面报告，送区办事处加注意见汇转送总办事处查核。如各乡遇有临时特殊事项，辅导员不能自行解决者，应报告区主任处理。

五、各辅导员之工作勤惰应由各该区主任列举事实，按月送总办事处查核。

六、各区每月举行会议一次，应将会议纪录送总处查核。

七、各区主任每月至少须到本区各乡巡视一次。

八、各区每月开会时，每人津贴、伙食费食米两老升（即六市升），由区办事处筹办报销，先由周转金垫支。

九、各区举行月会时即发薪津并取据报销。如单据不全者暂行缓发（报销日期须照会计法规）。

十、各乡辅导员所须公物由乡公所负责借用，其余零星物品由总办事处一次补贴五十万元。

十一、各区办事处设工役一名，订报纸一份。

十二、各乡辅导员在经济组及区主任指导之下，负各该乡合作社之责任。

十三、驻乡辅导员由专员指派后，应常川驻在该乡，切实指导工作，非故不得擅离或迟延不到。

十四、用教育家之态度尊重对方之人格，不怀成见，不乱批评，不背议人，诚之为贵。

注：本文辑录自璧山区档案馆藏"华西实验区档案"，卷 9-190/P28。

华西实验区所属各辅导区职员及工作地点一览表

县别	区别	职别	姓名	所在乡镇	备　考
巴县	第一区	区主任	喻纯坤	青木乡	该区办事处设青木乡所辖共六乡
		干事	刘济湘	青木乡	
		辅导员	唐尚忠	土主乡	
			涂远文	凤凰乡	
			陈策庄	虎溪乡	
			伍德滋	青木乡	
			粟华光	新发乡	
			杨显明	西永乡	
		辅导员兼示范校长	罗毅	新发乡	
		辅导员	贾厚友	土主乡	任农业推广繁殖站工作（实习同学）
			黄子真	青木乡	任社学区工作（同上）
			王子文	土主乡	同上（同上）
		辅导员兼示范校长	栾勉文	土主乡	实习同学
			李靖东	虎溪乡	同上
			侯德赓	虎溪乡	同上
			张超	凤凰乡	同上
			张本澈	青木乡	同上
		书记	潘伯宜	青木乡	
	第二区	区主任	☆王秀斋	歇马乡	该区办事处设歇马乡所辖共五乡
		干事			
		辅导员	鲁涤非	歇马乡	

续表

县别	区别	职别	姓名	所在乡镇	备　考
			罗渭源	兴隆乡	
			刘怀□	蔡家乡	
			李国钦	井口乡	
			李华湘	同兴乡	
		辅导员 兼示范校长	彭降祯	兴隆乡	
			余绍明	蔡家乡	
		辅导员	王承灌	歇马乡	任农业推广繁殖站工作（实习同学）
		辅导员 兼示范校长	韩秀全	歇马乡	实习同学
		辅导员	郑道寅	歇马乡	任社学区工作（实习同学）
			赵永泰	歇马乡	同上
			李峰	歇马乡	同上
			向国华	兴隆乡	同上
			赵柏青	蔡家乡	同上
			邓兴富	井口乡	同上
		书记	任友农	歇马乡	
	第三区	区主任	胡英鉴	屏都镇	该区办事处设屏都镇所辖共五乡
		干事			
		辅导员	杨净屏	屏都镇	
			萧颖	渔洞镇	
			魏奇才	人和乡	
			齐晏平	马王乡	
			钟坤荣	跳蹬乡	
		辅导员兼示范校长	李犹龙	渔洞镇	
			胡孟章	屏都镇	
			韦雨陔	人和乡	
			李露华	马王乡	
				跳蹬乡	系钟坤荣兼任
		书记	夏拯涂	屏都镇	

县别	区别	职别	姓名	所在乡镇	备　考
	第四区	区主任	李灿东	沧白镇	该区办事处设沧白镇所辖共六乡
		干事	彭公侯	沧白镇	
		辅导员	张明金	沧白镇	
			何质彬	五布乡	
			程家宽	麻柳乡	
			龚瑶廷	双河乡	
			张柔	丰富乡	
			秦宗儒	栋青乡	
		辅导员兼示范校长	萧士安	五布乡	该校在第六保
		书记	李庆三	沧白镇	
	第五区	区主任	蒋融	南泉	该区办事处设南泉所辖共五乡
		干事	唐载阳	南泉	
		辅导员	王绍虞	南泉	
			童荣华	鹿角乡	
			万振光	文峰乡	
			徐乃康	界石乡	
			毛通文	樵坪乡	该同志系试用
			赵正恭	南泉	任农场工作
		辅导员兼示范校长	袁孝芳	南泉	
		书记	吴端本	南泉	
	第六区	区主任	王宗耀	长生乡	该区办事处设长生乡所辖共五乡
		干事	邓作新	长生乡	
		辅导员	周成官	长生乡	
			曾鼎有	惠民乡	
			杨光九	广阳乡	
			周致扬	永兴乡	
			徐祯祥	迎龙乡	
		书记	彭君国	长生乡	
	第七区	区主任	朱晋桓	白市镇	该区办事处设白市镇所辖共五乡
		干事	杨勤谦	白市镇	

续表

县别	区别	职别	姓名	所在乡镇	备　　考
		辅导员	吴碧辉	白市镇	
			谢家宽	曾家乡	
			傅远铭	含谷乡	
			喻正谦	走马乡	
			谭德海	龙凤乡	
		书记	王代儒	白市镇	
	第八区	区主任	朱镜清	陶家乡	该区办事处设陶家乡所辖共六乡
		干事	聂鸿端	陶家乡	
		辅导员	赵伯州	西彭乡	
			范基俊	陶家乡	
			王沛人	石板乡	
			卿骥	圆明乡	
			彭济泯	铜罐乡	
			张浩	福寿乡	
			张翼翔		
		书记	周其书	陶家乡	
	第十区	区主任	苏彦翘	跳石乡	该区办事处设跳石乡所辖共七乡
		干事	彭校芝	跳石乡	
		辅导员	李麟	跳石乡	
			龚遐	石岗乡	
			黄兴纲	南彭乡	
			徐揭	石庙乡	
			向其高	南龙乡	
			冯□勋	仁流乡	
			陈忠棣		
		书记	胡显夫	跳石乡	
	第十二区	区主任	闫毅敏	百节乡	该区办事处设百节乡所辖共八乡
		干事	田荆辉	百节乡	
		辅导员	张明常	龙岗乡	该同志系试用
			严虎林	马鬃乡	
			陈远林	一品乡	
			欧阳瑞英	一品乡	

县别	区别	职别	姓名	所在乡镇	备　　考
			□人哲	公平乡	
			文国林	永盛乡	
			王天才	仁厚乡	
			何烈勋	石马乡	
			陈志尚	百节乡	
		书记	黄兴泽	百节乡	
璧山	第一区	区主任	傅志纯	城中镇	该区办事处设城中镇所辖共六乡
		干事	龙泽光	城中镇	
			曹选卿	城中镇	
			罗秀夫	城中镇	
		辅导员		城中镇	该镇辅导员系罗秀夫兼任
			吴时敏	城东乡	
				城北乡	该乡辅导员系吴时敏兼任
			吴绍民	城南乡	
			钟正权	城西乡	
			徐伟夫	狮子乡	
		辅导员 兼示范校长	黄开文	城北乡	该校在三个滩
			冉仲山	城北乡	该校在杨家祠
			王臻	城南乡	该校在观音阁
			范维	城西乡	该校在七保
			罗炳淮	城北乡	该校在黄泥湾
				城南乡	该校在东岳庙暂由吴绍民兼代
		辅导员	陶存	城北乡	任农业推广繁殖站工作（实习同学）
			谭力中	狮子乡	同上
			戴绍垵	城南乡	任社学区工作（实习同学）
		辅导员 兼示范校长	苏正嘉	城北乡	（实习同学）该校在温家湾
			夏钊玲	狮子乡	（同上）该校在二保
			刘泽光	狮子乡	（同上）该校在三保
			姜旭昇	狮子乡	（同上）该校在十保

县别	区别	职别	姓名	所在乡镇	备　　考
		书记	蒋牧民	城中镇	
	第二区	区主任	陶一琴	大兴乡	该区办事处设大兴乡所辖共六乡
		干事	雷鸣	大兴乡	
		辅导员	戴集成	梓潼乡	
			张昌琳	太和乡	
			王庆国	福禄乡	
			徐宝田	丹凤乡	
			李明镜	三教乡	
			杜杰三	大兴乡	
		辅导员兼示范校长	戴儒席	梓橦〔潼〕乡	该校在八保
			龙钟穷	福禄乡	该校在七保
		辅导员	王廷杰	大兴乡	任农业推广繁殖站工作（实习同学）
		书记	陶九皋	大兴乡	
	第三区	区主任	魏西河	来凤乡	该区办事处设来凤乡所辖共五乡
		干事	赵志忠	来凤乡	
		辅导员	余萃	来凤乡	
			邹培木	中兴乡	
			陈慕群	鹿鸣乡	
			马沛然	正兴乡	
			高西宾	龙凤乡	
		辅导员兼示范校长	唐太理	正兴乡	该校在十一保
			王渊	来凤乡	该校在十保
			张和鸣	中兴乡	该校在九保
		辅导员	何奇镜	来凤乡	任农业推广繁殖站工作（实习同学）
			陈文俊	来凤乡	任社学区工作（同上）
		书记	张攸同	来凤乡	
	第四区	区主任	邱达夫	丁家乡	该区办事处设丁家乡所辖共六乡
		干事	况登隅	丁家乡	

县别	区别	职别	姓名	所在乡镇	备 考
		辅导员		丁家乡	由况登隅兼
			骆望秋	马坊乡	
			张敬华	定林乡	
			张伯雍	广普乡	
			王保民	健龙乡	
			李林	三合乡	
		辅导员 兼示范校长	叶宗城	马坊乡	该校在七保
			任锡川	丁家乡	该校在七保
		辅导员	黎芳鲛	丁家乡	任农业推广繁殖站工作（实习同学）
		书记	邱体常	丁家乡	
	第五区	区主任	张的山	接龙乡	该区办事处设接龙乡所辖共七乡
		干事	甘在华	接龙乡	
		辅导员	王孝社	接龙乡	
			陈安民	六塘乡	
			王德伟	青木乡	
			朱治中	蒲元乡	
			赵德勋	河边乡	
			何兴元	大路乡	
				龙溪乡	由赵德勋兼办
		辅导员 兼示范校长	刘顺模	接龙乡	该校在福利署
			余绳祎	河边乡	该校在九保
			曾庆祥	河边乡	该校在十四保
			王汉臣	六塘乡	该校在二保
		辅导员	张远定	河边乡	任农业推广繁殖站工作（实习同学）
		辅导员 兼示范校长	张璧桓	蒲元乡	同上
		辅导员	王惠黎	青木乡	社学区工作（同上）
		辅导员 兼示范校长	徐宜道	河边乡	该校在六保（同上）

县别	区别	职别	姓名	所在乡镇	备　考
			方秉彝	河边乡	该校在八保（同上）
		书记	黄煦忠	接龙乡	
	第六区	区主任	何子清	八塘乡	该区办事处设八塘乡所辖共五乡
		干事	李天锡	八塘乡	
		辅导员	周术斌	八塘乡	
			董芳	七塘乡	
			阳振业	临江乡	
			贾文宪	依凤乡	
			刘文明	转龙乡	
		辅导员 兼示范校长	杨永言	依凤乡	该校在四保
			陈世准	转龙乡	该校在六保
		辅导员	李棚	依凤乡	任农业推广繁殖站工作（实习同学）
		书记	吴安庐	八塘乡	
北碚		主任	田慰农	朝阳镇	
		干事	陈士忍	朝阳镇	
		辅导员	李青昌	澄江镇	兼第一中心校民教主任
			吕林楷	澄江镇	兼廿二保校校长及民教主任
			刘淑群	澄江镇	兼廿一保校校长及民教主任
			罗诚	澄江镇	兼第二中心校校长及民教主任
			周厚基	金刚乡	兼中心校民教主任并兼十二保校校长
			黄继廉	金刚乡	兼六保校校长及民教主任
			舒运森	朝阳镇	兼五保校校长及民教主任
			詹正性	文星乡	兼八保校校长及民教主任
			杨公骈	文星乡	兼十三保校校长及民教主任
			张懋益	龙凤乡	兼中心校民教主任
			周道牧	龙凤乡	兼六保校校长及民教主任
			何松柏	白庙乡	兼十保校校长及民教主任
			李成蛟	黄桷镇	兼第一中心校校长及民教主任
			曾月秋	黄桷镇	兼第三中心校校长及民教主任

县别	区别	职别	姓名	所在乡镇	备　　考
			曾学楚	黄桷镇	兼廿保校校长及民教主任
			李思成	二岩乡	兼中心校民教主任
			张光锡	文星乡	兼中心校民教主任
			鲁国中	白庙乡	兼中心校民教主任
			赵映葵	农推所	
			蔡芝生	农推所	
		书记	张涛	朝阳镇	
綦江	第一区	区主任	程岳	古南镇	该区办事处设古南镇所辖共六乡镇
		干事	余铁英	古南镇	
		辅导员	李德忠	万兴乡	
			姜经纬	古南镇	
			穆安导	升平乡	
			许昌涌	古南镇	
			周长松	登瀛乡	
			邵启泽	北渡乡	
			吴天锡	桥河乡	
		书记	邹兆熊	古南镇	
	第二区	区主任	陈锡周	石角乡	该区办事处设石角乡所辖共六乡
		干事	荣惠迪	石角乡	
		辅导员	张熹	蒲河乡	
			陈志远	石角乡	
			张义高	扶欢乡	
			姜宗义	三江乡	
			刘汝康	石角乡	
			张鸿籽	瀛坪乡	
			黄毂诚	青年乡	
		书记	侯哲先	石角乡	
合川	第一区	区主任	马醒尘	沙溪镇	该区办事处设沙溪镇所辖共六乡镇
		干事	唐有闻	沙溪镇	
		辅导员	车履华	沙溪镇	

续表

县别	区别	职别	姓名	所在乡镇	备　考
			闻光旭	盐井乡	
			梁自南	龙洞乡	
			庞一贵	十塘乡	
			陈贤良	九塘乡	
			成由道	草街乡	
		书记	滕彩远	沙溪镇	
	第二区	区主任	杨东侯	小沔乡	该区办事处设小沔乡所辖共六乡
		干事		小沔乡	
		辅导员	李亚卿	安全乡	
			陈明钺	小沔乡	
			杨秀伟	三汇乡	
			李兆浦	狮滩乡	
			郭锡昌	龙溪乡	
			刘有德	白沙乡	
		书记	杨继俊	小沔乡	
江北	第一区	区主任	张炽夫	大石乡	该区办事处设大石乡所辖共六乡
		干事	李蓂	大石乡	
		辅导员	龙建业	大石乡	
			杨国玺	悦来乡	
			李大德	龙溪乡	
			陈宗襄	礼嘉乡	
			袁家兴	人和乡	
			陈柏林	鸳鸯乡	
		书记	张真仁	大石乡	
	第二区	区主任	晏昇东	水土乡	该区办事处设水土乡所辖共七乡
		干事	陈克	水土乡	
		辅导员	郑光峒	水土乡	
			成纪	滩口乡	
			刘长荣	三圣乡	
			赵子信	复兴乡	
				龙王乡	
			杨新明	静观乡	

续表

县别	区别	职别	姓名	所在乡镇	备 考
				太平乡	由杨新明暂兼
		书记	吴稚伯	水土乡	
铜梁	第一区	区主任	康兴璧	西泉乡	该区办事处设西泉乡所辖共六乡
		干事		西泉乡	
		辅导员	吴昌棣	西泉乡	
			刘守绪	石鱼乡	
			谭中簏	大庙乡	
			李世玺	天锡乡	
			李克敬	虎峰乡	
			吴时叙	太平乡	
			谢济民	西泉乡	任社学区工作（实习同学）
			朱承熹	虎峰乡	同上（同上）
			尹光耘	大庙乡	同上（同上）
		书记	康正杰	西泉乡	

注：本文辑录自璧山区档案馆藏"华西实验区档案"，卷13-11/P40—55。

编后记

　　我现在还清楚地记得，2010 年 9 月 28 日晚上，就是我调任璧山县档案局局长的第二天晚上。白天，举行了热闹的璧山隧道通车仪式。入夜下了一场雨，我陪陆大鉞先生步行去璧山体育中心，他是重庆市档案局的老局长、资深档案专家。雨中，他向初次谋面的我叮嘱道："你们璧山县档案馆藏有晏阳初华西实验区历史档案，以前周青同志任局长时曾向市档案局申请立项，终因他的调离而作罢，现在希望你能在这方面继续深入地做些工作。"

　　2011 年，我们在况由志先生（时任重庆市档案局局长）等领导和同志们的支持下，开展了《晏阳初华西实验区档案史料总目提要》的编写工作。在此基础上，我们于 2012 年启动《晏阳初与华西实验区档案史料丛刊》（内部交流资料）的编印。是年 3 月，丛刊第一辑出刊，我在编后记中曾写道："基于历史的眷顾，璧山县档案馆有幸基本完整保存了当年华西实验区的档案史料。充分发挥档案历史文化资源作用，服务当代经济社会发展，是档案工作者义不容辞的责任。为此，我们尝试编印《晏阳初与华西实验区档案史料丛刊》，旨在为晏阳初研究和民国乡村建设研究提供新的第一手资料。本丛刊将分辑推出，以遴选重要的档案史料原文为主体，内容上除将繁体字换为简化字并加标点外，其他则'一仍其旧'，尽可能保持档案史料的原貌。"至 2014 年 10 月前，由我担任主编，编印丛刊 11 辑，选录档案 338 件，计 65 万余字；之后至 2016 年底，陈启江局长担任主编，继续编印丛刊 6 辑，选录档案 267 件，计 30 余万字。两个时段共编印丛刊 17 辑，选录档案 605 件，累计 95 万余字。

　　本次《中华平民教育促进会华西实验区档案史料选录》，以前述《晏阳初与华西实验区档案史料丛刊》（1—17 辑）为基础，以华西实验区区本部所涉及的重要人士、工作概况、组织人事、合作事业、农村与农业、卫生、教育、社会调查、编辑组、工作人员等 10 个方面的重要档案史料为主体内容，以体现基本理念、主要做法、实际推进为原则共计选录档案史料 144 件，旨在为读者和相关研究者提供最基本的第一手资料。编纂中，仍坚持"尽可能保持档案史料的原貌"。

　　《中华平民教育促进会华西实验区档案史料选录》编纂过程中，重庆市璧山区档案局陈启江局长、苟映平副局长等领导和同志给予了大力支持与帮助。尤其是在《晏阳初与华西实验区档案史料丛刊》（1—17辑）历时4年的编印过程中，璧山区档案局的许多同志直接参与了档案遴选、录入、标点、编辑等诸多具体工作，为本次编纂奠定了重要的基础。为此，特表示衷心的感谢！

　　限于本次编纂的时间和编者的水平，本书中舛误与不妥实属难免，敬请读者和专家批评指正！

傅应明

2017年8月29日于璧山区政协